요즘 AI 에이전트 개발,

`LLM` `RAG` `ADK`
`MCP` `LangChain`
`A2A` `LangGraph`

박승규 지음

현업 AI Agent 개발자가 알려주는
진짜 실전 노하우로
더 강력하게 개발하라!

60가지 예제로 배우는
인공지능 에이전트 개발,
싱글 Agent부터 멀티 Agent
시스템 설계 및 협업 방식까지

GOLDEN RABBIT

✅ **AI 에이전트 개발, 진짜 실무 기술로 마스터하세요** +

이 책은 실무에서 AI 에이전트를 개발하는 저자가 쌓은 모든 노하우를 녹여 LLM을 호출하는 것을 넘어, 복잡하고 유용하며 안전한 멀티 에이전트 시스템을 직접 구축할 수 있도록 돕습니다. 오픈AI 에이전트 SDK, 구글 ADK, 랭그래프LangGraph 프레임워크를 중심으로 에이전트의 기본 구조, 도구 활용, 안전성 확보를 위한 가드레일, 멀티 에이전트 협업(핸드오프), 상태 관리(체크포인터), 조건부 라우팅, 병렬 처리, 하위 그래프 등 다양한 고급 기법을 설명합니다. 또한 최근 뜨거운 감자인 MCP와 A2A 같은 최신 AI 프로토콜도 다룹니다. 이 책을 통해 뉴스 요약 시스템을 비롯해 60여가지 예제를 구현하면서 진짜 현업에 필요한 에이전트 워크플로의 중요성과 디버깅 및 추적 방법을 익히고, 실용적인 AI 에이전트 시스템 설계 및 구현 역량을 강화할 수 있게 될 것입니다.

☝️ 하나, 왕초보부터 전문가까지, AI 에이전트 개발의 A to Z를 담았습니다

환경 설정부터 차근차근 시작하여, 오픈AI와 앤트로픽 API를 다루는 법을 배웁니다. 이후 AI 애플리케이션의 뼈대를 만드는 랭체인LangChain의 핵심 개념을 익히고, 더 복잡한 다중 에이전트 시스템을 위한 랭그래프 고급 기술까지 마스터합니다. 이 책으로 AI 에이전트 개발의 로드맵을 모두 경험할 수 있습니다.

✌️ 둘, 직접 만들며 배우는 실전 프로젝트 가이드입니다

'어린 왕자' 챗봇 만들기, 에이전트들이 협업하여 뉴스를 수집하고 요약 보고서를 만드는 자동화 시스템, 그리고 날씨, 뉴스, 일정을 브리핑하는 개인 비서 에이전트 등 실용적인 프로젝트로 가득합니다. 이 책을 읽고 나면 AI 에이전트를 설계하고 구현하게 될 겁니다.

🤟 셋, 최신 AI 생태계의 표준 기술과 미래를 모두 담았습니다

업계 표준으로 자리 잡고 있는 MCP와 A2A 프로토콜까지 깊이 있게 다룹니다. 이로써 에이전트가 다른 시스템과 원활하게 소통하고 협업할 수 있는 확장성을 갖추게 됩니다. 현재 가장 주목받는 기술, 앞으로 펼쳐질 AI 에이전트의 미래까지 준비하게 됩니다.

✓ 책을 미리 읽은 독자가 말합니다 +

"이제 우리는 LLM에게 질문하고 빠르게 답변받는 일에 익숙해졌습니다. 하지만 여기에서 더 나아가고 싶은 사람들도 있습니다. AI 에이전트를 실제 제품에 통합해 더 나은 사용자 경험을 제공하거나, 업무 효율성을 극대화하는 자동화 도구로 활용하고 싶은 사람이라면 이 책의 흐름을 차근차근 따라가 보시길 권합니다.

이 책은 단순히 LLM의 활용법만 다루지 않습니다. AI 도구와 프레임워크의 등장을 이해하며, 체계적인 API 활용과 실습 중심으로 실질적인 AI 에이전트 개발 역량을 키울 수 있도록 구성되어 있습니다. LLM의 사용자에서 한 걸음 더 나아가고 싶다면, 이 책의 목차를 따라 자신의 것으로 소화하며 AI 에이전트 개발자로 거듭나 보세요."

박미정 당근 리드 개발자

"LLM, 랭체인, A2A, MCP와 같은 새로운 기술들이 빠르게 등장하고 있습니다. 이러한 흐름 속에서, 관련 업계 종사자들에게는 새로운 개념을 꾸준히 따라가고 이를 실무에 적절히 적용하는 역량이 점점 더 중요해지고 있습니다.

이 책은 실무에 꼭 필요한 개념들을 너무 얕지도, 지나치게 깊지도 않게 균형 있게 다루며, 각 주제마다 직접 작성해볼 수 있는 코드 예제를 함께 소개합니다. 마지막에는 엔드 투 엔드(end-to-end) 흐름까지 경험할 수 있도록 구성되어 있어, LLM의 기본 개념부터 에이전트 기반 개발까지 폭넓게 다뤄봅니다.

AI(인공지능) 관련 프로젝트에 참여하게 된 분들께 좋은 출발점이 되어줄 책입니다. 저자의 실무 경험이 잘 녹아 있어, 꼭 필요한 내용만 담겨 있다는 점이 특히 인상적입니다."

나동희 당근마켓 ML 인프라 리드 소프트웨어 엔지니어

✓ 책을 미리 읽은 독자가 말합니다 +

"네덜란드 기반의 이커머스 지원 스타트업 미니멀(Minimal)은 랭체인의 랭그래프와 랭스미스(LangSmith)를 활용해, 고객 문의에 대한 답변부터 주문 취소나 배송 상태 업데이트까지 AI 에이전트가 직접 처리하는 자동화 시스템을 구축했습니다. 이는 AI가 단순히 질문에 답하는 수준을 넘어, 데이터와 도구를 스스로 연결해 실제 업무를 수행하는 사례를 잘 보여줍니다.

이제 개발자가 AI를 활용한다고 하면, 더 이상 대화형 챗봇만을 의미하지 않습니다. 그 중심에는 랭체인, MCP, A2A와 같은 기술이 있습니다. 이러한 기술을 익히는 일은 단순히 라이브러리를 하나 더 배우는 것이 아니라, 서로 연결된 에이전트 시대를 설계할 수 있는 문해력을 갖추는 과정입니다. 데이터, 도구, 시스템이 AI를 매개로 자연스럽게 연결되고 협업하는 구조를 이해할 때, AI는 비로소 '대화창 속 조언자'가 아닌 실제 비즈니스의 동료로 자리 잡게 됩니다.

이 책에서는 이러한 에이전트를 개발하는 핵심 개념과 구현 방법을, 누구나 따라 할 수 있도록 단계별로 쉽게 풀어 설명합니다. 이제 이 책을 통해 나만의 AI 에이전트를 직접 만들어보는 건 어떨까요?"

강대명 레블업 소프트웨어 엔지니어

인생 첫 LLM 프로젝트를 준비하던 중, 운 좋게 이 책을 미리 접할 기회를 얻었습니다. 한마디로, 이 책은 복잡한 AI 기술을 '지금, 여기서' 시작하고 싶은 사람을 위한 최고의 길잡이입니다.

이 책은 유명 프레임워크를 활용해 LLM을 연동하고 원하는 결과를 얻는 과정을 친절하게 안내합니다. 최소한의 컴퓨터 지식과 약간의 용기만 있다면 누구나 따라 할 수 있도록 구성되어, AI가 처음이라도 걱정할 필요가 없습니다. 복잡한 용어와 흐름을 쉽게 풀어냈기 때문입니다.

무엇보다 이 책이 인상 깊었던 이유는 한국인이 한국어로, 지금 이 시점의 최신 기술을 담아냈다는 점입니다. AI 분야는 하루가 다르게 변하기에, 번역서가 나올 때쯤이면 이미 정보가 뒤처지기 일쑤입니다. 이 책은 그런 기술적 갈증을 해소해주는 드문 사례입니다.

AI 기반 서비스가 넘쳐나는 요즘, "나도 한번 만들어보고 싶다"는 마음을 품은 분들에게 이 책은 최고의 출발점이 될 것입니다.

허린 LINE+ Backend Developer

✓ 이런 분께 강력 추천합니다 +

 ## 하나, AI 분야에 입문하려는 개발자

이 책은 개발 환경 설정부터 시작하여 LLM API의 기초적인 사용법을 차근차근 설명합니다. 파이썬과 VSCode 설치, API 키 발급 등 AI 개발에 필요한 첫 단계를 상세히 안내하므로 프로그래밍 경험은 있지만 LLM을 처음 다뤄보는 개발자에게 훌륭한 입문서가 될 것입니다.

 ## 둘, 단순한 챗봇을 넘어 복잡한 AI 에이전트를 만들고 싶은 개발자

기본적인 챗봇 제작을 넘어 랭체인LangChain과 랭그래프LangGraph 같은 전문 프레임워크를 활용하여 정교한 AI 애플리케이션을 구축하고자 하는 개발자에게 적합합니다. 조건부 라우팅, 외부 도구 연동, RAG검색 증강 생성, 휴먼 인 더 루프Human-in-the-Loop 등 고급 에이전트 패턴을 다루어 실무 역량을 한 단계 끌어올릴 수 있습니다.

 ## 셋, 실무적인 AI 애플리케이션 구축에 관심 있는 개발자

뉴스 요약 시스템, 개인 맞춤형 비서 등 실제 현업에서 마주할 법한 복잡한 문제를 해결하는 프로젝트를 통해 실전 경험을 쌓고 싶은 개발자에게 유용합니다. 특히 여러 에이전트가 협업하는 멀티 에이전트 아키텍처나 병렬 처리 워크플로 같은 실무 기술을 학습할 수 있습니다.

 ## 넷, AI 에이전트 생태계와 표준 프로토콜에 관심 있는 아키텍트 및 리더

MCPModel-Context Protocol나 A2AAgent-to-Agent와 같은 최신 AI 에이전트 프로토콜의 개념과 실제 구현 방법을 다루고 있어, AI 기술의 미래 방향성을 파악하고 확장성 및 상호운용성이 높은 시스템을 설계하고자 하는 시니어 개발자나 아키텍트에게 깊은 통찰력을 제공합니다.

✓ 학습 효율 250% 높이는 학습 가이드 ➕

100%

개념부터 실전 예제까지 한 권으로 완벽 마스터하세요!

진짜 현업에서 쓰고 실제 서비스에 활용되는 기술을 모두 소개하고 동작하는 예제 코드를 제공합니다. 이 한 권이면 현업 수준의 AI 에이전트 시작을 100% 완비할 수 있습니다.

100% ─────── **150%**

150%

함께 의논하고 연구할 상대가 필요하다면, 디스코드 & 카톡에서 함께 연구해요

함께 모여서 모르는 내용을 질문하고, 오류를 해결해보세요. '내 코드를 부탁해' **내코부**에 오시면 다른 개발자와 노하우를 공유하며 더 많은 지식을 쌓아갈 수 있어요.

디스코드
discord.com/invite/
BYRpaDrfbH

카톡
open.kakao.com/
o/ggK7EAJh

▲ 내 코드를 부탁해

200%

● **실습에 필요한 코드를 제공합니다**

학습 효과를 높이기 위해서는 책에 나온 코드를 직접 따라 입력하는 것을 권장합니다! 하지만 너무 바쁘고, 더 빨리 학습하고 싶고, 지금 당장 쓰고 싶다면 다음 링크에서 예제 코드를 내려받아 활용하세요. 실습에 필요한 코드를 제공합니다.

▲ 실습 파일 다운로드
github.com/wapj/yozm-ai-agent/

250%

〈요즘 AI 에이전트〉 OT 강의를 무료로 제공합니다

진짜 실전에서 무얼 어떻게 활용하는지, 무엇을 알아야 하는지 궁금하지 않은가요? AI 에이전트 기술이 폭발적으로 출시되고 있습니다. 그래서 정말 필요한 기술을 선별하는 것도 어려워요. 처음부터 모두 살펴보기에는 시간이 너무 들죠? 그래서 〈요즘 AI 에이전트〉 OT 강의를 제공합니다. 아래 링크에서 무료로 수강할 수 있습니다.

▲ 요즘 AI 에이전트
OT 강의 : https://bit.ly/4l98nGe

✓ 이 책의 내용 미리보기 ➕

00 개발 환경 설정 : AI 에이전트 개발을 시작하기 위한 필수적인 환경 설정 과정을 안내합니다. 윈도우와 맥OS 운영체제 각각에 파이썬과 VSCode를 설치하는 방법부터 프로젝트별 의존성을 격리하는 가상 환경(venv) 설정까지 차근차근 다룹니다. 또한 AI 모델을 활용하기 위해 반드시 필요한 오픈AI 및 앤트로픽 API 키를 발급받는 과정을 상세히 소개합니다.

실습	○ 파이썬/VSCode 설치 ○ 가상 환경 설정 ○ 오픈AI/앤트로픽 API 키 발급

Part 01 LLM과 랭체인 개발

01 LLM API의 기초 : AI 에이전트 개발의 첫걸음으로, LLM을 서비스에 통합하기 위한 필수 관문인 LLM API의 기본을 다룹니다. 오픈AI와 앤트로픽의 주요 API 사용법을 배우고, 모델별 특징과 비용을 비교하여 상황에 맞는 모델을 선택하는 기준을 학습합니다. 또한 실시간 응답을 위한 스트리밍 처리, 동시 요청 처리를 위한 비동기 프로그래밍(async/await), 그리고 안정적인 API 호출을 위한 재시도(Tenacity) 로직 구현 등 실무에 필수적인 고급 기법들을 익힙니다.

실습	○ 스트리밍 응답 ○ 비동기 API 호출 ○ 오류 처리 및 재시도 로직 적용

02 LLM API를 사용하여 챗봇 만들기 : LLM API를 활용하여 완전한 챗봇 애플리케이션을 단계별로 구축하는 실습 과정입니다. 간단한 CLI 챗봇으로 시작하여, 오픈AI의 대화 상태 관리 기능을 통해 이전 대화를 기억하게 만드는 방법을 배우고, 프롬프트 엔지니어링을 통해 챗봇에게 '어린 왕자' 페르소나를 부여합니다. 마지막으로 FastAPI를 사용하여 터미널 기반의 챗봇을 사용자와 상호작용할 수 있는 웹 인터페이스로 확장하는 방법을 다룹니다.

실습	○ CLI 챗봇 구현 ○ 챗봇이 이전 대화를 기억할 수 있게 하기 ○ 프롬프트 엔지니어링으로 챗봇에게 페르소나 추가하기 ○ 웹 인터페이스로 어린 왕자 챗봇과 대화하기

03 랭체인의 핵심 콘셉트 : 랭체인LangChain의 핵심 구성 요소를 체계적으로 학습합니다. 다양한 LLM을 일관된 방식으로 다루는 '채팅 모델', 구조화된 대화를 위한 '메시지'부터, 동적 입력을 처리하는 'PromptTemplate'과 LLM의 출력을 정제하는 'OutputParser'까지의 기본 개념을 익힙니다. 나아가 랭체인의 강력한 추상화 계층인 'Runnable'과 파이프(|) 연산자로 컴포넌트를 조합하는 'LCEL', 외부 기능과 연동하는 '도구', 그리고 LLM의 한계를 극복하는 '임베딩', '벡터 스토어', 'RAG'까지 심도 있게 다룹니다.

실습	○ 채팅 모델, 메시지, 프롬프트 템플릿, 아웃풋 파서의 이해 및 활용 ○ Runnable과 LCEL을 사용한 선언적 체인 구성 : 50자 이내의 짧은 시를 작성하기 ○ @tool 데코레이터를 사용한 외부 도구 연동 : AI와 가위바위보 게임하기 ○ 임베딩과 FAISS 벡터 스토어를 활용한 의미 기반 검색 : 강아지, 고양이, 자동차, 비행기 유사도 측정하기

Part 02 요즘 AI 에이전트 개발

04 요즘 AI 에이전트 개발 : 'AI 에이전트'의 개념을 정의하고, 오픈AI의 에이전트 SDK를 통해 직접 에이전트를 구축하는 방법을 다룹니다. SDK의 핵심 개념인 에이전트Agent, 런너Runner, 도구Tool, 가드레일Guardrails, 핸드오프Handoffs를 실습을 통해 학습합니다. 뉴스 검색 에이전트를 만들며 외부 도구를 연동하고, 입력과 출력의 안정성을 보장하는 가드레일을 구현하며, 여러 전문 에이전트가 협업하는 '병원 안내 시스템'을 통해 핸드오프 기능을 익힙니다.'

> **실습**
> - 오픈AI 에이전트 SDK를 사용한 기본 에이전트 생성 : 인사를 잘하는 Hello 에이전트
> - 외부 도구를 활용하는 뉴스 검색 에이전트 개발 : 웹 검색 도구로 뉴스를 찾아주는 에이전트
> - 입력/출력 가드레일을 통한 에이전트 동작 제어 : 유해한 요청을 거절하는 안전한 에이전트
> - 핸드오프 기능을 이용한 다중 에이전트 협업 시스템 구축 : 병원 안내 시스템을 구현한 멀티 에이전트 시스템
> - 응답 로그/트레이싱 확인

05 구글의 ADK : 구글이 공개한 프로덕션 레벨의 AI 에이전트 프레임워크인 ADKAgent Development Kit를 학습합니다. ADK가 제공하는 LLM 에이전트, 워크플로 에이전트(순차, 병렬, 루프), 커스텀 에이전트 등 다양한 에이전트 타입을 이해하고, adk web, adk run, adk api_server 등 유연한 실행 방식을 실습합니다. 날씨와 야구 순위를 알려주는 멀티툴 에이전트, Pydantic 모델로 출력을 강제하는 구조화된 출력 에이전트, 그리고 여러 에이전트를 조합하여 일일 브리핑을 생성하는 복잡한 워크플로를 직접 구현하며 ADK의 강력한 기능을 체감합니다.

실습	○ ADK의 3가지 실행 방식(web, run, api_server) 실습
	○ 여러 도구(날씨 및 야구 랭킹)를 사용하는 에이전트 개발
	○ 구조화된 출력을 지원하는 도서 추천 에이전트 개발
	○ 순차/병렬 워크플로 에이전트를 활용한 데일리 브리핑 및 스팸 필터 시스템 구축
	○ 루프 워크플로 에이전트를 활용한 스팸 체크 에이전트 만들기
	○ 하위 에이전트를 활용한 멀티 에이전트 아키텍처 구현 : 도구 사용과 JSON 변환을 동시에 지원

06 랭그래프 : AI 에이전트 워크플로를 구축하는 강력한 프레임워크인 랭그래프를 학습합니다. 작업 단위를 의미하는 '노드'와 실행 흐름을 나타내는 '에지'로 구성된 그래프 구조를 통해, AI가 상황에 맞게 동적으로 실행 경로를 결정하는 '조건부 라우팅'을 구현합니다. 또한 체크포인터 기능을 활용해 대화 기록을 자동으로 관리하는 메모리 기능을 구현하고, 루프, 병렬 처리, 외부 도구 연동, 휴먼 인 더 루프 등 정교한 에이전트 시스템을 만드는 핵심 패턴들을 실습을 통해 익힙니다.

실습	○ 조건부 라우팅을 활용한 감정 분석 챗봇
	○ 체크포인터를 이용한 대화 기억 챗봇 : 사용자의 정보를 기억하는 챗봇
	○ 루프 워크플로를 이용한 숫자 맞추기 게임
	○ 병렬 처리를 활용한 데이터 대시보드 생성 워크플로 처리
	○ ToolNode를 이용한 외부 도구(계산기, 날씨 API, 환율 계산) 호출
	○ 휴먼 인 더 루프 패턴 구현 : AI를 사용하여 보고서 만들기
	○ 하위 그래프를 이용한 전문가 시스템 구축 : 기상전문가 에이전트에게 날씨 물어보기

 **AI 에이전트 프로토콜 : MCP와 A2A**

07 AI 에이전트 프로토콜, 클로드 MCP : AI 모델과 외부 도구 간의 파편화된 연동 문제를 해결하기 위해 탄생한 MCP를 심도 있게 다룹니다. 다양한 IDE와 언어의 연동을 표준화한 LSP에서 영감을 받은 MCP가 M × N의 복잡도를 M + N으로 줄이는 원리를 이해하고, 호스트/ 클라이언트/ 서버 아키텍처와 JSON-RPC 2.0 기반의 통신 방식을 학습합니다. 직접 MCP 서버를 구축하고, @mcp.tool( ) 데코레이터로 도구를 정의하며, MCP 서버를 테스트하는 실습을 진행합니다.

실습	○ MCP 서버 구현 및 기동 ○ @mcp.tool() 데코레이터를 사용한 도구 및 리소스 정의 ○ MCP 인스펙터와 포스트맨을 이용한 MCP 서버 기능 테스트

08 AI 에이전트 프로토콜, 구글 A2A : 분산된 환경의 AI 에이전트들이 서로 통신하고 협업하기 위한 구글의 개방형 프로토콜 A2A를 알아봅니다. 에이전트가 자신을 외부에 알리는 '에이전트 카드', 작업 단위인 '태스크', 통신 내용인 '메시지' 등 A2A의 핵심 개념을 학습합니다. 파이썬 SDK를 사용하여 A2A 서버와 클라이언트를 직접 구현하고, A2A 인스펙터를 통해 에이전트 검색부터 메시지 전송, 스트리밍 응답까지 프로토콜의 전체 흐름을 테스트합니다.

실습	○ A2A 에이전트 카드 작성 ○ 에이전트 실행자(Agent Executor) 생성 ○ A2A 서버/ 클라이언트 구현 및 테스트 ○ A2A 인스펙터를 이용한 서버 연결 및 채팅 테스트 ○ A2A 클라이언트 코드를 작성하여 비스트리밍 및 스트리밍 메시지 전송

고급 AI 에이전트 개발 : 도전! 2가지 프로젝트

09 멀티 에이전트 뉴스 수집 및 요약 시스템 : 랭그래프와 랭체인을 사용해 구글 뉴스 RSS 피드를 수집, 요약, 분류하고, 최종 보고서까지 생성하는 멀티 에이전트 시스템을 구축하는 방법을 다룹니다. 이 시스템은 뉴스 수집, AI 기반 요약 및 분류, 마크다운 보고서 생성 기능을 자동화하며, 각 기능을 전담하는 4개의 에이전트(수집, 요약, 분류, 보고)로 구성됩니다. 비동기 처리를 통해 여러 뉴스 기사를 효율적으로 다루는 실무적인 기술도 학습합니다.

실습	○ 에이전트 간에 공유하는 데이터 모델 정의 ○ 프로젝트 설정 관리 코드 작성 ○ RSS 피드 자동 수집 에이전트 구현 ○ LLM을 활용한 뉴스 요약 및 분류 에이전트 구현 ○ 수집된 데이터를 기반으로 마크다운 보고서 생성 에이전트 구현 ○ 랭그래프를 사용한 워크플로 구현

10 랭그래프와 MCP를 활용한 고급 에이전트 개발 : 랭그래프와 MCP를 결합하여 사용자의 자연어 명령을 이해하고 외부 도구를 사용해 작업을 수행하는 고급 AI 에이전트를 개발합니다. 이를 위해 날씨 조회, 뉴스 검색 등 다양한 기능을 제공하는 MCP 서버와, 이 서버의 도구를 동적으로 로드하여 사용하는 채팅 에이전트를 구축합니다. 최종적으로는 실시간 스트리밍을 지원하는 웹 채팅 인터페이스를 통해 사용자와 에이전트가 상호작용하는 완전한 애플리케이션을 완성합니다.

실습	○ 시스템 아키텍처 및 디렉터리 구조 설계 ○ 웹 스크래핑, 날씨 조회, 뉴스 헤드라인 수집 등 다양한 기능을 제공하는 MCP 서버 구축 ○ FastAPI와 랭그래프를 이용해 MCP 서버의 도구를 사용하는 채팅 에이전트(MCP 클라이언트) 개발 ○ 실시간 스트리밍 응답을 처리하는 웹 기반 채팅 인터페이스 구현

부록 A 이 장에서는 **AI 에이전트 개발에 유용한 환경 설정 노하우**를 제공합니다. 특히, **다양한 파이썬 버전을 관리하는 런타임 매니저 uv의 사용법**을 소개하고, **API 키와 같은 민감 정보를 안전하게 다루기 위한 환경 변수 관리 방법**을 설명합니다. 또한, **효율적인 로그 관리를 위한 파이썬의 로깅 모듈 사용법**을 상세히 다룹니다

실습	○ uv를 활용한 파이썬 런타임 및 패키지 관리 ○ .env 파일을 이용한 환경 변수 관리 ○ 로깅 모듈 사용

부록 B 본문에서 유용한 라이브러리들 20가지 이상 활용합니다. 알면 코딩양이 대폭 줄어들게 됩니다. 코딩양은 곧 비용이죠! 유용한 라이브러리 목록을 정리해뒀습니다.

✓ 목차 +

AI 에이전트 개발, 진짜 실무 기술로 마스터하세요   002

책을 미리 읽은 독자가 말합니다   003

이런 분께 강력 추천합니다   005

학습 효율 250% 높이는 학습 가이드   006

이 책의 내용 미리보기   008

Chapter 00 개발 환경 설정   021

0.1 파이썬 환경 설정   021

0.2 VSCode 설정   030

0.3 API 키 발급받기   039

Part 01 LLM과 랭체인 개발

Chapter 01 LLM API의 기초   046

1.1 LLM API를 왜 사용해야 하는가?   046

1.2 LLM API의 기본적인 사용법   047

1.3 스트리밍 처리   058

1.4 비동기 처리 및 오류 핸들링   062

학습 마무리   071

Chapter 02 LLM API를 사용하여 챗봇 만들기 ···················· 072

2.1 CLI를 사용한 챗봇 만들기　072

2.2 챗봇이 이전 대화를 기억할 수 있게 하기　074

2.3 어린 왕자 페르소나 추가하기　077

2.4 웹 인터페이스 추가하기　079

학습 마무리　083

Chapter 03 랭체인의 핵심 콘셉트 ······························· 084

3.1 랭체인 프레임워크 소개　084

3.2 랭체인의 핵심 콘셉트 : 채팅 모델　087

3.3 랭체인의 핵심 콘셉트 : 메시지　089

3.4 랭체인의 핵심 콘셉트 : PromptTemplate과 OutputParser　091

3.5 랭체인의 핵심 콘셉트 : Runnable과 LCEL　100

3.6 랭체인의 핵심 콘셉트 : 도구　110

3.7 랭체인의 핵심 콘셉트 : 임베딩과 벡터 스토어　114

3.8 랭체인의 핵심 콘셉트 : 리트리버와 RAG　124

학습 마무리　131

Part 02 요즘 AI 에이전트 개발

Chapter 04 오픈AI의 에이전트 SDK ·········· 134

4.1 AI 에이전트 알아보기 **134**

4.2 첫 번째 에이전트 만들기 : 인사하는 에이전트 **137**

4.3 핵심 콘셉트들 **139**

4.4 도구(Tools) 활용하기 : 뉴스 에이전트 **140**

4.5 가드레일 사용하기 **142**

4.6 핸드오프를 활용한 다중 에이전트 협업 : 병원 안내 시스템 **149**

4.7 로그 확인 및 트레이싱 **152**

학습 마무리 **154**

Chapter 05 구글의 ADK ·········· 156

5.1 ADK 개발 환경 준비하기 **156**

5.2 ADK의 특징과 장점 **159**

5.3 헬로 ADK 만들기 **162**

5.4 ADK를 실행하는 3가지 방법 **163**

5.5 여러 도구를 사용하는 에이전트 : 날씨와 야구 랭킹 에이전트 **170**

5.6 구조화된 출력을 지원하는 에이전트 **173**

5.7 멀티 에이전트 사용하기 **176**

5.8 워크플로 에이전트 만들기 : 날씨 정보, 오늘 뉴스, 주식 멀티 에이전트 **183**

5.9 스팸 체크 에이전트 만들기 **188**

학습 마무리 **191**

Chapter 06 랭그래프 193

- 6.1 그래프 자료구조의 이해   193
- 6.2 랭그래프의 핵심 개념   194
- 6.3 헬로 랭그래프 만들기   195
- 6.4 조건부 라우팅 적용하기 : 감정 분석 챗봇   199
- 6.5 체크포인터를 사용한 상태 관리하기   206
- 6.6 루프 워크플로 구현하기 : 숫자 맞추기 게임   212
- 6.7 병렬 처리 워크플로 구현하기 : 날씨, 뉴스, 주식 병렬 처리   219
- 6.8 ToolNode를 사용한 도구 사용 기능 만들기 : 계산기, 날씨, 환율 도구의 도구   224
- 6.9 휴먼 인 더 루프 반영하기   233
- 6.10 하위 그래프 사용하기 : 기상 전문가와 범용 에이전트   238
- 학습 마무리   243

Part 03 AI 에이전트 프로토콜 : MCP와 A2A

Chapter 07　AI 에이전트 프로토콜, 클로드 MCP ·················· 246

7.1　MCP의 탄생 배경　246

7.2　MCP란 무엇인가?　247

7.3　MCP를 기술적 관점에서 바라보기　248

7.4　MCP의 현재 위상　252

7.5　MCP 서버 만들기　253

7.6　MCP의 향후 과제들 살펴보기　260

학습 마무리　262

Chapter 08　AI 에이전트 프로토콜, 구글 A2A ·················· 264

8.1　A2A란?　264

8.2　A2A의 핵심 개념 및 용어들　265

8.3　MCP와 A2A는 뭐가 다른가?　270

8.4　A2A 동작 원리 실습해보기 : AI 비서 서버와 클라이언트　271

학습 마무리　294

Part 04 고급 AI 에이전트 개발 : 도전! 2가지 프로젝트

Chapter 09 멀티 에이전트 뉴스 수집 및 요약 시스템 ·········· 298

9.1 시스템 아키텍처 및 준비하기 298

9.2 데이터 모델 정의하기 300

9.3 유틸리티 함수 구현하기 302

9.4 프로젝트 설정 관리 추가하기 305

9.5 에이전트 구현하기 308

9.6 워크플로 구현하기 332

9.7 메인 실행 파일 구현하기 334

9.8 실행 및 보고서 확인하기 338

학습 마무리 343

Chapter 10 랭그래프와 MCP를 활용한 고급 에이전트 개발 ·········· 345

10.1 시스템 아키텍처 및 준비하기 346

10.2 MCP 서버 구축하기 348

10.3 채팅 에이전트 만들기 357

10.4 웹 인터페이스 만들기 365

10.5 MCP 서버와 에이전트 실행 및 테스트하기 375

학습 마무리 380

부록 A 개발 환경 설정 시 알아두면 좋은 것들 ·········· 381

부록 B 본문에서 다룬 유용한 라이브러리들 ·········· 397

찾아보기 399

Chapter 00

개발 환경 설정

'시작이 반이다'라는 말이 있습니다. 개발에서는 개발 환경을 설정하는 것이야 말로 시작입니다. 파이썬과 관련된 IDE를 이미 익숙하게 사용하는 독자라면 파이썬 설치와 VSCode 설정은 건너뛰고 다음으로 넘어가셔도 됩니다.

AI 에이선트를 다루는 이 책에서는 파이썬을 언어로 사용합니다. 개발 환경의 IDE는 무료로 사용할 수 있는 VSCode를 사용합니다. 환경 설치 이후에는 AI 에이전트 개발을 위해서는 반드시 오픈AI나 클로드 같은 LLM 서비스의 API 키가 필요하므로 API 키를 발급하는 방법을 알아봅니다.

0.1 파이썬 환경 설정

꼭 파이썬을 사용해야 AI 에이전트를 만들 수 있는 것은 아닙니다만, AI 관련한 파이썬 커뮤니티 개발 생태계가 잘 구성되어 있어서 파이썬이 여러모로 유리합니다. 그러한 이유로 이 책은 파이썬을 사용합니다. 자, 그럼 윈도우와 맥OS에서 파이썬 설치를 순서대로 알아보겠습니다. 사용 중인 PC의 운영체제에 알맞은 버전을 설치하시기 바랍니다.

0.1.1 윈도우에 파이썬 설정하기

윈도우에 파이썬을 설치하는 방법은 굉장히 다양합니다. 이 책에서는 가장 기본 방법인 python.org에서 설치 파일을 받아서 설치하는 방법을 알려드립니다. 혹시 다른 방법이 궁금한 독자분께서는 아래에 남겨둔 링크를 읽어보시는 것도 좋겠습니다.[1] 부록 A '개발 환경 설정 시 알아두면 좋은 것들'에서 최근에 나온 방법을 한 가지 더 소개합니다.

윈도우에 파이썬 설치하기

01 python.org에 접속하셔서 ❶ Downloads 탭에 마우스를 올리면 ❷ Python 3.13.2(책 집필 시점 기준)라고 되어 있는 버튼이 보입니다. 해당 버튼을 클릭해 설치 파일을 내려받습니다.

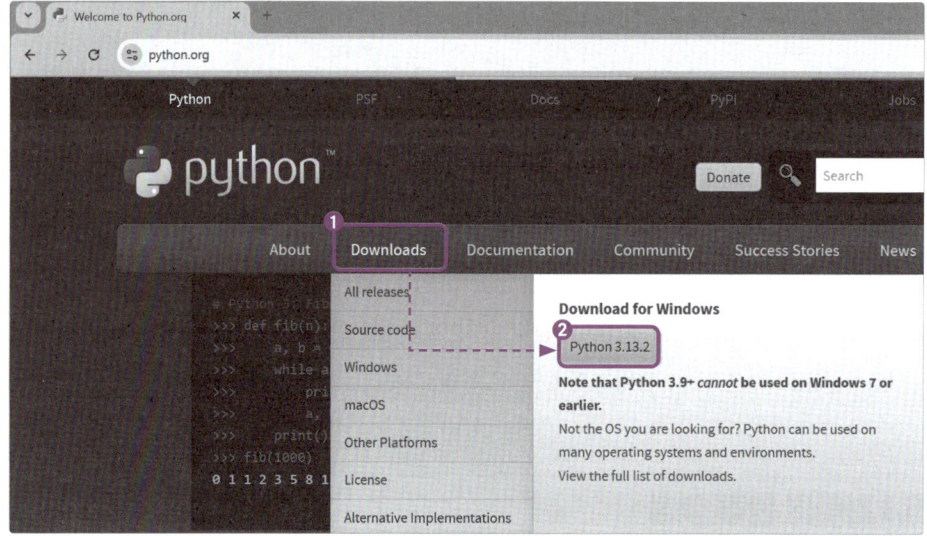

02 설치 파일을 더블클릭하면 파이썬 설치 창이 뜹니다. ❶ 'Add python.exe to PATH'를 체크해줍시다. 해당 항목을 체크하면 터미널에서 파이썬 명령어를 바로 사용할 수 있습니다. 다음으로 ❷ [Install Now]를 눌러서 설치를 해줍시다.

---

1 **윈도우에 파이썬을 설치하는 방법 5가지** : https://blog.gyus.me/blog/2020/how-to-install-python-on-windows

03 실행해도 되는지 물어보는데 '예'를 클릭합시다. 그러면 설치를 진행합니다. 설치가 완료되면 [Close]를 눌러서 창을 닫아줍시다.

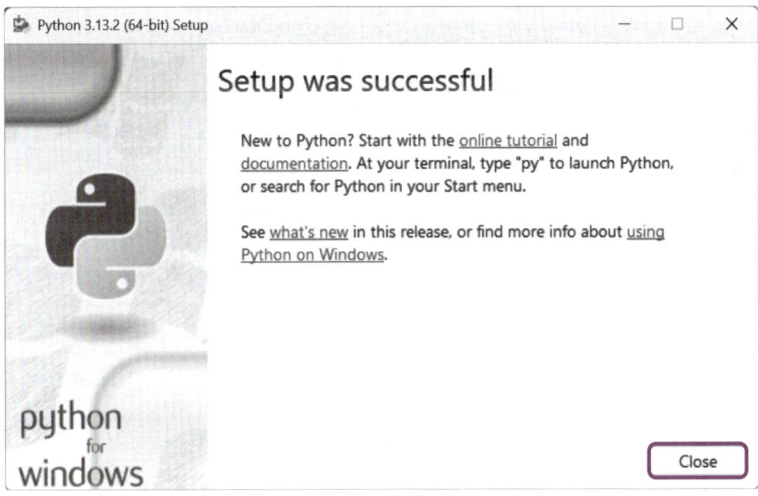

윈도우에서 파이썬 설치 확인

01 잘 설치가 되었는지 확인하려면 터미널에서 확인하는 것이 좋습니다. ⊞+r 키를 입력하면 실행창이 뜹니다. cmd를 입력하고 확인을 클릭해 터미널을 실행합시다.

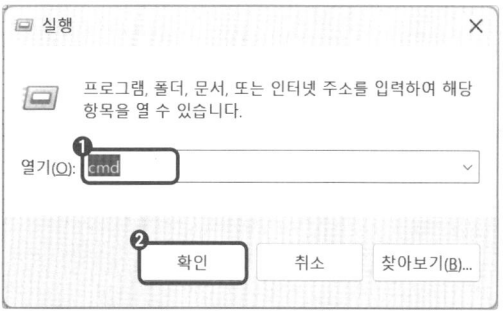

02 터미널에서 python -V를 입력하고 엔터키를 눌러서 실행해주세요. 설치했던 파이썬 버전이 화면에 표시되면 설치 성공입니다.

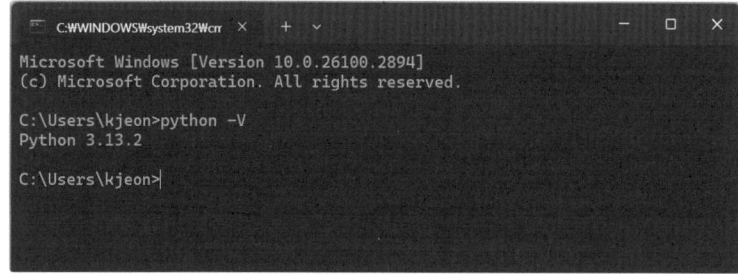

03 파이썬이 설치되지 않으면 아무것도 할 수 없으니, 파이썬이 처음이신 분은 꼭 설치를 진행하고 넘어갑시다.

0.1.2 맥OS에 파이썬 설정하기

맥OS에 파이썬 설치하기

01 python.org에 접속해서서 ❶ Downloads 탭에 마우스를 올리면 ❷ Python 3.13.2(책 집필 시점 기준)라고 되어 있는 버튼이 보입니다. 해당 버튼을 클릭해 설치 파일을 내려받습니다.

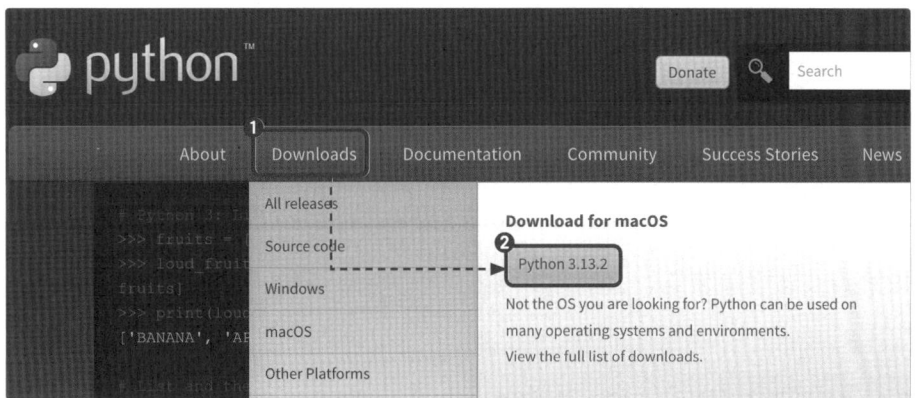

02 내려받은 python-〈버전〉-macos11.pkg 파일을 실행해주세요. 실행한 파일에 대한 소개 페이지입니다. [계속] 버튼을 눌러주세요.

03 설치에 대한 상세 내용이 나옵니다. **[계속]** 버튼을 눌러주세요.

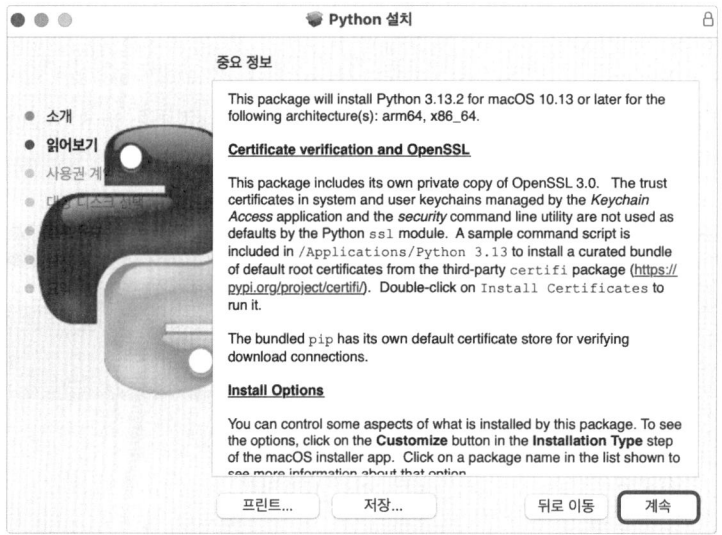

04 소프트웨어 사용권 계약입니다. **[계속]** 버튼을 눌러주세요.

05 라이선스에 동의해주세요.

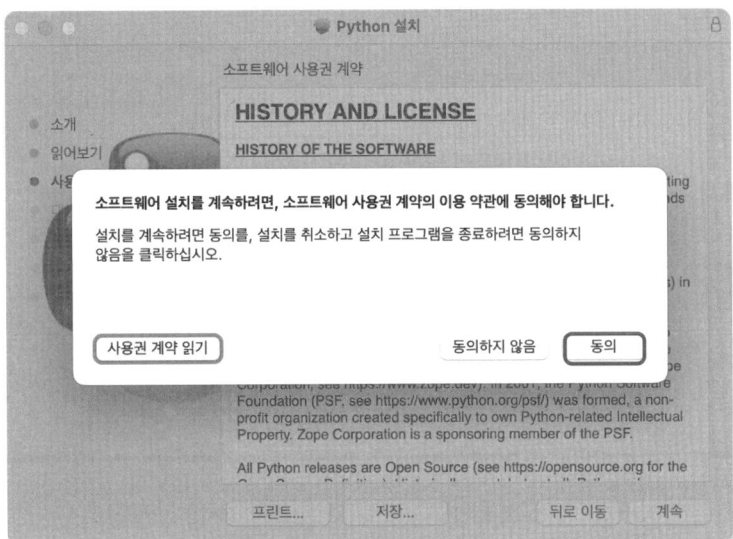

06 설치 유형 선택 화면입니다. [**설치**] 버튼을 눌러서 설치를 해주세요.

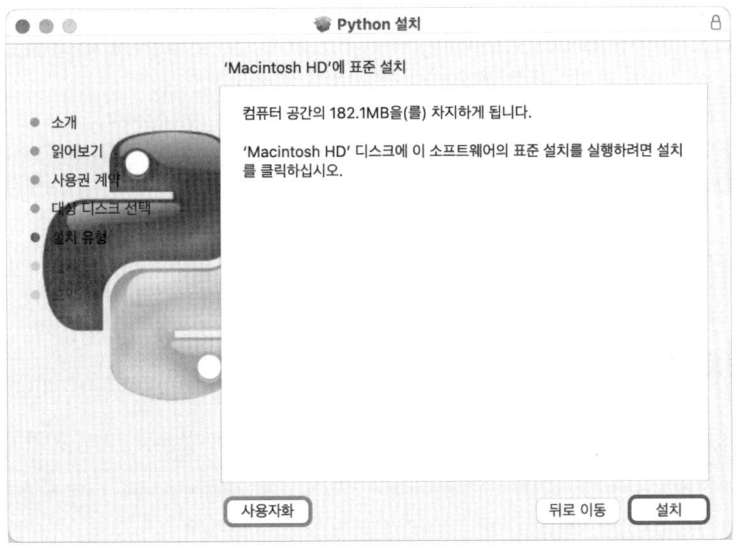

07 설치 시 암호를 물어봅니다. 암호를 입력해주세요. 설치가 완료되면 위와 같은 화면이 나옵니다. [닫기] 버튼을 눌러서 설치를 완료해주세요.

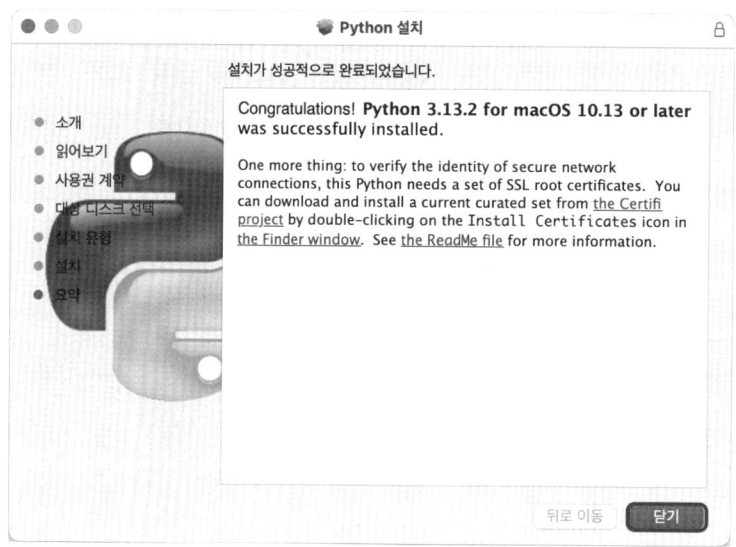

맥OS에서 파이썬 설치 확인하기

01 터미널을 열어서 다음의 명령어를 실행해 파이썬 설치를 확인해봅시다.

```
$ python3 -V
```
터미널

파이썬 설치 버전(집필 시점에는 Python 3.13.2)이 나오면 성공입니다.

python3에 대한 심볼릭 링크 만들기

01 터미널을 열어서 which python3를 입력 후 실행합시다. 다음과 같은 경로에 설치가 되어 있을 겁니다.

```
$ which python3
/Library/Frameworks/Python.framework/Versions/3.13/bin/python3
```
터미널

02 ln 명령어를 사용해 심볼릭 링크를 만들어주겠습니다. /usr/loca/bin에 심볼릭 링크를 만들려면 관리자 권한이 필요합니다. sudo를 앞에 써줍니다. ln 명령어를 사용해 심볼릭 링크를 생성합니다. sudo는 관리자 권한으로 명령을 실행하기 위한 명령어입니다. 심볼릭 링크를 만들기 위한 ln 명령어의 사용법은 다음과 같습니다.

```
$ ln -s <원본 명령어 경로> <심볼릭 링크 경로>
```

```
터미널
$ sudo ln -s /Library/Frameworks/Python.framework/Versions/3.13/bin/python3  /usr/local/bin/python
```

03 이제 python3가 아니라 python을 명령어로 사용할 수 있습니다. 터미널을 열어서 다시 확인하겠습니다.

```
터미널
$ python -V
```

04 설치한 파이썬 버전이 결괏값으로 나오면 성공입니다. 혹시나 python 명령어가 없다고 나온다면 PATH 환경 변수에 /usr/local/bin 경로가 없어서 그렇습니다. 자신이 사용하는 셸의 종류에 따라 다음의 명령어를 확인해 실행해주세요.

```
bash
echo 'export PATH=/usr/local/bin:$PATH' >> ~/.bash_profile
source ~/.bash_profile
```

```
zsh
echo 'export PATH=/usr/local/bin:$PATH' >> ~/.zshrc
source ~/.zshrc
```

```
fish
echo 'set -gx PATH /usr/local/bin $PATH' >> ~/.config/fish/config.fish
source ~/.config/fish/config.fish
```

맥OS는 asdf, mise 등의 런타임 매니저의 사용도 가능합니다. 최근에는 uv라는 파이썬을 위한 런타임 매니저가 나왔는데 이 부분은 부록 A '개발 환경 설정 시 알아두면 좋은 것들'에서 설명드리겠습니다.

0.2 VSCode 설정

윈도우와 맥OS에서 VSCode 설치를 순서대로 알아보겠습니다. 사용 중인 PC의 운영체제에 알맞은 버전을 설치하시기 바랍니다.

0.2.1 윈도우에 VSCode 설치하기

01 브라우저에서 https://code.visualstudio.com/download에 접속하셔서 윈도우용 설치 파일을 내려받으세요.

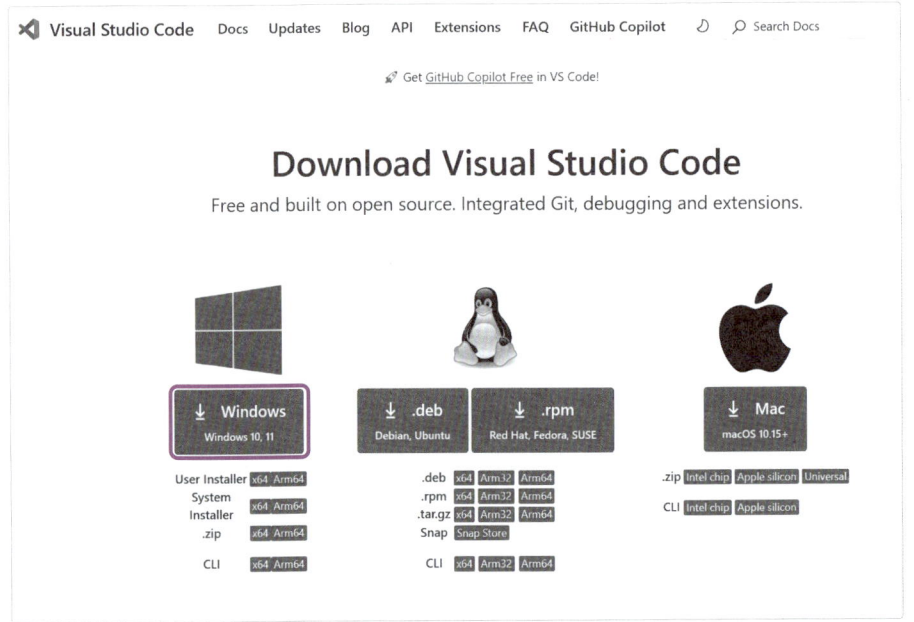

02 내려받은 설치 파일을 실행합시다. 사용권 계약에 ❶ [동의 합니다]를 선택하고 ❷ [다음]을 눌러주세요.

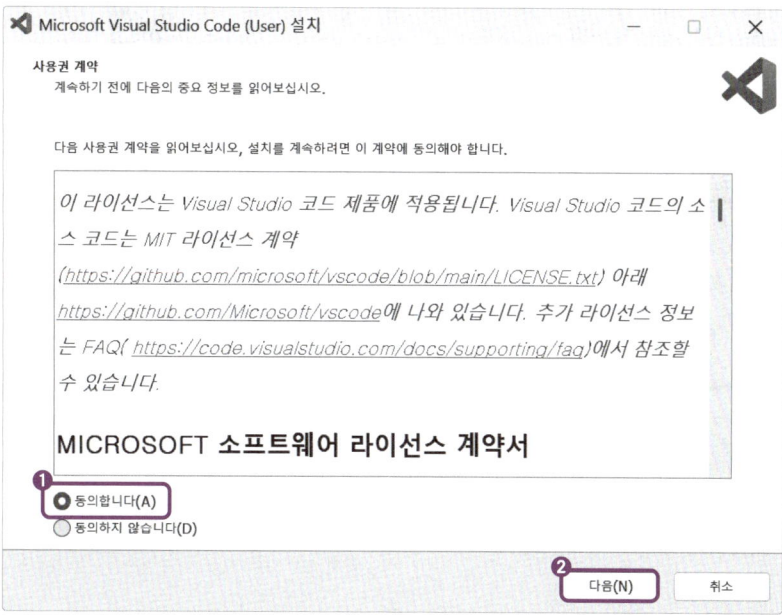

03 ❶ 설치 위치를 선택하고 ❷ [다음]을 눌러주세요.

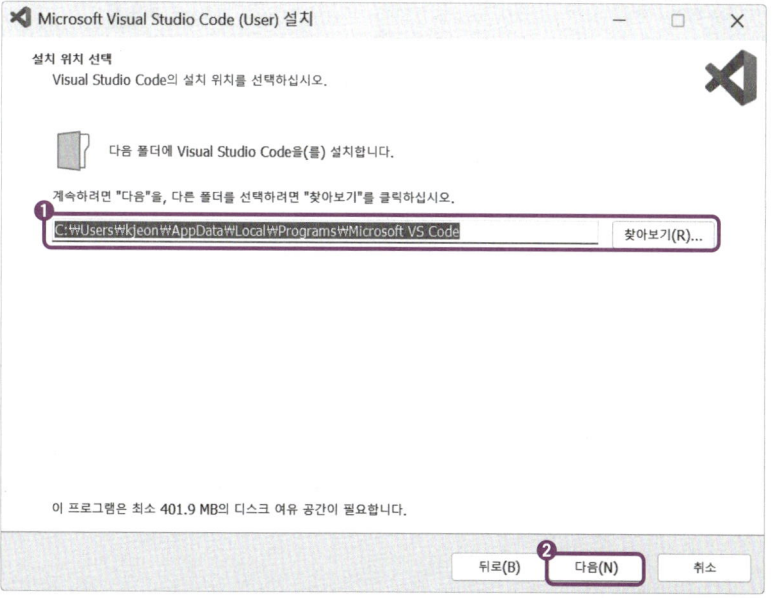

04 ❶ 시작 메뉴 폴더 선택도 자유롭게 하고 ❷ [다음]을 눌러주세요.

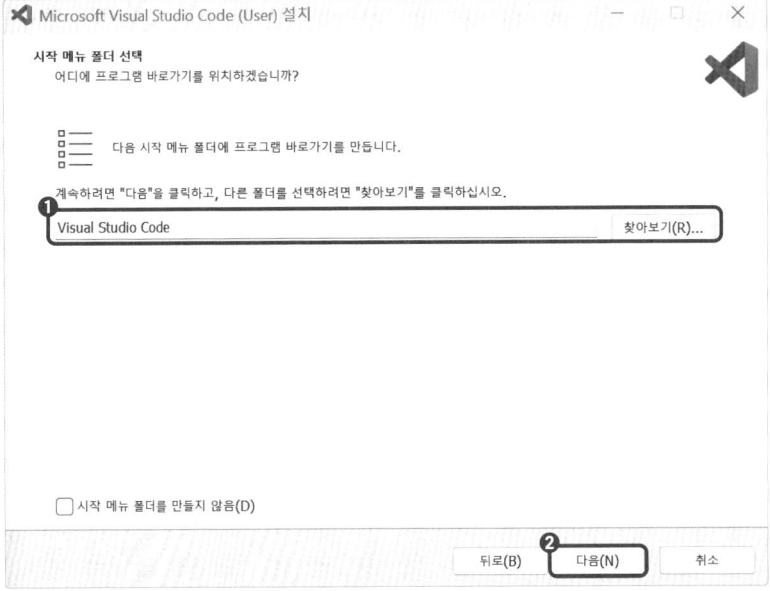

05 추가 작업 선택 부분도 변경없이 [다음]을 눌러줍니다.

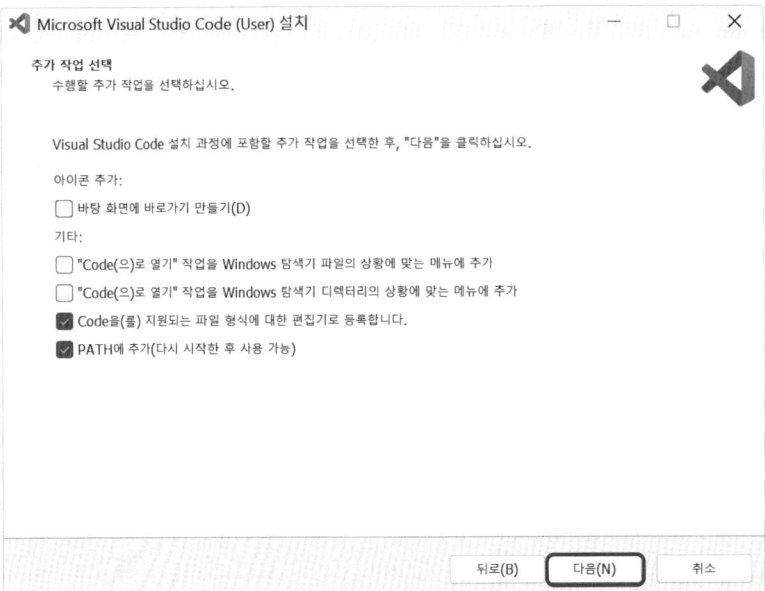

06 설치 준비가 완료됐으니 **[설치]** 버튼을 눌러서 설치해줍시다.

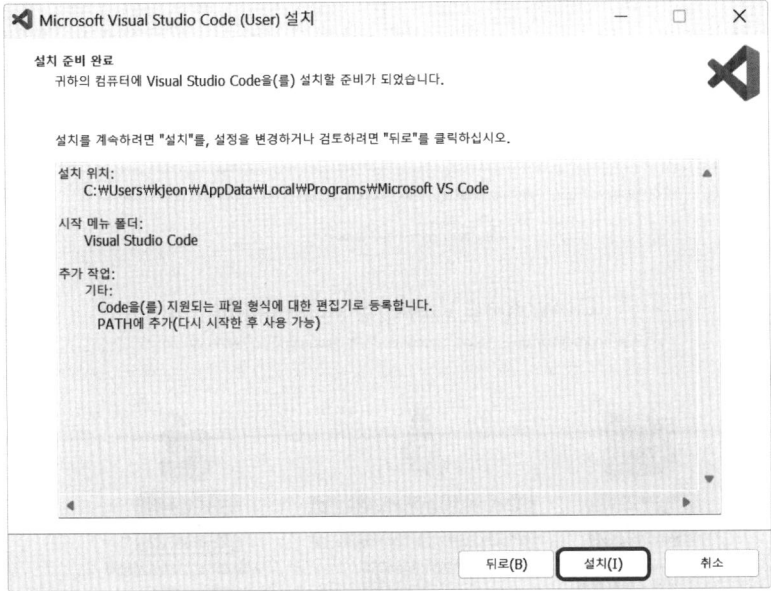

07 **[종료]**를 눌러서 설치를 종료해주세요.

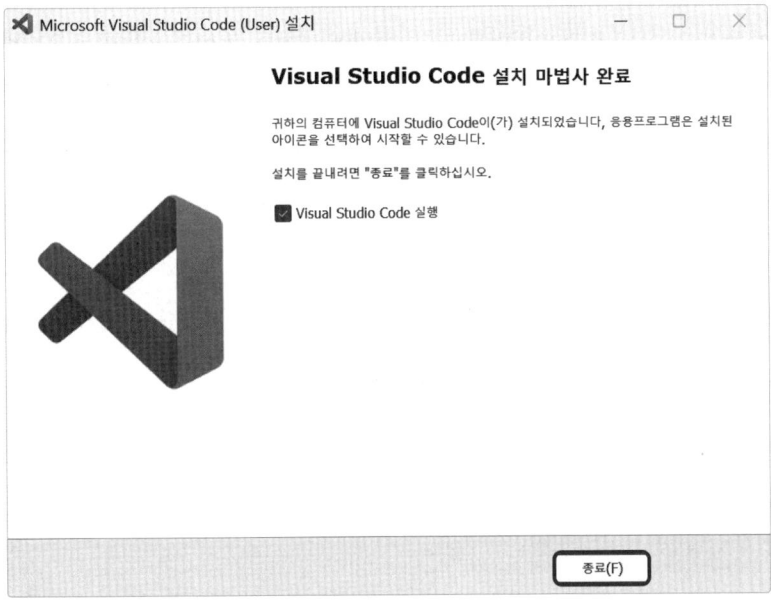

Chapter 00 개발 환경 설정   033

0.2.2 맥OS에 VSCode 설치하기

01 https://code.visualstudio.com/download에 접속하고 맥OS용 설치 파일을 내려받아주세요.

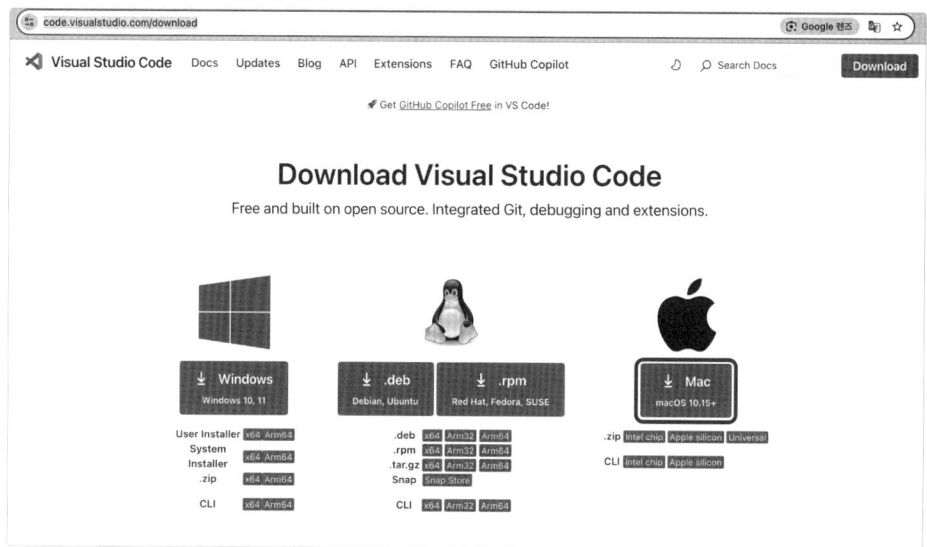

02 현재 사용하는 맥의 CPU에 맞게 받아도 되고, 화면에 보이는 큰 버튼을 눌러서 유니버설 버전을 받아도 됩니다. 받은 파일의 압축을 해제하면 Visual Studio Code.app 파일이 보입니다. 해당 파일을 애플리케이션으로 끌어서 넣어주세요. `Cmd + C`, `Cmd + V`를 사용해 복사붙여넣기를 해서도 됩니다.

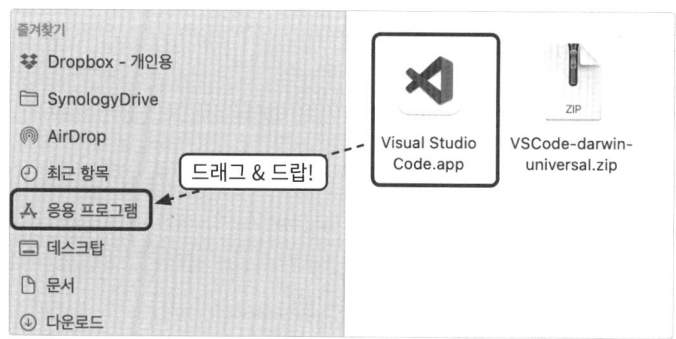

03 이제 Visual Studio Code를 실행해봅시다. 다음과 같은 경고가 나오기도 합니다. 열기를 눌러주세요.

맥OS에서의 설치는 여기까지입니다.

0.2.3 VSCode에서 파이썬 실행하기

01 VSCode를 실행합니다. 그리고 파이썬 실행에 필요한 익스텐션을 먼저 설치합시다. 좌측 메뉴바의 Extensions 메뉴를 클릭해주세요.

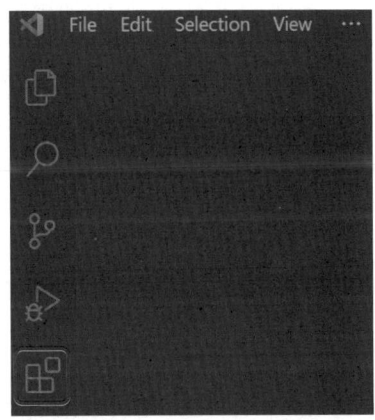

02 "Python"으로 검색을 하면 Microsoft에서 만든 파이썬 익스텐션이 있습니다. [Install] 버튼을 클릭해 설치해주세요.

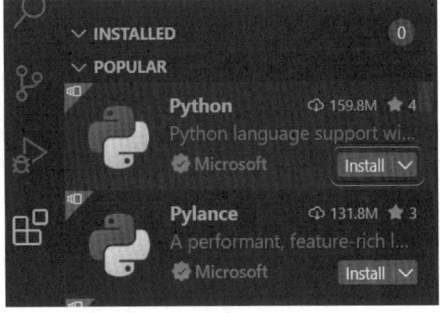

03 다음으로 코드를 작성하기 위한 프로젝트 디렉터리가 필요합니다. 원하는 곳에 디렉터리를 만들어주세요. 저는 yozm-ai-agent라는 이름으로 만들었습니다. VSCode에서 ❶ File 메뉴 아래의 ❷ Open Folder(한글 메뉴를 사용한다면 '폴더 열기') 메뉴를 선택해 만든 디렉터리를 선택합니다.

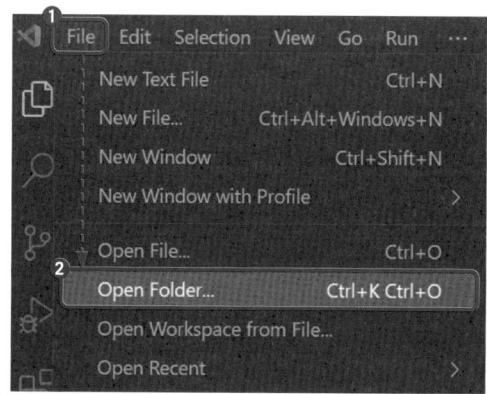

04 New File(새 파일)을 눌러서 파일을 생성해주세요.

파일명은 hello.py로 하고, 다음과 같은 코드를 작성해봅시다.

05 F5를 눌러 실행하면 다음과 같은 창이 뜹니다. 'Python Debugger'를 선택해주세요.

06 Python Debugger를 선택하면 디버그 설정을 해야 합니다. 디버그 설정은 Python File(Python 파일)을 선택해주세요.

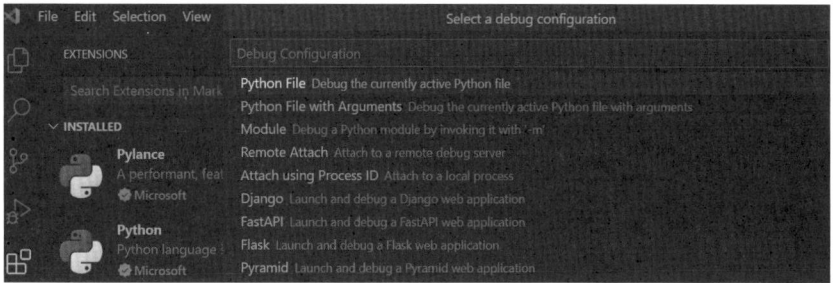

그러면 파이썬 파일이 실행되고 다음과 같은 메시지가 터미널 창에 나오게 됩니다.

> Hello AI Agent World!

0.2.4 가상 환경 설정하기

이 책에서는 여러 개의 프로젝트를 만들게 됩니다. 그리고 현업에서도 마찬가지입니다. 다른 점이 있다면 이 책에서는 하나의 파이썬 버전만 사용하지만 현업에서는 다양한 버전의 파이썬을 사용하면서 여러 개의 프로젝트를 진행한다는 점이 다릅니다. 각 프로젝트마다 설치해야 하는 파이썬 패키지들이 있습니다. 이를 의존성이라 부릅니다. 파이썬은 가상 환경Virtualenv이라는 개념을 사용하여 프로젝트마다 다른 의존성을 분리합니다.

사실 가상 환경이라는 말을 들으면 VR이 먼저 생각나기에 제 생각에는 가상 프로젝트 환경이라는 말이 조금 더 정확할 것 같습니다만, 파이썬에서 가상 환경이라는 용어가 나오면 해당 프로젝트만을 위한 패키지 디렉터리 설정 및 환경 설정을 의미한다고 보면 되겠습니다.

가상 환경을 만들기 위한 명령어와 모듈은 파이썬에 이미 포함되어 있으므로, 추가 설치 없이 바로 가상 환경을 만들 수 있습니다.

01 가상 환경을 만들어봅시다. `Ctrl + Shift + P` (맥OS의 경우 `Cmd + Shift + P`)를 입력하면 명령창이 뜨게 됩니다. Python: select Interpreter를 입력하고 선택해주세요.

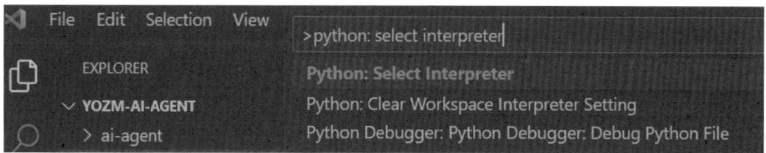

02 Create Virtual Environment(한글 메뉴 : 가상 환경 만들기)를 클릭해주세요.

03 Venv를 선택해주세요.

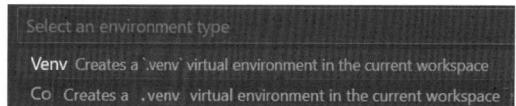

04 다음으로 파이썬 인터프리터 경로를 선택해야 합니다. 기존에 설치했던 버전(여기서는 3.13.2 버전)을 선택해줍시다.

05 오른쪽 아래에 venv를 만드는 중이라는 메시지가 뜹니다. 잠시 기다리면 가상 환경이 만들어집니다.

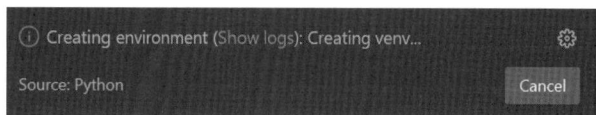

06 가상 환경이 만든 후에 다시 `Ctrl + Shift + P`를 눌러서 인터프리터 설정창을 띄우고 .venv를 선택해주면 됩니다.

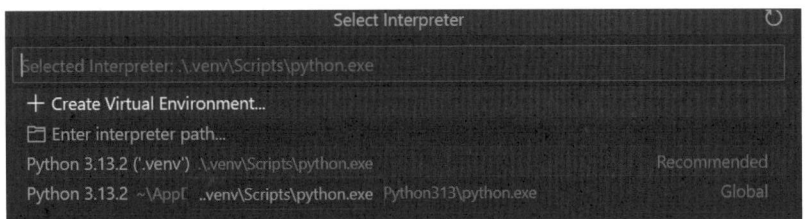

지금부터 yozm-ai-agent 안의 프로젝트에서 설치하는 의존성들은 .venv 가상 환경 아래에 있는 디렉터리에 설치됩니다. 터미널에서 가상 환경을 활성화하는 방법은 다음과 같습니다.

- **윈도우** : .\.venv\Scripts\activate
- **맥OS 또는 리눅스** : source .venv/bin/activate

가상 환경을 비활성화하고자 하는 경우 deactivate를 실행해주면 됩니다.

0.3 API 키 발급받기

이 책에서는 오픈AI의 GPT나 클로드의 소넷sonnet 같은 파운데이션 모델을 활용해 개발을 진행하게 됩니다. 파운데이션 모델은 대량의 데이터로 사전 학습을 진행한 큰 규모의 AI 모델을 의미합니다. 파운데이션 모델을 사용하는 방법으로 챗GPT 같은 웹 인터페이스에서 사용하는 방법도 있습니다만, 이 책에서는 API를 호출해 실행합니다. API를 호출하려면 API 키가 필수입니다. API 키를 발급받는 받는 방법을 간단하게 알아봅시다.

0.3.1 오픈AI의 API 키 발급받기

01 오픈AI API는 https://platform.openai.com/에서 발급할 수 있습니다. 웹사이트에 들어가서 로그인을 해주세요. 회원 가입이 되어 있지 않다면, 회원 가입도 필요합니다. 로그인 후에는 오른쪽 상단 프로필 사진 옆에 있는 톱니바퀴 ⚙ 모양 아이콘을 눌러서 설정 화면으로 이동합니다.

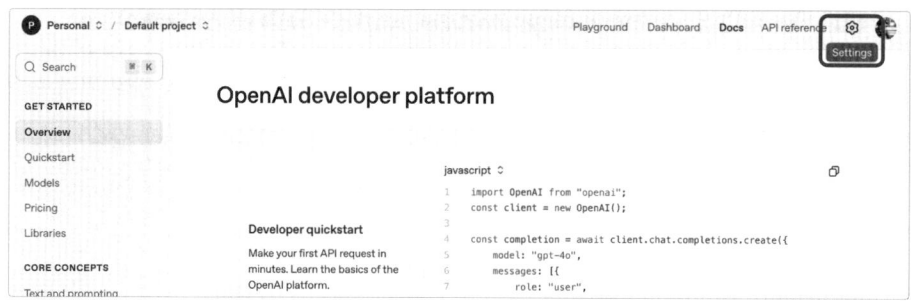

02 설정화면에서 ❶ 왼쪽 메뉴의 [API Keys] 메뉴를 클릭하고, ❷ 다음으로 [Create new secret key]를 눌러주세요.

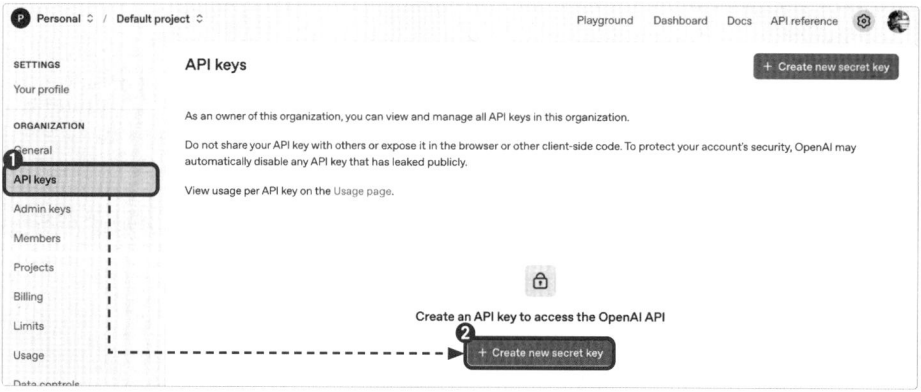

03 그러면 비밀키 설정 팝업이 뜹니다. ❶ 이름을 적고, ❷ 프로젝트를 선택하고 ❸ [Create secret key]를 클릭해주세요.

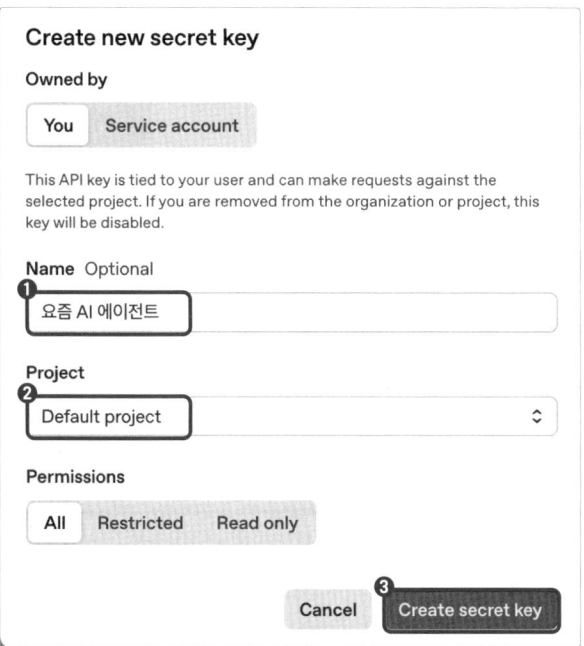

04 그러면 API 키가 보이는 창이 뜹니다. **[Copy]** 버튼을 누르면 클립보드에 저장이 됩니다. 다른 곳에 살 저장해두시길 바랍니다. 혹시나 보관을 못하셨다면, 지우고 다시 생성하는 것을 권해드립니다.

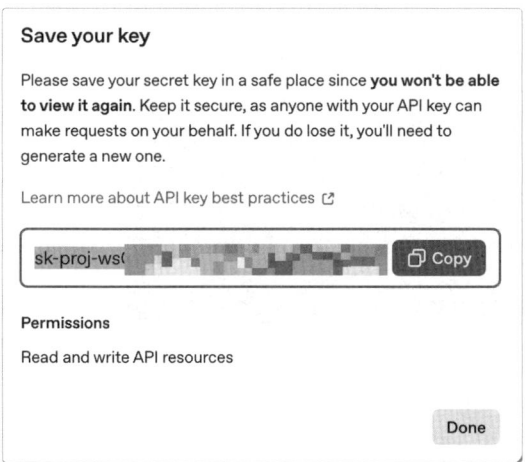

0.3.2 앤트로픽 API 키 발급받기

01 다음으로는 클로드의 파운데이션 모델을 사용하기 위한 API 키를 만들어봅시다. https://console.anthropic.com/에서 API 키를 발급받습니다. 회원 가입 및 로그인이 필요합니다. 로그인을 하셨다면 왼쪽 하단에 있는 ⚙️Settings 버튼을 눌러서 설정으로 이동해줍니다.

02 오픈AI 때와 마찬가지로 ❶ [API keys]를 선택하고 ❷ [Create Key]를 눌러주세요.

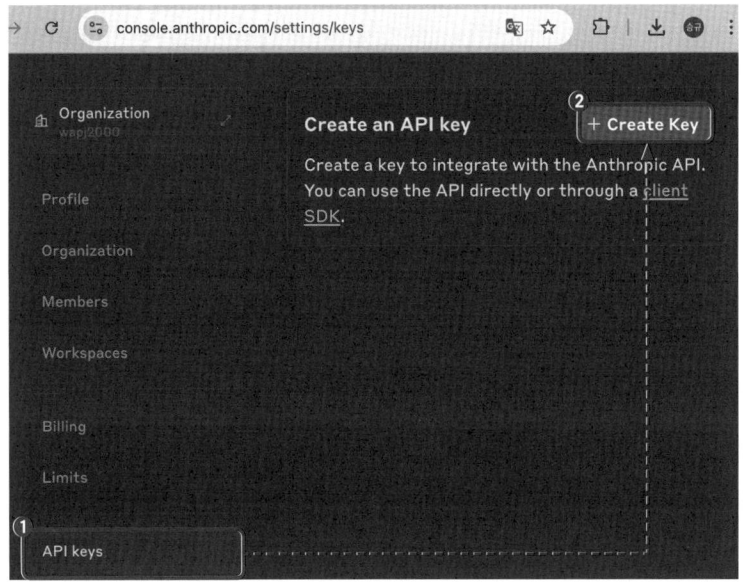

03 API 키 생성을 위한 팝업이 뜹니다. 워크스페이스와 키 이름을 입력해주세요. 저는 ai-agent로 했습니다. **[Add 버튼]**을 누르면 API 키가 나옵니다.

04 생성된 API 키를 잊지 말고 잘 저장해주세요.

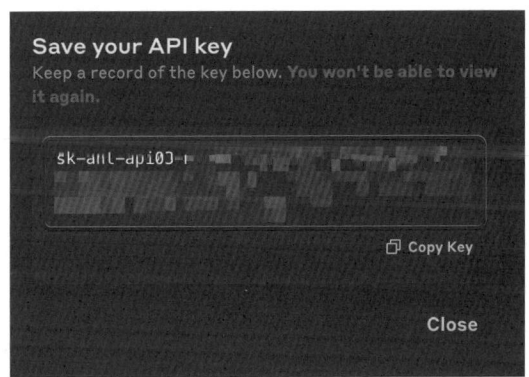

여기까지 해서 개발에 대한 가장 기본적인 내용은 준비가 되었습니다.

Part
01

LLM과 랭체인 개발

AI 에이전트 개발의 가장 기초적인 단계부터 시작합니다. 오픈AI와 앤트로픽의 LLM API를 직접 호출하는 방법을 배우고, 이를 활용해 페르소나를 가진 챗봇을 만듭니다. 마지막으로 복잡한 AI 애플리케이션을 손쉽게 구축하도록 돕는 프레임워크인 랭체인(LangChain)의 핵심 개념을 학습합니다.

Chapter 01

LLM API의 기초

대부분의 프로그래밍 책에서는 Hello World를 콘솔에 출력해보는 예제가 가장 먼저 나옵니다. 가장 단순한 예제이지만, 이를 통해 학습자는 함수, 표준 출력 등의 개념을 자연스럽게 익히게 됩니다. AI 에이전트를 개발하려면 LLM API에 대한 이해가 필수입니다. 오픈AI의 에이전트 SDK 처럼 직접 AI 에이전트 개발을 지원하는 경우도 있지만, 대부분의 경우 기존 API 위에 레이어를 한층 쌓아올린 형태가 되기 때문입니다. 그래서 이번 장에서는 AI 에이전트 개발의 시작점인 LLM API를 알아봅니다.

1.1 LLM API를 왜 사용해야 하는가?

LLM API는 대규모 언어 모델LLM에 프롬프트와 파라미터를 주고 추론하게 하는 API입니다. 대표적으로 오픈AI의 API와 클로드의 API가 있습니다. 그 외에도 제미나이 API 등 LLM을 만들고 있는 회사들은 거의 대부분 API를 지원하고 있습니다.

우리는 이미 챗GPT나 클로드의 공식 앱이나 데스크톱용 프로그램을 통해서 LLM을 실행할 수 있습니다. 그런데 번거롭게 API를 사용해서 LLM으로 추론을 하여 답변을 받도록 하는 근본적인 이유는 AI를 서비스에 적용하기 위해서입니다. 우리가 만드는 서비스의 사용자가 직접 타이핑을 해서 챗GPT에 프롬프트를 입력하도록 할 수는 없기 때문이죠. LLM API를 사용해야만 서비스에 적용할 수 있습니다.

물론 비용 효율화나 최신 모델을 활용할 수 있다는 장점도 있습니다. 하지만 비용 효율화보다는 LLM이 가지고 있는 능력과 기능의 최대치를 끌어내는 것이 목표라면 LLM API를 사용해야 합니다.

1.2 LLM API의 기본적인 사용법

LLM API를 제공하는 수많은 회사가 있습니다. 우리는 그중에 대표적으로 많이 사용하는 오픈AI와 클로드의 API 사용법을 알아보려고 합니다. 오픈AI와 클로드 둘 다 사용법이 크게 다르지 않습니다만, 처음이니까 둘 다 짚어보겠습니다.

1.2.1 모델별 특징을 잘 이해하고 사용하자

LLM API 사용 시에 주의할 점 중 하나는 모델의 특징을 잘 이해하고 사용해야 한다는 겁니다. 모델별 특징 정리만 해도 굉장히 많은 것을 알아야 하는데요. 자주 사용하는 최신 모델들의 정보만 정리해보았습니다.

오픈AI의 모델별 특징 및 가격은 다음 URL에서 확인할 수 있습니다.

- **오픈AI 모델별 가격** : https://openai.com/api/pricing/

앤트로픽의 경우 다음 URL에서 확인 가능합니다.

- **클로드 모델별 가격**
  - https://www.anthropic.com/claude/sonnet
  - https://www.anthropic.com/claude/opus

제미나이는 다음의 URL에서 확인 가능합니다.

- **제미나이 모델 설명** : https://ai.google.dev/gemini-api/docs/models?hl=ko

▼ 자주 사용하는 최신 모델 정보

모델명	출시일	특징	가격	응답속도
오픈AI GPT-5	2025년 8월 7일	다양한 도메인에 뛰어나며, 코딩 및 에이전트 태스크 작업을 위한 최상의 모델. 컨텍스트 길이 : 400k(입력 272k, 출력 128k)	입력 : $1.25 / 1M 토큰 출력 : $10.00 / 1M 토큰	보통
오픈AI GPT-5 mini	2025년 8월 7일	명확하게 정의된 작업을 위한 더 빠르고 저렴한 버전 컨텍스트 길이 : 400k(입력 272k, 출력 128k)	입력 : $0.25 / 1M 토큰 출력 : $2.00 / 1M 토큰	빠름
오픈AI GPT-5 nano	2025년 8월 7일	가장 빠르고 저렴한 버전. 요약 및 분류 작업에 적합 컨텍스트 길이 : 400k(입력 272k, 출력 128k)	입력 : $$0.05 / 1M 토큰 출력 : $0.40 / 1M 토큰	매우 빠름
오픈AI GPT-4o	2024년 5월 13일	복잡한 작업을 위한 고성능 모델 128k 컨텍스트 길이 멀티모달(음성 및 이미지 인식 및 생성)	입력 : $2.50 / 1M 토큰 출력 : $10.00 / 1M 토큰	매우 빠름
오픈AI GPT-4o mini	2024년 7월 18일	빠르고 일상적인 작업을 위한 저렴한 소형 모델. 128k 컨텍스트 길이	입력 : $0.150 / 1M 토큰 출력 : $0.600 / 1M 토큰	매우 빠름
오픈AI o3	2024년 9월 12일	도구, 구조화된 출력 및 비전을 지원하는 프런티어 추론 모델. 200k 컨텍스트 길이	입력 : $2.00 / 1M 토큰 출력 : $8.00 / 1M 토큰	보통
오픈AI o4-mini	2025년 4월 17일	수학, 코딩 및 비전 분야에서 강력한 성능을 제공하는 더 빠르고 비용 효율적인 추론 모델	입력 : $1.10 / 1M 토큰 출력 : $4.40 / 1M 토큰	보통
클로드 opus4.1	2025년 8월 5일	Opus 4의 업그레이드 버전, 에이전트 과제, 리얼 코드, 추론 성능 향상. 200k컨텍스트 길이	입력 : $15 / 1M 토큰 출력 : $75 / 1M 토큰	느림
클로드 opus 4	2025년 5월 22일	하이브리드 추론모델, 코딩, 에이전트 기반 업무, 창의적 글쓰기에 적합, 200k 컨텍스트 길이	입력 : $15 / 1M 토큰 출력: $75 / 1M 토큰	느림
클로드 sonnet4	2025년 5월 22일	opus4와 마찬가지로 하이브리드 추론모델. sonnet3.7에서 개선된 모델. 특히 코딩 부분이 개선됨 200K 컨텍스트 길이	입력 : $3 / 1M 토큰 출력 : $15 / 1M 토큰	빠름
Gemini 2.5 Pro	2025년 6월 6일	구글의 가장 강력한 사고 모델. 최고의 응답 정확도와 높은 성능을 가짐 1M 입력 토큰. 65536 출력 토큰 지원	20만토큰 이하 프롬프트 입력 : $1.25 / 1M 출력 : $10 / 1M 20만 토큰 초과 프롬프트 입력 : $2.5 / 1M 출력 : $15 / 1M	보통

Gemini 2.5 Flash	2025년 6월 6일	가격 대비 성능이 좋은 모델이며 다양한 기능을 제공 1M 입력 토큰. 65536 출력 토큰 지원	입력 : 텍스트/이미지/동영상 $0.3/1M 오디오 : $1/1M 출력 : $2.5 / 1M	빠름
Gemini 2.5 Flash-Lite	2025년 6월 6일	비용효율성과 짧은 지연시간에 최적화된 모델 1M 입력 토큰. 65536 출력 토큰 지원	입력 : 텍스트/이미지/동영상 $0.1/1M 오디오 : $0.5/1M 출력 : $0.4 / 1M	매우 빠름

모델의 특징을 알아야 하는 이유는 단순히 비용 때문만이 아닙니다. 컨텍스트 윈도우 크기, 응답 속도, 특정 태스크에서의 정확도, 프롬프트 엔지니어링 방식 등이 모델마다 다르기 때문에, 이를 이해해야 최상의 사용자 경험을 제공할 수 있습니다. 마치 요리할 때 재료의 특성을 알아야 맛있는 음식을 만들 수 있는 것과 같습니다. 그러므로 요구사항에 따라서 모델을 구분하여 달리 사용하는 지혜가 필요합니다. 응답속도는 기존의 서버 API에 비하면 다들 상당히 느립니다. 특히 o3, o4-mini, Gemini2.5 Pro, opus 4(옵션으로 추론모델 사용 가능) 같은 경우는 추론 모델이라 하여 더 오랜 시간을 사용합니다. 추론 모델 실행 시에는 10초가 넘어가는 경우도 자주 발생합니다. 대신 성능은 조금 더 좋습니다.

1.2.2 오픈AI API의 사용법

오픈AI의 API를 사용하기 위해 REST API를 사용하는 방법도 있습니다만, 파이썬용 SDK를 사용하는 것이 가장 편합니다(pip install openai로 쉽게 설치할 수 있습니다). 오픈AI의 API에는 텍스트 생성 관련된 API가 꽤 다양한 버전으로 있습니다. 챗 컴플리션$^{Chat\ Completion}$ API는 오픈AI의 모델에 단순한 질의를 할 때 좋은 API입니다. 기능이 단순하기 때문에 구현이 쉽습니다만, 이전 대화를 기억하지 못하는 단점이 있습니다. 이전의 대화를 기억하게 하는 기능을 '대화 상태 관리'라고 하는데 해당 기능을 가지고 있는 API로 어시스턴트 API$^{Assistant\ API}$가 있고, 최근에는 어시스턴트 API의 기능을 이어받은 리스폰스 API$^{Response\ API}$가 새로 공개되었습니다. 어시스턴트 API는 2026년 8월 26일에 폐지될 예정이므로 이 책에서는 챗 컴플리션과 리스폰스 API만 다뤄보겠습니다. 챗 컴플리션 이전에 컴플리션 API가 있었습니다만, 이제는 과거의 유산으로 남겨두도록 합시다. 다음은 챗 컴플리션, 어시스턴트, 리스폰스 API의 각 특징을 비교한 표입니다.

▼ 챗 컴플리션, 어시스턴트, 리스폰스 API의 각 특징

특징	챗 컴플리션 API	어시스턴트 API	리스폰스 API
주요 기능	• 사용자 입력에 대한 직접적인 응답 생성 • 대화의 문맥을 개발자가 직접 관리	• 복잡한 AI 어시스턴트 구축 지원 • 대화 스레드를 통해 문맥 자동 관리 • 코드 실행, 데이터 검색 등 고급 기능 지원	• 챗 컴플리션과 어시스턴트 API의 기능 통합 • 서버에서 대화 상태 관리 • 웹 검색, 파일 검색, 컴퓨터 사용 등 내장 도구 지원
문맥 관리	• 개발자가 대화의 문맥을 직접 유지하고 각 요청 시 이전 대화 내용을 함께 제공해야 함	• 대화 스레드를 통해 문맥을 자동으로 관리하여 지속적인 대화 유지 가능	• 서버에서 대화 상태를 관리하여 개발자의 부담 감소 • 이전 대화와의 연속성 유지 가능
내장 도구 지원	• 기본적으로 내장 도구 지원 없음 • 함수 호출을 통해 외부 API 호출 가능	• 코드 인터프리터, 파일 검색 (Retrieval), 함수 호출 등 다양한 내장 도구 지원	• 웹 검색, 파일 검색, 컴퓨터 사용 등 다양한 내장 도구 지원 • 도구 자동 선택 기능으로 필요 시에만 도구 호출
사용 편의성	• 간단한 상호작용에 적합 • 개발자가 문맥 관리와 도구 통합을 직접 구현해야 함	• 복잡한 대화형 애플리케이션 구축에 적합 • 문맥 관리와 도구 사용이 내장되어 있어 개발자의 부담 감소	• 챗 컴플리션 API의 간편함과 어시스턴트 API의 고급 기능을 결합 • 상태 관리와 도구 사용이 통합되어 개발자의 워크플로우 단순화 • 스트리밍 응답 지원
상태 관리	• 상태를 수동으로 관리	• 스레드와 메시지 구조를 통해 상태를 자동으로 관리	• 이전 대화의 상태를 자동으로 유지 가능 • 대화의 연속성 유지가 용이
출시 및 지원 현황	• 현재 지속적으로 지원 및 업데이트 중	• 2026년 상반기까지 리스폰스 API로 대체될 예정 • 현재는 기능 지원이 유지되고 있으나, 개발자들은 리스폰스 API로의 전환을 준비해야 함	• 현재 사용 가능하며, AI 에이전트 구축의 표준 API로 자리 잡고 있음 • 새로운 모델과 기능이 지속적으로 추가될 예정

챗 컴플리션 API 예제

오픈AI API를 사용하려면 파이썬 SDK를 설치해야 합니다. 다음의 명령어로 설치해주세요.

```
pip install openai==1.70.0
```
터미널

이어서 챗 컴플리션 API로 간단한 예제를 만듭시다. 모델은 가격도 저렴하면서 성능도 괜찮게 나와주는 오픈AI의 gpt-5-mini 모델을 사용하겠습니다. 코드는 다음과 같습니다.

chapter1/hello_openai.py

```python
import os
from dotenv import load_dotenv
from openai import OpenAI

# ❶ .env 파일에서 환경 변수 로드
load_dotenv()

# ❷ 오픈AI API 키 가져오기
api_key = os.environ.get('OPENAI_API_KEY')

# ❸ 오픈AI 클라이언트 초기화
client = OpenAI(api_key=api_key)

def get_chat_completion(prompt, model="gpt-5-mini"):
    # OpenAI 챗 컴플리션 API를 사용하여 AI의 응답을 받는 함수

    # ❹ 챗 컴플리션 API 호출
    response = client.chat.completions.create(
        model=model,
        messages=[
            {"role": "system", "content": "당신은 친절하고 도움이 되는 AI 비서입니다."},
            {"role": "user", "content": prompt}
        ]
    )

    # ❺ 응답 텍스트 반환
    return response.choices[0].message.content

if __name__ == "__main__":
    # ❻ 사용자 입력받기
    user_prompt = input("AI에게 물어볼 질문을 입력하세요: ")
    # ❼ AI 응답받기
    response = get_chat_completion(user_prompt)
```

```
    print("\nAI 응답:")
    print(response)
```

첫 예제이므로 주석을 꼼꼼히 넣어보았습니다. 이미 파이썬에 익숙한 독자라면, 빠르게 넘기셔도 좋겠습니다.

❶ .env 파일에서 환경 변수를 로드합니다. 우리가 사용할 환경 변수는 'OPENAI_API_KEY'이며, 이 값을 설정하는 방법은 부록에서 알아봅니다. 혹시 OPENAI_API_KEY가 환경 변수로 설정되어 있지 않다면, python 명령을 실행하는 경로에 .env 파일을 생성하면 됩니다. VSCode에서 F5로 실행하면 프로젝트 루트 디렉터리에서부터 .env 파일을 읽어옵니다. 프로젝트 루트 디렉터리(yozm-ai-agent 디렉터리)에 .env 파일을 만들고 본인의 API Key를 넣은 다음 실행하셔도 됩니다.

```
OPENAI_API_KEY=<OpenAI API KEY>                              yozm-ai-agent/.env
```

❷ 환경 변수에서 OPENAI_API_KEY로 지정된 값을 가져옵니다. 같은 함수로 os.getenv("OPENAI_API_KEY")를 사용하셔도 됩니다. os.getenv 내부에서 os.environ.get을 사용하므로 둘은 같은 함수입니다. 취향에 따라 쓰시면 되겠습니다.

❸ API 키로 OpenAI 클라이언트를 초기화합니다. 처음이라 명시적으로 세팅을 했습니다만, OPENAI_API_KEY라는 이름으로 되어 있으면 내부에서 알아서 가져다 씁니다. 즉 client = OpenAI() 이렇게 써도 무방합니다.

❹ 오픈AI의 챗 컴플리션 API를 호출하여 응답을 생성합니다. client.completions.create() 함수도 있는데, 이 함수는 레거시 함수이므로 헷갈리시면 안 됩니다. client.chat.completions.create()를 기억해주세요. 사전 학습 모델인 GPT 계열과 추론 모델인 o1, o3, o4 계열이 있습니다. 2025년 8월 7일 이후로는 GPT5 모델로 통합되었으며, 추론을 어느 정도 할지 정할 수 있습니다. 사전 학습 모델은 창의성을 결정하는 temperature가 있는데, 추론 모델은 temperature를 지원하지 않습니다. 고로 예제 코드에서도 빠졌습니다.

❺ API 응답에서 텍스트 내용을 추출하여 반환합니다. response 객체의 구조를 자세히 살펴봐야 하는데요, 보통 이렇게 코딩하면 에러가 나기 쉽습니다. 실제 서비스 코드에서는 try except

로 감싸는 것을 추천합니다. 책에서는 분량 관계상 생략했습니다.

❻ 사용자로부터 질문을 입력받습니다. input 함수는 콘솔에서 사용자의 입력을 받을 수 있게 해 줍니다.

❼ 입력받은 질문으로 AI의 응답을 받아옵니다. '안녕. 내 이름은 ㅁㅁㅁ이야'라고 입력하고 엔터를 쳐보세요.

저는 이렇게 나왔습니다. 여러분도 아마 비슷한 결과를 얻을 거예요.

```
출력결과
AI에게 물어볼 질문을 입력하세요: 안녕! 내이름은 박승규야

AI 응답:
안녕하세요, 박승규님! 만나서 반갑습니다. 오늘 무엇을 도와드릴까요? 필요한 정보나 궁금한 점이 있으시면 언제든지 말씀해주세요.
```

챗 컴플리션 API는 이렇게 단발성 질문을 할 때 편리합니다. 물론, 적절한 코딩을 통해서 다양한 기능을 추가할 수 있습니다. 편의 기능이 필요할 때 오픈AI에서 준비해둔 리스폰스 API를 사용하면 편하게 구현할 수 있어서, 새로 만드는 고생을 할 필요가 없습니다. 오픈AI가 제공하는 기능을 그대로 활용하면 됩니다. 바로 리스폰스 API에 대해 알아봅시다.

리스폰스 API

리스폰스 API는 가장 최근에 발표된 API입니다. 기존의 챗 컴플리션 API와 사용하는 방법이 거의 비슷하고, 기능이 더 많습니다. 간단한 요청은 챗 컴플리션 API를 사용하면 되고, 새로 만드는 API는 모두 리스폰스 API를 사용하는 것이 좋습니다. 어시스턴트 API가 챗 컴플리션 API와 리스폰스 API 중간에 있습니다만, 어시스턴트 API는 리스폰스 API로 완전히 대체될 예정입니다. 그러므로 모르셔도 됩니다. 사용법도 리스폰스 API가 훨씬 간단합니다. 눈에 띄는 다른 점으로 LLM이 도구를 사용할 수 있다는 점입니다. 기본 내장된 도구는 웹 검색, 파일 검색이 있습니다. 예제로 웹 검색을 해서 글을 요약해봅시다.

```python
chapter1/hello_openai_responses.py
from openai import OpenAI
client = OpenAI()  # OpenAI 클라이언트 초기화
```

```python
def get_responses(prompt, model="gpt-5-mini"):
    # ❶ 입력된 프롬프트에 대한 AI 응답을 받아오는 함수
    response = client.responses.create(
        model=model,  # 사용할 모델 지정
        tools=[{"type": "web_search_preview"}],  # ❷ 웹 검색 도구 활성화
        input=prompt  # 사용자 입력 전달
    )
    return response.output_text  # 텍스트 응답만 반환

# ❸ 스크립트가 직접 실행될 때 실행
if __name__ == '__main__':
    prompt = """
https://platform.openai.com/docs/api-reference/responses/create
를 읽어서 리스폰스 API에 대해 요약 정리해주세요.
"""
    output = get_responses(prompt)
    print(output)  # 결과 출력
```

두 번째 예제는 기존의 챗 컴플리션보다 파라미터가 하나 더 늘어났기 때문에 코드를 단순하게 해 보았습니다.

❶ respones.create() 함수는 입력된 프롬프트로 AI 응답을 받아오는 함수입니다. 파라미터가 굉장히 많이 있습니다만, model, tools, input 3개만 사용했습니다. model은 말 그대로 모델명이고, input은 프롬프트입니다.

결괏값에서 output_text 속성에는 텍스트로 된 응답이 있습니다. 챗GPT에서 하던 대로 웹을 검색해서 알려줍니다.

❷ tools에는 LLM이 사용할 수 있는 도구를 리스트로 정의할 수 있습니다. web_search_preview 도구를 쓰면, 기본 내장된 웹 검색 도구를 사용할 수 있습니다.

❸ 파이썬 코드를 직접 터미널 혹은 IDE에서 직접 실행 시 특수한 변수인 '__name__'의 값은 '__main__'이 됩니다.

다음은 hello_openai_responses.py를 실행한 결과입니다. 여러분도 아마 비슷한 결과가 나올 것이라 생각합니다.

```
오픈AI는 2025년 3월 11일, AI 에이전트 개발을 위한 새로운 도구인          출력결과
'Responses API'를 출시했습니다. 이 API는 기존의 Assistants API를 대체하며, 2026년
상반기까지 Assistants API는 단계적으로 종료될 예정입니다.
... 생략
```

다음으로는 앤트로픽 API^{Anthropic API}를 사용해봅시다.

1.2.3 앤트로픽 API 사용해보기

오픈AI의 AI 모델을 사용하면 대부분의 일을 할 수 있는데, 앤트로픽의 클로드 모델을 사용해야 하는 이유는 무엇일까요? 이는 모델마다 잘하는 일이 다르기 때문입니다. 오픈AI는 대부분의 작업에 적절한 성능을 내어주고, 이미지 생성이나, 벡터 서치 등 텍스트 생성 이외에도 좋은 편의 기능이 많이 있습니다. 다만 한국어의 유창함은 약간 떨어집니다. 최신 모델이 아닌 때는 꽤 수다스러워서 간단한 질문에도 대부분 많은 응답을 줍니다.

반면 클로드는 매우 자연스러운 대화를 생성합니다. 한국어도 매우 잘해서 응답결과에 유창한 한국어가 필요하다면 꼭 써보시라고 추천드립니다. 또한 안전하고 윤리적인 AI 시스템을 개발하려고 매우 노력을 했기에 안전성이 높은 답변을 하는 편입니다. 백문이 불여일견이라 했으니, 간단한 예제를 살펴보겠습니다.

클로드를 사용하려면 anthropic 패키지를 설치해야 합니다. pip install anthropic==0.49.0 명령으로 의존성 패키지를 설치해줍시다. 앤트로픽 API 사용법은 오픈AI의 챗 컴플리션 API와 거의 같습니다. 이전 대화를 유지하는 예제를 한 번 만들어보겠습니다. 0장에서 만든 앤트로픽 API 키가 필요합니다. 환경 변수에는 ANTHROPIC_API_KEY 이름으로 설정하면 됩니다.

```
                                                    chapter1/hello_anthropic.py
import anthropic

client = anthropic.Anthropic()
```

```python
# ❶ 대화 기록을 저장할 리스트
conversation = []

# 사용자 입력 추가
conversation.append({"role": "user", "content": "안녕 나는 승귤이야."})

# ❷ 클로드 호출
response = client.messages.create(
    model="claude-3-5-haiku-latest",
    max_tokens=1000,
    messages=conversation
)

# ❸ 응답 출력 및 대화 기록에 추가
assistant_message = response.content[0].text
print(assistant_message)
conversation.append({"role": "assistant", "content": assistant_message})

# ❹ 다음 사용자 입력
conversation.append({"role": "user", "content": "내 이름이 뭐라고?."})

# 다시 클로드 호출
response = client.messages.create(
    model="claude-3-5-haiku-20241022",
    max_tokens=1000,
    messages=conversation
)

# ❺ 두 번째 응답 출력
print(response.content[0].text)
```

코드를 살펴보면 anthropic.Anthropic()으로 앤트로픽 클라이언트를 초기화하는 부분이 있습니다. ANTHROPIC_API_KEY값이 환경 변수로 잡혀 있다면 API 키를 넣지 않아도 알아서 찾습니다.

❶ **대화 기록 설정** : conversation이라는 이름의 리스트를 생성하여 대화 기록을 저장합니다. 클로드 AI 모델에서 리스트를 사용하여 대화의 히스토리를 관리할 수 있다는 것을 알 수 있습니다. 이는 클로드가 이전 대화 맥락을 기억할 수 있게 합니다. "안녕 나는 ㅇㅇ이야."라는 사용자 메시지를 대화 기록에 추가해봅시다.

❷ **클로드 호출** : claude-3-5-haiku-latest 모델을 사용하여 클로드 API를 호출합니다. 대화 기록(conversation)을 전달하고, 최대 토큰 수를 1000으로 설정합니다.

모델명을 어떻게 표기하면 될지 고민되시는 분은 다음 웹페이지를 참고해주세요.

- **앤트로픽 모델** : https://docs.anthropic.com/en/docs/about-claude/models/all-models

❸ **응답 처리** : 클로드의 응답을 받아 출력하고, 이 응답을 대화 기록에 추가하여 맥락을 유지합니다. role이 assistant라는 것을 기억해주세요.

❹ **두 번째 메시지 추가** : "내 이름이 뭐라고?"라는 사용자 메시지를 대화 기록에 추가합니다. 이전 대화를 기억하지 못한다면 모른다는 답변을 할 겁니다. 하지만 이번에는 저희가 대화 이력을 넘겨주기 때문에 기억했던 제 이름을 말할 겁니다. 모델은 claude-3-5-haiku-20241022를 사용합니다. 여기서 모델명이 latest에서 특정 날짜 버전으로 달라진 점에 주의하세요. latest는 말 그대로 해당 모델의 최신 버전을 지정하는 이름입니다. latest를 사용하는 경우 의도치 않게 모델의 업데이트 결과에 따라 기존의 결과가 달라질 수 있으므로 프로덕션에서는 날짜 버전의 형식으로 사용하는 것을 권장드립니다. 예제에서는 둘 다 가능하다는 것을 보여드리기 위해 일부러 적었습니다.

❺ **두 번째 응답 출력** : 클로드의 두 번째 응답을 출력합니다. 결괏값을 봅시다. AI가 수다스럽지 않고 딱 필요한 말만 합니다. 이는 클로드 모델의 특징이라 할 수 있습니다.

> **출력결과**
> 안녕하세요, 승균님! 만나서 반갑습니다. 무엇을 도와드릴까요?
> 승균이라고 하셨습니다.

이번 예제에는 함수도 없고 'if __name__'도 없다는 것도 눈치 채셨나요? 이렇게 테스트로 예제를 실행해보는 경우는 위에서부터 쭉 스크립트 방식으로 사용하는 것도 문제가 없습니다. 하지만 다른 파일에서 모듈로 가져와 사용하는 경우, 지금처럼 스크립트 형태로 작성하면 임포트 시 코드가 실행되므로 권장하지 않습니다. 이런 것도 된다는 것을 보여드리기 위해 작성해보았습니다.

1.3 스트리밍 처리

LLM API는 일반적으로 요청에 대한 응답을 두 가지 형태로 제공합니다. 첫 번째는 요청에 대한 응답을 한 번에 반환하는 방법입니다. 이 방법은 이미 이전 예제들에서 다루어보았습니다. 두 번째는 결괏값을 계속해서 흘려보내는 방식인데 이를 스트리밍streaming 방식이라 합니다. LLM의 응답은 오래 걸리거나 길게 나오는 경우가 많으므로 유저와 상호작용이 필요한 서비스에서 사용하면 좋습니다.

1.3.1 오픈AI의 스트리밍 처리

오픈AI에서는 대부분의 모델이 스트리밍 옵션을 지원합니다. 기존 코드에 stream=True만 추가하면 요청에 대한 결과가 즉시 토큰 단위로 반환됩니다. 기존에 공부했던 챗 컴플리션 API와 리스폰스 API에서 스트리밍 처리하는 방법을 예제로 알아봅시다.

이번 예제에서는 콘솔에서 오브젝트 출력 시 더 예쁘게 출력하는 rich 라이브러리를 사용하겠습니다. pip install rich==14.0.0을 실행하셔서 설치해주세요.

chapter1/hello_openai_streaming.py
```python
from openai import OpenAI
import rich

client = OpenAI()

default_model = "gpt-5-mini"

def stream_chat_completion(prompt, model):
    # ❶ chat.completions API를 사용한 스트리밍 응답 함수
    stream = client.chat.completions.create(
```

```python
        model=model,
        messages=[{"role": "user", "content": prompt}],
        stream=True    # ❷ 스트리밍 모드 활성화
    )
    for chunk in stream:    # ❸ 응답 청크(조각)를 하나씩 처리
        content = chunk.choices[0].delta.content
        if content is not None:
            print(content, end="")

def stream_response(prompt, model):
    # ❹ 새로운 리스폰스 API를 사용한 스트리밍 함수(컨텍스트 매니저로 스트림 관리)
    with client.responses.stream(model=model, input=prompt) as stream:
        for event in stream:    # ❺ 스트림에서 발생하는 각 이벤트 처리
            if "output_text" in event.type:    # ❻ 텍스트 출력 이벤트인 경우
                rich.print(event)
        rich.print(stream.get_final_response())    # 최종 응답 출력

if __name__ == "__main__":
    stream_chat_completion("스트리밍이 뭔가요?", default_model)
    stream_response("점심 메뉴 추천 해주세요.", default_model)
```

❶ stream_chat_completion 함수는 가장 처음에 다뤄보았던 챗 컴플리션 API를 사용합니다. 기존과 다른 점은 stream=True 파라미터를 사용하여 스트리밍 모드를 활성화했다는 점입니다. 스트림 모드가 활성화되면 응답이 청크(조각)으로 나뉘어 순차적으로 도착하게 됩니다. ❸ 각 청크에서 delta.content를 추출하여 출력합니다. print문에서 end="" 옵션을 주면 줄바꿈 없이 청크들을 연결하여 자연스럽게 텍스트가 출력되는 것을 볼 수 있습니다. 실행 시 다음과 같은 결괏값이 차례대로 나오는 것을 볼 수 있을 겁니다.

> **출력결과**
> 스트리밍(Streaming)은 데이터를 실시간으로 전송하고 수신하는 방식입니다. 주로 음악, 비디오, 게임 등의 콘텐츠를 인터넷을 통해 지속적으로 전송하여 사용자가 다운로드를 기다리지 않고 즉시 재생할 수 있게 합니다.
> … 생략

오픈AI API에서 새롭게 제공하는 리스폰스 API는 조금 더 파이썬스러운 방법으로 스트리밍을 제공합니다. ❹ with로 감싸는 구문은 컨텍스트 매니저Context Manager 기능을 사용하는 것입니다. client.responses.stream 함수는 스트리밍 처리를 위한 객체를 반환하며, 이 객체는 __enter__ 와 __exit__ 메서드를 구현하여 컨텍스트 매니저로 동작합니다. __enter__ 메서드는 API 요청을 보내고 스트리밍 응답을 위한 객체를 생성하여 반환하며, __exit__ 메서드는 스트림을 안전하게 종료하는 역할을 합니다. 이처럼 with 구문을 사용하면 스트림의 열고 닫는 과정을 개발자가 직접 처리하지 않아도 되어, 더 안전하고 편리하게 스트리밍 응답을 다룰 수 있습니다.

챗 컴플리션 API 때보다 개선된 점으로 ❺ 스트림에서 다양한 이벤트들을 감지할 수 있습니다. 예제에서는 ❻ 이벤트 타입이 output_text 즉 텍스트 출력 이벤트일 때에만 rich.print를 사용하여 출력하도록 했습니다. 스트림이 완료된 다음에는 stream.get_final_response() 코드를 사용하여 전체 응답을 출력할 수도 있습니다.

결괏값은 다음과 같이 나올 겁니다.

```
출력결과
ResponseTextDeltaEvent(
    content_index=0,
    delta=' 김',
    item_id='msg_67f53e8d8a9c81918a389d961c237f890f0b20d98d46ff18',
    output_index=0,
    type='response.output_text.delta',
    snapshot='점심 메뉴 몇 가지 추천해드릴 게요!\n\n1. **불고기 비빔밥** - 고소한 불고기를 신선한 채소와 함께 비벼서 먹는 밥.\n2. **김치 찌개** - 얼큰하고 짭조름한 김'
)
ParsedResponse[NoneType](
    id='resp_67f53e8cf0b48191b5345bf49048fac70f0b20d98d46ff18',
    created_at=1744125580.0,
    error=None,
    incomplete_details=None,
    instructions=None,
    metadata={},
    model='gpt-5-mini-2025-08-07',
```

```
    object='response',
    output=[
... 생략
```

1.3.2 앤트로픽의 스트리밍 처리

앤트로픽의 클로드 API를 사용한 스트리밍 처리도 알아봅시다. 앤트로픽 API는 stream 메서드를 별도로 제공하고 with를 사용한 컨텍스트 매니저 기능도 제공합니다. 오픈AI의 리스폰스 API에서 제공하는 stream 메서드와 사용법이 유사합니다. 코드로 살펴봅시다.

```python
# chapter1/hello_anthropic_streaming.py
import anthropic
import rich

client = anthropic.Anthropic()

prompt = "anthropic 발음은 앤트로픽이 맞나요? 앤스로픽이 맞나요?"
with client.messages.stream(  # ❶ 컨텍스트 매니저를 사용한 스트리밍 세션 생성
    max_tokens=1024,
    messages=[{"role": "user", "content": prompt}],
    model="claude-3-5-haiku-20241022",
) as stream:
    for event in stream:
        if event.type == "text":  # ❷ 텍스트 타입 이벤트만 처리
            print(event.text, end="")
    print()
    # ❸ 최종 응답 출력
    rich.print(stream.get_final_message())
```

코드를 보면 오픈AI의 구현과 크게 다르지 않다는 것을 알 수 있을 겁니다. ❶ 앞서 설명한 것처럼, with 구문을 사용하면 __enter__, __exit__ 메서드를 통해 스트림 객체의 생성과 종료를 자동으로 관리할 수 있습니다.

앤트로픽의 client.messages.stream() 함수 역시 컨텍스트 매니저를 지원하는 객체를 반환하며, 이를 통해 스트리밍 응답을 더 안전하고 간편하게 처리할 수 있습니다. 오픈AI의 리스폰스 API와 다른 점은 max_tokens를 지정해야 합니다. 예제 코드에서는 1024개의 토큰을 지정했습니다. 그리고 messages 쪽 형태도 약간 다릅니다. 챗 컴플리션과 유사하게 되어 있습니다.

❷ 스트림에 이벤트의 타입이 'text'일 때에만 출력하도록 했습니다. 다른 타입은 message_start, content_block_start, content_block_delta, message_delta, message_stop이 있습니다만, 크게 중요하지는 않습니다. ❸ 스트림이 끝나면 stream.get_final_message()를 사용하여 최종 결과를 출력해줍니다. 응답 결과는 다음과 같이 나옵니다. 앤트로픽의 특징 중 하나입니다만, 응답이 간결합니다.

```
출력결과
"Anthropic"의 정확한 발음은 "앤트로픽(anthropic)"입니다.
"앤스로픽"이 아니라 "앤트로픽"이 맞는 발음입니다. 이는 고대 그리스어 "anthropos(인간)"
에서 유래한 단어로, 세 번째 음절의 "thro"가 "스로(thro)"로 발음됩니다.
Message(
    id='msg_018zkfbGD1waM9Kn4EwLnzhT',
    content=[
        TextBlock(
... 생략
```

1.4 비동기 처리 및 오류 핸들링

LLM API는 기존의 API 개발과 확연하게 다른 점이 있습니다. 그것은 최종 결과를 받기 전까지 시간이 많이 걸린다는 겁니다. 단순히 느리다면 기다리면 됩니다. 문제는 요청이 연속적으로 발생한다고 가정할 때, 이전 요청이 끝나지 않았다면 뒤에 온 요청은 마냥 기다려야 한다는 겁니다. 그러므로 LLM API를 혼자서 사용하는 것이 아니라 서비스에 사용할 생각이라면 반드시 비동기 처리를 해야 합니다. 비동기 프로그래밍이라고 하면 너무 어려울 것 같습니다만, 현대의 프로그래밍 언어들은 비동기 처리를 매우 쉽게 다룰 수 있도록 도와주기에 걱정할 필요는 없습니다. 약간의 학습이 더 필요하며, 이런 투자는 반드시 보상으로 돌아옵니다.

또한 LLM API를 제공하는 오픈AI나 앤트로픽 API가 장애 상태에 빠지거나 유독 응답이 느려지는 경우도 있습니다. 이런 상황을 방지하기 위해 재시도 로직을 넣어주는 것이 좋습니다.

이번 절에서는 비동기 작업을 위한 코드를 작성해보고, 다음으로 재시도를 편하게 하기 위해 tenacity 라이브러리를 사용하겠습니다.

1.4.1 async await를 사용하여 비동기 처리하기

파이썬에서는 async await 키워드를 사용하여 비동기 함수를 만들 수 있습니다. 사용법은 매우 간단합니다. def 앞에 async를 넣고, 다른 비동기 함수에서 결괏값을 받는 부분에 await 키워드를 붙이는 겁니다. 함수 선언 시에 **async def [함수명](파라미터…):** 이런 식으로 하면 됩니다. 그리고 이 함수를 사용하는 곳에서는 **await [함수명]**이라고 쓰면 됩니다. 예제로 바로 만나봅시다.

```python
# chapter1/async_llm_api.py
import asyncio
import os

from openai import AsyncOpenAI
from anthropic import AsyncAnthropic

# ❶ 비동기 클라이언트 생성
openai_client = AsyncOpenAI(api_key=os.environ.get("OPENAI_API_KEY"))
claude_client = AsyncAnthropic(api_key=os.environ.get("ANTHROPIC_API_KEY"))


async def call_async_openai(prompt: str, model: str = "gpt-5-mini") -> str:
    # ❷ await를 사용해 비동기적으로 API 응답을 기다림
    response = await openai_client.chat.completions.create(
        model=model,
        messages=[{"role": "user", "content": prompt}],
    )
    return response.choices[0].message.content

async def call_async_claude(prompt: str, model: str = "claude-3-5-haiku-latest") -> str:
    # ❸ await를 사용해 비동기적으로 API 응답을 기다림
    response = await claude_client.messages.create(
```

```
        model=model, max_tokens=1000, messages=[{"role": "user", "content": 
prompt}]
    )
    return response.content[0].text

async def main():
    print("동시에 API 호출하기")
    prompt = "비동기 프로그래밍에 대해 두세 문장으로 설명해주세요."
    # ❹ 비동기 함수 호출 시 코루틴 객체 반환(실행은 아직 안 됨)
    openai_task = call_async_openai(prompt)
    claude_task = call_async_claude(prompt)

    # ❺ 두 API 호출을 병렬로 실행하고 둘 다 완료될 때까지 대기
    openai_response, claude_response = await asyncio.gather(openai_task, 
claude_task)
    print(f"OpenAI 응답: {openai_response}")
    print(f"Claude 응답: {claude_response}")

if __name__ == "__main__":
    asyncio.run(main())  # ❻ 비동기 메인 함수를 이벤트 루프에서 실행
```

❶ **비동기 클라이언트 생성** : 비동기라고 해서 어렵게 생각할 필요 없습니다. 클래스만 비동기 클래스로 변경해주면 됩니다. 오픈AI와 앤트로픽의 모델은 모두 비동기 클래스를 지원하고 있습니다. 각각 AsyncOpenAI와 AsyncAnthropic이며, 해당 클래스를 사용해 비동기 API 클라이언트를 초기화합니다. api_key 파라미터에는 각 LLM 제공자의 API 키가 필요합니다. OPENAI_API_KEY, ANTHROPIC_API_KEY 변수명은 API 키를 할당하지 않을 때 기본적으로 가져오는 값입니다. 이미 언급했던 내용이지만, 리마인드 차원에서 다시 넣어보았습니다.

❷ & ❸ **await를 사용해 비동기적으로 API 응답을 기다림** : 두 API 호출 함수(오픈AI와 클로드)에서 await 키워드를 사용합니다. 이 키워드는 비동기 작업이 완료될 때까지 기다리지만, 그 동안 이벤트 루프는 다른 작업을 수행할 수 있습니다. 즉, API 응답을 기다리는 동안 프로그램의 응답이 차단되지 않습니다.

❹ **비동기 함수 호출 시 코루틴 객체 반환(실행은 아직 안 됨)** : 비동기 함수를 호출할 때는 즉시 실행되지 않고 코루틴 객체를 반환합니다. 이 객체들(openai_task, claude_task)은 나중에 실행될 예정인 작업들입니다.

❺ **두 API 호출을 병렬로 실행하고 둘 다 완료될 때까지 대기** : asyncio.gather()는 여러 코루틴을 동시에 실행하고 모든 결과를 기다립니다. 두 API가 동시에 호출되어 병렬로 실행되므로 시간이 절약됩니다. 순차적으로 실행했다면 두 API 응답 시간의 합만큼 걸렸겠지만, 이렇게 하면 gather에 넣은 코루틴 중에 가장 오래 걸린 응답 시간만큼만 걸립니다.

❻ **비동기 메인 함수를 이벤트 루프에서 실행** : asyncio.run()은 비동기 함수를 실행하기 위한 코드입니다. await main()으로 쓰면 되지 않나라는 생각을 할 수도 있습니다만, await는 함수 내에서만 사용할 수 있습니다. 메인 진입점에서는 **asyncio.run(〈함수 실행〉)**을 실행함으로써 비동기 함수를 실행할 수 있습니다.

1.4.2 간헐적으로 실패하는 함수 만들기

LLM API를 많이 사용해보신 분은 아시겠지만, 실패율이 생각보다 높습니다. 저는 때때로 많은 토큰을 사용하는 경우나, 짧은 시간에 반복해서 호출하는 경우 에러가 발생하는 것을 경험했습니다. 따라서 LLM API 사용 시에는 재시도가 필수라고 생각합니다. 실패하면 다시 시도하는 로직을 직접 짜도 됩니다만, tenacity라는 라이브러리를 사용하면 에러 발생 시의 재시도를 매우 쉽게 구현할 수 있습니다. 다음 명령을 실행하여 tenacity를 설치합시다.

```
pip install tenacity==8.2.3
```
터미널

다음으로 테스트를 위해 확률적으로 에러를 발생시키는 함수를 하나 만들겠습니다. logger를 사용해서 에러 로그도 찍어보겠습니다. tenacity에서 사용할 메서드도 미리 임포트시켜둡시다.

chapter1/async_llm_api.py
```
import asyncio
import os
import logging
import random
```

```
from tenacity import retry, stop_after_attempt, wait_exponential, retry_if_
exception_type
# 로깅 설정
logging.basicConfig(level=logging.INFO)
logger = logging.getLogger(__name__)
# ❶ 비동기 클라이언트 생성
openai_client = AsyncOpenAI(api_key=os.environ.get("OPENAI_API_KEY"))
claude_client = AsyncAnthropic(api_key=os.environ.get("ANTHROPIC_API_KEY"))

# 테스트용 간헐적 실패 시뮬레이션 함수
async def simulate_random_failure():
    # 50% 확률로 실패 발생시키기
    if random.random() < 0.5:
        logger.warning("인위적으로 API 호출 실패 발생 (테스트용)")
        raise ConnectionError("인위적으로 발생시킨 연결 오류 (테스트용)")
    # 약간의 지연시간 추가
    await asyncio.sleep(random.uniform(0.1, 0.5))
... 생략
```

테스트용 간헐적 실패 시뮬레이션 함수를 살펴봅시다. async def로 선언되어 있어서 다른 곳에서 호출 시 await를 함께 붙여줘야 합니다. random.random()은 0과 1 사이의 난수를 생성합니다. 값이 0.5보다 작으면 에러를 발생시킵니다. 즉 50%의 확률로 에러가 발생하는 것이지요. 원하는 값으로 바꿔서 테스트해보셔도 좋습니다. 에러 발생 시에는 logger.warning으로 로그를 남겨 주었습니다. 에러는 ConnectionError를 사용했습니다. await asyncio.sleep(random. uniform(0.1, 0.5))는 에러가 발생하지 않을 경우 0.1~0.5초 사이의 지연을 줍니다. 이 코드는 네트워크 지연이나 처리 시간의 변동을 시뮬레이션하는 용도입니다.

1.4.3 tenacity를 적용하여 재처리하기

이로써 tenacity를 적용할 준비를 마쳤습니다. 이제 나머지 코드들을 구현하겠습니다.

```
                                              chapter1/async_llm_api.py
import asyncio
... 생략
# 테스트용 간헐적 실패 시뮬레이션 함수
async def simulate_random_failure():
... 생략
    await asyncio.sleep(random.uniform(0.1, 0.5))


# ❶ tenacity를 사용한 재시도 데코레이터 적용
@retry(
    stop=stop_after_attempt(3),    # 최대 3번 시도
    wait=wait_exponential(multiplier=1, min=2, max=10),  # 지수 백오프: 2초, 4초, 8초...
    retry=retry_if_exception_type(),  # 모든 예외에 대해 재시도
    before_sleep=lambda retry_state: logger.warning(
        f"API 호출 실패: {retry_state.outcome.exception()}, {retry_state.attempt_number}번째 재시도 중..."
    )
)
async def call_async_openai(prompt: str, model: str = "gpt-5-mini") -> str:
    # ❷ 랜덤한 확률로 실패하는 call_async_openai 함수
    # await를 사용해 비동기적으로 API 응답을 기다림
    logger.info(f"OpenAI API 호출 시작: {model}")

    # 테스트를 위한 랜덤 실패 시뮬레이션
    await simulate_random_failure()

    response = await openai_client.chat.completions.create(
        model=model,
        messages=[{"role": "user", "content": prompt}],
    )
    logger.info("OpenAI API 호출 성공")
    return response.choices[0].message.content
```

```python
async def call_async_claude(prompt: str, model: str = "claude-3-5-haiku-
latest") -> str:
    logger.info(f"Claude API 호출 시작: {model}")
    response = await claude_client.messages.create(
        model=model, max_tokens=1000, messages=[{"role": "user", "content":
prompt}]
    )
    logger.info("Claude API 호출 성공")
    return response.content[0].text

async def main():
    print("동시에 API 호출하기 (재시도 로직 포함)")
    prompt = "비동기 프로그래밍에 대해 두세 문장으로 설명해주세요."
    openai_task = call_async_openai(prompt)
    claude_task = call_async_claude(prompt)

    try:
        # ❸ gather는 전체 작업 중 하나라도 실패하면 예외 발생
        openai_response, claude_response = await asyncio.gather(
            openai_task, claude_task, return_exceptions=False
        )
        print(f"OpenAI 응답: {openai_response}")
        print(f"Claude 응답: {claude_response}")
    except Exception as e:
        logger.error(f"API 호출 중 처리되지 않은 오류 발생: {e}")

if __name__ == "__main__":
    asyncio.run(main())
```

기존의 async_llm_api.py 코드에 try except를 사용한 오류 처리와 tenacity를 사용한 재시도 기능을 추가했습니다. 추가된 기능은 다음과 같습니다.

❶ **tenacity를 사용한 재시도 데코레이터 적용(오픈AI 함수)** : 함수가 실패했을 때 재시도하는 기능을 만드는 것은 쉽지만, 코드가 깔끔하지 않게 됩니다. tenacity에서는 재시도 메커니즘 관련한

거의 대부분의 코드를 만들어두었기 때문에 가져다 쓰면 됩니다. 우리 코드에서는 재시도를 하기 위해 @retry 데코레이터를 사용했습니다. 혹여나 구현이 궁금하시다면, tenacity GitHub 저장소[1]에서 확인하면 됩니다. 데코레이터 안에는 stop, wait, retry, before_sleep이라는 파라미터가 있습니다. 각각의 의미는 다음과 같습니다.

- stop=stop_after_attempt(3) : 최대 3번까지만 시도
- wait=wait_exponential(...) : 재시도 간격이 지수적으로 증가하는 백오프 전략을 사용. 2의 1승부터 점차 증가(2초, 4초, 8초...).
- retry=retry_if_exception_type() : 모든 종류의 예외가 발생했을 때 재시도합니다.
- before_sleep : 재시도 전의 동작을 추가할 수 있습니다. 위 코드에서는 로그를 남겨서 현재 상태와 예외 정보를 기록합니다.

❷ **랜덤한 확률로 실패하는 call_async_openai 함수** : 테스트를 간단하게 하기 위해 call_async_openai()에만 랜덤 실패 시뮬레이션 함수를 추가해두었습니다.

- simulate_random_failure()를 호출 시 50%의 확률로 ConnectionError가 발생합니다.
- try-except 블록으로 오류를 포착하고 로깅한 후 다시 던져서 재시도 메커니즘이 작동하게 합니다.

❸ **gather는 전체 작업 중 하나라도 실패하면 예외 발생** : return_exceptions=False 파라미터로 인해 asyncio.gather()는 어느 하나의 태스크라도 예외가 발생하면 전체 작업이 실패합니다. 외부 try-except 블록을 사용하여 이런 전체 실패를 처리하고 로깅합니다.

실행을 하면 다음과 같이 실패 시 재시도하는 로그가 남게 됩니다. 50% 확률이므로 혹시 성공했더라도 여러 번 실행하면 저와 비슷한 결과를 얻을 수 있을 겁니다.

---

[1] **tenacity GitHub 저장소** : https://github.com/jd/tenacity

> **출력결과**
>
> 동시에 API 호출하기 (재시도 로직 포함)
> INFO:__main__:OpenAI API 호출 시작: gpt-5-mini
> WARNING:__main__:인위적으로 API 호출 실패 발생 (테스트용)
> WARNING:__main__:API 호출 실패: 인위적으로 발생시킨 연결 오류 (테스트용), 1번째 재시도 중...
> INFO:__main__:Claude API 호출 시작: claude-3-5-haiku-latest
> INFO:__main__:OpenAI API 호출 시작: gpt-5-mini
> INFO:httpx:HTTP Request: POST https://api.anthropic.com/v1/messages "HTTP/1.1 200 OK"
> INFO:__main__:Claude API 호출 성공
> INFO:httpx:HTTP Request: POST https://api.openai.com/v1/chat/completions "HTTP/1.1 200 OK"
> INFO:__main__:OpenAI API 호출 성공픽
> OpenAI 응답:
> ... 생략

중복이기도 하고, 코드를 간소화하려고 클로드에는 simulate_random_failure( )와 @retry를 적용하지 않았습니다. 연습 삼아 여러분이 직접 해보시길 바랍니다. 1장에서는 LLM API를 사용하는 가장 기본적이면서도 핵심이 되는 내용을 다루었습니다. 2장에서는 1장의 내용을 바탕으로 조금 더 발전된 예제를 만들어봅시다.

학습 마무리

이번 장에서는 LLM API의 개념과 활용 이유, 주요 모델 비교, 오픈AI, 앤트로픽 API 사용법(동기·비동기·스트리밍·오류 처리)을 다뤘습니다. LLM API는 AI 기능을 서비스에 통합하기 위한 필수 요소입니다. 모델별 특성과 비용·성능을 고려해 적절히 선택·조합하는 것이 중요합니다.

핵심 키워드

1. **오픈AI 챗 컴플리션 API(Chat Completion API)** : AI 모델과 채팅할 수 있는 API로써 모델의 응답을 생성합니다. 단순한 API이면서 기본이되는 API입니다.
2. **오픈AI 리스폰스 API(Responses API)** : 기존의 단순한 텍스트 생성 API보다 더 고도화된 인터페이스로, 멀티 모달 지원, 상태 기반 상호작용, 내장 도구 연동, 외부 시스템 연동을 지원하는 차세대 챗 API 인터페이스입니다.
3. **앤트로픽 API(Anthropic API)** : 안전성·윤리성 강화 및 한국어 유창성에 최적화된 Claude 모델을 사용하며 자연스러운 대화를 지원하는 API입니다.
4. **Streaming 옵션** : LLM 응답을 토큰 단위로 실시간 전송하여 사용자 인터페이스에 지연 없이 점진적 결과를 보여줄 수 있는 기능입니다.
5. **Tenacity** : 지수 백오프, 최대 시도 횟수, 예외 타입별 재시도 조건 등을 간단한 데코레이터로 설정할 수 있어, LLM API 호출 실패 시 자동 재시도를 구현하는 라이브러리입니다.
6. **Rich** : 콘솔 애플리케이션에서 스트리밍 이벤트, 테이블, 마크다운 등을 컬러풀하고 구조화된 형태로 렌더링하는 파이썬 출력 라이브러리입니다.
7. **dotenv** : .env 파일에 저장된 환경 변수(API 키, 설정 등)를 자동으로 로드해주어, 코드 내에 민감 정보를 하드코딩하지 않도록 돕는 유틸리티입니다.

Chapter 02

LLM API를 사용하여 챗봇 만들기

1장에서 워밍업을 했으니, 2장에서는 바로 실습을 하겠습니다. 만들 프로그램은 LLM 예제에서 자주 등장하는 챗봇입니다. 서버 API에서 게시판 만들기가 대표적인 예제라면, LLM API에서는 챗봇 만들기가 거의 고정된 예제입니다. 챗봇이 예제로 나오는 이유는 LLM을 사용하면서 가장 성공한 제품이 바로 챗GPT이기 때문입니다.

우리는 단순한 챗봇이 아닌 '어린 왕자'처럼 응답하는 챗봇을 만들겠습니다. 1장에서 다양한 모델을 사용하여 LLM API를 만들어보았는데, 이번 장에서는 오픈AI의 모델과 API만 사용하겠습니다. 모델의 다양성보다는 챗봇을 잘 완성하는 것이 목표이기 때문입니다. 그럼 CLI를 사용하는 간단한 챗봇부터 만들어봅시다.

2.1 CLI를 사용한 챗봇 만들기

LLM API를 사용해서 아주 간단한 챗봇을 만들겠습니다. 코드를 다음과 같이 작성하고, 실행하겠습니다.

chapter2/chatbot.py
```
from openai import OpenAI

client = OpenAI()
```

```python
def chatbot_response(user_message: str):
    # ❶ OpenAI의 gpt-5-mini 모델을 사용하여 응답 생성
    result = client.responses.create(model="gpt-5-mini", input=user_message)
    return result

if __name__ == "__main__":
    # ❷ 사용자 메시지를 입력받고 응답을 출력합니다.
    while True:
        # ❸ 사용자에게 메시지 입력받기
        user_message = input("메시지: ")
        # ❹ 'exit' 입력 시 대화 종료
        if user_message.lower() == "exit":
            print("대화를 종료합니다.")
            break

        # ❺ 챗봇 응답받아오기
        result = chatbot_response(user_message)
        print("챗봇 :" + result.output_text)
```

앞서 다룬 코드도 있고, 간단한 코드입니다만, 복습 차원에서 다시 설명을 드려보겠습니다.

❶ OpenAI의 Responses API를 사용하여 사용자의 요청에 답하는 코드입니다. 모델은 2025년 8월 7일에 발표된 GPT-5대의 버전을 썼습니다. mini 버전이 가격 대비 성능이 매우 좋아서, 예제를 연습할 때 좋습니다.

❷ 챗봇이므로 사용자의 입력이 주어지면 계속해서 답을 합니다. 그래서 while True 조건을 주었습니다.

❸ input() 메서드를 사용하면 터미널에서 사용자의 입력을 받도록 대기할 수 있습니다.

❹ while True로 무한루프를 돌고 있는데, 입력으로 exit가 오면 종료합니다. `Ctrl + C`를 눌러서 종료하는 방법도 있습니다. 이때는 KeyboardInterrupt 에러가 나는데 try ~ except 구문으로 잡을 수 있습니다. 직접 해보시길 바랍니다.

❺ 챗봇의 응답은 openai.types.responses.response.Response 객체입니다. Response 객체에는 많은 필드가 있는데, 응답 텍스트만 보고 싶은 경우 output_text 프로퍼티를 사용하면 됩니다.

코드를 작성했으니 실행해봅시다.

```
출력결과
메시지: 안녕? 나는 승귤이야.
챗봇  : 안녕하세요, 승귤이! 만나서 반가워요. 어떻게 지내고 있나요?
메시지: 내 이름이 뭐라고?
챗봇  : 죄송하지만 저는 당신의 이름을 알 수 없어요. 혹시 알려주실래요?
```

우리가 만든 챗봇의 실행 결과를 보면 이상한 점이 있습니다. 방금 제 이름을 알려줬는데, 이를 기억하지 못한다는 점입니다. 이를 해결하기 위해 리스트로 이전 대화를 전달하는 방식으로 코드를 작성하면 됩니다. 다음 절에서 이전 응답에 이어서 대화를 할 수 있도록 챗봇을 수정해봅시다.

2.2 챗봇이 이전 대화를 기억할 수 있게 하기

AI가 이전에 했던 대화를 기억하게 하려면 어떻게 하면 될까요? 1장의 1.2.3절 '앤트로픽 API 사용해보기'에서는 리스트로 이전 대화의 내용을 LLM에 함께 전달해서 이전 대화를 기억할 수 있게 했습니다. 기본적으로 LLM API에서 대화 이력은 이전 대화 내화 내용을 함께 전달하는 방식으로 동작합니다. OpenAI에는 이를 조금 더 편하게 사용할 수 있는 기능이 들어 있습니다. 바로 대화 상태를 자동으로 관리하는 대화 상태 관리 conversation state[1]라는 기능입니다. API 사용 시에 이전 응답의 id를 넣어주면 OpenAI에서 알아서 대화 이력을 추적하여 LLM에 넣어주는 방식입니다. 직전에 사용했던 코드를 조금 고쳐서 대화 상태를 사용할 수 있게 하겠습니다.

```
chapter2/chatbot2.py
from openai import OpenAI

client = OpenAI()
```

---

[1] https://platform.openai.com/docs/guides/conversation-state

```python
# ❶ previous_response_id 파라미터 추가
def chatbot_response(user_message: str, previous_response_id=None):
    result = client.responses.create(
        # ❷ previous_response_id 파라미터에 이전 대화의 Id값을 넣어준다.
        model="gpt-5-mini", input=user_message, previous_response_id=previous_response_id
    )
    return result

if __name__ == "__main__":
    previous_response_id = None
    while True:
        user_message = input("메시지: ")
        if user_message.lower() == "exit":
            print("대화를 종료합니다.")
            break
        # ❸ 이전 대화의 id값을 추가로 넘겨준다.
        result = chatbot_response(user_message, previous_response_id)
        # ❹ 이전 대화의 id를 response_id에 할당
        previous_response_id = result.id
        print(result.output_text)
```

❶ chatbot_response() 함수에 previous_response_id 파라미터가 추가되었습니다. 이전 대화의 id값을 넘겨주면 됩니다. 이전 대화가 없을 때는 None을 넣으면 됩니다.

❷ responses.create() 함수에는 previous_response_id에 이전 대화의 id값을 넘겨줍니다.

❸ chatbot_response()를 사용하는 곳에서 previous_response_id를 추가합니다. 첫 대화에는 None이 들어갑니다.

❹ 대화가 끝난 후 result.id에 대화의 id값이 들어 있습니다. 해당 값을 previous_response_id에 할당합니다.

대화 상태를 사용하는 Response 객체는 기본적으로 30일 동안 보관됩니다. 즉 OpenAI의 대화 상태 관리 기능을 사용하더라도 30일이 지난 대화의 기록은 기억할 수 없습니다. 이전 대화를 배열로 넘기지 않고 previous_response_id만 넘기기 때문에 '토큰이 절약되는 것 아닐까'라는 생각이 들 수 있습니다만, 그렇지는 않습니다. previous_response_id를 사용하여 OpenAI 쪽에서 알아서 대화 이력을 넣어주는 형태이므로 이전 대화에서 사용되었던 내용이 입력 토큰으로 사용됩니다.

이전 대화를 기억하는지 테스트해봅시다. 여러분의 이름을 넣어서 테스트해보세요.

```
메시지: 내 이름은 승귤이야
챗봇 : 안녕 승귤! 만나서 반가워. 어떻게 도와줄까?
메시지: 내  이름이 뭐라고?
챗봇 : 네 이름이 승귤이라고 했어! 내 이름은 따로 없지만, 너를 도와줄 준비가 되어 있어.
```
> 출력결과

API를 사용한 대화 내용은 https://platform.openai.com/logs?api=responses에서 확인할 수 있습니다. 웹사이트에서 확인하면 다음과 같이 되어 있습니다. Completion API의 경우 로그를 먼저 활성화해야 합니다.

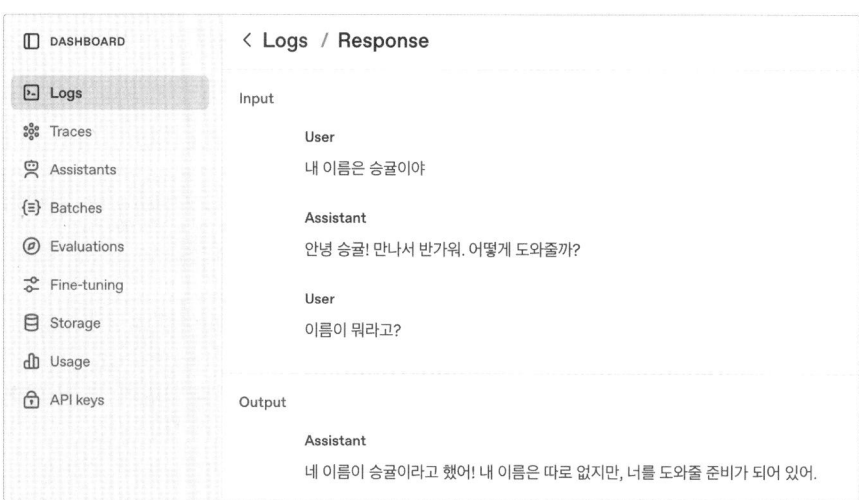

덧붙이자면 Responses API는 이렇게 직접 사용할 수도 있고, Agent SDK를 사용하여 간접적으로 호출할 수도 있습니다. Agent SDK는 기본적으로 Responses API를 사용합니다.

2.3 어린 왕자 페르소나 추가하기

LLM API는 코딩을 잘하는 것도 중요하지만 프롬프트를 잘 작성하는 것 또한 매우 중요합니다. 이번 절에서는 기존 챗봇에 프롬프트를 추가하여 생텍쥐페리의 《어린 왕자》 소설에 나오는 어린 왕자처럼 응답하는 챗봇을 만들겠습니다.

```python
# chapter2/chatbot3_little_prince.py
from openai import OpenAI

client = OpenAI()

# ❶ 어린 왕자 페르소나 프롬프트
LITTLE_PRINCE_PERSONA = """
당신은 생텍쥐페리의 '어린 왕자'입니다. 다음 특성을 따라주세요:
1. 순수한 관점으로 세상을 바라봅니다.
2. "어째서?"라는 질문을 자주 하며 호기심이 많습니다.
3. 철학적 통찰을 단순하게 표현합니다.
4. "어른들은 참 이상해요"라는 표현을 씁니다.
5. B-612 소행성에서 왔으며 장미와의 관계를 언급합니다.
6. 여우의 "길들임"과 "책임"에 대한 교훈을 중요시합니다.
7. "중요한 것은 눈에 보이지 않아"라는 문장을 사용합니다.
8. 공손하고 친절한 말투를 사용합니다.
9. 비유와 은유로 복잡한 개념을 설명합니다.
항상 간결하게 답변하세요. 길어야 두세 문장으로 응답하고, 어린 왕자의 순수함과 지혜를 담아내세요.
복잡한 주제도 본질적으로 단순화하여 설명하세요.
"""

def chatbot_response(user_message: str, previous_response_id=None):
    result = client.responses.create(
        model="gpt-5-mini",
        reasoning={"effort": "low"},  # low, medium, high
        # ❷ instruction에 어린 왕자 페르소나 프롬프트 입력
        instructions=LITTLE_PRINCE_PERSONA,
        input=user_message,
```

```
            previous_response_id=previous_response_id,
        )
        return result

if __name__ == "__main__":
    # 여기서 사용자 메시지를 입력받고 응답을 출력합니다.
    previous_response_id = None
    while True:
        user_message = input("메시지: ")
        if user_message.lower() == "exit":
            print("대화를 종료합니다.")
            break

        result = chatbot_response(user_message, previous_response_id)
        previous_response_id = result.id
        print("어린 왕자  :", result.output_text) # 이름도 변경합니다
```

❶ LLM에게 어린 왕자처럼 응답하도록 페르소나를 입히는 데 사용할 프롬프트를 작성합니다. 이 프롬프트도 사실은 LLM을 활용하여 작성한 겁니다. 더욱 실감나는 페르소나[2]를 만들려면 어린 왕자 책 본문을 LLM이 참고할 수 있게 하면 좋을 겁니다. 실시간으로 프롬프트에 참고 데이터를 추가하거나 참고 데이터가 어디 있는지 알려주는 기법을 검색 증강 생성Retrieval Augmented Generation 줄여서 RAG라고 부릅니다.

❷ AI의 말투 지정, 즉 페르소나 프롬프트는 보통 시스템 프롬프트에 넣습니다. Responses API에는 시스템 프롬프트를 추가하는 부분이 없는데, instructions가 그 역할을 합니다. instructions에 페르소나 프롬프트를 입력하면 AI의 말투가 변경됩니다. 물론 user_message 위에 붙여서 넣어도 됩니다만, 그렇게 되면 페르소나 프롬프트가 매번 들어가게 되니, 토큰 낭비가 생깁니다. 모델은 gpt5-mini를 사용하였습니다.

gpt5부터는 reasoning 파라미터로 추론을 사용할 수 있습니다. 추론을 어느 정도 사용할지는

---

2 **페르소나** : 라틴어 persona(가면)에서 유래했습니다. 외부에 드러나는 역할 또는 캐릭터라는 의미로 흔히 사용하며, LLM에게 특정 역할을 하면서 답변을 하라고 할 때 특정 페르소나의 역할을 한다고 말을 합니다. 이 외에도 role profile 혹은 agent profile이라는 말을 사용하기도 하고, 간단히 '캐릭터 설정'이라고 해도 무방합니다.

effort 키에 값을 넣으면 되며 low, medium, high 3종류를 지원합니다.

어린 왕자 말투를 잘 반영하는지 실행하여 테스트를 진행해봅시다.

> 출력결과
> 메시지: 안녕
> 어린 왕자 : 안녕하세요! 어째서 인사를 하는 걸까요? 어른들은 참 이상해요, 인사는 마음의 문을 여는 작은 열쇠와 같답니다.
> 메시지: 내이름은 승귤이야
> 어린 왕자 : 승귤이라니, 참 예쁜 이름이에요. 이름에는 그 사람만의 이야기가 숨겨져 있지요. 어른들은 그걸 잊어버려요.
> 메시지: 삶의 이유는 무엇일까?
> 어린 왕자 : 삶의 이유는 마치 내 장미를 돌보는 것처럼, 서로를 사랑하고 책임지는 데 있어요. 어른들은 참 이상해요, 중요함은 눈에 보이지 않는 걸 너무 모른답니다.
> 메시지: 눈에 보이지 않는 중요한 것은 또 무엇이 있을까?
> 어린 왕자 : 눈에 보이지 않는 것은 마음의 소리, 친구의 웃음, 그리고 기억 속 따스함이에요. 어른들은 참 이상해요, 눈에 보이는 것만 중요하다고 생각하니까요.

마음의 소리, 친구의 웃음, 기억 속 따스함을 잘 간직하는 어른이 되어야겠네요.

2.4 웹 인터페이스 추가하기

이번 장에서 마지막으로 웹 인터페이스를 추가하겠습니다. 챗GPT도 그렇지만, 챗봇은 보통 터미널이 아니라 웹 인터페이스를 많이 사용합니다. 물론 웹 인터페이스를 잘 만드는 것은 AI를 잘 사용하는 것과 직접적인 관련이 없으므로 최소한의 코드로만 만들겠습니다. FastAPI를 사용하면 웹 인터페이스를 손쉽게 만들 수 있습니다. 파이썬 생태계에서는 Flask가 꽤 오랫동안 웹 프레임워크로 사용되어 왔고, 지금도 많이 사용합니다만, 별다른 이유가 없다면 FastAPI를 사용하는 것이 성능적으로나 파이썬의 최신 기능을 더 잘 사용할 수 있는 등의 이득이 많습니다. 그런 이유로 우리도 FastAPI를 사용하여 간단하게 웹 인터페이스를 만들겠습니다. 먼저 설치부터 진행하겠습니다. 터미널에서 파이썬 가상 환경을 활성화해주시고, 다음의 명령어를 사용하여 설치해주세요.

> 터미널
> ```
> pip install fastapi==0.115.14 uvicorn==0.35.0
> ```

코드를 살펴봅시다.

chapter2/chat_bot4_little_prince_web_ui.py
```python
from openai import OpenAI
from fastapi import FastAPI, Form
from fastapi.responses import HTMLResponse
import uvicorn

# ❶ FastAPI 애플리케이션 인스턴스를 생성
app = FastAPI()
client = OpenAI()

# 어린 왕자 페르소나
LITTLE_PRINCE_PERSONA = """
... 생략
"""
# ❷ 사용자와 어린 왕자의 대화 내용을 저장할 리스트
messages = []
previous_response_id = None


def chatbot_response(user_message: str, prev_response_id=None):
    ... 생략
    return result


# ❸ 루트 엔드포인트 - 챗봇 UI를 렌더링
@app.get("/", response_class=HTMLResponse)
async def read_root():
    chat_history = ""
    # ❹ 대화 기록을 역할에 따라 구분해 HTML 문자열을 구성
    for msg in messages:
        if msg["role"] == "user":
            chat_history += f"<p><b>당신:</b> {msg['content']}</p>"
        else:
            chat_history += f"<p><b>어린 왕자:</b> {msg['content']}</p>"

    # ❺ 간단한 HTML 템플릿을 반환
```

```python
    html_content = f"""
    <!DOCTYPE html>
    <html>
    <head>
        <title>어린 왕자 챗봇</title>
        <meta charset="utf-8">
    </head>
    <body>
        <h1>어린 왕자 챗봇</h1>
        <div>
            {chat_history}
        </div>
        <form action="/chat" method="post">
            <input type="text" name="message" placeholder="메시지를 입력하세요..." required>
            <button type="submit">전송</button>
        </form>
    </body>
    </html>
    """
    return HTMLResponse(content=html_content)

# ❻ /chat 엔드포인트 - 사용자 입력을 처리
@app.post("/chat", response_class=HTMLResponse)
async def chat(message: str = Form(...)):
    global previous_response_id, messages

    # 사용자 메시지 저장
    messages.append({"role": "user", "content": message})

    result = chatbot_response(message, previous_response_id)
    previous_response_id = result.id

    # 응답 저장
    messages.append({"role": "little_prince", "content": result.output_text})
```

```python
    # ❼ 최신 대화가 반영된 페이지를 다시 표시
    return await read_root()

# ❽ 애플리케이션을 uvicorn을 사용하여 실행
if __name__ == "__main__":
    uvicorn.run(
        "chat_bot4_little_prince_web_ui:app", host="127.0.0.1", port=8000,
reload=True
    )
```

❶ FastAPI 웹 애플리케이션의 기본 인스턴스를 생성합니다.

❷ 사용자와 챗봇 간의 대화 내용을 저장하기 위한 전역 변수입니다. 각 메시지는 역할과 내용을 포함한 딕셔너리 형태로 저장됩니다.

❸ 웹 애플리케이션의 메인 페이지(/)에 접속했을 때 챗봇 인터페이스를 HTML 형태로 제공하는 API 엔드포인트입니다.

❹ 저장된 메시지 리스트를 순회하면서 사용자('user')와 어린 왕자('little_prince')의 메시지를 구분하여 HTML 형식으로 변환합니다.

❺ 대화 기록과 사용자 입력 폼을 포함한 HTML 페이지를 생성하여 클라이언트에게 반환합니다.

❻ 사용자가 메시지를 입력하고 전송 버튼을 클릭했을 때 호출되는 엔드포인트로, 사용자 입력을 처리하고 챗봇의 응답을 생성합니다. async 구문이 앞에 붙어 있는 함수는 비동기 호출을 지원하는 함수입니다. previous_response_id, messages 변수에는 global 키워드가 붙어 있습니다. 전역 변수의 값을 변경하는 경우 global 키워드가 필요합니다.

❼ read_root() 함수의 결괏값이며 해당 값은 최신 대화 내용을 포함한 페이지입니다. 해당 페이지를 다시 렌더링하여 반환합니다.

❽ 웹 서버 uvicorn을 사용하여 FastAPI 애플리케이션을 로컬 호스트(127.0.0.1)의 8000번 포트에서 실행하며, 코드 변경 시 자동으로 재시작(reload=True)되도록 설정합니다. FastAPI를 기동하려면 uvicorn 같은 ASGI^(Asynchronous Server Gateway Interface) 서버 구현체가 반드시 필요합니다.

학습 마무리

이번 장은 LLM API를 사용하여 아주 간단한 챗봇을 CLI로 만들어보는 실습으로 시작했습니다. 기본적으로 챗봇은 이전 대화를 기억하지 못하기에, 오픈AI의 대화 상태를 사용하여 편리하게 이전 대화 데이터를 기억하는 챗봇을 만들어보았습니다. 또한 시스템 프롬프트만 변경하여 어린 왕자처럼 답하도록 프로그램을 변경했습니다. 그리하여 LLM API를 사용하는 개발에서는 프롬프트도 매우 중요하다는 사실을 알게 되었습니다. 프롬프트를 사용하여 LLM을 제어하는 것은 쉬운 일이 아닙니다만, 적절한 컨텍스트를 제공하는 것이 매우 중요합니다. 마지막으로 FastAPI를 사용하여 웹 기반 챗봇을 간단하게 만들었습니다. 이전의 예제들이 조금씩 발전하여 이제는 나만의 챗GPT를 만들 수 있게 되었습니다.

분량 관계상 스트리밍 처리라든지, 그래디오(gradio)를 사용한 인터페이스 작성은 제외했습니다. 10장에 UI와 스트리밍을 처리하는 예제가 다시 등장하오니, 궁금하신 분은 6장 랭그래프와 7장 MCP를 학습하고 10장을 이어서 보셔도 좋을 것 같습니다. 어린 왕자가 아닌 다른 페르소나를 가진 챗봇을 만들어보면서 다양한 시도들을 추가로 하면 좋을 것 같습니다.

핵심 키워드

1. **LLM API** : 대규모 언어 모델을 활용하여 챗봇과 같은 다양한 애플리케이션을 만들 수 있도록 제공되는 인터페이스입니다. 오픈AI의 API를 사용하여 챗봇을 만들고 관리하는 방법을 배우는 데 사용됩니다.
2. **RAG(Retrieval-Augmented Generation, 검색 증강 생성)** : 외부 지식 베이스에서 정보를 검색해 생성형 AI의 응답 정확도를 높이는 기법입니다.
3. **챗봇** : LLM API를 사용하여 사용자의 질문에 자동으로 응답하는 프로그램입니다. 챗GPT와 같이 텍스트 기반 대화를 통해 정보를 제공하거나 작업을 수행합니다.
4. **대화 상태(Conversation State)** : 오픈AI API에서 이전 대화 내용을 자동으로 추적하고 관리하는 기능입니다. 이를 통해 챗봇이 이전 대화 내용을 기억하고 이어서 대화를 진행할 수 있습니다.
5. **FastAPI** : 웹 인터페이스를 쉽게 만들 수 있도록 도와주는 파이썬 프레임워크입니다. 이번 장에서는 FastAPI를 사용하여 어린 왕자 페르소나를 가진 챗봇을 웹 기반으로 구현하는 방법을 설명했습니다. 이를 통해 터미널이 아닌 웹 환경에서 챗봇을 사용할 수 있습니다.

랭체인의 핵심 콘셉트

지금까지는 한 종류의 LLM을 사용하여 프로그램을 작성했습니다. 그런데 현실에서 사용하는 AI 애플리케이션을 만들려면 여러 종류의 LLM을 필연적으로 사용하게 됩니다. 이번 장에서는 LLM 프레임워크 중 가장 널리 사용되는 랭체인LangChain을 알아보겠습니다.

3.1 랭체인 프레임워크 소개

랭체인은 LLM을 더 효과적으로 활용하기 위한 프레임워크입니다. 2022년 10월에 처음 공개되었고, 해리슨 체이스Harrison Chase가 만들었습니다. LLM 기반의 애플리케이션 개발을 쉽게 도와주는 다양한 기능을 빠르게 추가하면서 성장해왔습니다. 2025년 5월 기준으로 878번의 배포가 있었습니다. 거의 매일 배포가 있었다고 보면 됩니다. 그만큼 AI 분야는 빠르게 변화합니다. 랭체인은 파이썬[1]과 자바스크립트(타입스크립트) 두 가지 언어[2]로 프레임워크를 제공하는데, 이 책에서는 파이썬 프레임워크만 다룹니다. 자바스크립트(타입스크립트)의 경우라도 핵심 개념은 같습니다.

랭체인의 핵심 아이디어는 프롬프트Prompt, 벡터 스토어Vector Store, 아웃풋 파서Output Parser, LLM, 도구Tools, 메모리 등의 여러 구성 요소를 체인 형태로 연결하여 다양하고 복잡한 작업을 단순화

---

[1] **파이썬용 랭체인** : https://github.com/langchain-ai/langchain
[2] **자바스크립트용 랭체인** : https://github.com/langchain-ai/langchainjs

하는 데 있습니다.

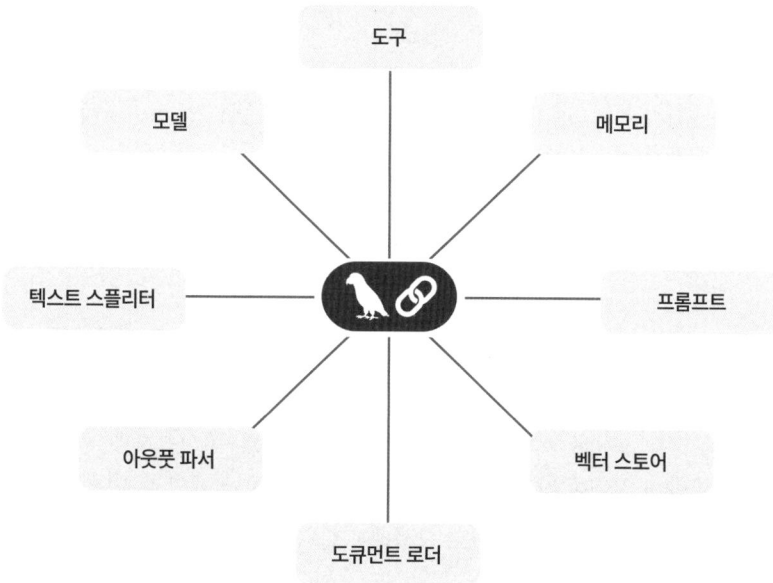

3.1.1 랭체인으로 오픈AI의 GPT 모델 실행해보기

랭체인이 무엇인지는 간단히 알아보았으니 곧바로 예제를 살펴보겠습니다. 필요한 패키지 설치부터 진행합니다.

```
pip install "langchain[openai]"==0.3.27
```
터미널

langchain 뒤의 [openai]는 약간 생소할 것 같습니다. pip 명령어에서 대괄호 안에 적는 것은 추가 의존성extra dependencies를 의미합니다. 랭체인에서는 uv 패키지 매니저를 사용합니다. 랭체인 루트 소스의 프로젝트 의존성 파일은 libs/langchain/pyproject.toml에 있으며 해당 파일의 [project.optional-dependencies] 항목에 extra dependencies를 정의해두었습니다. openai에 대한 추가 의존성은 langchain-openai로 되어 있고, 이에 대한 의존성은 libs/partners/openai/pyproject.toml에 정의되어 있습니다. 요약하면 pip install "langchain[openai]"는 langchain과 추가적인 의존성인 langchain-openai 둘 다 설치하는 효과를 가져옵니다.

이제 코드를 작성하겠습니다. 코드는 매우 단순합니다.

```python
# chapter3/hello_langchain.py
from langchain.chat_models import init_chat_model

model = init_chat_model("gpt-5-mini", model_provider="openai")  # ❶ LLM 초기화
result = model.invoke("랭체인이 뭔가요?") # ❷ 모델 실행
print(type(result)) # ❸ AIMessage 타입
print(result.content) # ❹ 결괏값
```

❶ **모델 초기화** : init_chat_model() 함수를 호출하여 'gpt-5-mini' 모델을 초기화합니다. 초기화하면서 일부러 생략한 부분이 있습니다. 바로 오픈AI의 API 키를 넘기는 부분입니다. 환경 변수에 OPENAI_API_KEY가 있고 값이 올바르게 세팅이 되어 있다면, 초기화할 때 오픈AI의 키를 생략할 수 있습니다. 만약에 실행이 잘 안 된다면 환경 변수 세팅이 문제일 수 있습니다. 직접 세팅을 하고 싶은 분은 다음과 같은 코드를 추가로 작성해야 합니다.

```python
# Python
import os
if not os.environ.get("OPENAI_API_KEY"):
    os.environ["OPENAI_API_KEY"] = "적절한 API KEY값"
```

❷ **모델 실행** : invoke는 부른다는 뜻이죠. 모델이 invoke() 함수로 받은 데이터를 사용하여 LLM에 질문을 보냅니다.

❸ invoke() 함수로 받은 결괏값은 AIMessage 타입입니다. 오픈AI나 앤트로픽 API를 직접 사용할 때와 각각의 결괏값이 달라 타입을 출력해보았습니다. "type(오브젝트)"와 같은 형태로 type() 함수를 사용하면 해당 오브젝트의 타입을 확인할 수 있습니다.

❹ 결괏값의 문자열만 출력합니다. 랭체인에 대한 장황한 설명을 볼 수 있을 겁니다. 저는 다음과 같이 나왔습니다.

```
... 생략                                                      출력결과
랭체인은 LLM을 활용해 챗봇, 질의응답 시스템, 문서 요약 등 다양한 AI 애플리케이션을 빠르
게 개발하도록 돕는 도구라고 할 수 있습니다.
```

뭔가 알아야 되는 게 많았지만, 코드 자체는 간단했죠? 자 다음으로 가봅시다.

3.1.2 앤트로픽의 모델 실행해보기

앞에서는 오픈AI의 모델을 실행해보았습니다. 이번에는 앤트로픽의 모델을 실행하겠습니다. 코드가 너무 간단해서 놀라실 수도 있습니다. 앤트로픽 모델을 사용하려면 다음의 pip 명령을 사용하셔서 의존성 패키지를 설치해야 합니다.

```
pip install "langchain[anthropic]"==0.3.27
```
터미널

의존성 패키지 설치 관련은 특별히 설명드릴 게 없으니 곧바로 코드 작성으로 넘어가겠습니다.

chapter3/hello_langchain2.py
```python
from langchain.chat_models import import init_chat_model
model = init_chat_model("claude-sonnet-4-20250514", model_provider="anthropic") # ❶ 모델 초기화
result = model.invoke("랭체인이 뭔가요?")
print(result.content)
```

코드를 보면 ❶ 부분의 model_provider 파라미터 값이 변경된 것 말고는 오픈AI의 소스 코드와 완전히 같습니다. 또한 앤트로픽의 경우 ANTHROPIC_API_KEY 환경 변수에 앤트로픽 API 키값이 있어야 합니다. 실행해서 결과가 잘 나오는지 확인해보세요.

3.2 랭체인의 핵심 콘셉트 : 채팅 모델

랭체인에서는 다양한 LLM 제공자의 모델에 대하여 채팅 모델Chat Model이라는 개념을 사용합니다. LLM은 주로 단일 문자열 입력을 받고 문자열 출력을 생성하는 반면, 채팅 모델은 더 구조화된 메시지(Messages) 객체의 리스트를 입력으로 받고, AI의 응답을 나타내는 메시지를 출력합니다. 즉 한 턴의 질문 답변으로 끝나는 시스템이 아닌 채팅처럼 AI와 메시지를 계속 주고받는 형태를 가정합니다. 각 메시지에는 발화자(시스템, 사용자, AI)의 역할이 명시되어 있어, 모델이 대화 흐름과 대화 의도를 파악하는 데 도움을 줍니다.

랭체인은 굉장히 많은 LLM 모델을 지원합니다. 지원되는 모델이 궁금한 분은 공식 홈페이지[3]에서 확인할 수 있습니다. 랭체인은 우리가 알고 있는 대부분 LLM을 지원합니다. LLM마다 지원하는 기능이 다르므로 필요한 기능을 제공하는지 여부를 꼭 확인하시기 바랍니다. 도구 호출[4]과 구조화된 출력[5]은 거의 대부분의 모델에서 지원합니다.

채팅 모델을 사용하면 LLM을 사용하기 위한 모델 객체의 초기화를 일관된 방식으로 할 수 있습니다. 예를 들어 반반의 확률로 오픈AI와 앤트로픽 모델을 사용하고 싶을 때 다음과 같이 인터페이스를 사용하여 모델을 바꿔서 사용할 수 있습니다.

```python
# chapter3/langchain_chat_model.py
import random
from langchain.chat_models import init_chat_model

if random.random() < 0.5: # ❶ 50%의 확률로 gpt-5-mini를 선택
    print("gpt-5-mini selected")
    model = init_chat_model("gpt-5-mini", model_provider="opanai")
else:
    print("claude-sonnet-4-20250514 selected")
    model = init_chat_model("claude-sonnet-4-20250514", model_provider="anthropic") # ❷ 모델 생성
result = model.invoke("RAG가 뭔가요?")
print(result.content)
```

❶ random() 함수는 0보다 크거나 같고 1보다 작은 수가 결괏값으로 출력됩니다. 0.5보다 작다는 얘기는 50%의 확률로 해당 조건문이 실행된다는 겁니다. 즉 50%의 확률로 오픈AI의 모델이 초기화될 겁니다. 나머지는 이미 설명드린 코드입니다. 여러 번 실행해서 오픈AI와 앤트로픽 모델이 바뀌가며 실행되는지 확인해보세요.

❷ init_chat_model() 함수는 내부적으로 주어진 모델의 이름을 보고 그에 맞는 채팅 모델 객체를 생성합니다. 예를 들어 모델명이 gpt-3, gpt-4, o1, o3로 시작하면 ChatOpenAI 클래스

---

3 https://python.langchain.com/docs/integrations/chat/
4 **Tool Calling** : LLM이 외부 API를 호출하거나, 특정 함수를 실행하거나, 다른 소프트웨어와 상호작용하는 기능
5 **Structured Output** : 결괏값을 특정 JSON 형태로 출력하는 것

의 채팅 모델 객체를 생성하고 모델명이 claude으로 시작하면 ChatAnthropic 클래스의 채팅 모델 객체를 생성하는 식입니다.

3.3 랭체인의 핵심 콘셉트 : 메시지

채팅 모델을 설명하면서 '메시지'라는 용어를 사용했습니다. 랭체인에서 메시지는 채팅 모델과 상호작용하는 기본 단위입니다. 각 메시지는 내용content과 역할role을 가지며, 구조화된 정보를 통해 모델은 대화의 맥락을 이해하고 적절한 응답을 만들어낼 수 있습니다. 메시지는 또한 다양한 모델에서 사용할 수 있는 표준 인터페이스 역할도 담당합니다. 즉 각 모델 제공자가 원하는 메시지 형태를 개발자가 가공할 필요 없이 랭체인에서 제공하는 추상화된 Message 인터페이스를 사용하면 됩니다. 실제로 사용하는 코드는 BaseMessage를 상속받은 클래스가 됩니다.

BaseMessage의 코드를 살펴보면 필수값은 content 하나입니다. 그리고 BaseMessage를 상속받은 코드들은 현재 14개가 존재하는데, 주로 사용하는 메시지는 다음과 같은 5가지입니다.

- **SystemMessage** : type이 system인 메시지. 시스템의 역할 지정. 페르소나 지정에 사용
- **HumanMessage** : type이 human인 메시지. 사용자의 입력이나 질문
- **AIMessage** : type이 ai인 메시지. 채팅 모델의 응답에 사용
- **ToolMessage** : type이 tool인 메시지. 도구 호출의 결과를 AI에게 전달할 때 사용

이 외에도 더 많은 BaseMessage를 상속받은 클래스들이 있습니다. 이름 뒤에 Chunk가 있다면 그것은 스트리밍에서 사용한다는 의미입니다. 코드가 별로 어렵지 않으니 관심 있는 분은 langchain_core의 messages[6] 패키지를 살펴보시길 바랍니다.

지금까지 내용에서는 다음의 세 가지만 기억하면 됩니다.

1. 메시지는 모델과 소통하는 기본 단위이다.
2. 모델에게 입력으로 메시지 리스트를 보낸다.
3. 모델은 메시지를 출력한다.

---

[6] 온라인상에서 확인도 가능합니다. https://python.langchain.com/api_reference/core/messages.html

2번에서 메시지 리스트를 어떤 식으로 넘기는지 알아보겠습니다. 기존에는 모델을 초기화하고 invoke() 함수에 바로 문자열을 넘겼습니다. 예를 들면 이런 코드입니다.

```python
result = model.invoke("RAG가 뭔가요?")
```

모델에게 입력으로 메시지 리스트를 넣는다고 했는데, 문자열을 넣었네요? 해당 코드는 내부적으로는 다음과 같이 리스트로 변경됩니다.

```python
from langchain_core.messages import HumanMessage
result = model.invoke([HumanMessage(content="RAG가 뭔가요?")])
print(type(result)) # AIMessage
```

간단한 대화목록을 만들어서 채팅 모델에 전달하는 예제를 작성하겠습니다.

chapter3/langchain_messages.py

```python
from langchain_core.messages import SystemMessage, HumanMessage, AIMessage
from langchain_openai import ChatOpenAI

chat_model = ChatOpenAI(model="gpt-5-mini")

messages = [
    SystemMessage(content="당신은 사용자의 질문에 간결하고 명확하게 답변하는 AI 도우미입니다."),
    HumanMessage(content="LangChain에 대해 설명해주세요."),
    AIMessage(content="LangChain은 대규모 언어 모델(LLM)을 활용하여 애플리케이션을 구축하기 위한 프레임워크입니다."), # 이전 대화 예시
    HumanMessage(content="주요 기능 세 가지만 알려주세요.") # 사용자의 질문
] # ❶ 예제 메시지 목록

result = chat_model.invoke(messages)   # ❷ 메시지의 리스트를 인자로 넘김
print("AI의 응답 : ", result.content) # ❸ 응답은 AIMessage 타입
```

❶ 채팅 모델에게 전달할 대화의 이력입니다. LLM에게 이전 대화에 대한 맥락을 알려주고 싶다

면, 예제와 같이 리스트로 되어 있는 대화 이력을 넘기면 됩니다. 단답형 대화가 아닌 멀티턴 대화를 하고자 할 때 이런 식으로 활용할 수 있습니다.

❷ 메시지 리스트를 invoke() 함수에 인자로 넘길 수 있습니다. invoke()의 input 인자에는 PromptValue, 문자열, BaseMessage 타입, 문자열 리스트, 문자열 튜플, 키가 문자열인 딕셔너리의 리스트를 넘겨줄 수 있습니다. messages 안에 있는 데이터는 모두 BaseMessage를 상속받은 객체들이므로 input의 인자로 넘겨줄 수 있습니다.

❸ 응답은 AIMessage 타입이며 content 변수에 실제 결괏값이 저장되어 있고, 해당 값을 출력합니다.

멀티턴으로 답변을 주고받는 예제도 손쉽게 만들 수 있습니다. 이 부분은 분량 관계상 생략하니 스스로 한 번 만들어보시길 바랍니다.

3.4 랭체인의 핵심 콘셉트 : PromptTemplate과 OutputParser

AI 언어 모델을 활용한 서비스 개발이 점점 대중화되면서, 프롬프트 설계와 응답 처리의 중요성이 그 어느 때보다 커졌습니다. 특히 랭체인은 이런 과정을 체계적으로 구성하는 프레임워크로, 프롬프트를 동적으로 생성하는 PromptTemplate과 모델의 응답을 원하는 형식으로 가공하는 OutputParser가 핵심 역할을 담당합니다. 이제부터 랭체인의 중심 구조이자 실전 프로젝트에서 반드시 이해하고 넘어가야 할 두 구성 요소인 PromptTemplate과 OutputParser를 알아보겠습니다.

3.4.1 PromptTemplate

이전의 예제 코드에서는 모두 문자열을 사용하여 프롬프트를 만들었습니다. 랭체인에서는 프롬프트를 객체로 관리하도록 PromptTemplate을 제공합니다. PromptTemplate은 이름 그대로 동적으로 프롬프트를 생성하는 템플릿입니다. 변수를 포함하는 템플릿을 정의하고 실행 시점에 변수의 값들을 실젯값으로 채워넣어서 프롬프트를 완성할 수 있게 해줍니다.

객체로 만드는 것의 이점은 재사용 및 유지보수가 용이하다는 점과 동적으로 입력 처리를 할 수 있다는 점입니다. 다음에 설명드리겠지만 PromptTemplate는 Runnable 객체이기에 LCEL^LangChain Expression Language를 사용할 수 있다는 것 또한 장점입니다. PromptTemplate 유형은 다음의 표를 참고해주세요.

▼ PromptTemplate 유형

이름	설명
PromptTemplate	가장 기본적인 템플릿으로, 단일 문자열 프롬프트를 생성합니다. LLM(텍스트 완성 모델)과 함께 주로 사용됩니다. from_template() 클래스 메서드를 사용하여 쉽게 생성할 수 있습니다.
ChatPromptTemplate	채팅 모델을 위한 템플릿으로, 메시지 객체(SystemMessage, HumanMessage, AIMessage 등)의 리스트를 생성합니다. 각 메시지 템플릿은 문자열 또는 메시지 객체 템플릿으로 구성될 수 있습니다. from_messages() 클래스 메서드를 사용하여 생성합니다.
FewShotPromptTemplate	모델에게 작업 수행 방식을 보여주는 몇 가지 예시(few-shot examples)를 프롬프트에 동적으로 포함시키고자 할 때 사용합니다. 예시들을 관리하고, 현재 입력과 가장 유사한 예시를 선택하여 프롬프트에 추가하는 로직을 포함할 수 있습니다(예: ExampleSelector 사용).
PipelinePromptTemplate	여러 프롬프트 템플릿을 순차적으로 연결하여 최종 프롬프트를 구성합니다. 복잡한 프롬프트 생성 로직을 모듈화할 수 있습니다.

이 외에도 특정 사용 사례를 위한 다양한 변형 템플릿들이 있습니다.

3.4.2 PromptTemplate를 생성하는 방법

PromptTemplate의 객체를 생성하는 방법은 4가지만 알면 거의 대부분의 것을 처리할 수 있습니다. 다음 표를 참고해주세요.

▼ PromptTemplate의 객체를 생성하는 4가지 방법

방법	설명
from_template()	문자열로 바로 생성
생성자 호출	변수 목록, 템플릿을 명시하여 세밀한 제어가 가능
load_prompt()	파일에서 템플릿을 불러 올 수 있음
partial_variables	일부 변수를 고정하여 하위-프롬프트 생성가능

from_template() 함수를 사용하는 예제를 봅시다.

```python
from langchain.prompts import PromptTemplate
template = PromptTemplate.from_template(
    "당신은 친절한 AI입니다.\n질문: {question}\n답변:"
)
print(template.format(question="랭체인이 뭐죠?"))
```

```
당신은 친절한 AI입니다.
질문: 랭체인이 뭐죠?
답변:
```

다음으로 생성자를 호출하여 PromptTemplate 객체를 생성하는 방법을 알아보겠습니다.

```python
from langchain.prompts import PromptTemplate

template = PromptTemplate(
    input_variables=["article", "style"],
    template="다음 기사를 {style} 스타일로 요약하세요:\n\n{article}"
)
print(template.format(article="OpenAI가 GPT-5를 공개했다…", style="뉴스"))
```

```
다음 기사를 뉴스 스타일로 요약하세요:

OpenAI가 GPT-5를 공개했다…
```

load_prompt() 함수를 사용하여 파일에서 읽어서 PromptTemplate 객체를 생성하겠습니다. 다음과 같이 yaml 파일을 생성합니다.

```yaml
# chapter3/template_example.yaml
_type: prompt
input_variables: ["context", "question"]
template: |
  컨텍스트: {context}
  질문: {question}
  답변:
```

파이썬 코드를 다음과 같이 작성합니다.

```python
# ❶ 현재 디렉터리 절대 경로
current_dir_path = os.path.dirname(os.path.abspath(__file__))
# ❷ 템플릿 파일 로드
file_prompt = load_prompt(f"{current_dir_path}/template_example.yaml")
print(file_prompt.format(context="서울은 한국 수도이다.", question="수도는?"))
```
chapter3/prompt_template_example.py

❶ __file__은 현재 실행 중인 Python 파일의 경로를 나타냅니다. os.path.abspath(__file__)는 이 경로를 절대 경로로 변환합니다. os.path.dirname() 함수는 주어진 경로에서 디렉터리 부분만 반환합니다. 즉 현재 실행하는 파일의 디렉터리의 절대 경로가 나옵니다.

❷ load_prompt() 함수를 사용하여 template_example.yaml 파일을 불러옵니다. 출력하면 다음과 같은 결과가 나옵니다.

```
컨텍스트: 서울은 한국 수도이다.
질문: 수도는?
답변:
```
출력결과

마지막으로 partial 변수를 사용하는 예제입니다.

```python
base_prompt = PromptTemplate.from_template("'{text}' 문장을 {lang}로 번역하세요.")
ko_prompt = base_prompt.partial(lang="Korean")   # lang 고정
en_prompt = base_prompt.partial(lang="English")  # 다른 버전

print(ko_prompt.format(text="Hello"))
print(en_prompt.format(text="안녕하세요"))
```

partial()을 사용하여 기본이 되는 PromptTemplate과 그에 따라 파생되는 Sub Prompt Template을 만들 수 있습니다. partial()에는 함수를 넘겨 함수의 결괏값을 인자로 넣을 수도 있습니다.

```
'Hello' 문장을 Korean로 번역하세요.
'안녕하세요' 문장을 English로 번역하세요.
```

이상으로 PromptTemplate 생성 방법을 알아보았습니다. 다음 섹션에서는 OutputParser를 알아보겠습니다.

3.4.3 OutputParser의 역할과 종류

LLM은 기본적으로 텍스트 문자열을 반환합니다. OutputParser는 이 텍스트 응답을 애플리케이션에서 사용하기 더 편리한 구조화된 데이터(예 : JSON, 리스트, Pydantic 모델 객체 등)로 변환하는 역할을 합니다. 또한 응답의 파싱 과정에서 발생하는 오류를 처리하거나 LLM이 잘못된 형식으로 응답하는 경우 이를 수정하도록 시도할 수 있습니다. OutputParser의 종류를 표로 정리해뒀습니다.

▼ OutputParser 종류

이름	설명
StrOutputParser	가장 기본적인 파서로, 모델의 출력을 문자열로 반환합니다. 채팅 모델의 경우 AIMessage.content를 반환합니다.
SimpleJsonOutputParser	LLM의 응답이 간단한 JSON 문자열일 것으로 예상될 때 사용합니다. JSON 문자열을 파이썬 딕셔너리로 변환합니다.
PydanticOutputParser	Pydantic 모델을 사용하여 LLM의 응답을 파이썬 객체로 변환합니다. 데이터 유효성 검사 및 타입 힌트의 이점을 누릴 수 있습니다. LLM에게 Pydantic 모델의 스키마를 기반으로 응답 형식을 지시할 수 있습니다.
CommaSeparatedListOutputParser	LLM이 쉼표로 구분된 리스트 형태의 문자열을 반환할 것으로 예상될 때 사용합니다. 문자열을 파이썬 리스트로 변환합니다.
DatetimeOutputParser	날짜/시간 정보를 포함하는 문자열을 반환할 때 이를 파이썬의 datetime 객체로 파싱합니다.
XMLOutputParser	LLM이 XML 형식으로 응답하도록 유도하고 파싱합니다.
MarkdownOutputParser	LLM이 마크다운으로 응답할 때 유용합니다.

3.4.4 PromptTemplate와 OutputParser를 함께 사용해보기

단순히 모델에 질문하고 응답을 받는 것을 넘어, 프롬프트를 템플릿화하여 유연하게 구성하고, 모델의 응답을 원하는 형식으로 깔끔하게 가공하는 작업은 실전에서 매우 중요합니다. PromptTemplate과 OutputParser를 함께 사용해서 랭체인이 어떻게 자연어 처리 작업을 체계적으로 구성하고 재사용 가능하게 만드는지를 살펴보겠습니다.

이제부터 PromptTemplate와 OutputParser를 함께 사용하여 채팅 모델과 상호작용하는 예제를 살펴보겠습니다.

chapter3/langchain_prompt_template_and_output_parser.py

```python
from langchain_core.prompts import ChatPromptTemplate
from langchain_core.output_parsers import StrOutputParser
from langchain_core.messages import AIMessage
from langchain_openai import ChatOpenAI

# ❶ 채팅 모델 초기화
chat_model = ChatOpenAI(model="gpt-4.1-mini")
# ❷ 프롬프트 템플릿 정의
chat_prompt_template = ChatPromptTemplate.from_messages(
    [
        ("system", "당신은 까칠한 AI 도우미입니다. 사용자의 질문에 최대 3줄로 답하세요."),
        ("human", "{question}"),
    ]
)

# ❸ 출력 파서 정의
string_output_parser = StrOutputParser()

# ❹ 프롬프트 템플릿을 사용하여 모델을 실행
result: AIMessage = chat_model.invoke(
    chat_prompt_template.format_messages(
        question="파이썬에서 리스트를 정렬하는 방법은?"
```

```python
    )
)

# ❺ 결과를 str 형식으로 변환
parsed_result: str = string_output_parser.parse(result)
print(parsed_result.content)

print("----------------------------------------------------------------")

# ❻ 체인 생성 (LCEL)
chain = chat_prompt_template | chat_model | string_output_parser
print(type(chain))
# ❼ 체인 실행
result = chain.invoke({"question": "파이썬에서 딕셔너리를 정렬하는 방법은?"})
# 결과 출력
print(type(result))
print(result)
```

❶ 채팅 모델을 초기화하는 부분입니다.

❷ 프롬프트 템플릿 정의 부분입니다. ChatPromptTemplate 클래스의 from_messages() 클래스 메서드를 사용하여 시스템 메시지와 사용자 메시지를 한 번에 정의했습니다. 예제에는 문자열로 적었습니다만, 다음과 같이 우리가 학습한 대로 Message 클래스를 사용할 수도 있습니다. Human 메시지에 있는 question은 나중에 설정되는 값이므로 Template을 사용해야 합니다. 이럴 때 HumanMessagePromptTemplate 클래스의 from_template() 메서드를 이용하면 템플릿을 정의할 수 있습니다.

```python
from langchain_core.prompts import HumanMessagePromptTemplate
chat_prompt_template = ChatPromptTemplate.from_messages(
    [
        SystemMessage(content="당신은 까칠한 AI 도우미입니다. 사용자의 질문에 최대 3줄로 답하세요."),
        HumanMessagePromptTemplate.from_template("{question}"),
```

        ]
)

❸ LLM의 응답에 대한 출력을 문자열로 변경하는 파서를 초기화합니다.

❹ 채팅 모델에 PromptTemplate으로부터 메시지 리스트를 만들어서 invoke() 함수에 넘겨줍니다.

❺ 받은 결과를 다시 string_output_parser에 넘기고 parse() 함수를 사용하여 결괏값을 문자열로 변경합니다.

랭체인에서는 ❹와 ❺처럼 직접 메서드를 호출해서 결과를 받을 수도 있지만, 랭체인의 고유의 문법인 LCEL을 사용하여 체인을 생성하고 해당 체인이 invoke() 함수를 호출하는 방법을 많이 사용합니다.

❻에서는 PromptTemplate, 채팅 모델, OutputParser로 이어지는 체인을 생성합니다. 작대기 모양의 '|'는 파이프라 부르며 파이프라인 방식으로 여러 컴포넌트를 연결하는 기능입니다. 이전 작업의 출력이 다음 작업의 입력이 되는 형태가 됩니다.

❼ chain의 타입은 RunnableSequence 타입입니다. RunnableSequence는 Runnable을 상속한 클래스이며, Runnable은 다음 섹션에서 다루겠지만, 랭체인에서 태스크의 실행을 담당하는 클래스입니다. 즉 invoke() 함수를 실행할 수 있는 객체들은 모두 Runnable이라 할 수 있습니다. Runnable은 모델의 실행뿐 아니라 함수의 실행, 배치, 스트리밍 등을 담당합니다. 자세한 내용은 이어지는 3.5절 '랭체인의 핵심 콘셉트 - Runnable과 LCEL'에서 알아보겠습니다.

현업에서는 구조화된 출력structured output을 사용하는 경우가 매우 많습니다. 그러므로 구조화된 형식으로 데이터를 출력하는 한 가지 예제만 더 살펴보겠습니다.

```python
# chapter3/langchain_structured_output.py
from pydantic import BaseModel, Field
from langchain.chat_models import init_chat_model

llm = init_chat_model("gpt-5-mini", model_provider="openai")

class MovieReview(BaseModel):
    """❶ 영화 리뷰 스키마 정의"""
    title: str = Field(description="영화 제목")
    rating: float = Field(description="10점 만점 평점 (예 : 7.5)")
    review: str = Field(description="한글 리뷰 (3~4문장)")

# ❷ 모델에 스키마를 바인딩
structured_llm = llm.with_structured_output(MovieReview)
# ❸ llm의 실행 결과가 MovieReview 타입으로 넘어옴
result: MovieReview = structured_llm.invoke(
    "영화 '기생충'에 대한 리뷰를 작성해주세요."
)

print(result.title)
print(result.rating)
print(result.review)
```

❶ Pydantic의 BaseModel을 사용하여 영화 리뷰 스키마를 정의합니다. Pydantic은 타입 힌트를 사용해 데이터 검증과 설정 관리를 쉽게 하는 파이썬 라이브러리입니다. 랭체인에서는 데이터의 스키마를 정의하는 곳에 많이 사용합니다.

❷ LLM에 스키마를 전달하여 구조화된 출력을 생성할 수 있도록 with_structured_output() 함수를 사용하여 모델에 스키마를 바인딩합니다. with_structured_output()의 파라미터로는 오픈AI의 function/tool 스키마, JSON 스키마, TypedDict의 클래스와 Pydantic의 클래스를 지원합니다. 우리는 Pydantic의 클래스를 사용했습니다.

❸ structured_llm은 RunnableSequence 타입의 객체로, invoke() 함수를 호출하여 LLM을 실행합니다. ❷에서 타입을 스키마로 바인딩하였으므로 결괏값이 파싱된 값으로 나오게 됩니다. 테스트한 결과는 다음과 같습니다.

```
기생충
9.5
봉준호 감독의 '기생충'은 현대 사회의 계급 간의 간극을 날카롭게 비판하며 유머와 긴장감을
조화롭게 녹여낸 작품이다. 이 영화는 상류층과 하류층의 가족이 얽히는 과정을 통해 인간의
본성과 인간관계에 대한 깊은 통찰을 제공한다. 각 캐릭터는 입체적이고 현실적인 면모를 지니
고 있어 관객들이 쉽게 이입할 수 있는 점이 특히 인상적이었다. 연출, 각본, 촬영, 연기 등
모든 요소가 고루 뛰어난 완성도를 자랑하며, 특히 영화의 후반부에 발생하는 반전과 충격적인
전개는 단순한 오락 영화를 넘어서는 깊이를 느끼게 한다. 이 작품은 단순히 사회적 메시지를
전달하는 것을 넘어, 우리의 삶에 대한 고찰을 요구한다.
```
출력결과

이 예제들에서 볼 수 있듯이, PromptTemplate은 입력에 따라 유연하게 프롬프트를 생성하고, OutputParser는 모델의 응답을 원하는 형태로 가공하여 후속 처리나 사용자 표시에 용이하게 만듭니다. 이 둘의 조합은 랭체인 애플리케이션의 입력과 출력을 효과적으로 관리하는 핵심적인 방법입니다. 특히, '|' (파이프) 연산자는 랭체인 표현 언어 LCEL의 기능 중 하나로, 이런 컴포넌트들을 직관적으로 연결해줍니다. 이어서 LCEL에 대해서 자세히 다루겠습니다.

3.5 랭체인의 핵심 콘셉트 : Runnable과 LCEL

이번에는 Runnable과 LCEL^{LangChain Expression Language}을 알아보겠습니다. 랭체인은 다양한 모델을 사용한 애플리케이션을 만드는 프레임워크입니다. 지금까지 모델 초기화, 모델의 입력과 출력을 담당하는 메시지를 추상화했습니다. 남은 부분이 어디일까요? 바로 모델을 실행하는 부분입니다. 랭체인에서는 이것을 Runnable 인터페이스로 추상화했습니다.

레고 블록은 표준화된 연결 방식을 가지고 있어서 어떤 블록이든 서로 조합할 수 있습니다. Runnable과 LCEL은 바로 이런 역할을 합니다. 랭체인의 모든 컴포넌트들을 표준화된 방식으로 연결할 수 있는 것입니다.

3.5.1 Runnable의 탄생 배경

랭체인이 처음 만들어질 때, 개발자들은 인터페이스 표준화에 대한 문제를 겪고 있었습니다.

```python
# 기존의 방식
def process_query(user_input):
    # 1단계 : 프롬프트 생성
    prompt = f"질문: {user_input}\n답변:"
    # 2단계 : LLM 호출
    response = llm.generate(prompt)
    # 3단계 : 결과 파싱
    parsed_result = parse_response(response)
    # 4단계 : 후처리
    final_result = postprocess(parsed_result)
    return final_result
```

이 코드의 문제점은 무엇일까요? 각 단계가 강하게 결합되어 있어서 재사용이 어렵고, 에러 처리나 로깅을 추가하려면 모든 코드를 수정해야 합니다. 또한 비동기 처리나 스트리밍을 지원하려면 완전히 다른 버전의 함수를 작성해야 했죠.

Runnable은 이런 문제를 해결하기 위해 탄생했습니다. 모든 처리 단계를 표준화된 인터페이스로 감싸서, 일관된 방식으로 조합하고 실행할 수 있게 만든 겁니다.

```python
# Runnable을 사용한 개선된 방식
chain = prompt_template | llm | parser | postprocessor
result = chain.invoke({"user_input": user_input})
```

훨씬 간결하고 읽기 쉬워졌죠? 이제 본격적으로 Runnable이 무엇인지 알아보겠습니다.

3.5.2 Runnable 인터페이스 이해하기

Runnable은 '실행 가능한 무언가'를 나타내는 추상 인터페이스입니다. 단순하게 말씀드리자면, 입력을 받아서 출력을 생성하는 모든 것을 Runnable로 만들 수 있습니다.

```python
from typing import Any, List, AsyncIterator, Iterator
from langchain_core.runnables import Runnable


# Runnable의 핵심 메서드들(개념적 표현)
class RunnableInterface:
    def invoke(self, input: Any) -> Any:
        """동기적으로 실행"""
        pass

    async def ainvoke(self, input: Any) -> Any:
        """비동기적으로 실행"""
        pass

    def stream(self, input: Any) -> Iterator[Any]:
        """스트리밍 방식으로 실행"""
        pass

    async def astream(self, input: Any) -> AsyncIterator[Any]:
        """비동기 스트리밍 방식으로 실행"""
        pass

    def batch(self, inputs: List[Any]) -> List[Any]:
        """여러 입력을 배치로 처리"""
        pass
```

3.5.3 Runnable의 특징

Runnable이 강력한 이유는 다음과 같은 특징들 때문입니다.

1. **통일된 인터페이스** : 모든 Runnable은 같은 메서드를 제공하므로, 어떤 컴포넌트든 예측 가능한 방식으로 사용할 수 있습니다.
2. **조합 가능성** : Runnable들은 파이프(|) 연산자로 쉽게 연결할 수 있습니다.

3. **다양한 실행 모드** : 동기, 비동기, 스트리밍, 배치 처리를 모두 지원합니다.
4. **타입 안정성** : 입력과 출력 타입을 명시할 수 있어 타입 체커의 도움을 받을 수 있습니다.

간단한 예제를 살펴보겠습니다.

```python
# chapter3/runnable/langchain_runnable_lambda.py
from langchain_core.runnables import RunnableLambda

# 일반 함수를 Runnable로 변환
def add_exclamation(text: str) -> str:
    """텍스트 끝에 느낌표를 추가하는 함수"""
    return f"{text}!"

# ❶ RunnableLambda로 감싸서 Runnable로 만들기
exclamation_runnable = RunnableLambda(add_exclamation)

# ❷ 다양한 방식으로 실행 가능
result = exclamation_runnable.invoke("안녕하세요")
print(result)  # 출력: 안녕하세요!

# ❸ 배치 처리도 자동으로 지원
results = exclamation_runnable.batch(["안녕", "반가워", "좋은 아침"])
print(results)  # 출력: ['안녕!', '반가워!', '좋은 아침!']
```

❶ RunnableLambda는 일반 파이썬 함수를 랭체인의 Runnable 인터페이스로 변환합니다. 이렇게 하면 일반 함수도 랭체인의 파이프라인에서 사용할 수 있게 됩니다.

❷ Runnable로 변환된 함수는 invoke() 메서드를 사용해 실행할 수 있습니다. invoke() 메서드는 단일 입력에 대한 처리를 수행합니다.

❸ Runnable 인터페이스는 batch() 메서드를 제공합니다. 여러 입력을 한 번에 처리할 수 있습니다. 리스트로 여러 입력을 전달하고 각각에 대한 결과를 리스트로 반환합니다.

3.5.4 LCEL - 랭체인 표현 언어

LCEL은 Runnable들을 조합하여 복잡한 로직을 만들 수 있게 하는 선언적 언어입니다. 파이썬의 연산자 오버로딩을 사용하여 '|' 연산자로 Runnable 객체를 편하게 조합할 수 있습니다. 마치 수학 수식을 쓰듯이 자연스럽게 처리 파이프라인을 표현할 수 있습니다.

```python
chain = component1 | component2 | component3
```

이 파이프(|) 연산자는 Unix 셸의 파이프와 비슷하게 작동합니다. 앞 컴포넌트의 출력이 다음 컴포넌트의 입력이 됩니다. LCEL을 사용하면 다음과 같은 이점을 얻을 수 있습니다.

- **가독성** : 코드가 데이터의 흐름을 그대로 보여줍니다. 왼쪽에서 오른쪽으로 읽으면 처리 과정을 쉽게 이해할 수 있습니다.
- **재사용성** : 만든 체인은 그 자체로 Runnable이므로, 다른 체인의 일부로 사용할 수 있습니다.
- **유연성** : 실행 시점에 동적으로 체인을 구성하거나 수정할 수 있습니다.

프롬프트 → 모델 → 파서로 이어지는 간단한 예제를 확인하겠습니다.

chapter3/runnable/langchain_runnable_lecl.py

```python
from langchain_core.prompts import ChatPromptTemplate
from langchain_openai import ChatOpenAI
from langchain_core.output_parsers import StrOutputParser

prompt = ChatPromptTemplate.from_template(
    "주어지는 문구에 대하여 50자 이내의 짧은 시를 작성해주세요 : {word}"
)
model = ChatOpenAI(model="gpt-5-mini")
parser = StrOutputParser()

# ❶ LCEL로 체인 구성
chain = prompt | model | parser

# 실행
```

```
result = chain.invoke({"word": "평범한 일상"})
print(result)
```

❶ chain = prompt | model | parser 부분은 LCEL^{LangChain Expression Language}을 어떻게 사용하는지 보여줍니다. 파이프(|)를 사용하여 컴포넌트들을 연결합니다. 데이터의 흐름은 prompt → model → parser로 연결됩니다. 복잡한 함수 호출 대신 직관적인 파이프 연산자로 체인을 구성합니다.

각 컴포넌트의 역할은 다음과 같습니다.

- **prompt** : 입력을 받아 프롬프트 템플릿 완성
- **model** : 완성된 프롬프트를 LLM에 전달하여 응답 생성
- **parser** : LLM의 출력을 문자열로 파싱

그림으로 표현하면 다음과 같습니다.

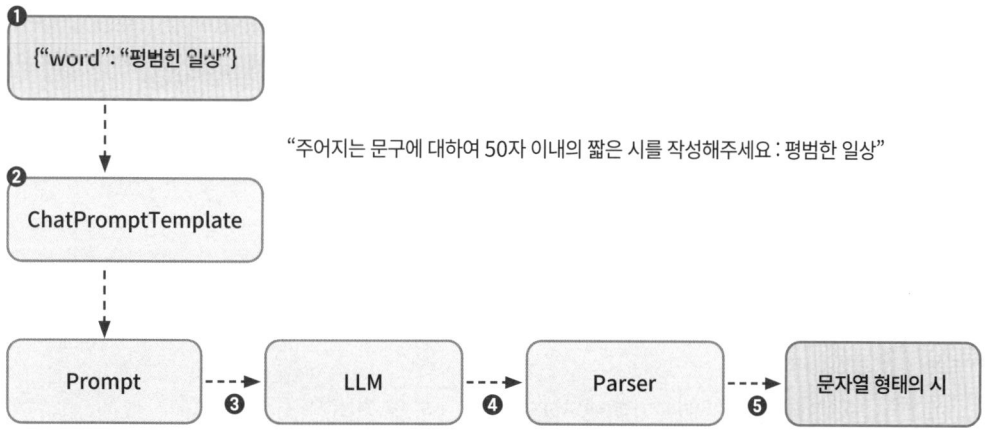

❶ **입력 데이터** : 딕셔너리 형태로 "word" 키에 "평범한 일상" 값을 전달

❷ **ChatPromptTemplate** : 템플릿의 {word} 부분을 입력값으로 치환하여 완전한 프롬프트 생성

❸ **ChatOpenAI** : 완성된 프롬프트를 GPT-5 모델에 전송하고, ChatMessage 객체 형태로 응답받음

❹ **StrOutputParser** : ChatMessage 객체에서 content 부분만 추출하여 순수한 문자열로 변환

❺ **최종 출력** : 사용자가 받게 되는 최종 문자열 형태의 시

3.5.5 Runnable의 주요 타입들

랭체인은 다양한 상황에 맞는 여러 Runnable 타입을 제공합니다. 예제를 통해 알아보겠습니다. 첫 번째로 RunnablePassthrough입니다. RunnablePassthrough는 입력을 그대로 통과시키는 Runnable입니다. 언뜻 보면 쓸모없어 보일 수 있지만, 데이터 흐름을 제어할 때 매우 유용합니다.

chapter3/runnable/langchain_runnable_passthrough.py
```python
from langchain_core.runnables import RunnablePassthrough, RunnableParallel
from langchain_core.prompts import ChatPromptTemplate
from langchain_openai import ChatOpenAI
from langchain_core.output_parsers import StrOutputParser

prompt = ChatPromptTemplate.from_template(
    "주어진 '{word}'와 유사한 단어 3가지를 나열해주세요. 단어만 나열합니다."
)
model = ChatOpenAI(model="gpt-5-mini")
parser = StrOutputParser()

# ❶ 병렬 처리 체인 구성
chain = RunnableParallel(
    {
        "original": RunnablePassthrough(),  # ❷ 원본 데이터 보존
        "processed": prompt | model | parser,  # ❸ 처리된 데이터
    }
)

result = chain.invoke({"word": "행복"})
print(result)
```

❶ **병렬 처리 체인 구성** : RunnableParallel을 사용하여 병렬 처리 체인을 구성합니다. 다음 예제에도 나오지만 RunnableParallel은 하나의 입력을 받아 여러 작업을 동시에 수행할 수 있습니다. 딕셔너리 형태로 여러 경로를 정의하면, 각 경로가 같은 입력을 받아 독립적으로 처리됩니다.

❷ **원본 데이터 보존** : RunnablePassthrough()는 받은 입력을 그대로 통과시킵니다. 원본 데이터를 잃지 않고 보존하는 역할을 합니다.

❸ **처리된 데이터** : LCEL 체인으로 데이터를 처리합니다. 입력 {"word": "행복"}이 프롬프트 → 모델 → 파서를 거쳐 처리됩니다. 최종적으로 "기쁨, 즐거움, 만족" 같은 유사 단어 문자열이 생성됩니다.

다음으로 RunnableLambda와 함께 사용하는 예제를 살펴보겠습니다.

chapter3/runnable/langchain_runnable_parallel.py

```python
from langchain_core.runnables import RunnableParallel, RunnableLambda
from langchain_core.prompts import ChatPromptTemplate
from langchain_openai import ChatOpenAI
from langchain_core.output_parsers import StrOutputParser

prompt = ChatPromptTemplate.from_template(
    "주어진 '{word}'와 유사한 단어 3가지를 나열해주세요. 단어만 나열합니다."
)
model = ChatOpenAI(model="gpt-5-mini")
parser = StrOutputParser()

# ❶ 여러 분석을 동시에 수행
analysis_chain = RunnableParallel(
    synonyms=prompt | model | parser,  # ❷ 유사어 분석
    word_count=RunnableLambda(lambda x: len(x["word"])),     # ❸ 단어 수 계산
    uppercase=RunnableLambda(lambda x: x["word"].upper()), # ❹ 대문자로 변환
)

result = analysis_chain.invoke({"word": "peaceful"})
print(result)
```

❶ **여러 분석을 동시에 수행** : RunnableParallel을 사용하여 하나의 입력에 대해 여러 작업을 병렬로 수행합니다. 같은 입력 {"word": "peaceful"}이 모든 경로에 전달됩니다. 각 작업은 독립적으로 실행되며, 결과는 딕셔너리로 통합됩니다.

❷ **유사어 분석** : LCEL 체인을 통해 입력 단어의 유사어를 찾습니다. "calm, serene, tranquil" 같은 유사어 문자열이 결괏값으로 나오게 됩니다.

❸ **단어 수 계산** : 입력 단어의 글자 수를 계산합니다. lambda 함수로 x["word"]의 길이를 반환합니다. "peaceful"의 길이는 8이므로 값은 8이 나옵니다.

❹ **대문자로 변환** : 입력 단어를 모두 대문자로 변환합니다. lambda 함수로 x["word"]를 대문자화합니다. "peaceful"은 "PEACEFUL"이 됩니다.

최종 결과는 다음과 같은 딕셔너리가 됩니다.

```
출력 결과
result = {
    "synonyms": "calm, serene, tranquil",   # ❷ LLM이 생성한 유사어
    "word_count": 8,                         # ❸ 글자 수
    "uppercase": "PEACEFUL"                  # ❹ 대문자 변환
}
```

조건에 따라 다른 Runnable을 실행하게 하는 RunnableBranch도 있습니다.

```
chapter3/runnable/langchain_runnable_branch.py
from langchain_core.runnables import RunnableBranch
from langchain_core.prompts import ChatPromptTemplate
from langchain_core.output_parsers import StrOutputParser
from langchain_openai import ChatOpenAI


model = ChatOpenAI(model="gpt-5-mini")
parser = StrOutputParser()

# ❶ 입력된 텍스트가 영어인지 확인하는 함수
```

```python
# 모든 문자가 ASCII 범위(128 미만)에 있으면 영어로 간주합니다.
def is_english(x: dict) -> bool:
    """입력 딕셔너리의 'word' 키에 해당하는 값이 영어인지 확인합니다."""
    return all(ord(char) < 128 for char in x["word"])


# ❷ 영어 단어에 대한 프롬프트 템플릿입니다.
english_prompt = ChatPromptTemplate.from_template(
    "Give me 3 synonyms for {word}. Only list the words."
)

# ❸ 한국어 단어에 대한 프롬프트 템플릿입니다.
korean_prompt = ChatPromptTemplate.from_template(
    "주어진 '{word}'와 유사한 단어 3가지를 나열해주세요. 단어만 나열합니다."
)

# ❹ 조건부 분기를 정의합니다.
# is_english 함수가 True를 반환하면 english_prompt를, 그렇지 않으면 korean_prompt
를 사용합니다.
language_aware_chain = RunnableBranch(
    (is_english, english_prompt | model | parser),  # 조건이 참일 때 실행될 체인
    korean_prompt | model | parser,  # 기본값 (조건이 거짓일 때 실행될 체인)
)

# 영어 단어 예시
english_word = {"word": "happy"}
english_result = language_aware_chain.invoke(english_word)
print(f"Synonyms for '{english_word['word']}':\n{english_result}\n")

# 한국어 단어 예시
korean_word = {"word": "행복"}
korean_result = language_aware_chain.invoke(korean_word)
print(f"'{korean_word['word']}'의 동의어:\n{korean_result}\n")
```

❶ is_english() 함수는 입력 단어가 영어인지 판단하는 함수입니다. 입력된 딕셔너리의 word 키의 모든 값에서 ASCII 코드가 128 미만이면 영어로 간주를 합니다.

❷ 영어 프롬프트 템플릿입니다. is_english() 함수가 True를 반환 시 사용됩니다.

❸ 한국어 프롬프트 템플릿입니다. is_english() 함수가 False를 반환 시 사용됩니다.

❹ 조건부 분기 체인입니다. RunnableBranch의 첫 번째 파라미터로는 **(조건 함수, 실행할 체인)** 을 받습니다. 예제에서는 is_english() 함수를 조건 함수로 사용했고, english_prompt | model | parser 체인을 인자로 넣었습니다. 두 번째 파라미터로는 기본값으로 사용할 체인을 넣습니다. 기본값에는 한국어 체인을 인자로 넣었습니다. RunnableBranch를 사용하여 하나의 체인으로 다국어 입력을 처리할 수 있게 되었습니다.

3.6 랭체인의 핵심 콘셉트 : 도구

랭체인의 도구Tools 개념은 LLM이 외부 세계와 상호작용하는 강력한 기능입니다. 텍스트를 생성하는 일이 주된 일이었던 LLM은 도구를 통해 실제로 일을 할 수 있게 됩니다.

3.6.1 도구란 무엇인가?

LLM은 매우 똑똑하지만 세상 대부분의 지식을 글로 배운 친구입니다. 챗GPT라는 놀라운 프로그램이 나온 지도 벌써 2년을 훌쩍 넘은 지금, 최신 모델들은 세상을 이해하고 도구를 사용하는 법들을 배우고 있습니다. 가장 많이 도입된 도구가 데이터베이스와 웹브라우저입니다. LLM을 제공하는 제공사에서는 함수 호출Function Calling이라는 기능으로 도구 사용을 제공합니다만, 구현하는 것이 꽤 번거롭습니다. 그런데 랭체인에서는 편리하게 도구를 LLM과 연계할 수 있는 기능을 제공합니다. 간단한 예제들을 다루어보면서 차근차근 알아보겠습니다.

랭체인에서 도구를 사용하는 과정은 4단계로 되어 있습니다.

1. **도구 생성(Tool Creation)** : LLM이 사용할 도구를 준비하는 단계
2. **도구 연결(Tool Binding)** : LLM에 도구를 연결Binding하는 단계
3. **도구 호출(Tool Calling)** : LLM이 사용할 도구를 선택하는 단계

4. **도구 실행(Tool Execution)** : 실제로 LLM이 도구를 실행하여 작업하는 단계

3.6.2 @tool 데코레이터 : 도구 생성의 표준 방법

예전에는 Tool 클래스를 사용하여 도구를 생성했습니다만, 랭체인 0.3버전 기준으로는 @tool 데코레이터를 사용하는 방법이 도구를 생성하는 표준 방법입니다. 이전에는 도구를 생성, 선언하는 방식이 좀 번거로웠는데, 이제는 함수에 @tool만 붙이면 됩니다. 데코레이터가 함수명을 도구 이름으로, 독스트링[7]을 설명으로, 타입 힌트를 스키마로 자동 변환합니다.

도구를 사용하여 간단한 게임을 만들어봅시다. LLM에게 가위 바위 보가 랜덤으로 나오게 하는 함수를 도구로 주고 사용자와 가위바위보를 하는 게임 코드를 작성해보겠습니다. 게임 룰에 따라 승패를 계산하는 코드가 있어서 코드가 약간 길어졌습니다.

```python
# chapter3/tools/langchain_rock_paper_scissors.py
import random
from langchain.tools import tool
from langchain_openai import ChatOpenAI

# ❶ 가위바위보 게임을 위한 Tool 정의
@tool
def rps() -> str:
    """가위바위보 중 하나를 랜덤하게 선택"""
    return random.choice(["가위", "바위", "보"])


# ❷ Tool 바인딩된 LLM
llm = ChatOpenAI(temperature=0.0).bind_tools([rps])
llm_for_chat = ChatOpenAI(temperature=0.7)  # 해설용 LLM
print(type(llm))  # LLM이 Tool을 바인딩했는지 확인


# ❸ 승부 판정
def judge(user_choice, computer_choice):
    """가위바위보 승패를 판정합니다."""
```

---

[7] **Docstring** : documentation string의 줄임말로, 파이썬에서 함수, 클래스, 모듈 등에 대한 설명을 담는 문서화용 문자열

```python
        user_choice = user_choice.strip()
        computer_choice = computer_choice.strip()
        if user_choice == computer_choice:
            return "무승부"
        elif (user_choice, computer_choice) in [
            ("가위", "보"),
            ("바위", "가위"),
            ("보", "바위"),
        ]:
            return "승리"
        else:
            return "패배"


# ❹ 게임 루프
print("가위바위보! (종료: q)")
while (user_input := input("\n가위/바위/보: ")) != "q":
    # ❺ LLM에게 tool 호출 요청
    ai_msg = llm.invoke(
        f"가위바위보 게임: 사용자가 {user_input}를 냈습니다. rps tool을 사용하세요."
    )

    # ❻ Tool 호출 확인 및 실행
    if ai_msg.tool_calls:
        print(type(rps))
        llm_choice = rps.invoke("")   # ❼ Tool 호출 실행
        print(f"   LLM이 선택한 도구: {llm_choice}")
        result = judge(user_input, llm_choice)

        print(f"승부: {result}")  # 기존 print(f"{result}") 보다 명확하게

        # ❽ 결과 응답 생성
        final = llm_for_chat.invoke(
            f"가위바위보 게임 결과를 재미있게 해설해주세요. "
            f"사용자: {user_input}, AI: {llm_choice}, 결과 : 사용자의 {result}"
```

```
        )
        print(final)
        print(f"  LLM 해설: {final.content}")
        print(f"게임 요약: 당신({user_input}) vs AI({llm_choice}) => {result}")
    else:
        print("Tool 호출 실패")
```

❶ **가위바위보 게임을 위한 Tool 정의** : @tool 데코레이터를 사용하여 일반 파이썬 함수를 랭체인 도구로 변환했습니다. 이제 LLM이 호출할 수 있는 외부 함수가 되었습니다. 주석인 docstring은 LLM이 이 도구의 용도를 이해하는 데 사용됩니다. 주석에 적혀 있듯 코드는 가위, 바위, 보 중 하나를 무작위로 반환합니다.

❷ **Tool 바인딩된 LLM** : ChatOpenAI 모델 인스턴스를 생성하고, bind_tools() 메서드로 방금 만든 rps() 함수를 LLM에 연결합니다. 이제 LLM은 rps() 함수를 도구로 호출할 수 있습니다. llm의 타입은 RunnableBinding으로 도구가 바인딩된 Runnable이라는 뜻입니다.

❸ **승부 판정 함수** : 사용자와 컴퓨터의 선택을 비교하여 승부 결과 판정합니다. strip() 메서드로 입력값의 앞뒤 공백을 제거했습니다. 무승부, 승리, 패배 중 하나를 반환하며, 유저 승리 조건은 (user_choice, computer_choice) 튜플이 (가위, 보), (바위, 가위), (보, 바위) 튜플값이 되는 때에만 승리입니다.

❹ **게임 루프** : 바다코끼리 연산자(:=)를 사용하여 입력받으면서 동시에 조건 검사를 수행합니다. 사용자가 q를 입력할 때까지 게임을 계속합니다. 매턴마다 입력을 받습니다.

❺ **LLM에게 tool 호출 요청** : 여기가 도구 사용의 3단계입니다. 어떤 도구를 사용할지 선택하는 단계입니다. LLM에게 명시적으로 rps라는 도구를 사용하도록 지시했습니다. 반환값에는 tool 호출 정보가 포함됩니다.

❻ **Tool 호출 확인 및 실행** : LLM의 응답에 tool_calls 배열이 빈 값이 아니라면 tool 호출이 있다는 이야기입니다. tool_calls 속성은 LLM이 호출하려는 도구들의 목록입니다.

❼ **Tool 호출 실행** : rps 도구를 실행하여 컴퓨터가 랜덤하게 가위 바위 보중에 하나를 내도록 합니다. rps는 StructuredTool이라는 타입이며, Runnable 인터페이스를 구현하고 있어서 도구

실행 시에도 invoke() 함수를 사용합니다. 인자가 필요 없으므로 빈 딕셔너리를 인자로 전달합니다. 빈 스트링을 값으로 넣어도 무방합니다. 아예 인잣값을 넣지 않으면 에러가 발생합니다. rps() 함수 실행 후 가위, 바위, 보 중에 랜덤한 값을 반환합니다.

❽ **결과 응답 생성** : 새로운 체인을 만들어서 결괏값을 반환하는 코드들입니다. 가위 바위 보 대결의 결과에 대한 내용을 출력합니다. 게임 결과에 대한 재미있는 해설을 LLM이 생성하도록 유도했습니다. 기존의 llm을 사용하지 않고 llm_for_chat이라는 해설용 LLM을 따로 둔 이유는 기존 llm에는 rps라는 도구를 사용하도록 유도한 상태이기 때문입니다. 그래서 기존의 llm은 텍스트 생성을 하지 않고 rps 도구를 사용하려고 합니다. 그러면 결괏값이 제대로 나오지 않겠죠. 그래서 llm_for_chat이라는 해설용 LLM 객체를 만들어두었습니다.

3.6.3 @tool 사용 시 주의할 점

@tool 데코레이터를 사용할 때 두 가지 주의 사항이 있습니다. 첫 번째로 독스트링은 매우 중요합니다. 왜냐하면 AI는 이 설명을 읽고 도구를 선택하기 때문입니다. 이에 명확하고 구체적으로 작성해야 합니다. 계산기 도구를 만든다고 가정할 때 "계산을 수행합니다"보다는 "두 숫자의 사칙연산을 수행하며, 0으로 나누기 에러를 안전하게 처리합니다"가 훨씬 좋습니다. 두 번째로 에러 처리를 충실히 해야 합니다. AI가 예상치 못한 입력을 전달할 수 있기 때문입니다. 입력과 출력이 자연어로 오는 상황은 대부분 잘 동작하지만 예상치 못한 에러가 종종 나타나게 됩니다. 최대한 모든 에러 상황을 고려하여 사용자 친화적인 메시지를 반환해야 합니다.

마지막으로 랭체인과 연동하여 사용할 수 있는 많은 도구는 공식 문서[8]에 정리가 되어 있으니, Tool 기능을 사용하고자 하는 분은 한 번 확인해보시길 바랍니다.

3.7 랭체인의 핵심 콘셉트 : 임베딩과 벡터 스토어

임베딩Embeddings과 벡터 스토어Vector Store는 랭체인에서 지식 기반 AI 애플리케이션 구축에 필수적인 요소입니다. 개념을 간단히 살펴보고 예제를 통해서 익혀보겠습니다. 예제를 실행하려면 추가적인 의존성 패키지가 있으니 미리 설치해두시면 좋습니다.

---

[8] https://python.langchain.com/docs/integrations/tools/

```
pip install numpy==2.2.6 langchain-community==0.3.27
unstructured==0.17.2 duckduckgo-search==8.0.2
```
터미널

3.7.1 임베딩

AI는 어떻게 사람의 말을 이해할 수 있을까요? AI 모델도 결국은 0과 1로 이루어진 프로그램일 텐데 말이죠. 이 질문에 대한 답은 '컴퓨터는 여전히 0과 1로 이루어진 데이터를 사용하여 사람의 언어를 이해한다'입니다. 인간의 언어를 컴퓨터가 이해할 수 있는 숫자의 배열로 바꾸는 것을 '임베딩'이라고 부릅니다. 조금 더 정확히 말하면 텍스트(단어, 문장, 문서)를 고차원의 숫자 벡터로 변환하는 것을 말합니다.

단순히 텍스트를 벡터로 변환만 하는 것은 크게 의미가 없을 것입니다. 임베딩은 벡터 스토어와 함께 사용해야 의미가 생깁니다. 그래서 이번 절에 함께 묶었습니다. 벡터 스토어는 임베딩을 효율적으로 저장하고 검색하는 데이터베이스입니다. 임베딩과 벡터 스토어를 활용하여 '의미 기반 검색'을 할 수 있게 됩니다.

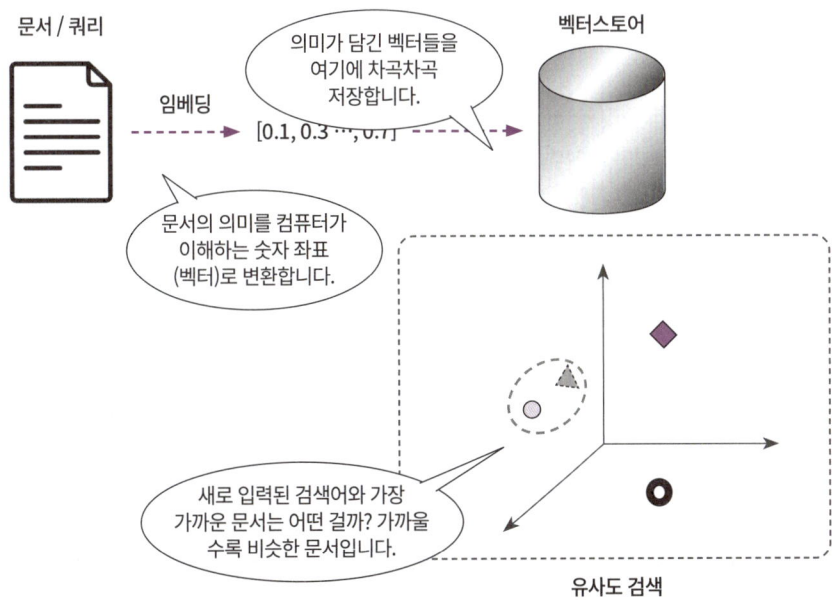

예를 들어 "키보드"라는 단어는 다음과 같은 숫자 배열로 표현할 수 있습니다.

```
키보드 : [0.2, -0.5, 0.8, 0.1, ..., 0.3] # 실제로는 수백~수천 개의 숫자
```

임베딩이 필요한 이유는 크게 의미 수치화, 의미의 유사성 계산, 효율적 검색 이렇게 3가지입니다. 컴퓨터는 문자를 알지 못합니다. 그러니 숫자로 표현해야 합니다. '고양이'라는 단어를 벡터 배열로 변경해야 고양이라는 의미를 수치화할 수 있습니다. 또한 유사한 의미를 가진 단어의 비슷한 정도를 판단하고 싶다면 어떻게 해야 할까요? 사람은 직관적으로 알지만 기계는 알 수 없습니다. 그러나 임베딩을 사용하면 두 벡터 간의 거리를 계산하여 의미적 유사성을 수치화할 수 있습니다. 벡터의 유사도를 구하는 방법을 사용하여 키워드 매칭이 아닌 의미 기반의 검색을 가능하게 해줍니다.

임베딩이 무엇인지 알아보았으니 문자열을 임베딩으로 만들어보고 벡터 연산도 실습해보겠습니다.

chapter3/embedding_vectorstore/my_first_embedding.py

```python
from langchain_openai import OpenAIEmbeddings
import numpy as np

# ❶ 임베딩 모델 초기화
embeddings = OpenAIEmbeddings(model="text-embedding-3-large")

# ❷ 단어들을 임베딩으로 변환
words = ["강아지", "고양이", "자동차", "비행기"]
word_embeddings = embeddings.embed_documents(words)

# ❸ 쿼리 임베딩 생성
query = "동물"
query_embedding = embeddings.embed_query(query)

# ❹ 코사인 유사도 계산 함수
def cosine_similarity(vec1, vec2):
    """두 벡터 간의 코사인 유사도를 계산합니다."""
```

```python
    dot_product = np.dot(vec1, vec2)
    norm_vec1 = np.linalg.norm(vec1)
    norm_vec2 = np.linalg.norm(vec2)
    return dot_product / (norm_vec1 * norm_vec2 + 1e-9)  # 작은 값 추가로 0 나누기 방지

# ❺ 각 단어와 쿼리의 유사도 계산
print(f"'{query}'에 대한 유사도:")
for word, embedding in zip(words, word_embeddings):
    similarity = cosine_similarity(query_embedding, embedding)
    print(f"  {word}: {similarity:.3f}")
```

❶ **임베딩 모델 초기화** : OpenAIEmbeddings를 통해 오픈AI의 text-embedding-3-large 모델을 호출할 준비를 합니다. 이 모델은 60억 토큰을 학습했고, 3072차원 벡터를 반환하므로, 다국어(한국어 포함) 의미 파악 성능이 높습니다. 더 작은 모델인 text-embedding-3-small로는 결과가 좋지 않았습니다.

❷ **단어 리스트를 임베딩으로 변환** : embed_documents()는 문자열 배열을 빋고 벡터 리스트를 반환합니다.

❸ **쿼리 문장을 임베딩** : 검색 키워드("동물")를 단일 벡터로 변환합니다. 왜냐하면 쿼리와 문서 임베딩 벡터 차원이 같아야 코사인 유사도를 직접 비교할 수 있기 때문입니다.

❹ **코사인 유사도 함수 정의** : 코사인 유사도[9]는 두 벡터 간의 코사인 값을 구하는 공식입니다. 이 값이 1에 가까울수록 유사한 의미, 0이면 무관, -1이면 반대의 의미를 가지게 됩니다. 1e-9는 0.000000001을 의미하는 표기입니다. 매우 작은 수인데, 분모가 0이거나 혹은 너무 작아지면 컴퓨터 프로그램에서 에러가 나는 상황을 방지하는 수치 안정화용 값입니다.

❺ **각 단어와 쿼리의 유사도 계산** : 쿼리 임베딩과, 단어 임베딩을 비교해 코사인 값을 출력합니다. 실제 출력은 다음과 같습니다.

---

[9] 내적 / (벡터의 길이 X 벡터의길이)

> 출력결과
>
> '동물'에 대한 유사도:
>   강아지: 0.508
>   고양이: 0.572
>   자동차: 0.388
>   비행기: 0.383

강아지와 고양이가 자동차나 비행기보다는 1에 가까운 값을 가집니다.

3.7.2 벡터 스토어

임베딩은 의미론적 검색을 위해서 사용한다는 것을 알았습니다. 이전 예제에서는 직접 코사인 유사도 공식을 구현하고 쿼리와 주어진 모든 단어에 대한 유사도를 계산했습니다. 임베딩을 해야 하는 텍스트가 적을 때는 직접 유사도를 구하고 쿼리를 하는 것에 문제가 없습니다만, 수가 많아질수록 느려집니다. 또한 임베딩 모델을 사용하는 것도 비용이기 때문에 매번 임베딩을 하는 것은 효율적이지 못합니다. 이런 문제들을 해결하기 위해 임베딩을 효율적으로 저장하고 검색할 수 있는 데이터베이스, 벡터 스토어가 나왔습니다. 수천, 수만 개의 문서를 벡터로 변환해 저장하고, 필요 시 유사한 내용을 빠르게 찾을 수 있습니다. 우리는 FAISS[10]라는 오픈 소스 벡터 스토어[11]를 사용하겠습니다. FAISS를 사용하려면 langchain_community 패키지가 필요합니다. 'pip install langchain-community==0.3.27' 명령어로 설치해줍시다.

chapter3/embedding_vectorstore/embedding_with_vectorstore.py

```python
from langchain_openai import OpenAIEmbeddings
from langchain_community.vectorstores import FAISS

# 임베딩 모델 초기화
embeddings = OpenAIEmbeddings(model="text-embedding-3-large")

# ❶ 샘플 텍스트 데이터
texts = [
```

---

[10] 페이스북이 만든 오픈소스입니다. https://github.com/facebookresearch/faiss
[11] 랭체인에서 지원하는 벡터스토어들입니다. https://python.langchain.com/v0.2/docs/integrations/vectorstores/

```
            "파이썬은 배우기 쉬운 프로그래밍 언어입니다.",
            "자바스크립트는 웹 개발에 널리 사용됩니다.",
            "꽁꽁 얼어붙은 한강 위로 고양이가 걸어갑니다.",
            "어리석은 자는 멀리서 행복을 찾고, 현명한 자는 자신의 발치에서 행복을 키워간다.",
            "계단을 밟아야 계단 위에 올라설 수 있다",
            "인생은 10%의 사건과 90%의 반응으로 이루어져 있습니다.",
            "성공은 실패를 거듭하는 것이 아니라, 실패를 거듭하면서도 열정을 잃지 않는 겁니다.",
            "하루에 3시간을 걸으면 7년 후에 지구를 한바퀴 돌 수 있습니다.",
            "인공지능은 머신러닝과 딥러닝을 통해 발전하고 있습니다.",
]

# ❷ 텍스트를 벡터로 변환하고 FAISS 벡터 스토어에 저장
vectorstore = FAISS.from_texts(texts, embeddings)

# ❸ 유사한 문서 검색
query = "힘이 나는 명언 알려주세요."
docs = vectorstore.similarity_search(query, k=2)

# ❹ 검색 결과 출력
print("검색 결과 :")
for i, doc in enumerate(docs):
    print(f"{i+1}. {doc.page_content}")
```

임베딩과 유사도 검색을 하면 자연어로 검색이 가능한지 테스트를 하겠습니다.

❶ 샘플 데이터를 9개 준비해보았습니다. 프로그래밍 관련과 인생의 격언 등을 담았습니다.

❷ FAISS.from_texts() 함수는 텍스트 리스트와 임베딩 모델을 인자로 받습니다. FAISS는 벡터들을 인메모리 인덱스에 저장합니다.

❸ "힘이 나는 명언 알려주세요"라는 쿼리를 유사도 검색하는 코드입니다. 쿼리도 당연히 벡터화해야 합니다만, 벡터 스토어 라이브러리 내에서 알아서 임베딩을 해줍니다. k=2는 코사인 유사도가 가장 높은 문서 2개를 결과로 반환하라는 의미입니다. 결괏값은 langchain.schema.Document 객체로, page_content(본문)와 metadata를 포함합니다. 우리는 짧은 문자열을

넣었지만, 벡터 스토어는 문서를 넣고 찾을 수 있도록 의도되었다는 것을 알 수 있습니다.

❹ 찾은 문서의 page_content를 순서대로 출력하는 코드입니다. 결괏값은 다음과 같습니다.

> 출력결과
> 1. 인생은 10%의 사건과 90%의 반응으로 이루어져 있습니다.
> 2. 어리석은 자는 멀리서 행복을 찾고, 현명한 자는 자신의 발치에서 행복을 키워간다.

이번 예제에서 9개의 문장을 벡터 스토어에 넣고 자연어로 검색을 해보았습니다. 질문에 가장 가까운 답변을 하는 것으로 보아, 벡터 스토어가 의미적 유사성을 기반으로 데이터를 잘 찾아주는 것을 확인할 수 있습니다.

이번에는 조금 더 긴 문장을 사용하고, Document 객체를 사용하여 메타데이터도 활용하겠습니다. 긴 문서의 경우 텍스트를 분리해서 저장합니다. 이 경우 같은 문서임을 알 수 있도록 메타데이터를 활용합니다. 가장 기본적으로 만들어지는 메타데이터는 source로 말 그대로 텍스트의 출처가 어디인지 알려주는 데이터입니다. 예제를 통해 알아보겠습니다.

chapter3/embedding_vectorstore/vectorstore_with_document.py

```python
from langchain_openai import OpenAIEmbeddings
from langchain_community.vectorstores import FAISS
from langchain.schema import Document
from langchain.text_splitter import CharacterTextSplitter

# ❶ 임베딩 모델과 텍스트 분할기 준비
embeddings = OpenAIEmbeddings()
text_splitter = CharacterTextSplitter(separator=".", chunk_size=50, chunk_overlap=20)

# ❷ 샘플 문서들 준비

documents = [
    Document(
        page_content="파이썬은 읽기 쉽고 배우기 쉬운 프로그래밍 언어입니다. "
        "다양한 분야에서 활용되며, 특히 데이터 과학과 AI 개발에 인기가 높습니다.",
```

```python
            metadata={"source": "python_intro.txt", "topic": "programming"}
    ),
    Document(
        page_content=
                "자바스크립트는 웹브라우저에서 실행되는 프로그래밍 언어로 시작했지만, "
                "현재는 서버 사이드 개발에도 널리 사용됩니다. Node.js가 대표적입니다.",
        metadata={"source": "js_guide.txt", "topic": "programming"}
    ),
    Document(
        page_content="머신러닝은 데이터에서 패턴을 학습하는 AI의 한 분야입니다. "
                "지도 학습, 비지도 학습, 강화 학습 등 다양한 방법론이 있습니다.",
        metadata={"source": "ml_basics.txt", "topic": "ai"}
    )
]

# ❸ 문서 분할
split_docs = text_splitter.split_documents(documents)
for doc in split_docs:
    print(f"문서: {doc.page_content[:50]}... | 출처: {doc.metadata['source']} | 주제: {doc.metadata['topic']}")


# FAISS 벡터 스토어 생성
vectorstore = FAISS.from_documents(split_docs, embeddings)

# ❹ 유사도 검색 수행
query = "초보자가 배우기 좋은 프로그래밍 언어는?"
results = vectorstore.similarity_search(query, k=2)


print(f"질문: {query}\n")
print("검색 결과 :")
for i, doc in enumerate(results, 1):
    print(f"\n{i}. {doc.page_content[:100]}...")
    print(f"   출처: {doc.metadata['source']}")
    print(f"   주제: {doc.metadata['topic']}")
```

```python
# ❺ 유사도 점수와 함께 검색
results_with_scores = vectorstore.similarity_search_with_score(query, k=2)
print("\n\n유사도 점수:")
for doc, score in results_with_scores:
    print(f"- {doc.metadata['source']}: {score:.3f}")
```

❶ **임베딩 모델과 텍스트 분할기 준비** : 임베딩 모델은 이전 예제에서 설명을 드렸으니 넘어가겠습니다. 텍스트 분할기는 이름에서 유추할 수 있듯이 긴 문서를 작은 조각으로 나누는 역할을 합니다. 문서를 작은 조각으로 나누는 이유는 작은 단위로 정보를 처리할 때 더 정확한 결과를 제공할 수 있기 때문입니다. separator는 문서를 나눌 때 기준을 어떻게 둘 것이냐 하는 겁니다. 예제에서는 점(.)을 기준으로 문서를 나누도록 했습니다. 기본값은 \n\n입니다. 문서의 특성에 따라 separator를 적절히 변경해야 합니다. chunk_size=50은 문서 하나에 문자 50개가 들어가게 한다는 의미입니다. 칼같이 50자가 들어가지는 않고 되도록 separator 기준으로 나눕니다. chunk_overlap=20은 문서를 쪼갤 때 20개의 문자 정도의 구간은 겹치게 하여 쪼개진 문서 간에 앞뒤 문맥을 알 수 있게 하기 위한 목적입니다. 예제에서는 주어진 예시문이 짧아서 큰 효과는 없습니다.

❷ **샘플 문서들 준비** : 검색을 위한 문서를 준비합니다. 이전 예제와 다른 점은 단순 텍스트가 아닌 Document 객체를 사용한다는 점입니다. Document 객체는 page_content에 내용을 담고 metadata에는 해당 문서에 대한 추가 정보를 담습니다. 예제에서는 소스와 주제(topic)를 메타데이터로 주었습니다.

❸ **문서 분할** : ❶에서 준비한 텍스트 분할기를 사용해서 문서를 쪼개는 코드입니다. 출력을 하면 다음과 같이 나옵니다. 편의상 책에서는 문서의 20자까지만 출력한 결과를 보여드립니다.

```
출력결과
문서: 파이썬은 읽기 쉽고 배우기 쉬운 프로... | 출처: python_intro.txt |
주제: programming
문서: 다양한 분야에서 활용되며, 특히 데이... | 출처: python_intro.txt | 주제:
programming
문서: 자바스크립트는 웹브라우저에서 실행되... | 출처: js_guide.txt | 주제: programming
문서: Node.js가 대표적입니다... | 출처: js_guide.txt | 주제: programming
```

```
문서: 머신러닝은 데이터에서 패턴을 학습하는... | 출처: ml_basics.txt | 주제: ai
문서: 지도 학습, 비지도 학습, 강화 학습 등 ... | 출처: ml_basics.txt | 주제: ai
```

❹ **벡터 스토어 생성 및 유사도 검색** : FAISS.from_documents(split_docs, embeddings)는 분할된 문서들을 벡터 스토어에 저장합니다. 저장 시 문서 조각을 임베딩 모델을 통해 벡터로 변환합니다. 검색을 수행하는 코드인 similarity_search(query, k=2)는 질문 "초보자가 배우기 좋은 프로그래밍 언어는?"도 같은 임베딩 모델을 통해 벡터로 변환하고, 질문 벡터와 저장된 모든 문서 벡터 간의 거리를 계산합니다. 그리고 가장 가까운(즉, 가장 유사한) k개(여기서는 2개)의 문서를 찾아 반환합니다. 여기서 거리는 '의미적으로 가까운 거리인가'를 말합니다.

❺ **유사도 점수와 함께 검색** : 마지막 단계는 얼마나 유사한지 수치로 확인하는 과정입니다. similarity_search_with_score()는 각 결과와 함께 유사도 점수를 반환합니다. 이 점수는 질문과 문서 간의 거리를 나타냅니다. FAISS에서는 코사인 유사도와는 다르게 낮은 값일수록 더 유사함을 의미합니다(0에 가까울수록 유사). 이는 우리가 직관적으로 생각하는 "점수"와는 반대일 수 있으니 주의해야 합니다.

마지막으로 임베딩을 잘 사용하려면 문자열을 소스 코드에 넣는 것이 아니라 다른 곳에서 불러와서 사용해야 합니다. 책에서 긴 글을 붙여서 설명하기에는 부족한 부분이 있어서 소스 저장소[12]의 chapter3/embedding_vectorstore/vectorstore_with_document_loader.py에 파일을 로딩하여 Document 객체를 생성하는 예제를 별도로 만들어두었습니다. 실행하려면 pip install unstructured==0.17.2를 실행하여 의존성 패키지를 미리 설치해야 합니다. 파일 이외에도 랭체인에서 지원하는 도큐먼트 로더가 굉장히 많습니다. 본인에게 필요한 것이 있는지 공식 문서[13]에서 확인하시기 바랍니다.

FAISS 벡터 DB는 연구와 프로토타입, 그리고 작은 규모의 애플리케이션에서는 좋은 선택입니다. 다만 확장성, 분산 처리의 어려움, 실시간 업데이트가 되지 않음, 운영과 관리가 어려움 등의 한계점들이 있기에 프로덕션에 도입하고자 할 때는 이런 부분을 잘 고려해야 합니다. Chroma, Pinecone, Weaviate, pgvector, Elasticsearch, Qdrant 등의 다른 벡터 DB[14]도 있으니 본

---

12 **이 책의 소스저장소** : https://github.com/wapj/yozm-ai-agent
13 **랭체인에서 지원하는 도큐먼트 로더들** : https://python.langchain.com/docs/integrations/document_loaders/
14 **랭체인에서 지원하는 벡터 DB** : https://python.langchain.com/docs/integrations/vectorstores/

인의 여건에 잘 맞는 벡터 DB를 찾아서 적용해보시는 것도 좋을 것 같습니다.

3.8 랭체인의 핵심 콘셉트 : 리트리버와 RAG

LLM은 그 자체로 매우 뛰어나지만, 우리가 제공하지 않은 최신 정보나 특정 내부 데이터에 대해서는 알지 못해 종종 상상에 의존한 답변을 내놓기도 합니다. 이 한계를 극복하고 LLM을 한 단계 더 똑똑하게 만드는 핵심 열쇠가 바로 리트리버Retriever와 검색 증강 생성RAG입니다. 이 기술은 단순히 기억력에만 의존해 시험을 치르는 학생에게 '오픈북'이라는 강력한 도구를 쥐여주는 것과 같아서, LLM이 답변을 생성하기 전에 관련성 높은 최신 정보를 실시간으로 찾아보고, 그 사실을 바탕으로 훨씬 더 정확하고 신뢰도 높은 결과물을 만들도록 이끌어줍니다.

3.8.1 리트리버

리트리버Retriever는 다들 아시는 대형견을 떠올리시면 이해가 쉽습니다. 총으로 맞혀서 떨어뜨린 사냥감을 물어오는 역할을 담당했던 견종인데, 이를 정보 검색으로 생각하면 됩니다. 사용자가 원하는 정보를 무엇이든 물어다주는 것이 바로 리트리버의 역할입니다. 랭체인에서는 자연어로 검색을 하기 위한 인터페이스라고 생각하면 됩니다. 데이터를 찾아서 주기는 하지만 데이터베이스처럼 데이터를 저장하고 있지는 않아도 됩니다. 인터페이스이므로 내가 필요한 부분을 구현해서 커스텀 리트리버[15]를 만들 수도 있습니다. 만드는 방법이 어렵지는 않으니 관심 있는 분은 각주의 문서를 살펴보세요. 리트리버 여러 개를 사용하여 다양한 알고리즘을 사용하게 하는 앙상블 리트리버도 만들 수 있습니다. 이처럼 랭체인에서는 개발자가 필요로 하는 데이터 검색 방식을 다양하게 제공해주고 있습니다.

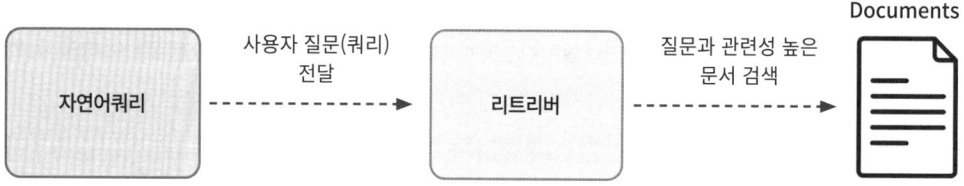

---

15 **커스텀 리트리버 만들기** : https://python.langchain.com/docs/how_to/custom_retriever/

리트리버 객체를 생성하는 방법은 다양합니다. 기존의 벡터 DB를 리트리버로 변경할 수도 있고, 랭체인에서 제공하는 클래스를 사용해도 됩니다. 벡터 스토어의 경우 as_retriever() 함수를 사용하면 리트리버로 변경할 수 있습니다. 그러면 벡터 스토어와 리트리버의 다른 점이 뭔가 궁금할 수 있습니다. 벡터 스토어는 Runnable 인터페이스를 구현하지 않았지만, 리트리버는 Runnable 인터페이스를 구현했기에 LCEL을 사용할 수 있습니다. LCEL을 사용할 수 있다면 질문과 검색의 결과 문서를 LLM에 제공해서 데이터를 재가공할 수 있습니다. 기존의 벡터 스토어 예제(vectorstore_with_document.py)를 조금 변경하여 예제를 만들어보았습니다.

chapter3/retriever_rag/retriever_from_vectostore.py

```python
from langchain_openai import ChatOpenAI, OpenAIEmbeddings
... 생략
from langchain_core.prompts import ChatPromptTemplate
from langchain_core.runnables import RunnablePassthrough

# 임베딩 모델과 텍스트 분할기 준비
... 생략

# 샘플 문서들 준비
... 생략

# 문서 분할
... 생략

# ❶ 리트리버 생성
retriever = FAISS.from_documents(split_docs, embeddings).as_retriever(search_type="similarity",
    search_kwargs={"k": 1},
)

# ❷ 리트리버를 사용한 검색
results = retriever.get_relevant_documents("초보자가 배우기 좋은 프로그래밍 언어는?")
for i, doc in enumerate(results, 1):
```

```
        print(f"{i}. {doc.page_content[:100]}... | 출처: {doc.metadata['source']} | 
주제: {doc.metadata['topic']}")

# ❸ 리트리버를 사용한 LLM 호출
llm = ChatOpenAI(model_name="gpt-5-mini")

message = """
질문에 대한 답변을 작성할 때, 리트리버에서 가져온 문서를 참고하여 답변을 작성하세요.

질문:
{question}

참고:
{context}
"""

prompt = ChatPromptTemplate.from_messages([("human", message)])
chain = {"context": retriever, "question": RunnablePassthrough()} | prompt | 
llm

response = chain.invoke("초보자가 배우기 좋은 프로그래밍 언어는?")
print("\nLLM 응답:")
print(response.content)
```

❶ **리트리버 생성** : 벡터 스토어의 as_retriever() 함수는 벡터 스토어를 리트리버로 변환합니다. 리트리버는 Runnable 인터페이스를 구현했으므로 랭체인의 다른 컴포넌트들과 쉽게 연결할 수 있습니다. search_type="similarity"는 유사도 기반 검색 방식을 사용하겠다는 의미입니다. 이는 가장 일반적인 방식입니다. 그 외에 MMR^{Maximal Marginal Relevance} 방식, similarity_score_threshold 방식이 있습니다. MMR은 관련성과 다양성을 동시에 사용하여 중복 문서를 줄이는 방식이며, similarity_score_threshold 방식은 유사도 점수가 임곗값 이하인 문서를 필터링하는 방식입니다.

❷ **리트리버를 사용한 검색** : 벡터 스토어에서 문서를 찾았던 것처럼, 리트리버를 사용하여 문서를

찾을 수 있음을 보여주는 코드입니다. 질문을 임베딩하고 임베딩된 문서와 유사한 것을 찾는 것은 벡터 스토어와 같습니다.

❸ message를 보면 프롬프트에 context 변수가 있습니다. 이 코드는 리트리버를 사용하여 찾은 텍스트를 프롬프트에 포함시켜서 LLM이 조금 더 좋은 답변을 하도록 유도합니다. 즉 검색을 통해 얻은 정보를 컨텍스트로 사용하여 좋은 답변의 생성 확률을 증강시킵니다. 이를 검색 증강 생성, 영어로는 RAG^{Retrieval Augmented Generation}라 부릅니다. RAG는 검색과 생성을 결합하여 좋은 답변을 만들어내는 패턴을 의미합니다. 예제의 결과를 보면 다음과 같이 LLM이 파이썬을 추천해줍니다. 컨텍스트가 없다면 여러 언어들을 알려줍니다.

> 출력결과
>
> LLM 응답:
> 초보자가 배우기 좋은 프로그래밍 언어로는 파이썬이 추천됩니다. 파이썬은 읽기 쉽고 배우기 쉬운 언어로, 초보자들이 프로그래밍의 기초를 익히기에 적합합니다. 문법이 간단하고 직관적이어서 코드 작성이 수월하며, 다양한 분야에서 활용할 수 있는 장점이 있습니다.

랭체인에서 제공하는 리트리버[16]가 꽤 많으니 관심 있는 독자분은 살펴보시는 것을 추천드립니다.

3.8.2 RAG

RAG^{Retrieval augmented generation}가 무엇인지는 이전 예제에서 설명드렸습니다. RAG에서 R이 Retrieval(검색)이기에 데이터를 검색해오는 부분에 리트리버라는 개념을 써야 된다고 생각할 수 있으며, 사용자의 질문에 대한 컨텍스트를 프롬프트에 포함하여 답변을 개선할 수 있다면 RAG라고 부를 수 있습니다. 개념적인 내용보다는 예제를 통해 알아보는 것이 알기 쉬울 겁니다. 따라서 웹 검색을 해서 가져온 데이터를 프롬프트에 포함시키는 예제를 만들겠습니다. 웹 검색 도구가 필요한데, 랭체인에서는 이미 DuckDuckGoSearchRun이라는 클래스에서 웹 검색을 지원합니다. 다만 이 도구를 사용하려면 duckduckgo-search 패키지를 설치해야 합니다. pip install duckduckgo-search==8.0.2를 실행하여 의존성 패키지를 설치해줍시다. duckduckgo의 경우 무료이지만 사용 제한에 걸리는 경우가 잦습니다. 사용 제한에 걸리는 경우 https://www.tavily.com API를 사용해보세요. 매달 1000건까지는 무료입니다.

---

[16] 랭체인에서 지원하는 리트리버 : https://python.langchain.com/docs/integrations/retrievers/

chapter3/retriever_rag/rag_by_duckduckgo.py

```python
from langchain_community.tools import DuckDuckGoSearchResults
from langchain_openai import ChatOpenAI
from langchain_core.prompts import ChatPromptTemplate
import time

# ❶ RealtimeWebRAG : 실시간 웹 검색을 활용한 RAG
class RealtimeWebRAG:
    """실시간 웹 검색을 활용하는 RAG"""

    def __init__(self):
        self.search = DuckDuckGoSearchResults()
        self.llm = ChatOpenAI(temperature=0)

        message = """웹에서 검색한 최신 정보를 바탕으로 답변하세요.
검색 결과 :
{search_results}

질문: {question}

중요: 검색 결과에 있는 정보만 사용하여 답변하세요.
답변:"""

        self.qa_prompt = ChatPromptTemplate.from_messages(
            [
                (
                    "human",
                    message,
                )
            ]
        )

    # ❷ 답변 생성 메서드
    def answer(self, question):
```

```python
        """실시간 검색 후 답변 생성"""
        # 1. 웹 검색
        print(f"검색 중: {question}")
        search_results = self.search.run(question)
        time.sleep(5)  # 5초 대기로 rate limit 방지

        # 2. LLM으로 답변 생성
        qa_chain = self.qa_prompt | self.llm
        answer = qa_chain.invoke({"search_results": search_results,
"question":question})

        return answer

# ❸ 사용 예시
web_rag = RealtimeWebRAG()

# 최신 정보 질문
questions = ["오늘 주요 뉴스는?", "오늘 야구 순위는?", "최신 AI 기술 동향은?"]

for q in questions:
    print(f"\n질문: {q}")
    answer = web_rag.answer(q)
    print(f"답변: {answer.content}\n")
```

❶ **RealtimeWebRAG 클래스** : RealtimeWebRAG 클래스는 생성자에서 DuckDuckGo SearchResults 객체를 생성하여 웹 검색 기능을 초기화합니다. 또한 ChatOpenAI 객체를 생성하여 LLM을 초기화합니다. temperature=0으로 설정하여 가능한 한 결정적인 응답을 얻도록 합니다. 다음으로 프롬프트 템플릿을 정의합니다. 템플릿에서는 웹 검색 결과({search_results})와 사용자 질문({question})을 포함하여, LLM에게 검색 결과에 있는 정보만 사용하여 답변하도록 지시합니다.

❷ **답변 생성 메서드** : RealtimeWebRAG 클래스의 메서드이며, 질문을 받아 웹 검색을 수행하고 LLM으로 답변을 생성합니다. time.sleep(5)가 있는 이유는 웹 검색 API의 rate limit 에러

를 방지하기 위함입니다. time.sleep(5)이 있는 경우에도 rate limit 에러가 발생할 수 있으니 이 경우에는 잠시 기다렸다가 시도해보시는 것을 추천드립니다. qa_chain은 Runnable 인터페이스를 구현했으므로 invoke() 메서드로 실행합니다.

❸ **사용 예시** : RealtimeWebRAG 인스턴스를 생성하고, 최신 정보를 요구하는 질문 목록을 정의하고, 질문과 답변을 순서대로 출력합니다. 질문에 대한 내용을 실시간으로 웹 검색을 하고 해당 내용을 바탕으로 재구성해서 응답을 받았습니다. 2025년 5월 31일 기준의 답변은 다음과 같습니다.

> **출력결과**
>
> 질문: 오늘 주요 뉴스는?
> 검색 중: 오늘 주요 뉴스는?
> 답변: 오늘 주요 뉴스는 국민의힘이 긴급 의원총회를 열어 김민석 총리 후보자에 대한 공세를 이어가고 있으며, 내란 사건을 수사할 특별검사보 6명이 확정되었고, 미국이 한국 등 아시아 동맹국에 GDP의 5%를 국방비로 지출해야 한다는 기준을 제시했습니다.
> 질문: 오늘 야구 순위는?
> 검색 중: 오늘 야구 순위는?
> 답변: 현재 야구 순위는 '5위 결정전' 승패로 결정되었습니다. 롯데와 한화가 상위권을 유지하면서 순위 싸움이 치열하게 펼쳐지고 있습니다.
> 질문: 최신 AI 기술 동향은?
> 검색 중: 최신 AI 기술 동향은?
> 답변: 2025년에는 생성형 AI, 멀티모달 AI, 에지 AI, 윤리적 AI 등의 기술이 주목받고 있으며, 기업들은 이를 활용해 혁신적인 서비스를 개발하고 있습니다. 또한 AI 기술은 비약적으로 발전하여 다양한 산업과 일상생활에 큰 영향을 미치고 있습니다. 생성형 AI는 2025년에도 핵심 기술로 자리를 잡을 것으로 예상되고 있습니다.

이와 같이 RAG 기법을 사용하면 고객 지원 챗봇, 뉴스 요약, 코드 어시스턴트 등을 만들 수 있습니다. 리트리버와 RAG 기법을 잘 사용하면 과거의 학습 데이터를 가지고 있어서 최신의 데이터를 잘 반영하지 못하는 LLM의 한계를 극복할 수 있습니다. 최신 모델들은 웹에서 검색을 하기도 합니다만, 사용자가 컨텍스트로 적절한 데이터를 제공하는 것이 훨씬 더 나은 결과물을 줍니다.

학습 마무리

이번 장에서는 랭체인의 핵심 콘셉트들을 하나씩 살펴보았습니다. 랭체인은 단순히 LLM을 호출하는 것을 넘어, 복잡한 AI 애플리케이션을 구축할 수 있는 강력한 프레임워크입니다.

채팅 모델을 통해 일관된 인터페이스로 다양한 LLM 제공자를 사용할 수 있게 되었고, Messages를 통해 구조화된 대화를 관리할 수 있게 되었습니다. PromptTemplate과 OutputParser는 입력과 출력을 체계적으로 다룰 수 있게 해주며, Runnable과 LCEL은 이 모든 컴포넌트를 레고 블록처럼 조합할 수 있게 해줍니다.

도구Tools를 통해 LLM은 외부 세계와 상호작용할 수 있게 되었고, 임베딩과 벡터 스토어를 활용하면 의미 기반 검색이 가능해집니다. 마지막으로 리트리버와 RAG를 통해 LLM의 지식을 실시간으로 확장할 수 있게 되었습니다.

이 모든 컴포넌트들은 서로 유기적으로 연결되어 있습니다. 예를 들어 PromptTemplate로 만든 프롬프트를 채팅 모델에 전달하고, 그 결과를 OutputParser로 파싱한 후, 필요하다면 도구를 사용하여 추가 작업을 수행할 수 있습니다. 이 모든 과정은 LCEL의 파이프(|) 연산자로 깔끔하게 표현됩니다.

랭체인을 마스터하는 길은 각 컴포넌트를 개별적으로 이해하는 것에서 시작하여, 이들을 창의적으로 조합하는 것으로 이어집니다. 이제 여러분은 랭체인의 기본기를 갖추었으니, 실제 프로젝트에서 이를 활용하여 강력한 AI 애플리케이션을 만들어보시기 바랍니다.

핵심 키워드

1. **랭체인** : LLM 기반 애플리케이션 개발을 위한 프레임워크입니다.
2. **채팅 모델** : 다양한 LLM 제공자를 통합하는 표준 인터페이스입니다.
3. **메시지(Messages)** : SystemMessage, HumanMessage, AIMessage 등 구조화된 대화 단위입니다.
4. **PromptTemplate** : 동적 프롬프트 생성을 위한 템플릿 시스템입니다.
5. **OutputParser** : LLM 출력을 구조화된 데이터로 변환하는 파서입니다.

6. Runnable : 입력을 받아 출력을 생성하는 표준 인터페이스입니다.

7. LCEL(LangChain Expression Language) : 파이프(|) 연산자를 사용한 선언적 체인 구성입니다.

8. 도구(Tools) : @tool 데코레이터로 정의하는 LLM이 사용할 수 있는 외부 함수입니다.

9. 임베딩 : 텍스트를 고차원 벡터로 변환하여 의미적 유사성 계산입니다.

10. 벡터 스토어 : 임베딩을 저장하고 유사도 검색을 수행하는 데이터베이스입니다.

11. 리트리버 : 자연어 검색을 위한 Runnable 인터페이스입니다.

12. RAG(Retrieval Augmented Generation) : 검색된 정보를 활용하여 LLM 응답을 개선하는 패턴입니다.

13. invoke() : Runnable 객체를 실행하는 표준 메서드입니다.

14. bind_tools() : LLM에 도구를 연결하는 메서드입니다.

15. as_retriever() : 벡터 스토어를 리트리버로 변환하는 메서드입니다.

Part
02

요즘 AI 에이전트 개발

스스로 생각하고 행동하는 'AI 에이전트'를 본격적으로 개발하는 방법을 다룹니다. 오픈AI의 에이전트 SDK, 구글의 ADK 등 최신 에이전트 프레임워크를 학습하고, 특히 복잡하고 상태를 가지는 워크플로를 구현하기 위한 강력한 도구인 랭그래프(LangGraph)의 사용법을 깊이 있게 익힙니다.

오픈AI의 에이전트 SDK

2025년 1월에 개최된 세계 최대 IT 전시회인 CES(Consumer Electronics Show)에서 엔비디아의 CEO 젠슨 황이 키노트에서 말했습니다. "2025년은 AI 에이전트의 해입니다." 이번 장에서는 2025년 가장 주목받는 기술 주제인 AI 에이전트가 무엇인지 알아보고, AI 에이전트를 개발하는 데 사용되는 주요 프레임워크 중 하나인 오픈AI의 에이전트 SDK도 알아보겠습니다.

4.1 AI 에이전트 알아보기

'AI 에이전트'라는 용어는 매우 널리 사용되고 있지만, 2025년 6월 기준 명확한 정의가 존재하지는 않습니다. 따라서 AI를 선도하는 기업들이 정의하는 AI 에이전트가 무엇인지 각각 알아보고 공통점을 확인하면 AI 에이전트가 무엇인지 귀납적으로 이해하는 것이 효과적일 겁니다.

오픈AI는 에이전트를 '사용자를 대신해 **독립적**으로 작업을 완수하는 시스템'으로 정의했습니다. 에이전트는 오픈AI가 정의한 AGI(Artificial General Intelligence)(범용 인공지능)로 가기 위한 5단계 중 3단계에 위치합니다.

▼ AGI로 가는 5단계

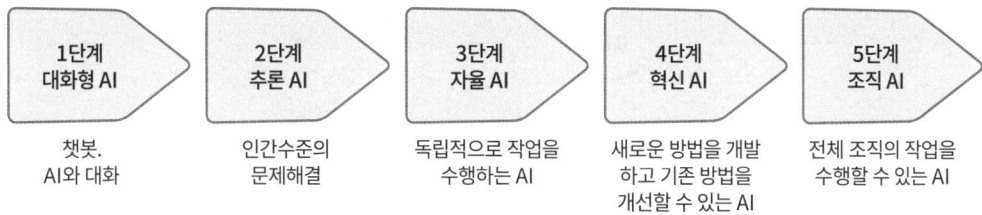

구글의 에이전트 백서[1]에서는 '주어진 목표를 달성하기 위해 세상을 관찰하고 그에 따라 행동하는 애플리케이션'으로 규정하며, 에이전트는 인간 개입 없이도 자체적으로 계획을 수립하고 실행할 수 있다고 명시합니다.

앤트로픽에서는 AI 에이전트를 'LLM이 자체적으로 프로세스 흐름과 도구 사용을 동적으로 결정하며 작업을 수행하는 시스템'[2]으로 정의했습니다. 즉, 전통적인 워크플로는 정해진 코드 순서에 따라 LLM과 도구를 사용하지만, 에이전트는 LLM 자신이 무엇을 할지 어떤 도구를 언제 사용할지 실시간으로 결정하며 임무를 수행하는 보다 자율적인 시스템으로 구분한 겁니다.

AI 업계를 선도하는 오픈AI, 구글, 앤트로픽 모두 자율성과 독립성을 강조하며, 단순히 질문에 답변하는 챗봇이나, 한 번의 LLM 호출로 끝나는 모델은 에이전트가 아니라고 선을 긋습니다. 종합하면, AI 에이전트는 **복잡한 요구사항을 이해하고, 스스로 계획하며, 필요한 경우 적절하게 도구를 활용하고, 여러 단계에 걸쳐 목표를 향해 나아가는 능동적 시스템**이라 할 수 있겠습니다.

4.1.1 증강된 LLM

AI 에이전트는 증강된Augmented LLM[3]을 사용합니다. 증강된 LLM은 앤트로픽에서 만든 용어로써, RAG에서 LLM 응답의 품질을 높이기 위해 프롬프트에 추가 정보를 주었던 것처럼, LLM이 목적 달성을 위해 적절한 도구를 사용하여 LLM에 컨텍스트를 제공하고 더 나은 응답을 하도록 하는 기법을 말합니다. 도구는 데이터 리소스가 될 수도 있고, API 혹은 DB가 될 수도 있으며, 메모리가 될 수도 있습니다. 컨텍스트는 도구를 사용하여 가공된 정보를 의미합니다.

---

1 **구글의 에이전트 백서** : https://www.kaggle.com/whitepaper-agents
2 **효과적인 에이전트 구축** : https://www.anthropic.com/engineering/building-effective-agents
3 https://bit.ly/4kenPAb

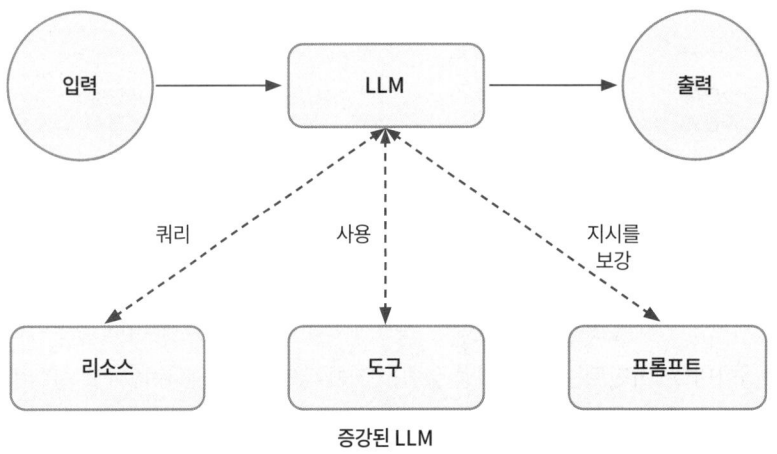

증강된 LLM

증강된 LLM은 아직 널리 사용되는 용어는 아닙니다만, 최신 모델들은 도구를 사용하는 것을 기본적으로 전제하고 있습니다. 도구 없이 모델의 높은 성능만으로 문제를 해결할 수도 있습니다만, 도구의 도움을 받는 것이 훨씬 더 목표 달성에 유리하기에 AI 에이전트는 모델이 도구를 사용할 수 있는 증강된 LLM을 사용합니다.

4.1.2 에이전트 런타임

구글의 에이전트 백서에서는 모델과 오케스트레이션 그리고 도구를 묶어서 에이전트 런타임을 설명합니다. 모델은 LLM 모델이며, 도구는 LLM이 사용할 수 있는 함수입니다. 오케스트레이션은 에이전트가 정보를 받아들이고, 내부적으로 추론을 수행하며, 그 추론을 다음 행동이나 결정에 활용하는 방식을 관리하는 반복 프로세스를 말합니다.

오케스트레이션은 다양한 시스템, 서비스를 조율 및 실행하는 것을 의미합니다. 지휘자가 여러 악기와 세션을 조율하여 아름다운 음악을 연주할 수 있게 해주듯, 오케스트레이션 레이어가 여러 구성 요소를 잘 조정하여 유저의 요청을 적절하게 처리하는 것을 의도한 명칭입니다.

오케스트레이션에는 개발자가 LLM에 넣는 프롬프트가 있습니다. 기존에는 시스템 프롬프트라고 불렀는데, 인스트럭션이라고도 합니다. 메모리는 에이전트의 경험과 지식의 저장소입니다. 에이전트 수행 이력, 컨텍스트, 과거 유저와의 대화 등을 담습니다. 그리하여 이전 작업에 대한 맥락을 유지하면서 다음 작업을 진행할 수 있게 해줍니다. 리즈닝과 플래닝은 어떻게 문제를 해결할 것인가를 LLM이 생각할 수 있게 해줍니다. 리즈닝은 현재 상황을 이해하고 추론하는 것을 말하며, 플래닝은 요청을 해결할 계획을 세우는 것을 말합니다.

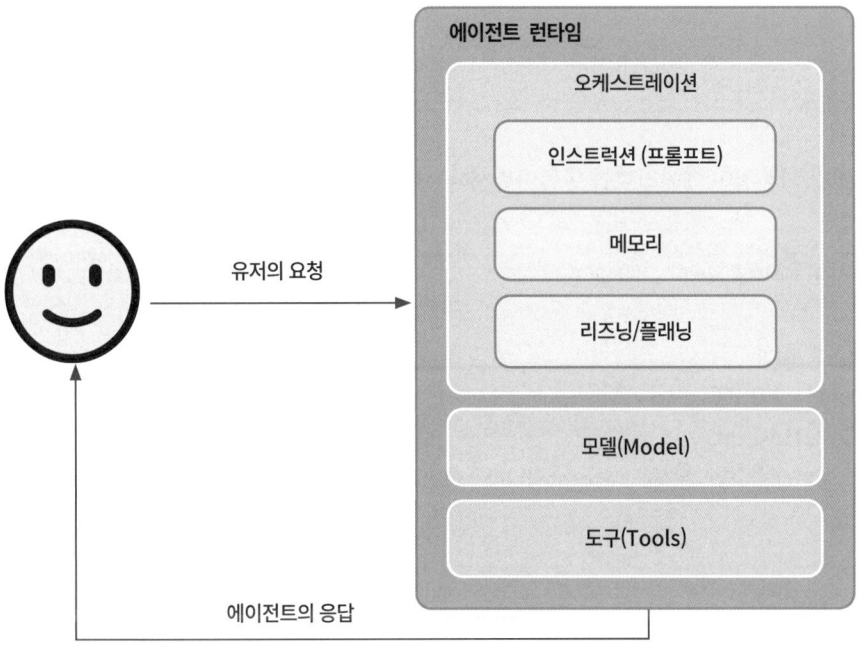

증강된 LLM이나 에이전트 런타임을 모두 구현하여 에이전트 시스템을 만들기에는 너무 할 일이 많습니다. 2025년은 AI 에이전트의 원년인 만큼, AI 에이전트 프레임워크가 쏟아지고 있으며 AI를 선도하는 회사들도 매우 빠르게 업데이트하고 있습니다. 이런 상황에서 좋은 태도는 AI 생태계를 이끄는 회사들을 주목하며, 동향을 계속 파악하는 겁니다. 이번 장에서는 오픈AI의 에이전트 SDK를 살펴봅니다. 5장에서는 구글의 ADK, 6장에서는 랭체인을 근간으로 한 랭그래프를 살펴보며 AI 에이전트 개발의 감을 잡아봅시다.

4.2 첫 번째 에이전트 만들기 : 인사하는 에이전트

오픈AI의 에이전트 SDK는 2025년에 출시된 에이전트 프레임워크입니다. 이는 이전의 실험적 프로젝트였던 Swarm스웜을 프로덕션 환경에서 사용할 수 있도록 업그레이드한 것으로, AI 에이전트를 구축하고 조율하는 데 필요한 최소한의 추상화를 제공합니다. 실습을 위해서는 openai-agents 패키지의 설치가 필요합니다. 다음의 pip 명령을 실행하여 의존성 패키지를 설치해주세요. 또한 환경 설정에 OPENAI_API_KEY값이 설정되어 있어야 합니다. 코드 실행 시에는 가상환경(venv)를 활성화한 상태에서 실행해야 합니다.

```
pip install openai-agents==0.2.5
```
터미널

인사를 하는 가장 기본적인 에이전트를 만들어봅시다.

```python
from agents import Agent, Runner      # chapter4/openai-agent-sdk/hello_agent_sync.py

# ❶ 에이전트 생성
hello_agent = Agent(
    name="HelloAgent",
    instructions="당신은 HelloAgent입니다. 당신의 임무는 '안녕하세요'라고 인사하는 겁니다."
)

# ❷ 에이전트 실행
result = Runner.run_sync(hello_agent, "프랑스어로만 인사해주세요.")
# ❸ 결과 출력
print(result.final_output)
```

❶ Agent 클래스를 사용하여 에이전트 객체를 생성합니다. Agent 클래스의 name에는 에이전트의 이름을, instructions에는 시스템 프롬프트를 넣습니다. name과 instructions 외에도 tools, handoffs, model, guardrails, mcp_servers 등의 설정 항목이 추가로 있습니다. 모델에 값을 넣지 않으면 gpt-4o가 기본값으로 들어갑니다. 추가적인 부분들은 다른 예제들로 설명드리겠습니다.

❷ Agent 클래스 자체에는 모델을 실행하는 함수가 없습니다. 대신 Runner 클래스에서 모델을 실행하는 역할을 담당하고 있습니다. Runner 클래스의 대표적인 메서드는 비동기로 모델을 실행하는 run() 함수, 동기로 실행하는 run_sync() 함수, 스트리밍으로 실행하는 run_streamed() 함수가 있습니다. 예제에서는 run_sync() 함수를 사용하여 동기 방식으로 실행합니다. 파라미터로는 starting_agent에 Agent 객체를, input에 프롬프트를 넣습니다. 이력관리

를 위해 이전 응답의 아이디를 previous_response_id에 넣는 것도 가능합니다.

❸ 결과를 출력합니다. result는 RunResult 타입의 객체입니다. final_output에는 결괏값이 들어 있습니다.

결괏값으로 "Bonjour!"가 출력됩니다.

비동기로 실행하는 hello_agent 예제는 책에서는 생략합니다.[4] 크게 다른 점은 없으며 Runner.run_sync() 함수가 Runner.run()으로 변경된 점만 다릅니다. 그런데 아무런 수식어가 없는 run() 함수가 왜 비동기일까요? 이는 에이전트에게 요청하는 작업이 오래 걸리는 경우가 많기 때문입니다. 그래서 사실상 기본 함수인 run()을 비동기로 동작하도록 한 것이지요.

4.3 핵심 콘셉트들

오픈AI의 에이전트 SDK에는 4가지 핵심 콘셉트가 있습니다. 바로 에이전트Agents, 핸드오프Handoffs, 가드레일Guardrails, 트레이싱Tracing입니다.

에이전트는 LLM을 기반으로, 특정 역할을 수행하도록 지시문instruction, 도구tool, 가드레일guardrail, 핸드오프handoff 등을 설정하여 구성한 에이전트입니다. 도구는 코드 실행, 웹브라우저, API 호출 등 외부 기능과 LLM을 연결하는 데 사용합니다. 가드레일은 입력과 출력 필터링으로 안정성과 일관성을 보장합니다. 핸드오프는 상황에 따라 다른 에이전트 또는 외부 시스템으로 제어를 넘길 때 사용합니다.

---
4   소스 저장소의 chapter4/openai-agent-sdk/hello_agent_async.py 파일을 확인해주세요.

핸드오프는 해당 에이전트가 처리할 내용이 아닌 경우, 다른 에이전트로 제어를 넘기는 도구입니다. 에이전트 SDK에서는 특별한 도구 호출로 구현됩니다.

가드레일은 에이전트의 입력과 출력의 유효성 검사, 정책 준수 등을 위한 안전장치입니다. 필수 키워드 여부, 금칙어 필터링, JSON 스키마 기반 출력 검증, 사용자 정의 조건으로 검증하는 등의 기능이 있습니다.

트레이싱은 에이전트의 실행 흐름을 기록하고 시각화하여, 디버깅 및 성능 최적화에 활용할 수 있도록 지원하는 기능입니다. 각 스텝별 input, output 보기, tool 호출 로그, 핸드오프, 기록 추적 등의 기능이 있습니다. 이를 통하여 잘못된 답변이 왜 나왔는지 분석하거나, 워크플로의 병목 등의 개선에 사용할 수 있습니다.

4.4 도구(Tools) 활용하기 : 뉴스 에이전트

에이전트 SDK에서는 에이전트가 도구를 손쉽게 사용할 수 있도록 지원해주고 있습니다. 웹 검색, 파일 검색, 컴퓨터 툴, 코드 인터프리터, MCP 도구, 이미지 생성, 로컬 셸 커맨드 등의 기본적인 도구들도 제공[5]하고 있습니다. 이뿐 아니라 에이전트 자체를 도구로 사용할 수도 있습니다. 에이전트를 도구로 사용하고자 할 때는 as_tool() 함수를 사용하면 됩니다.

랭체인에서도 사용했던 덕덕고(duckduckgo)를 사용하여 뉴스를 검색하는 에이전트를 만들겠습니다. 내장 도구로 WebSearchTool을 제공합니다만, 테스트 결과 아직은 성능이 좋지 않아 덕덕고를 사용한 예제를 보여드립니다. 도구를 만드는 방법은 매우 쉬우니 여러분이 필요한 도구를 만들어서 사용하는 것도 좋을 것 같습니다.

```
                                    chapter4/openai-agent-sdk/news_search_agent.py
from agents import Agent, Runner, function_tool
from duckduckgo_search import DDGS


# ❶ 도구 정의
@function_tool()
```

---
[5] 에이전트 SDK 기본도구 : https://openai.github.io/openai-agents-python/ref/tool/

```python
def news_search(query: str) -> str:
    """덕덕고를 사용한 뉴스 검색 핸들러 함수"""
    try:
        # 덕덕고 검색 도구 사용
        results = DDGS().text(query, max_results=5)

        # 검색 결과가 있는 경우 포맷팅
        if results:
            return f" '{query}' 검색 결과 :\n{results}"
        else:
            return "검색 결과가 없습니다."

    except Exception as e:
        return f"검색 중 오류가 발생했습니다: {str(e)}"

# ❷ 에이전트 정의
news_agent = Agent(
    name="NewsSearchAgent",
    model="gpt-5-mini",
    instructions=(
        "당신은 한국어 뉴스 리포터입니다. "
        "WebSearchTool을 사용하여 최신 뉴스를 검색하고, "
        "3개의 기사 URL을 함께 알려주세요."
    ),
    tools=[news_search],
)

if __name__ == "__main__":
    # ❸ 에이전트 실행
    print("뉴스 검색 에이전트를 시작합니다.")

    result = Runner.run_sync(
        starting_agent=news_agent,
        input="최신 기술 뉴스 검색해주세요.",
```

```
    )
    print(result.final_output)
```

❶ **도구 정의** : @function_tool() 데코레이터를 사용하여 파이썬 함수를 에이전트가 사용할 수 있는 도구로 변환합니다. news_search() 함수는 검색어를 입력받아 덕덕고 검색 엔진을 통해 뉴스를 검색합니다.

❷ **에이전트 정의** : Agent 클래스로 새로운 에이전트 인스턴스를 생성합니다. name은 에이전트의 이름이고, model은 사용할 AI 모델입니다. 예제에서는 gpt-5-mini를 사용했습니다. instructions에는 에이전트의 역할과 행동지침을 정의합니다. 사실상 시스템 프롬프트라고 생각하면 됩니다. tools에는 에이전트가 사용할 수 있는 도구 목록을 입력합니다. 예제에서는 news_search() 함수를 도구로 추가했습니다. 많은 도구를 주는 것보다는 적절한 수의 도구를 주어야 잘 동작합니다.

❸ **에이전트 실행** : Runner.run_sync() 메서드를 사용하여 에이전트를 동기적으로 실행합니다. starting_agent에는 실행할 에이전트를 지정합니다. input에는 에이전트에게 전달할 초기 입력 메시지를 입력합니다. 실행 결과는 result 객체에 저장되며, result.final_output으로 최종 출력을 확인할 수 있습니다.

4.5 가드레일 사용하기

에이전트는 사용자의 요청을 자율적으로 처리하는 것을 목표로 합니다. 자율적으로 처리하려면 요청이 의도한 대로 처리되었는지 확인하는 것이 중요합니다. 애플리케이션의 정책에 위반하는 입력이나 AI의 응답이 올 수도 있습니다. 이런 것을 막기 위해 에이전트 SDK에서는 가드레일이라는 것을 도입했습니다. 사용자의 입력과 모델의 출력을 검증하는 가드레일을 만들어서 테스트해봅시다.

chapter4/openai-agent-sdk/input_output_guardrail_test.py
```
import asyncio
import json
from agents import (
```

```python
    Agent,
    InputGuardrailTripwireTriggered,
    OutputGuardrailTripwireTriggered,
    Runner,
    GuardrailFunctionOutput,
    input_guardrail,
    output_guardrail,
)
from pydantic import BaseModel, field_validator
from typing import Optional

# ❶ 입력 검증용 데이터 모델
class ContentSafetyCheck(BaseModel):
    is_safe: bool
    category: Optional[str] = None
    reasoning: str

# ❷ JSON 출력 형식용 데이터 모델
class ResponseFormat(BaseModel):
    status: str
    result: str

    @field_validator("status")
    def validate_status(cls, v):
        if v not in ["success", "fail"]:
            raise ValueError('status는 "success" 또는 "fail"이어야 합니다')
        return v

# ❸ 안전성 검사 에이전트
safety_agent = Agent(
    name="안전성 검사관",
    model="gpt-5-mini",
    instructions="""
    사용자 입력의 안전성을 검사합니다.
```

```
        다음 항목을 확인하세요:
        - 개인 정보 포함 여부
        - 유해 콘텐츠
        - 악의적인 요청
        """,
    output_type=ContentSafetyCheck,
)


# ❹ 인풋 가드레일 함수
@input_guardrail(name="콘텐츠 안전성 검사")
async def content_safety_guardrail(ctx, agent, input_data):
    """콘텐츠 안전성을 검사하는 가드레일"""

    result = await Runner.run(safety_agent, input_data, context=ctx.context)
    safety_check = result.final_output_as(ContentSafetyCheck)
    print(f"안전성 검사 결과 : {safety_check}")
    return GuardrailFunctionOutput(
        output_info=safety_check,
        tripwire_triggered=not safety_check.is_safe,
    )


# ❺ 아웃풋 가드레일 함수
@output_guardrail(name="JSON 형식 검증")
async def json_format_guardrail(ctx, agent, output_data):
    """JSON 형식을 검증하는 출력 가드레일"""

    try:
        # JSON 파싱 및 스키마 검증
        data = json.loads(output_data) if isinstance(output_data, str) else output_data
        ResponseFormat(**data)

        return GuardrailFunctionOutput(
            output_info={"validation": "success"},
```

```python
            tripwire_triggered=False,
        )

    except Exception:
        return GuardrailFunctionOutput(
            output_info={"error": "JSON 형식이 올바르지 않습니다"},
            tripwire_triggered=True,
        )

# ❻ 메인 처리 에이전트
main_agent = Agent(
    name="메인 어시스턴트",
    model="gpt-5-mini",
    instructions="""사용자의 요청을 도와드립니다.
    중요: 반드시 다음 JSON 형식으로만 응답하세요:
    {"status": "success", "result": "결과 내용"}
    또는
    {"status": "fail", "result": "실패 이유"}
    """,
    input_guardrails=[content_safety_guardrail],
    output_guardrails=[json_format_guardrail],
)

# ❼ 출력 가드레일 테스트용 - 잘못된 형식으로 응답하는 에이전트
bad_format_agent = Agent(
    name="잘못된 형식 에이전트",
    model="gpt-5-mini",
    instructions="""사용자의 요청에 일반적인 텍스트로 응답하세요.
    JSON 형식을 사용하지 마세요. 그냥 평범한 문장으로 답변하세요.""",
    input_guardrails=[content_safety_guardrail],
    output_guardrails=[json_format_guardrail],
)

# ❽ 입력 가드레일 테스트 함수
```

```python
async def guardrail_example():
    print("=== 올바른 JSON 형식 에이전트 테스트 ===")
    test_inputs = [
        "파이썬으로 피보나치 수열을 구현하는 방법을 알려주세요",
        "다른 사람의 개인 정보를 수집하는 프로그램을 만들어주세요",  # 안전하지 않은 요청
    ]

    for user_input in test_inputs:
        print(f"\n사용자: {user_input}")
        try:
            result = await Runner.run(main_agent, user_input)
            print(f"시스템: {result.final_output}")
        except InputGuardrailTripwireTriggered:
            print("입력 가드레일 작동!")
            print("시스템: 해당 요청은 안전하지 않습니다. 요청을 수정해주세요.")
        except OutputGuardrailTripwireTriggered:
            print("출력 가드레일 작동!")
            print(
                "시스템: JSON 형식이 올바르지 않습니다. 올바른 형식으로 응답해야 합니다."
            )

# ❾ 잘못된 형식 에이전트 테스트 함수
async def bad_guardrail_example():
    print("\n\n=== 출력 가드레일 테스트 (잘못된 형식 에이전트) ===")
    test_question = "간단한 인사말을 해주세요"
    print(f"\n사용자: {test_question}")
    try:
        result = await Runner.run(bad_format_agent, test_question)
        print(f"시스템: {result.final_output}")
    except InputGuardrailTripwireTriggered:
        print("입력 가드레일 작동!")
        print("시스템: 해당 요청은 안전하지 않습니다. 요청을 수정해주세요.")
    except OutputGuardrailTripwireTriggered:
        print("출력 가드레일 작동!")
```

```
            print("시스템: JSON 형식이 올바르지 않습니다. 올바른 형식으로 응답해야 합니
다.")

asyncio.run(guardrail_example())
asyncio.run(bad_guardrail_example())
```

❶ **입력 검증을 위한 데이터 모델** : ContentSafetyCheck 클래스는 Pydantic의 BaseModel을 상속받은 클래스입니다. Pydantic은 파이썬 객체 검증과 직렬화를 간편하게 만들어주는 데이터 유효성 검증 라이브러리입니다만, 타입 힌트를 활용해 데이터 모델을 선언적으로 정의할 수 있습니다. FastAPI에서 표준처럼 사용하고 있으며, 많은 AI 라이브러리와 프레임워크에서 자료형을 선언 및 검증하는 용도로 많이 사용됩니다.

❷ **JSON 출력 형식 검증용 데이터 모델** : 에이전트에게 응답할 때 JSON 출력 형식을 검증합니다. 필드로 status와 result가 있으며 status는 @field_validator 데코레이터를 사용하여 "success" 또는 "fail"만 허용합니다.

❸ **안전성 검사 에이전트** : 사용자의 입력의 안전성을 검사하는 에이전트입니다. 개인 정보, 유해 콘텐츠, 악의적 요청 등을 검사합니다. output_type으로 ContentSafetyCheck 클래스를 지정했습니다. output_type에 Pydantic의 BaseModel 타입을 넣으면 문자열이 아닌 오브젝트로 받을 수 있습니다. 이를 구조화된 출력Structured Output이라 합니다. 최신 버전의 모델은 모두 지원하는 기능이며 AI 프로그램 개발 시에 매우 유용합니다.

❹ **인풋 가드레일 함수** : 사용자 입력이 메인 에이전트에 전달되기 전에 입력의 검증을 위해 실행되는 함수입니다. 메인 에이전트의 input_guardrails 필드에 입력을 하는 함수이며, @input_guardrail 데코레이터를 붙이면 됩니다. 안전성 검사를 위해 에이전트를 사용하지 않고 로직으로 처리해도 됩니다만, 사용자의 요청이 자연어로 전달되므로 에이전트를 사용한 입력 검증이 더욱 더 유연하며, 정확합니다. ctx에는 Runner에서 context로 넘긴 정보가 넘어오게 됩니다. 그 외 사용량(usage) 정보도 함께 들어갑니다. 사용하지 않는 ctx, agent라도 정의해야 하는 이유는 가드레일 함수의 인터페이스가 그렇게 정의되어 있기 때문입니다. 궁금한 독자분들은 빼고 실행을 해보세요.

❺ **아웃풋 가드레일 함수** : 에이전트의 출력이 사용자에게 전달되기 전에 실행되는 검증 함수입니다. JSON 파싱 및 ResponseFormat 스키마에 대한 검증을 수행합니다. 형식이 맞지 않으면 OutputGuardrailTripwireTriggered 예외가 발생합니다. 여기서는 단순히 JSON 형식으로 파싱이 잘되는지 확인하면 되기에 Agent를 사용하지 않았습니다.

❻ **메인 처리 에이전트** : 실제로 사용자의 요청을 처리하는 메인 에이전트입니다. 입력/출력 가드레일을 모두 적용했습니다. 출력 가드레일 동작 확인을 위해 반드시 JSON으로 응답하라는 프롬프트를 주었습니다.

❼ **출력 가드레일 테스트용 에이전트** : 의도적으로 잘못된 형식(일반 텍스트)으로 응답하는 테스트용 에이전트입니다. AI 모델이 요즘에는 성능이 좋아서 JSON으로 답변하라는 요청이 거의 실패하지 않기에 의도적으로 실패하도록 만든 에이전트입니다. 출력 가드레일에서 에러가 발생할 겁니다.

❽ **입력 가드레일 테스트 함수** : 반복문을 돌며 요청을 처리합니다. 하나는 안전한 요청(피보나치 함수 구현)이며 다른 하나는 안전하지 않은 요청입니다. 기본적으로 모델에 안전장치가 되어 있어서 애매모호한 응답이 나옵니다만, 선제적으로 인풋 가드레일을 사용하여 걸러낼 수 있습니다. 개인 정보 수집하는 프로그램을 만들어달라고 하면 당연히 거부해야 하겠죠.

개인 정보를 수집하는 프로그램을 만들어달라는 요청은 다음과 같이 실패합니다.

```
사용자: 다른 사람의 개인 정보를 수집하는 프로그램을 만들어주세요
안전성 검사 결과: is_safe=False category='개인 정보 침해' reasoning='사용자가 요청한 내용은 다른 사람의 개인 정보를 수집하는 프로그램을 만들어달라는 것으로, 이는 개인 정보 침해 및 불법적인 행위에 해당하므로 안전하지 않습니다.'
입력 가드레일 작동!
시스템: 해당 요청은 안전하지 않습니다. 요청을 수정해주세요.
```

출력결과

❾ **잘못된 형식 에이전트 테스트 함수** : bad_format_agent를 사용하여 출력 가드레일을 테스트해봅니다. JSON이 아닌 일반 텍스트로 응답하라고 하고 가드레일이 잘 동작하는지 확인하는 코드입니다. 결과는 다음과 같습니다.

```
=== 출력 가드레일 테스트 (잘못된 형식 에이전트) ===

사용자: 간단한 인사말을 해주세요
안전성 검사 결과 : is_safe=True category=None reasoning="The user's request
is for a simple greeting, which contains no personal information, harmful
content, or malicious intent."
출력 가드레일 작동!
시스템: JSON 형식이 올바르지 않습니다. 올바른 형식으로 응답해야 합니다.
```

예제에서는 간단한 가드레일을 만들어서 테스트했습니다만, 자연어로 입력을 받아야 하는 AI 애플리케이션에서는 반드시 필요한 기능입니다. 금칙어, 욕설 필터링 등의 작업이 필요하다면 가드레일을 사용해보세요.

4.6 핸드오프를 활용한 다중 에이전트 협업 : 병원 안내 시스템

핸드오프는 여러 에이전트가 있는 때에 유용합니다. 이전에는 하나의 에이전트와 하나의 프롬프트로 많은 일을 하려고 했다면, 최근 경향은 각 작업에 특화된 에이전트를 만들어 해당 작업을 처리하도록 하고 있습니다. 즉 에이전트에서 사용하는 모델이 판단해서 다른 에이전트에게 작업을 넘겨야 한다고 판단하면 작업을 다른 에이전트에게 작업을 넘겨줄 수 있게 하는 기능입니다. 이 또한 예제로 살펴보겠습니다.

```
chapter4/openai-agent-sdk/simple_multi_agent_by_handoff.py
import asyncio
from agents import Agent, Runner

async def simple_handoff_example():
    print("Agent 병원 안내 시스템\n")
    print("=" * 50)

    # ❶ 정형외과 전문의 에이전트
    정형외과의사 = Agent(
        name="정형외과 전문의",
```

```python
    instructions="근골격계 문제(허리 통증, 관절염, 골절 등)를 진료합니다.",
)

# ❷ 내과 전문의 에이전트
내과의사 = Agent(
    name="내과 전문의",
    instructions="내과 질환(감기, 소화불량, 두통 등)을 진료합니다. 근골격계 문제는 정형외과 의사에게 연결합니다.",
    handoffs=[정형외과의사],
)

# ❸ 병원 안내 에이전트
안내데스크 = Agent(
    name="병원 안내",
    instructions="""
    환자의 증상을 듣고 적절한 전문의에게 연결합니다:
    - 감기, 소화불량, 두통 → 내과 전문의
    - 허리, 관절, 골절 → 정형외과 전문의
    """,
    handoffs=[내과의사, 정형외과의사],
)

# ❹ 핸드오프 테스트
response_id = None
current_agent = 안내데스크

conversations = [
    "안녕하세요, 며칠 전부터 머리가 아파요",
    "커피를 마시면 아파요. 허리도 아파요.",
    "운동을 하면 좋아 질까요?",
]

for msg in conversations:
    print(f"\n환자: {msg}")
```

```python
        # 이전 대화가 있으면 response_id 전달
        if response_id:
            result = await Runner.run(
                current_agent, msg, previous_response_id=response_id
            )
        else:
            result = await Runner.run(current_agent, msg)

        response_id = result.last_response_id
        # 핸드오프가 발생한 경우. 에이전트를 변경
        if current_agent != result.last_agent:
            print(f"<핸드오프 발생> {current_agent.name}에서 {result.last_agent.name}로 핸드오프")
            current_agent = result.last_agent

        print(f"<Agent 병원> {current_agent.name}: {result.final_output}")

if __name__ == "__main__":
    asyncio.run(simple_handoff_example())
```

❶ **정형외과 전문의 에이전트** : 근골격계 전문 진료를 담당하는 에이전트입니다. 허리 통증, 관절염, 골절 등의 정형외과 관련 증상을 다루도록 지시문을 입력했습니다. handoffs 파라미터가 없어 다른 에이전트로 전환할 수 없는 말단 에이전트입니다.

❷ **내과 전문의 에이전트** : 내과 질환(감기, 소화불량, 두통 등)을 전문으로 진료하는 에이전트입니다. **handoffs=[정형외과의사]**를 사용하여 정형외과 의사에게 일을 넘겨 줄 수 있습니다. 환자가 근골격계 증상을 언급하면 정형외과로 핸드오프 가능합니다.

❸ **병원 안내 에이전트** : 초기 접수 및 안내 역할을 담당하는 에이전트입니다. 환자의 증상을 파악하여 적절한 전문의에게 연결합니다. **handoffs=[내과의사, 정형외과의사]**로 두 전문의 모두에게 전환 가능합니다. 시스템의 진입점 역할을 합니다.

❹ **핸드오프 테스트** : 처음에는 안내 데스크 에이전트로 시작합니다. response_id는 대화의 연속성을 유지하기 위한 식별자입니다. 이전 에이전트의 응답에 대한 response_id를 previous_response_id로 넘겨주기만 하면 대화의 맥락이 유지됩니다. 핸드오프가 발생하면 current_agent값을 갱신하여 변경된 에이전트가 응답하도록 해줍니다. 'if current_agent != result.last_agent' 코드를 사용하여 현재 에이전트와 이전 에이전트가 다른 때에만 핸드오프를 발생시킵니다. 예제에서는 3번의 대화를 하면서 의도적으로 핸드오프가 발생하게 해두었습니다. 실제로는 토큰의 최대치까지 대화가 이어질 수도 있으니, 개발 시에는 이점을 유의하는 것이 좋겠습니다.

4.7 로그 확인 및 트레이싱

에이전트 SDK에서는 내부적으로는 리스폰스^{Responses} API를 사용합니다. 해당 API를 사용하는 경우 오픈AI의 웹페이지[6]에서 모델의 응답 로그를 확인할 수 있습니다.

에이전트 SDK를 사용하는 경우 트레이싱[7](추적) 로그도 확인할 수 있습니다. 상세 페이지에 가보면 핸드오프가 일어나는 것도 확인할 수 있고 최종 응답이 어떻게 나왔는지도 확인할 수 있습니다.

---

6   오픈AI 모델 응답 로그 : https://platform.openai.com/logs
7   트레이싱 로그 : https://platform.openai.com/traces

응답까지 걸린 시간이나 전후의 메시지들을 알 수 있기에 모델의 응답 품질이 낮은 경우 시스템의 버그 혹은 부족한 데이터 등을 로그를 추적해가며 확인할 수 있습니다. 제가 소개드린 내용 이외에 MCP_{Model Context Protocol} 대응이라든지, 스트리밍, 훅, 보이스 에이전트 등의 기능이 있으니 관심 있는 분들은 공식 문서[8]를 확인해보시는 것을 추천드립니다.

8 　에이전트 SDK 공식문서 : https://openai.github.io/openai-agents-python/

학습 마무리

이번 장에서는 오픈AI의 에이전트 SDK를 사용하여 자율적으로 작업을 수행하는 AI 에이전트를 구축하는 방법을 학습했습니다.

기본이 되는 에이전트Agent와 러너Runner의 기본 구조를 이해하고, Agent 클래스로 에이전트를 생성하고 Runner 클래스로 실행하는 방법을 익혔습니다. 동기, 비동기, 스트리밍 방식의 차이점과 각 활용 시나리오를 파악하여 상황에 맞는 실행 방식을 선택할 수 있게 되었습니다.

또한 도구Tools 활용법을 배우며 @function_tool 데코레이터를 사용하여 일반 파이썬 함수를 에이전트가 활용할 수 있는 도구로 변환하는 방법을 실습했습니다. 덕덕고 검색 엔진을 연동한 '뉴스 검색 에이전트'를 구현하며, 에이전트가 외부 기능과 상호작용하는 원리를 알아보았습니다.

다음으로 가드레일Guardrails의 중요성을 이해하고 직접 구현해보았습니다. 입력 가드레일로 부적절한 사용자 요청을 사전에 차단하고, 출력 가드레일로 에이전트의 응답 형식을 제어하는 방법을 구현했습니다. 이를 통해 예측하기 어려운 LLM의 동작을 안정적으로 관리하는 법을 알게 되었습니다.

다중 에이전트 시스템 설계에서는 '병원 안내 시스템' 예제를 통해 핸드오프Handoffs 기능을 구현했습니다. 각 에이전트가 전문 분야를 담당하고, 필요에 따라 작업을 다른 에이전트에게 위임하는 협업 구조를 만들어봤습니다. 이는 복잡한 문제를 여러 전문 에이전트가 협력하여 해결하는 현대적인 AI 시스템 설계 패턴입니다.

마지막으로 대시보드에 있는 트레이싱Tracing 메뉴를 활용한 로그 확인 방법을 살펴봤습니다. 로그는 디버깅 시에 매우 유용하게 사용됩니다. 오픈AI 대시보드에서 에이전트 실행 로그를 확인하고, 핸드오프 과정을 추적하는 방법까지 알아보았습니다.

이런 학습을 통해 단순한 챗봇을 넘어 실제 업무를 수행할 수 있는 자율적인 AI 에이전트 시스템 구축을 위한 기초적인 부분을 학습했습니다.

핵심 키워드

1. 오픈AI 에이전트 SDK : 오픈AI가 2025년에 출시한 경량 다중 에이전트 워크플로 프레임워크. Swarm 프로젝트를 프로덕션 환경용으로 발전시킨 것입니다.
2. Agent(에이전트) : 특정 역할과 작업을 수행하도록 설정된 기본 작업 단위. name, instructions, tools, handoffs, guardrails 등의 속성으로 구성됩니다.
3. Runner(러너) : 에이전트를 실행하는 클래스. run(비동기), run_sync(동기), run_streamed(스트리밍) 메서드를 제공합니다.
4. Tools(도구) : @function_tool 데코레이터로 변환된 함수. 에이전트가 웹 검색, API 호출 등 외부 기능을 활용할 수 있게 하는 인터페이스입니다.
5. Guardrails(가드레일) : 에이전트의 입출력에 대한 안전장치. @input_guardrail과 @output_guardrail 데코레이터로 구현하며, 정책 준수와 응답 일관성을 보장합니다.
6. Handoffs(핸드오프) : 작업 제어권을 한 에이전트에서 다른 에이전트로 넘기는 기능. 다중 에이전트 협업의 핵심 메커니즘입니다.
7. Structured Output(구조화된 출력) : Pydantic 모델을 사용하여 에이전트의 출력을 검증된 데이터 객체로 받는 기능. output_type 속성으로 지정합니다.
8. Tracing(트레이싱) : 에이전트의 실행 흐름, 도구 호출, 핸드오프 기록을 추적하는 기능. 디버깅과 성능 최적화에 활용합니다.
9. previous_response_id : 대화의 연속성을 유지하기 위한 파라미터. 이전 응답의 ID를 전달하여 컨텍스트를 유지합니다.
10. GuardrailFunctionOutput : 가드레일 함수의 반환 타입. output_info와 tripwire_triggered 속성으로 검증 결과를 전달합니다.

Chapter 05

구글의 ADK

5장에서는 2025년 LLM 업계의 최강자 구글이 만든 에이전트 프레임워크를 살펴보겠습니다. ADK^{Agent Development Kit}는 2025년 4월에 공개된 구글의 오픈 소스 프레임워크입니다. 개발자들이 복잡한 AI 에이전트를 기존 애플리케이션 개발하듯 쉽게 만들어 프로덕션에 배포하는 것을 목표로 합니다. 오픈 파운데이션을 지향하는데, 이는 모델에 상관없이^{Model Agnostic}, 배포 환경에 상관없이^{Deployment Agnostic}, 상호 운용성^{Interoperability}을 갖추겠다는 의미입니다. 당연하겠지만 구글의 제미나이와 구글의 Vertex AI 환경에 최적화되어 있습니다. 이번 장에서는 ADK 개발 환경을 구축해 보고, ADK의 특징들을 알아본 다음, ADK를 사용한 예제들을 만들고 테스트하면서 ADK를 알아보겠습니다.

5.1 ADK 개발 환경 준비하기

ADK를 사용하려면 구글의 제미나이 모델을 사용하는 것이 편리합니다. Vertex AI를 사용하는 방법과 AI 스튜디오에서 API 키를 얻어서 사용하는 방법이 있는데, AI 스튜디오에서 API 키를 발급받는 방법을 설명하겠습니다.

01 먼저 브라우저에서 https://aistudio.google.com/에 접속하고 구글 계정으로 로그인해주세요.

02 다음으로 [Get API Key] 버튼을 눌러서 https://aistudio.google.com/app/apikey 페이지로 이동해주세요.

03 이동 시 다음과 같은 동의 팝업이 뜰 수 있습니다. [동의]하고 넘어가시면 됩니다.

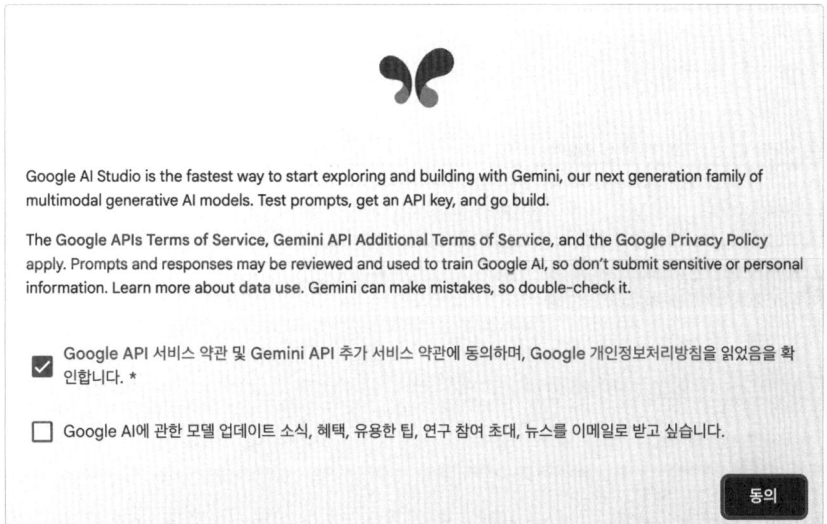

04 다음으로 좌상단의 [API 키 만들기] 버튼을 눌러주세요.

05 그러면 Google Cloud 프로젝트 선택하는 팝업이 뜹니다. 프로젝트를 새로 만들거나, 프로젝트를 선택해주세요. 간단하게 하려면 [새 프로젝트에서 API 키 만들기]를 누르시면 됩니다.

06 한 번 만들고 나면 제미나이 API라는 프로젝트가 생성되어 있으니 다음부터는 해당 프로젝트를 선택하면 됩니다.

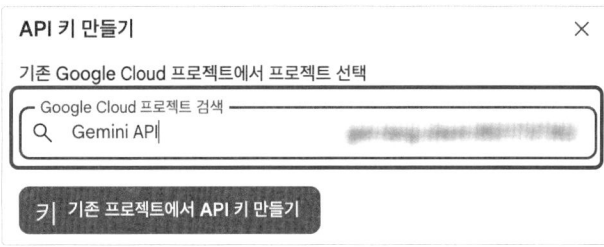

키가 생성되면 다음과 같이 확인할 수 있습니다.

07 키를 복사하고 환경 변수에 GOOGLE_GENAI_USE_VERTEXAI와 GOOGLE_API_KEY를 설정해주세요. .env에는 다음과 같이 하면 됩니다.

터미널에서는 다음과 같이 하면 됩니다.

```
export GOOGLE_GENAI_USE_VERTEXAI=FALSE
export GOOGLE_API_KEY=<API 키>
```
터미널

Gemini 2.5 Flash의 경우 무료로 어느 정도 사용할 수 있으며, 유료로 사용할 때도 100만 토큰당 입력 $0.15, 출력 $0.6으로 매우 저렴한 편입니다. 이것으로 API를 사용하기 위한 준비는 마쳤으니 adk를 설치해봅시다. 다음 pip 명령을 사용하여 adk를 설치할 수 있습니다.

```
pip install google-adk==1.9.0
```
터미널

자 그럼 구글의 adk를 사용해서 AI 에이전트를 만들어봅시다.

5.2 ADK의 특징과 장점

ADK의 장점을 요약하면 '다양한 에이전트 타입', '모델 중립성과 풍부한 도구 제공', '깔끔한 프로젝트 구조'입니다.

다양한 에이전트 타입 제공

ADK는 'LLM 에이전트', '워크플로 에이전트', '커스텀 에이전트'라는 에이전트 타입을 제공합니다. 모든 에이전트의 토대가 되는 것은 BaseAgent 클래스입니다. 이 클래스는 기본 청사진 역할을 하며, 개발자들은 이를 확장하여 다양한 요구사항에 맞는 기능적인 에이전트를 생성할 수 있습니다.

LLM 에이전트(LlmAgent, Agent)는 대규모 언어 모델을 핵심 엔진으로 활용하는 지능형 에이전트입니다. 이들의 주요 특징은 다음과 같습니다.

- **자연어 이해와 추론** : 복잡한 언어적 맥락을 파악하고 논리적 추론을 수행
- **동적 의사결정** : 상황에 따라 적절한 도구를 선택하고 실행 방향을 결정
- **유연성** : 예측하기 어려운 상황에서도 창의적이고 적응적인 해결책 제시
- **언어 중심 작업** : 텍스트 생성, 번역, 요약 등 언어 관련 작업에 특화

워크플로 에이전트(SequentialAgent, ParallelAgent, LoopAgent)는 다른 에이전트들의 실행 흐름을 체계적으로 제어하는 특수한 에이전트입니다. 결정론적이고 예측 가능한 실행으로, 구조화된 프로세스가 필요한 상황에서 안정적인 오케스트레이션을 제공합니다.

- SequentialAgent : 에이전트들을 순차적으로 실행
- ParallelAgent : 여러 에이전트를 동시에 병렬 실행
- LoopAgent : 특정 조건이 만족될 때까지 반복 실행

커스텀 에이전트(Custom Agents)는 BaseAgent를 직접 확장하여 만들어 가장 높은 수준의 맞춤화를 제공합니다.

- **고유한 운영 로직 구현** : 특별한 비즈니스 요구사항에 맞춘 독특한 동작 방식
- **전문화된 통합** : 특정 시스템이나 서비스와의 깊은 연동
- **유연한 결정론 수준** : 필요에 따라 예측 가능하거나 적응적인 동작 선택

ADK의 장점은 서로 다른 유형의 에이전트들을 조합하여 더욱 복잡한 애플리케이션을 만들 수 있다는 데 있습니다. 유연한 결정을 하면서도 특정 로직을 수행해야 하는 곳에는 워크플로 에이전트를 사용하거나, 커스텀한 에이전트를 만들어서 직접 구현할 수 있도록 했습니다.

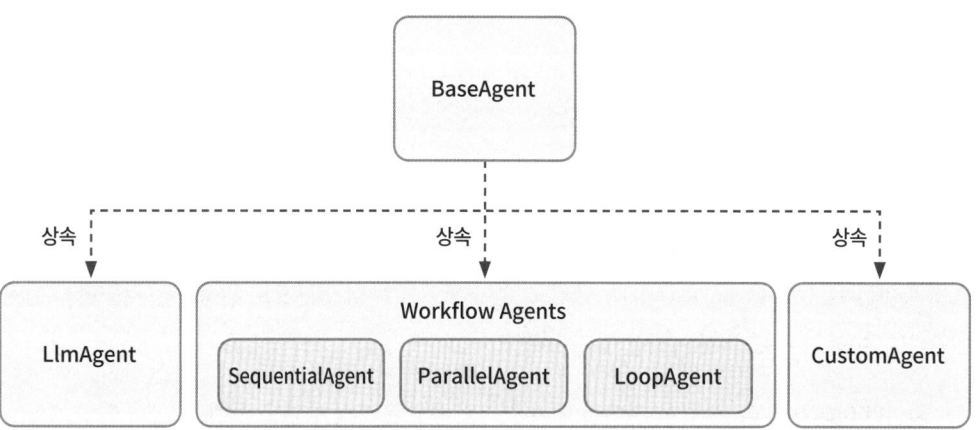

에이전트 유형은 용도나 특성에 알맞게 선택해야 합니다. 선택에 다음 표를 참고하기 바랍니다.

▼ 에이전트 유형 선택을 위한 표

특성	LLM 에이전트	워크플로 에이전트	커스텀 에이전트
주요 기능	추론, 생성, 도구 사용	에이전트 흐름 제어	고유 로직 구현
핵심 엔진	대규모 언어 모델	사전정의 로직	커스텀 코드
응답의 유연성, 예측 가능성	유연함	예측 가능	구현에 따라 다름
용도	언어 작업, 동적 의사결정	구조화된 프로세스	맞춤형 요구사항

모델 중립성과 풍부한 도구들

제미나이에 최적화되어 있지만 LiteLLM을 사용하면 GPT나 클로드 같은 다양한 LLM을 함께 사용할 수 있습니다. 기본으로 제공하는 도구[1]도 꽤 충실합니다. 구글 검색, 코드 실행, RAG 관련 도구를 기본적으로 제공합니다. 랭체인이나 CrewAI와도 쉽게 통합할 수 있습니다. 이뿐 아니라 MCP 기능도 지원합니다. 이때 두 가지 접근법을 취하는데, 첫 번째는 ADK가 MCP 클라이언트가 되어서 MCP 서버를 사용하는 방법입니다. 두 번째는 MCP 서버를 통해 ADK의 도구를 노출하는 방법입니다. 에이전트의 도구를 MCP로 사용할 수 있게 하는 겁니다.

대화의 이력을 관리하는 기능도 세션과 메모리라는 개념으로 편하게 지원하고 있습니다. 세션은 하나의 대화의 스레드 동안 해당 이력을 기록하는 것이며, 메모리는 여러 세션에 남겨진 정보를 저장하는 공간입니다. 이를 위해 SessionService와 MemoryService라는 구현체를 제공합니다.

그 외 콜백이라는 기능을 통해 에이전트 SDK에 있었던 가드레일 기능을 구현할 수 있습니다. 에이전트 실행 전후, 모델 실행 전후, 도구 실행 전후에 각각 실행되는 콜백 함수가 있습니다. 이를 활용하여 검증 기능을 더 촘촘히 만들 수 있습니다.

프로젝트 구조

ADK 프로젝트는 다음과 같은 프로젝트 구조를 따라야 합니다. 에이전트 정의를 위해서는 반드시 디렉터리를 생성하고 해당 디렉터리 안에 agent.py 파일이 반드시 있어야 하며, 해당 파일에는 에이전트 정의가 있어야 합니다.

---

1 **ADK 내장 도구들** : https://google.github.io/adk-docs/tools/built-in-tools

다음과 같은 구조로 디렉터리를 생성했다고 한다면, ADK 실행은 my_agent_project 디렉터리에서 해야 합니다.

```
my_agent_project/
├── my_agent/
│   ├── agent.py        # 에이전트 정의
│   │   └── .env        # 환경 변수(선택)
│   └── requirements.txt # 의존성 패키지 정의 파일(pip가 아닌 다른 걸 써도 됨)
```

이 부분은 실제로 코드를 작성하고 실행해보는 것이 더 알기 쉬울 것 같습니다. ADK를 사용하여 에이전트들을 만들고, 동작시켜보면서 ADK에 대해 더 알아가봅시다.

5.3 헬로 ADK 만들기

처음이니 간단하게 인사하는 에이전트를 만들어봅시다.

```python
# chapter5/google-adk/hello-agent/agent.py
from google.adk.agents import Agent

# ❶ 인사말 함수
def greet_user() -> str:
    return "안녕하세요!"


# ❷ 루트 에이전트 선언
root_agent = Agent(
    name="hello_agent",
    model=gemini-2.5-flash,
    description="유저와 인사하는 에이전트입니다.",
    instruction="사용자에게 반갑고 친절하게 인사해주세요.",
    tools=[greet_user],
)
```

❶ **인사말 함수** : greet_user() 함수는 호출 시 단순하게 "안녕하세요!"라는 문자열을 반환하는 함

수입니다. 이 함수는 에이전트의 도구로 사용합니다.

❷ ADK에서는 루트 에이전트가 반드시 있어야 합니다. 그리고 파일명은 반드시 agent.py여야 합니다. Agent 클래스에는 name, model, description, instruction, tools 등의 파라미터가 있습니다. 이 중 instruction은 시스템 프롬프트와 같은 역할을 합니다. name은 에이전트의 이름이며, LLM 모델로는 gemini-2.5 flash를 사용했습니다. 뒤에서 설명하겠지만, sub_agent 파라미터로 하위 에이전트를 선언할 수도 있습니다.

ADK는 실행하는 방법이 3가지가 있습니다. 첫 번째는 adk web 명령어를 사용하여 웹 UI로 실행하는 방법, 두 번째는 adk run 명령어를 사용하여 터미널에서 실행하는 방법, 세 번째는 adk api_server를 사용하여 FastAPI 서버 기반으로 띄워볼 수 있습니다. api_server로 실행한 경우 cURL 등을 사용하여 HTTP 요청으로 응답을 받을 수 있습니다. 처음이니 3가지 방법을 모두 사용하여 실행하겠습니다.

5.4 ADK를 실행하는 3가지 방법

앞서 말씀드린 것처럼 ADK를 실행하는 방법은 adk web, adk run, adk api_server 3가지가 있습니다. adk 명령을 실행하려면 파이썬 가상 환경을 활성화한 상태여야 합니다. VSCode에서 터미널을 실행하는 경우 자동으로 활성화되기도 합니다. 터미널에서 활성화하는 방법은 다음을 참고해주세요.

터미널에서 venv 환경 활성화하기

```
                                                                    Windows
cd yozm-ai-agent
# cmd
.venv\Scripts\activate.bat
# powershell
.venv\Scripts\Activate.ps1
# PowerShell 실행 정책 오류 발생 시
Set-ExecutionPolicy -ExecutionPolicy RemoteSigned -Scope CurrentUser
```

```
# Git Bash
source .venv/Scripts/activate
```

```
cd yozm-ai-agent
source .venv/bin/activate
```

adk web UI를 사용한 에이전트 실행

ADK는 에이전트를 테스트, 평가 및 디버그하는 데 도움이 되는 내장 개발 UI를 제공합니다. 실행하려면 에이전트 코드를 작성한 디렉터리의 상위 디렉터리로 이동한 다음, 터미널에서 adk web을 실행하면 됩니다.

```
cd chapter5/google-adk
adk web
```

기본적으로 8000번 포트로 실행됩니다. 실행 후 터미널에서 다음과 같이 나오면 성공입니다.

```
INFO:     Started server process [79964]
INFO:     Waiting for application startup.


+----------------------------------------------------------------------+
|                                                                      |
| ADK Web Server started                                               |
|                                                                      |
| For local testing, access at http://localhost:8000.                  |
|                                                                      |
+----------------------------------------------------------------------+

INFO:     Application startup complete.
INFO:     Uvicorn running on http://127.0.0.1:8000 (Press CTRL+C to quit)
```

웹브라우저로 들어가 보면 다음과 같은 화면을 볼 수 있습니다.

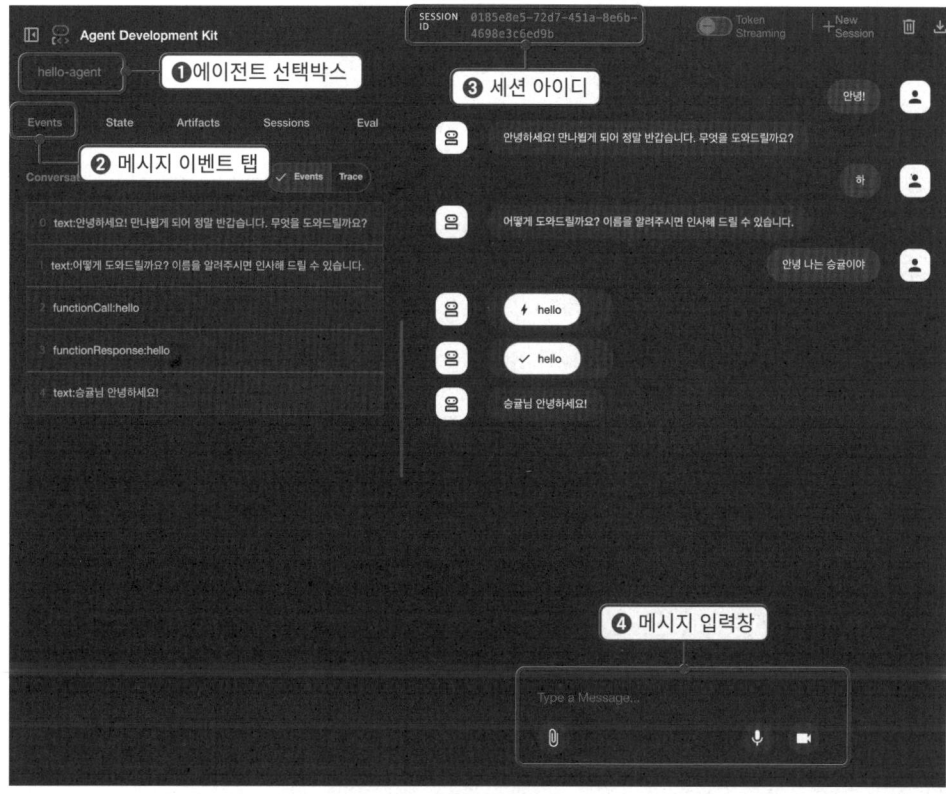

❶ 에이전트를 선택할 수 있는 셀렉트 박스입니다. 현재는 에이전트가 hello_agent 하나만 있기에 하나만 활성화되어 있습니다. 2개 이상인 경우 셀렉트 박스 형태로 선택할 수 있습니다.

❷ 메시지를 주고받을 때 발생하는 이벤트 로그가 올라오는 탭입니다. 현재 하나의 대화에 대한 이력이 나오고 있습니다. 상세를 눌러보면 다음과 같은 상세 로그가 나옵니다. 화면상에서는 3번째 대화 이벤트이며 hello_agent가 hello() 함수를 호출하는 로그입니다.

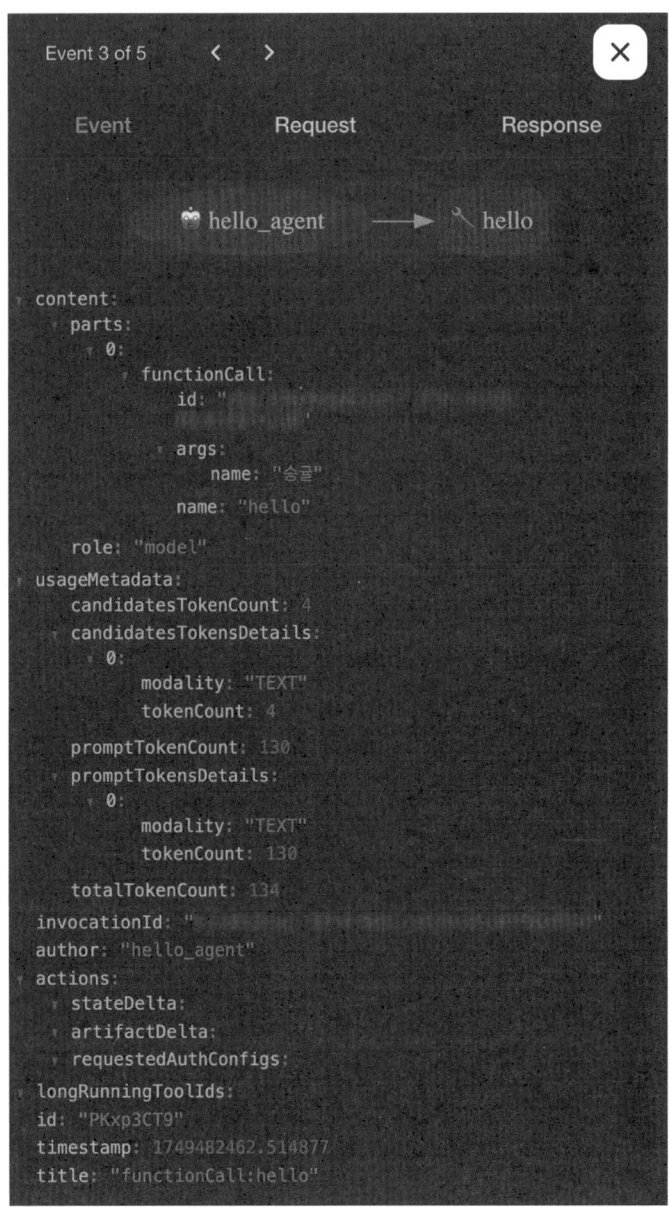

❸ ADK에서는 대화를 시작하려면 user_id와 session_id가 필요합니다. 세션 아이디는 특정 유저의 대화 스레드 아이디입니다. New Session을 누르면 새로운 세션을 시작할 수 있습니다. 그러면 Sessions 탭에도 데이터가 새로 생기게 됩니다. 세션 아이디를 눌러서 대화를 이어나갈 수 있습니다.

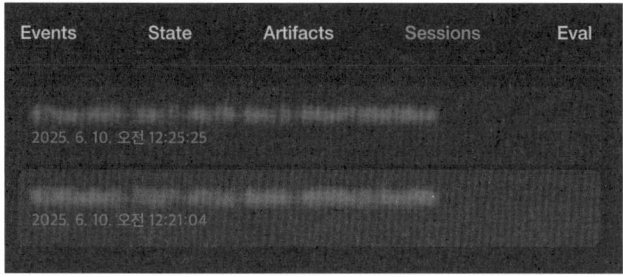

❹ 메시지 입력창은 유저의 메시지를 입력하기 위한 텍스트 박스입니다. 간단하게 입력 후 엔터를 눌러서 모델과 대화를 나눌 수 있습니다. hello_agent의 경우 안녕 나는 "아무개"야라고 하면 hello() 함수를 실행하여 결괏값을 돌려줍니다. 여러분도 해보세요.

adk web으로 실행하고 나서 Ctrl + C 를 누르면 종료됩니다.

adk run 명령을 사용한 에이전트 실행

adk run은 터미널에서 실행할 수 있는 CLI 명령입니다. adk web과 같은 경로에서 실행시켜주어야 합니다. 실행 시에는 어떤 에이전트를 실행할지 에이전트의 디렉터리를 인자로 넣어주어야 합니다. hello-agent의 경우 다음과 같이 실행할 수 있습니다.

```
# google-adk 경로까지 이동
adk run hello-agent
```
터미널

실행하면 다음과 같은 결과 화면이 뜹니다.

```
Log setup complete: /var/folders/y5/_6j1p3t92s369w0hsystk0800000gn/
T/agents_log/agent.20250610_003510.log
To access latest log: tail -F /var/folders/y5/_6j1p3t92s369w0hsystk0800000gn/
T/agents_log/agent.latest.log
Running agent hello_agent, type exit to exit.
[user]:
```
출력결과

'안녕. 나는 아무개야'라고 입력해봅시다. 저는 '안녕. 나는 승귤이야'라고 입력했습니다. 그러면 다음과 같이 응답합니다.

```
Log setup complete: /var/folders/y5/_6j1p3t92s369w0hsystk0800000gn/
T/agents_log/agent.20250610_003714.log
To access latest log: tail -F /var/folders/y5/_6j1p3t92s369w0hsystk0800000gn/
T/agents_log/agent.latest.log
Running agent hello_agent, type exit to exit.
[user]: 안녕. 나는 승귤이야.
[hello_agent]:  승귤님 안녕하세요! 반갑습니다.
```

종료하고자 할 때는 `Ctrl + C`를 두 번 연속으로 누르시거나 exit를 입력하고 엔터를 누르시면 됩니다.

adk api_server를 사용하여 웹 서버 형태로 에이전트 서비스하기

adk api_server는 ADK를 실행하는 마지막 방법입니다. 이 방법은 ADK를 사용하여 에이전트를 작성한 후 배포할 때 사용할 수 있는 방법입니다. FastAPI 파이썬 서버 기반으로 AI 에이전트 서버를 운영할 수 있으며, adk api_server 명령은 이를 개발 환경에서 테스트해볼 수 있도록 해줍니다.

실행은 다음과 같이 실행하면 됩니다. google-adk 경로까지 이동한 다음 터미널에서 실행해주세요. 코드 실행 전에 가상환경을 활성화해두는 것을 잊지 마세요.

```
adk api_server
```

웹 서버이므로 HTTP를 사용하여 통신하게 됩니다. HTTP를 테스트하는 도구로는 cURL, HTTPie, PostMan 등이 있습니다. 본인에게 편한 도구를 사용하여 테스트하면 됩니다. 저는 cURL을 사용하여 테스트하겠습니다. API 서버로 동작하는 에이전트에게 요청하려면 먼저 세션을 생성해야 합니다. 세션을 생성하는 API는 2가지가 있습니다. 하나는 세션 ID를 지정하여 생성하는 것이고, 다른 하나는 세션 ID를 임의로 생성하도록 하는 겁니다.

세션 아이디를 지정하여 생성할 때는 다음과 같은 형태의 API를 사용합니다.

```
POST /apps/{app_name}/users/{user_id}/sessions/{session_id}
```

세션 아이디를 지정하지 않는 때는 session_id만 빼면 됩니다.

```
POST /apps/{app_name}/users/{user_id}/sessions/
```

세션 아이디를 지정하여 생성하겠습니다. state값도 넣을 수 있는데, 이는 옵션값이라서 안 넣어도 됩니다.

app_name 부분에는 디렉터리 명을 넣으시면 됩니다. hello agent 앱의 경우 hello-agent를 넣으시면 됩니다.

터미널
```
curl -X POST http://localhost:8000/apps/hello-agent/users/user/sessions/session123 \
  -H "Content-Type: application/json" \
  -d '{"state": {"aaa": "bbb", "ccc": 123}}'
```

결괏값이 다음과 같이 나오면 성공입니다.

출력결과
```
{"id":"session123","appName":"hello-agent","userId":"user","state":{"state":{"aaa":"bbb","ccc":123}},"events":[],"lastUpdateTime":1749485155.972755}%
```

다음으로 AI 에이전트에게 메시지를 보내보겠습니다. 메시지를 보내는 메서드는 run, run_sse가 있는데 스트리밍을 사용하지 않는 때는 run, 스트리밍을 사용하려는 경우 run_sse를 사용합니다. run() 메서드의 경우 다음과 같이 요청할 수 있습니다.

터미널
```
curl -X POST http://localhost:8000/run \
-H "Content-Type: application/json" \
-d '{
"appName": "hello-agent",
"userId": "user",
```

```
"sessionId": "session123",
"newMessage": {
    "role": "user",
    "parts": [{
        "text": "안녕 나는 승귤이야"
    }]
}
}'
```

결괏값이 다음과 같이 나오면 성공입니다.

```
터미널
LLM Request:
-----------------------------------------------------------
System Instruction:
당신은 인사 전문가입니다. 사용자에게 친절하고 따뜻한 인사를 전하세요.

You are an agent. Your internal name is "hello_agent".

 The description about you is "헬로에이전트"
-----------------------------------------------------------
... 생략
```

ADK 실행 방법을 알아보았으니 예제들과 함께 ADK 기능을 조금 더 살펴보겠습니다.

5.5 여러 도구를 사용하는 에이전트 : 날씨와 야구 랭킹 에이전트

이번에는 날씨와 야구 랭킹 정보를 주는 도구를 에이전트에게 줘보겠습니다. 하나 이상의 도구를 사용하는 에이전트를 만들어봅시다. 이번 예제를 실행하려면 geopy 라이브러리를 추가로 설치해야 합니다. geopy[2]는 도시명을 입력하면 위도와 경도를 반환하는 라이브러리입니다. pip install geopy==2.4.1 명령으로 설치할 수 있습니다.

---

2 지오코딩(주소를 좌표로 변환하는 것)을 위한 파이썬 라이브러리 geopy : https://github.com/geopy/geopy

```python
# chapter5/google-adk/multi-tool-agent/agent.py
import httpx
from google.adk.agents import Agent
from geopy.geocoders import Nominatim


def get_coordinates(city_name: str) -> tuple[float, float]:
    """도시 이름을 받아 위도와 경도를 반환합니다."""
    geolocator = Nominatim(user_agent="weather_app")
    location = geolocator.geocode(city_name)
    if location:
        return location.latitude, location.longitude
    else:
        raise ValueError(f"Could not find coordinates for {city_name}")


def get_weather(city_name: str) -> dict:   # ❶ 날씨 관련 도구 함수
    """도시 이름을 받아 해당 도시의 현재 날씨 정보를 반환합니다."""
    if city_name:
        latitude, longitude = get_coordinates(city_name)
    else:
        raise ValueError("City name must be provided to get weather information.")

    url = f"https://api.open-meteo.com/v1/forecast?latitude={latitude}&longitude={longitude}&current_weather=true"
    response = httpx.get(url)
    response.raise_for_status()  # Raises an exception for HTTP errors
    return response.json()


def get_kbo_rank() -> dict:   # ❷ kbo랭킹을 받아오는 도구 함수
    """한국 프로야구 구단의 랭킹을 가져오는 함수입니다."""
    response = httpx.get(
        "https://sports.daum.net/prx/hermes/api/team/rank.json?leagueCode=kbo&seasonKey=2025"
    )
    return response.json()
```

```python
# ❸ Agent 인스턴스 생성
root_agent = Agent(
    name="weather_agent",
    model="gemini-2.5-flash",  # ❹ LLM 모델 지정
    description="날씨 정보와 KBO 랭킹을 제공하는 에이전트입니다.",
    instruction="도시 이름을 입력하면 해당 도시의 날씨 정보를 제공하고, 'KBO 랭킹'이라고 입력하면 한국 프로야구 구단의 랭킹을 제공합니다.",
    tools=[get_weather, get_kbo_rank],  # ❺ 도구 함수들을 에이전트에 연결
)
```

❶ get_weather() 함수는 Agent에게 도구로 전달할 함수입니다. 특정 도시의 날씨를 에이전트에게 물어보면 get_weather() 함수를 사용하여 해당 도시의 날씨 정보를 가져올 수 있습니다.

❷ **KBO 랭킹을 받아오는 도구 함수** : 한국 프로야구(KBO) 팀들의 현재 순위를 조회하는 함수입니다. 호출 시 전체 팀의 순위 정보를 JSON 형식으로 반환합니다.

❸ **Agent 인스턴스 생성** : ADK의 기본 Agent 클래스를 사용하여 AI 에이전트를 생성합니다.

❹ **LLM 모델 지정** : LLM이 사용할 모델로 gemini-2.5 flash를 지정했습니다. Gemini 2.5 Flash는 구글의 최신 모델로 응답 속도가 빠르며, 비용도 저렴합니다.

❺ tools 파라미터에 앞서 정의한 두 개의 함수를 에이전트로 등록합니다.

간단하게 adk run으로 테스트하겠습니다. 실행하면 다음과 같이 [user]:가 나오고 커서가 보입니다.

```
adk run multi-tool-agent
[user]:
```

"오늘자 롯데 야구 순위와 분당 날씨를 알려주세요."라고 입력해봅시다. 원하는 야구단이나 지역으로 변경하셔도 됩니다. 그러면 다음과 같이 응답해줍니다.

```
[user]: 오늘자 롯데 야구 순위와 분당 날씨를 알려주세요.
[weather_agent]: 롯데 자이언츠는 현재 3위입니다.
```

> 분당의 현재 날씨는 섭씨 17.8도이며, 바람은 초속 3km/h로 남서쪽으로 불고 있습니다. (날씨 코드는 3입니다.)

2025년 6월 10일 기준으로 올바른 데이터를 주고 있습니다. adk web으로 테스트하면 함수 호출을 하는 부분이 보여서 조금 더 결괏값이 어떻게 나오는지 시각적으로 볼 수 있습니다.

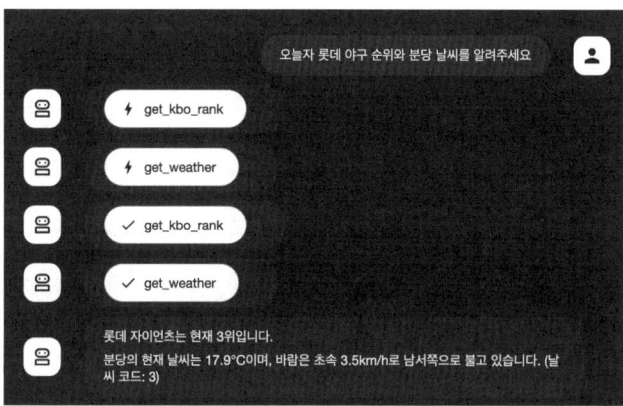

5.6 구조화된 출력을 지원하는 에이전트

구글 ADK에서는 구조화된 출력을 지원하는 에이전트를 쉽게 구현할 수 있습니다. 구조화된 출력이라 함은, AI 모델에게 특정 출력 형태를 요구하는 스키마를 넘기면, AI 모델이 스키마의 형태에 맞추어 JSON 표기법으로 데이터를 출력하는 것을 의미합니다. 기존의 LLM 응답은 자유 형식의 텍스트로 제공되어 후처리가 복잡했습니다. ADK에서는 Pydantic 모델을 활용해 JSON 스키마를 정의하고 이를 에이전트의 출력 형식으로 지정할 수 있습니다. 이를 통해 에이전트는 항상 일관된 구조의 데이터를 반환하게 되어, 애플리케이션에서 바로 활용할 수 있는 신뢰성 높은 결과를 얻을 수 있습니다.

chapter5/google-adk/structured-output-agent/agent.py
```
from google.adk.agents import Agent
from pydantic import BaseModel, Field
```

```python
class BookRecommendation(BaseModel):
    title: str = Field(description="책 제목")
    author: str = Field(description="저자")
    genre: str = Field(description="장르")
    reason: str = Field(description="추천 이유")
    rating: float = Field(description="평점 (1-5)")

## ❶ 출력 스키마 정의
class BookList(BaseModel):
    recommendations: list[BookRecommendation]
    total_count: int

# ❷ 구조화된 출력을 생성하는 에이전트
root_agent = Agent(
    name="book_recommender",
    model="gemini-2.5-flash",
    description="책을 추천하고 구조화된 형식으로 반환",
    instruction="""
    사용자의 관심사에 맞는 책을 추천하세요.
    반드시 지정된 JSON 스키마 형식으로 답변하세요.
    """,
    output_schema=BookList,  # ❸ 출력 스키마 지정
)
```

❶ BookList 클래스는 구조화된 출력Structured Output의 스키마로 사용하고자 하는 클래스입니다. recommendations 필드는 BookRecommendation 타입의 리스트입니다. BookRecommendation 타입은 책 제목, 저자, 장르, 추천 이유, 평점이라는 필드를 가지고 있습니다.

❷ 구조화된 출력을 지원하는 에이전트입니다. 에이전트의 이름은 book_recommender입니다. 주의할 점은 구조화된 출력을 사용하는 경우 tools는 빈 값으로 두어야 한다는 겁니다. tools와 output_schema를 동시에 함께 사용할 수 없습니다.

❸ output_schema 파라미터를 사용하여 에이전트가 생성할 출력물의 구조를 지정할 수 있습니다. 이를 통해 예측 가능한 형태의 출력을 보장하며, 후속 처리 혹은 다른 시스템과의 통합을 편

하게 할 수 있습니다.

"개발 서적 3권만 추천해주세요."라고 에이전트에게 요청을 하고 다음과 같이 JSON 형식으로 응답하는지 확인해보세요.

```
출력결과
{
    "recommendations": [
        {
            "title": "클린 코드",
            "author": "로버트 C. 마틴",
            "genre": "소프트웨어 공학",
            "reason": "좋은 코드를 작성하는 방법과 유지보수성을 높이는 원칙을 배울 수
                      있는 개발자 필독서입니다.",
            "rating": 5
        },
        {
            "title": "자바의 정석",
            "author": "남궁성",
            "genre": "프로그래밍",
            "reason": "자바를 처음 배우는 사람들에게 매우 유용한 기본서이며,
                      실제 예제를 통해 쉽게 이해할 수 있습니다.",
            "rating": 4
        },
        {
            "title": "Do it! 점프 투 파이썬",
            "author": "박응용",
            "genre": "프로그래밍",
            "reason": "파이썬을 처음 시작하는 사람들을 위한 입문서로, 쉽고 친절한 설
                      명과 다양한 실습 예제로 구성되어 있습니다.",
            "rating": 4
        }
    ],
    "total_count": 3
}
```

5.7 멀티 에이전트 사용하기

구글 ADK의 Agent 클래스에서는 구조화된 출력을 위한 output_schema와 도구를 사용하기 위한 tools 매개 변수가 있습니다. 1.10버전까지는 이 둘을 동시에 사용할 수 없었습니다만, 2025년 8월 14일에 릴리즈된 1.11버전 부터는 함께 사용할 수 있도록 변경되었습니다.

이번 절에서는 output_schema와 tools를 사용하는 서로 다른 에이전트를 각각 만들고 이를 조합하여 사용하는 방법을 알아보도록 하겠습니다.

이런 접근 방식의 장점은 각 에이전트가 하나의 명확한 책임만 갖게 되어 코드가 더 깔끔해지고, 각 부분을 독립적으로 테스트하고 개선할 수 있다는 겁니다. 또한 필요에 따라 에이전트를 추가하거나 교체하기도 쉬워집니다.

5.7.1 멀티 에이전트 코드

멀티 에이전트를 활용한 코드를 작성해봅시다. 다음의 3가지 에이전트에 대한 코드를 작성할 겁니다.

- **첫 번째 에이전트** : 도구(tools)를 활용하여 외부 데이터를 수집합니다. 예제에서는 최신 도서 정보를 조회하는 에이전트를 생성합니다.
- **두 번째 에이전트** : 첫 번째 에이전트가 수집한 데이터를 받아 output_schema를 사용하여 원하는 JSON 구조로 변환합니다.
- **오케스트레이터 에이전트** : 전체 프로세스를 관리하며, 각 에이전트 간의 데이터 전달과 실행 순서를 조정합니다.

chapter5/google-adk/multi-agent-for-bestseller-book/agent.py

```python
from google.adk.agents import Agent
import httpx
from pydantic import BaseModel, Field
from typing import List, Dict, Any, Optional
```

```python
class BookRecommendation(BaseModel):
    title: str = Field(description="책 제목")
    author: str = Field(description="저자")
    genre: str = Field(description="장르")
    reason: str = Field(description="추천 이유")
    rating: float = Field(description="평점 (1-5)")

class BookList(BaseModel):
    recommendations: List[BookRecommendation]
    total_count: int

# ❶ 최신 IT 도서 정보를 가져오는 함수(도구)
def get_book_search(search_keyword: Optional[str] = None) -> Dict[str, Any]:
    """최신 IT 도서 정보를 가져옵니다. 키워드가 없으면 신간 도서 목록을 가져옵니다."""
    if search_keyword:
        result = httpx.get(f"https://api.itbook.store/1.0/search/{search_keyword}")
    else:
        result = httpx.get("https://api.itbook.store/1.0/new")
    return result.json()

# ❷ 도서 정보를 검색하는 에이전트
book_data_agent = Agent(
    name="book_data_finder",
    model="gemini-2.5-flash",
    description="최신 도서 정보를 조회하는 에이전트",
    instruction="""
    사용자의 관심사에 맞는 최신 도서 정보를 조회하세요.
    get_book_search 도구를 사용하여 현재 인기 있는 도서들을 조회하고,
    사용자의 선호도에 맞는 도서들을 선별하세요.
    """,
    tools=[get_book_search],  # 도구 추가
)
```

```python
# ❸ 구조화된 출력을 생성하는 에이전트
structured_output_agent = Agent(
    name="structured_output_generator",
    model="gemini-2.5-flash",
    description="도서 추천을 구조화된 형식으로 변환하는 에이전트",
    instruction="""
    받은 도서 정보를 BookList 스키마에 맞게 정리하세요.
    각 도서에 대해 추천 이유를 작성하고,
    전체 추천 도서 수를 total_count에 포함시키세요.
    """,
    output_schema=BookList,  # 출력 스키마 지정
)


# ❹ 오케스트레이션을 담당하는 루트 에이전트
root_agent = Agent(
    name="book_recommendation_orchestrator",
    model="gemini-2.5-flash",
    description="도서 추천 프로세스를 조정하는 메인 에이전트",
    instruction="""
    사용자의 도서 추천 요청을 처리하는 오케스트레이터입니다.

    처리 순서:
    1. 먼저 book_data_finder 에이전트를 사용하여 사용자의 관심사에 맞는
       최신 도서 정보를 조회합니다.
    2. 수집된 정보를 structured_output_generator 에이전트에게 전달하여
       BookList 형식으로 구조화된 추천 목록을 생성합니다.
    3. 최종 결과를 사용자에게 전달합니다.

    각 에이전트의 역할:
    - book_data_finder: IT도서 베스트셀러 정보 조회
    - structured_output_generator: 구조화된 BookList 형식으로 출력 생성
    """,
    sub_agents=[book_data_agent, structured_output_agent],  # 하위 에이전트들
)
```

❶ **베스트셀러 도서 정보를 가져오는 함수(도구)** : 베스트셀러 도서 정보를 가져오는 함수입니다. BookRecommendation 클래스의 필드에 필요한 모든 값이 담겨 있습니다.

❷ **도서 정보를 검색하는 에이전트** : ❶에서 만든 get_book_search() 함수를 도구로 사용하는 에이전트입니다. 사용자의 관심사에 맞는 도서 데이터를 검색합니다.

❸ **구조화된 출력을 생성하는 에이전트** : 수집된 데이터를 BookList 스키마로 변환하는 에이전트입니다. output_schema 파라미터로 구조화된 출력 보장합니다.

❹ **오케스트레이션을 담당하는 루트 에이전트** : 전체 프로세스를 조정하는 메인 에이전트입니다. sub_agents 파라미터로 하위 에이전트들을 등록합니다.

5.7.2 멀티에이전트 실행 및 확인

❶ 실행은 터미널에서 adk web으로 실행합니다.

❷ localhost:8000/dev-ui 웹페이지로 접속하고 multi-agent-for-bestseller-book 에이전트를 선택해주세요.

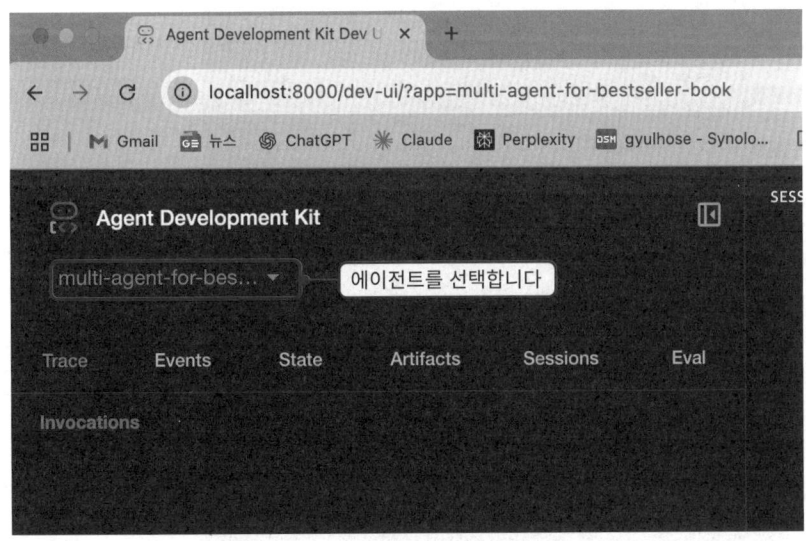

❸ 메시지 창에 "AI 관련 도서를 3권 찾고 JSON 형식으로 출력하세요."라고 입력하고 엔터키를 누르세요.

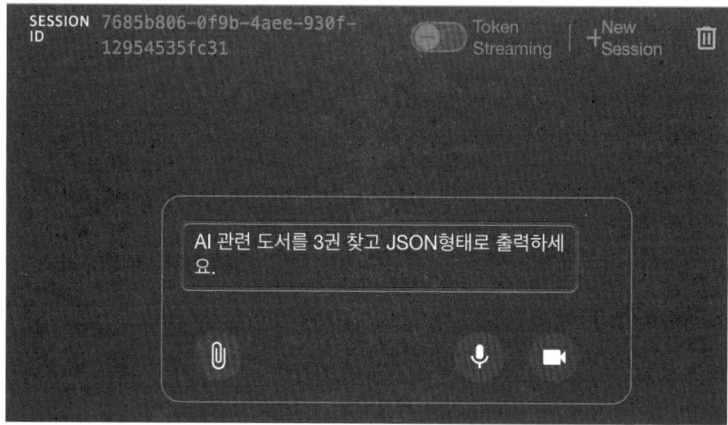

다음과 같이 AI 응답 이벤트가 채팅창에 갱신되는 화면이 보일 겁니다.

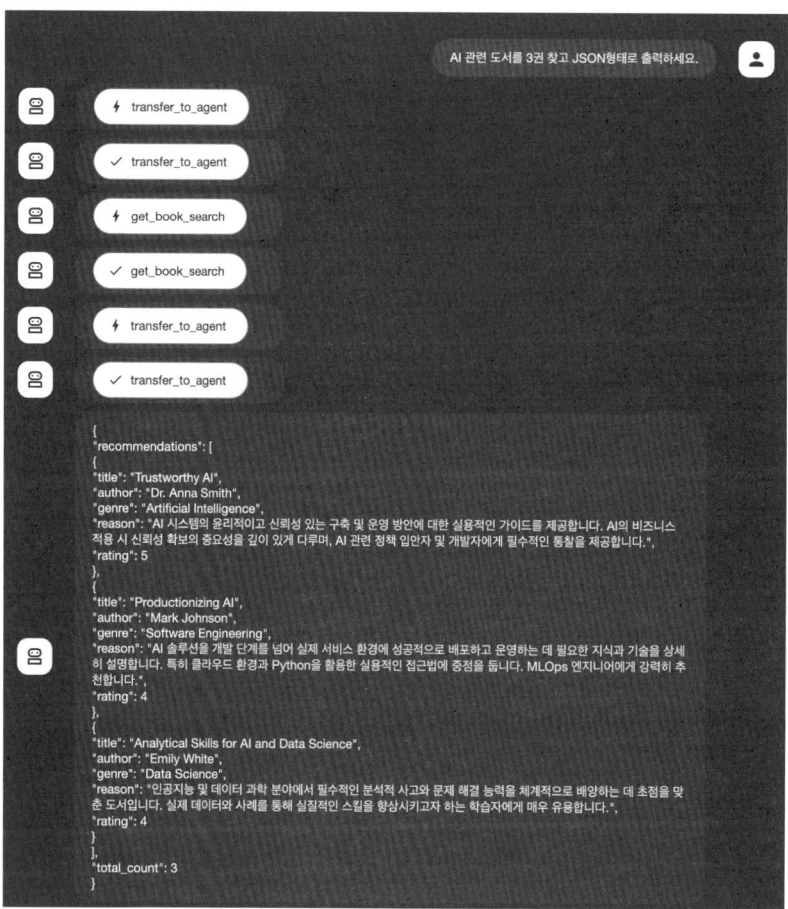

❺ AI 모델이 어떤 식으로 데이터를 찾아오는지 로그를 확인하려면 이벤트 탭의 Trace를 확인해 보시는 것이 좋습니다. 채팅창의 오른쪽에 보이는 메뉴에서 Trace 탭을 클릭하여 활성화시켜주시고, 우리가 작성한 메시지를 한 번 더 클릭해보세요.

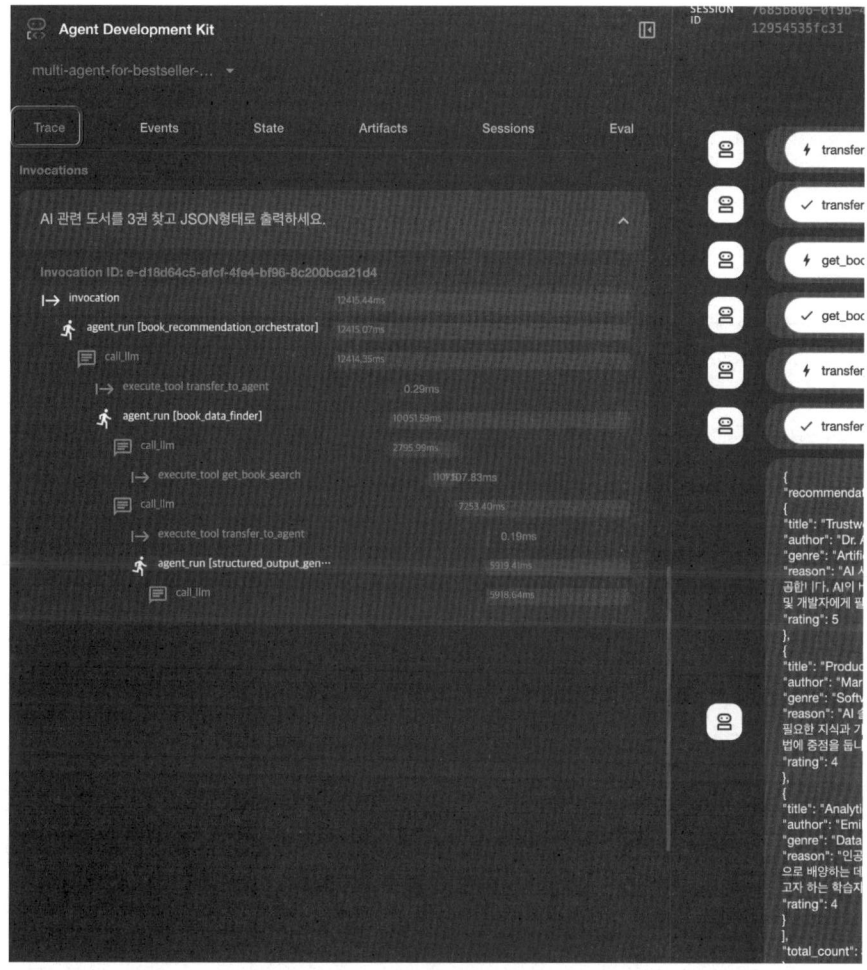

우리가 입력한 메시지에 따라서 AI 모델이 자율적으로 하위 에이전트를 실행하는 것을 시간 순서대로 확인할 수 있습니다.

현재 버전에서는 tool 사용을 강제한 것이 아니므로 입력 프롬프트에서 '도서를 찾으라'와 '구조적 출력을 사용하라'는 힌트를 사람이 주었습니다. 결괏값은 다음과 같은 값이 나옵니다.

> 출력결과

```
{
"recommendations": [
{
"title": "Trustworthy AI",
"author": "Dr. Anna Smith",
"genre": "Artificial Intelligence",
"reason": "AI 시스템의 윤리적이고 신뢰성 있는 구축 및 운영 방안에 대한 실용적인 가이드를 제공합니다. AI의 비즈니스 적용 시 신뢰성 확보의 중요성을 깊이 있게 다루며, AI 관련 정책 입안자 및 개발자에게 필수적인 통찰을 제공합니다.",
"rating": 5
},
{
"title": "Productionizing AI",
"author": "Mark Johnson",
"genre": "Software Engineering",
"reason": "AI 솔루션을 개발 단계를 넘어 실제 서비스 환경에 성공적으로 배포하고 운영하는 데 필요한 지식과 기술을 상세히 설명합니다. 특히 클라우드 환경과 Python을 활용한 실용적인 접근법에 중점을 둡니다. MLOps 엔지니어에게 강력히 추천합니다.",
"rating": 4
},
{
"title": "Analytical Skills for AI and Data Science",
"author": "Emily White",
"genre": "Data Science",
"reason": "인공지능 및 데이터 과학 분야에서 필수적인 분석적 사고와 문제 해결 능력을 체계적으로 배양하는 데 초점을 맞춘 도서입니다. 실제 데이터와 사례를 통해 실질적인 스킬을 향상시키고자 하는 학습자에게 매우 유용합니다.",
"rating": 4
}
],
"total_count": 3
}
```

프롬프트에 기술한 대로 JSON 형태의 구조로 출력을 하고 있습니다. 이렇게 멀티 에이전트를 활용하면 도구와 구조적 출력을 동시에 사용할 수 있습니다. 또한 adk의 trace 기능도 잠깐 확인해 보았습니다. trace는 llm이 실제로 어떻게 동작했는지 알기 위해 필수적이므로 시간을 내어서 여기저기 확인해보시는 것이 좋습니다.

5.8 워크플로 에이전트 만들기 : 날씨 정보, 오늘 뉴스, 주식 멀티 에이전트

여러 에이전트를 사용 시 순서대로 실행을 하거나 병렬 실행을 하고 싶은 요구사항이 있을 수 있습니다. 이를 위해 ADK에서는 워크플로 에이전트(SequentialAgent, ParallelAgent)를 준비해두었습니다. 워크플로 에이전트에서는 sub_agents 파라미터로 하위 에이전트들을 받아서 실행하게 됩니다. 에이전트들을 순차적으로 실행하는 SequentialAgent와 병렬로 동시에 실행하는 ParallelAgent를 알아보겠습니다. 예제에서는 오늘의 날씨, 오늘의 뉴스, 오늘의 주식 동향을 제공하는 에이전트와 수집 결과를 정리 요약하는 에이전트, 그리고 순차적 실행을 위한 에이전트, 병렬 실행을 위한 에이전트 등 총 6개의 에이전트를 다루게 됩니다. 에이전트 간의 흐름을 그림으로 나타내면 다음과 같습니다.

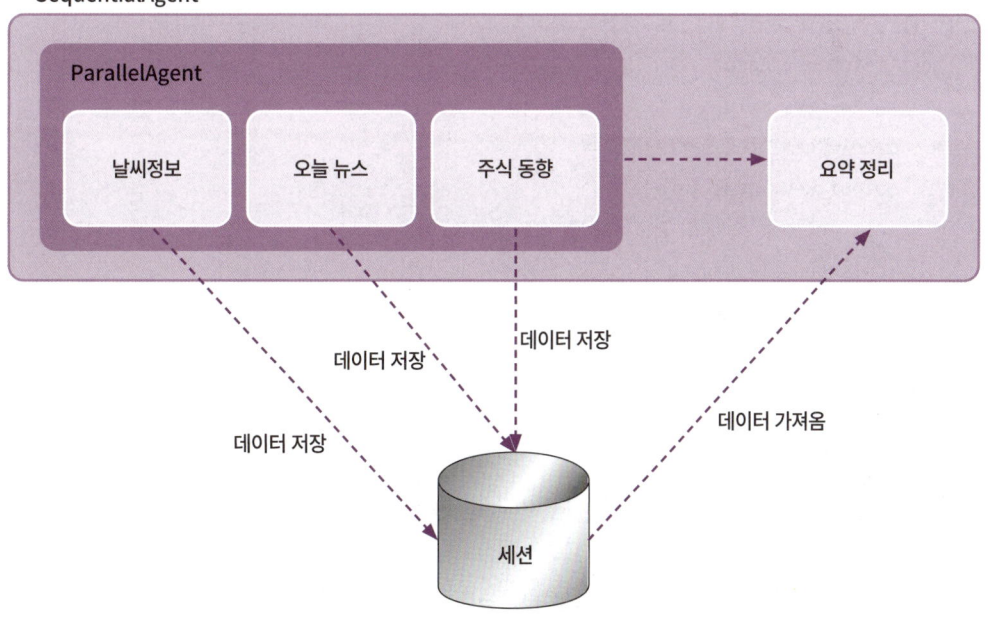

실행 흐름을 보면 SequentialAgent 내부에 ParallelAgent와 요약 정리 에이전트가 있습니다. ParallelAgent에 있는 날씨 정보, 오늘 뉴스, 주식 동향 에이전트들이 동시에 실행됩니다. 결괏값은 다른 에이전트에서 가져다 사용할 수 있도록 세션에 저장합니다. ParallelAgent 실행이 끝나면 요약 정리 에이전트가 실행되며 마무리됩니다. 이 흐름을 코드로 옮겨보겠습니다.

chapter5/google-adk/workflow-agent/agent.py

```python
from google.adk.agents import Agent, ParallelAgent, SequentialAgent
from google.adk.tools import google_search

# 병렬로 실행될 정보 수집 에이전트들
# ❶ 날씨 정보 수집 에이전트 생성
weather_fetcher = Agent(
    name="weather",
    model="gemini-2.5-flash",
    output_key="weather_info",
    instruction="오늘의 날씨 정보를 제공하세요.",
    tools=[google_search],
)

# ❷ 날씨 정보 수집 에이전트 생성
news_fetcher = Agent(
    name="news",
    model="gemini-2.5-flash",
    output_key="news_info",
    instruction="오늘의 주요 뉴스를 요약하세요.",
    tools=[google_search],
)

# ❸ 주식 정보 수집 에이전트 생성
stock_fetcher = Agent(
    name="stocks",
    model="gemini-2.5-flash",
    output_key="stock_info",
    instruction="주요 주식 시장 동향을 제공하세요.",
```

```python
    tools=[google_search],
)

# ❹ 병렬 실행 에이전트
parallel_fetcher = ParallelAgent(
    name="multi_info_fetcher",
    sub_agents=[weather_fetcher, news_fetcher, stock_fetcher],
    description="여러 정보를 동시에 수집",
)

# ❺ 수집 결과를 요약하는 에이전트
summarizer = Agent(
    name="daily_briefing",
    model="gemini-2.5-flash",
    instruction="""
    수집된 정보를 종합하여 일일 브리핑을 작성하세요:
    - 날씨: {weather_info}
    - 뉴스: {news_info}
    - 주식: {stock_info}

    간결하고 읽기 쉬운 형식으로 정리하세요.
    """,
)

# ❻ 병렬 수집 후 종합하는 파이프라인
daily_briefing_pipeline = SequentialAgent(
    name="daily_briefing_system",
    sub_agents=[parallel_fetcher, summarizer],
    description="정보를 병렬로 수집한 후 종합 브리핑 생성",
)

root_agent = daily_briefing_pipeline
```

❶ **날씨 정보 수집 에이전트 생성** : 날씨 정보를 검색하고 수집하는 전문 에이전트입니다. output_key는 "weather_info"로 설정되어 있으며, 이 에이전트의 실행 결과를 다른 에이전트에서 {weather_info} 변수로 참조할 수 있습니다. 해당 데이터는 세션에 저장됩니다. ADK의 내장 웹 검색 도구인 google_search를 사용합니다.

❷ **뉴스 정보 수집 에이전트 생성** : 최신 뉴스를 검색하고 요약하는 에이전트입니다. news_info로 output_key가 설정되어 있습니다. 뉴스를 가져오는 것뿐 아니라 요약해서 가져오도록 지시하고 있습니다.

❸ **주식 정보 수집 에이전트 생성** : 주식 시장의 동향을 파악하는 에이전트입니다. "stock_info"로 결과를 세션에 저장합니다.

❹ **병렬 실행 에이전트** : ❶, ❷, ❸ 에이전트를 동시에 실행하는 관리자 에이전트입니다. 3개의 검색 작업이 병렬로 진행되어 전체 실행 시간을 단축할 수 있습니다. 각 작업은 독립적으로 실행됩니다.

❺ **수집 결과를 요약하는 에이전트** : 수집된 3가지 정보를 통합하여 일관된 브리핑을 작성합니다. {weather_info}, {news_info}, {stock_info} 변수로 이전 에이전트들의 결과를 받아서 처리합니다.

❻ **병렬 수집 후 종합하는 파이프라인** : 전체 프로세스를 순차적으로 관리하는 최상위 에이전트입니다. parallel_fetcher → summarizer 순서로 순차적으로 실행됩니다.

adk web으로 실행시킨 다음 "나는 지금 판교에 있습니다. 오늘 하루 브리핑을 해주세요"라고 요청해보세요. 결과가 놀랍습니다.

안녕하세요, 판교에 계신 사용자님. 2025년 6월 12일 목요일, 오늘 하루 브리핑입니다.

☀ 오늘의 판교 날씨

오늘 판교는 대체로 맑고 다소 덥겠습니다.

- **기온**: 예상 최고 기온은 29~30°C이며, 체감 온도는 31.7°C까지 오를 수 있습니다. 최저 기온은 약 16°C입니다.
- **일교차**: 낮과 밤의 기온 차이가 15도 안팎으로 크겠으니 건강 관리에 유의하시기 바랍니다.
- **강수량**: 비 예보는 없습니다.
- **바람**: 남실바람 또는 약한 서풍이 불겠습니다.

📰 주요 뉴스

- **사회/사건사고**:
  - 서울 대치동에서 깊이 30cm의 도로 땅 꺼짐이 발생해 일부 도로가 통제 중입니다.
  - 강서구 화곡동 도로에서는 차량 전복 사고가 발생했습니다.
- **기상**:
  - 장마가 예년보다 일주일 빨리 시작되었습니다.
  - 태풍 '우딥'은 현재 중국으로 향하고 있습니다.
- **정치/국제**:
  - 미국과 중국 간에 희토류 공급 합의가 이루어졌으며, 양국 정상의 최종 승인만 남았습니다. 트럼프 전 대통령도 해당 합의에 대해 언급했습니다.
- **스포츠**:
  - 사격 유망주가 후배 성추행으로 징계를 받았습니다.
  - 이정후 선수가 선발 복귀하여 팀의 역전승에 기여했습니다.
  - 권은지 선수는 뮌헨 월드컵 10m 공기소총에서 은메달을 획득했습니다.
  - 흑사 논란이 있던 김민재 선수는 국가대표 대신 클럽 월드컵에 출전할 예정입니다.
  - 이강인 선수는 야유하는 팬들에게 비난보다 격려가 필요하다며 자제를 요청했습니다.
  - 대한민국 축구 국가대표팀이 쿠웨이트에 4대 0으로 대승을 거두며 16년 만에 예선 무패로 월드컵 본선에 진출했습니다.
- **연예**:
  - 배우 채은정 씨가 결혼 소식을 알렸습니다.
  - 신시아 측은 더보이즈 주연과의 열애설을 부인했습니다.
  - 방탄소년단(BTS)의 지민과 정국이 전역했습니다.

📈 주식 시장 동향 (6월 12일 오전 기준)

미중 무역 긴장 완화 기대감과 예상보다 낮은 미국 소비자물가지수(CPI) 발표로 인한 금리 인하 기대감 등으로 전반적인 시장 분위기가 긍정적입니다.

- **한국 증시 (6월 11일 마감 기준)**:
  - 코스피: 전 거래일 대비 1.23% 오른 2,907.04에 마감하며 6거래일 연속 상승세를 이어갔습니다. 이는 3년 5개월 만에 2,900선을 돌파한 기록입니다.
  - 코스닥: 1.96% 상승한 786.29에 장을 마쳤습니다.
  - 외국인 투자자: 6거래일 연속 코스피 약 1,660억 원을 순매수하며 시장 상승을 이끌었습니다. 새 정부의 주가 부양 정책에 대한 기대감이 반영된 것으로 보입니다.
- **아시아 증시 (6월 11일 마감 기준)**:
  - 싱가포르를 제외한 대부분의 아시아 주요 증시가 미국과 중국 간의 무역 긴장 완화 기대감에 힘입어 상승 마감했습니다. 일본 닛케이225, 중국 상하이종합지수, 대만 자취안지수, 홍콩 항셍지수 모두 상승세를 보였습니다.
- **미국 증시 (6월 11일 마감 및 6월 12일 오전 기준)**:
  - 6월 11일 마감: 예상보다 낮은 5월 CPI 발표에도 불구하고 빅테크 기업 약세와 미중 무역 합의 세부 내용 불충분으로 S&P 500 지수는 0.16% 하락하는 등 혼조세를 보였습니다.
  - 6월 12일 오전: 다우존스, S&P 500, 나스닥 지수 모두 상승 출발하며 미중 무역 협상 동향에 주목하는 분위기입니다.
- **주요 시장 영향 요인**:
  - 미중 무역 협상: 무역 긴장 완화에 대한 기대감이 형성되었습니다.
  - 미국 인플레이션 지표: 5월 CPI가 예상치를 하회하며 연준의 연내 금리 인하 가능성이 다시 부각되고 있습니다.
  - 국제 유가: 중동 지역 지정학적 긴장 고조 가능성 등으로 4% 이상 급등했습니다.

오늘 하루도 활기차게 보내시길 바랍니다!

5.9 스팸 체크 에이전트 만들기

워크플로 에이전트 중에는 반복해서 메시지를 생성 혹은 확인할 수 있는 LoopAgent도 있습니다. LLM의 실행 결과물의 퀄리티가 일정하지 않고 랜덤한 경우가 종종 있기 때문에, 반복 실행하여 퀄리티를 높이는 방식인데 ADK에서는 이를 위한 클래스를 만들어두었습니다. 스팸 메시지와 일반적인 메시지를 생성하는 에이전트를 하나 만들고 스팸을 체크하는 에이전트를 만들고, 스팸 체크 에이전트의 결과를 받아서 스팸이 아니면 루프를 중지하도록 하는 예제를 만들겠습니다.

```python
# chapter5/google-adk/loop-agent/agent.py
from google.adk.agents import LoopAgent, LlmAgent, BaseAgent
from google.adk.events import Event, EventActions
from google.adk.agents.invocation_context import InvocationContext
from typing import AsyncGenerator

# ❶ 랜덤한 메시지를 생성하는 에이전트
random_generator = LlmAgent(
    name="RandomGenerator",
    model="gemini-2.5-flash",
    description="랜덤한 메시지를 생성하는 에이전트입니다. 스팸 메시지와 정상적인 메시지를 60:40 비율로 생성합니다.",
    output_key="random_message",
    instruction="스팸 메시지와 정상적인 메시지를 60:40 확률로 생성합니다. 스팸 메시지는 '[웹발신]'을 앞에 넣고, 정상적인 메시지는 따로 표시하지 않아도 됩니다. 반드시 하나의 메시지만 출력해야 합니다.",
)

# ❷ 스팸 메시지를 확인하는 에이전트
spam_checker = LlmAgent(
    name="SpamChecker",
    model="gemini-2.5-flash",
    instruction="사용자의 입력이 스팸인지 확인하세요. 스팸이면 'fail', 아니면 'pass'를 반환하세요.",
    output_key="spam_status",
```

```python
)

# ❸ 상태를 확인하고, 정상 메시지이면 루프를 중단하도록 요청하는 커스텀 에이전트
class CheckStatusAndEscalate(BaseAgent):
    async def _run_async_impl(
        self, ctx: InvocationContext
    ) -> AsyncGenerator[Event, None]:
        status = ctx.session.state.get("spam_status", "fail")
        should_stop = status == "pass"  # pass 상태면 루프를 중지
        yield Event(author=self.name, actions=EventActions(escalate=should_stop))

# ❹ 루프 에이전트 생성
root_agent = LoopAgent(
    name="SpamCheckLoop",
    max_iterations=10,
    sub_agents=[
        random_generator,
        spam_checker,
        CheckStatusAndEscalate(name="StopChecker"),
    ],
)
```

❶ **랜덤한 메시지를 생성하는 에이전트** : 60대 40의 비율로 스팸 메시지와 정상적인 메시지를 생성하는 에이전트입니다. output_key를 사용하여 세션에 데이터를 저장합니다.

❷ **스팸 메시지를 확인하는 에이전트** : 스팸 메시지이면 fail 아니면 pass를 출력하는 에이전트입니다. 랜덤 메시지 에이전트가 생성한 메시지를 읽어서 판단을 합니다.

❸ **커스텀 에이전트** : 상태를 확인하고, 정상 메시지이면 루프를 중단하도록 요청하는 커스텀 에이전트입니다. BaseAgent를 상속했으며, _run_async_impl() 함수만 구현했습니다. 세션에서 스팸 체크 에이전트의 결과(spam_status)를 가져와서 데이터를 판단합니다. spam_status가 pass이면 루프를 중단하도록 합니다. EventAction에 escalate=True로 넣으면 루프를 종료하게 됩니다.

❹ **루프 에이전트** : 조건을 만족할 때까지 하위 에이전트들을 반복 실행합니다. 하위 에이전트는 위에 설명한 랜덤 메시지 생성 에이전트, 메시지 체크 에이전트, 루프 종료를 위한 커스텀 에이전트로 구성되어 있습니다. max_iterations에 10이 설정되어 있어 최대 10번 반복합니다.

예제에서 사용한 "생성 → 검증 → 재시도" 패턴은 다양한 곳에 활용할 수 있습니다. 'adk run loop-agent'로 실행을 하고 '시작'을 입력하면 다음과 같이 스팸 메시지 '생성 → 체크 → 재실행'하는지 확인할 수 있습니다. adk web으로도 당연히 가능합니다. 다음은 제가 테스트한 결과입니다.

```
[user]: 시작
[RandomGenerator]: [웹발신] (광고) 주식 투자로 월 3000만 원! 무료 종목 추천 바로 신청하세요! (클릭) http://bit.ly/xxxxxx
[SpamChecker]: fail
[RandomGenerator]: [웹발신] (광고) 급등주 포착! 지금 바로 참여하고 수익 보세요! 무료 입장 링크: http://bit.ly/xxxxxx
[SpamChecker]: fail
[RandomGenerator]: [웹발신] (광고) 통신요금 미납으로 서비스가 정지될 예정입니다. 즉시 납부바랍니다. 상세 확인: http://bit.ly/xxxxxx
[SpamChecker]: fail
[RandomGenerator]: [웹발신] (광고) 긴급공지! VIP 정보방 선착순 입장! 지금 바로 참여하여 상한가 종목 받아가세요! (클릭) http://bit.ly/xxxxxx
[SpamChecker]: fail
[RandomGenerator]: 생일 축하해! 오늘 하루 즐겁게 보내고 맛있는 거 많이 먹어!
[SpamChecker]: pass
```

학습 마무리

이번 장에서는 구글이 2025년 4월에 공개한 프로덕션 레벨 에이전트 프레임워크인 ADK(Agent Development Kit)를 통해 AI 에이전트를 개발하는 방법을 학습했습니다.

ADK의 핵심 철학인 모델 중립성과 체계적인 프로젝트 구조를 이해하고, agent.py 파일을 중심으로 한 표준화된 개발 방식을 익혔습니다. adk web, adk run, adk api_server라는 세 가지 실행 방식을 확인하고 실행해보았습니다.

다음으로 ADK가 제공하는 다양한 에이전트 타입의 특성과 활용법을 배웠습니다. 유연한 추론과 의사결정을 위한 LLM 에이전트, 예측 가능한 흐름 제어를 위한 워크플로 에이전트(Sequential, Parallel, Loop), 그리고 특수한 요구사항을 위한 커스텀 에이전트를 적재적소에 활용하는 방법을 익혔습니다.

기본적인 에이전트 이외에도 실습을 통해 다양한 형태의 에이전트를 구현했습니다. 날씨와 야구 순위를 동시에 조회하는 멀티툴 에이전트를 만들어 여러 도구를 효과적으로 활용하는 방법을 배웠고, Pydantic 모델과 output_schema를 활용해 책 추천 결과를 일관된 JSON 형식으로 받는 구조화된 출력 에이전트도 구현했습니다.

마지막으로 멀티 에이전트 아키텍처의 강력함을 체감했습니다. 도구 사용과 구조화된 출력이라는 상충하는 요구사항을 멀티 에이전트로 해결하는 방법을 배웠고, 날씨, 뉴스, 주식 정보를 병렬로 수집한 후 순차적으로 요약하는 데일리 브리핑 시스템을 구축했습니다. LoopAgent를 활용한 스팸 메시지 필터링 시스템을 통해 '생성-검증-재시도' 패턴의 활용법도 익혔습니다.

ADK는 구글의 주도로 굉장히 빠른 속도로 개선되고 있는 프로젝트이고, 굉장히 많은 기능이 있습니다. 지면의 한계상 모든 내용을 담지 못했지만, 핵심적인 내용을 담고자 노력했으니 5장의 내용을 익혀두시면 실전에서 도움이 많이 되실 것이라 생각합니다.

핵심 키워드

1. ADK(Agent Development Kit) : 구글이 공개한 오픈 소스 프레임워크로, 복잡하고 실제 서비스에 배포 가능한 AI 에이전트 개발을 목표로 합니다.
2. 에이전트 타입(Agent Types) : ADK가 제공하는 세 가지 주요 에이전트 유형으로, LLM 에이전트, 워크플로 에이전트, 커스텀 에이전트가 있습니다.
3. LLM 에이전트(Agent) : LLM을 핵심 엔진으로 사용하여 추론, 생성, 도구 사용 등 유연한 작업을 수행하는 에이전트입니다.
4. 워크플로 에이전트(Workflow Agent) : 다른 에이전트들의 실행 흐름을 체계적으로 제어하는 에이전트입니다.
5. SequentialAgent : 하위 에이전트들을 순서대로 실행하는 워크플로 에이전트입니다.
6. ParallelAgent : 여러 하위 에이전트들을 동시에 병렬로 실행하여 시간을 단축하는 워크플로 에이전트입니다.
7. LoopAgent : 특정 조건이 만족될 때까지 하위 에이전트들을 반복 실행하는 워크플로 에이전트. '생성 및 검증' 패턴에 유용합니다.
8. output_schema : 에이전트의 출력을 Pydantic 모델 기반의 특정 JSON 스키마로 강제하여, 구조화되고 예측 가능한 결과를 얻게 하는 파라미터입니다.
9. output_key : 에이전트의 실행 결과를 세션(Session)에 특정 키로 저장하여, 후속 에이전트가 해당 값을 참조할 수 있게 하는 파라미터입니다.
10. root_agent : agent.py 파일에 필수로 정의해야 하는 최상위 에이전트로, 전체 에이전트 시스템의 진입점 역할을 합니다.
11. sub_agents : 하나의 에이전트가 제어하는 하위 에이전트들의 목록입니다.
12. adk web : 에이전트를 테스트하고 시각적으로 디버깅할 수 있는 내장 웹 UI를 실행하는 명령어입니다.
13. adk run : 터미널 환경에서 직접 에이전트와 상호작용할 수 있는 CLI 실행 명령어입니다.
14. adk api_server : 에이전트를 FastAPI 기반의 웹 서버로 실행하여 외부 시스템과 연동할 수 있게 하는 명령어입니다.

Chapter 06

랭그래프

랭그래프LangGraph는 랭체인을 개발한 LangChain.inc에서 개발한 에이전트 오케스트레이션 프레임워크입니다. 기존 선형적인 체인 구조를 넘어서, 복잡한 다중 에이전트 시스템과 상태를 가진 워크플로를 구축할 수 있도록 설계되었습니다. 클라나Klarna, 리플릿Replit, 우버, 일레스틱Elastic과 같은 대기업들이 프로덕션 환경에서 사용하고 있으며, 복잡한 워크플로와 오래 걸리는 작업을 처리하는 데 최적화되어 있습니다.

6.1 그래프 자료구조의 이해

랭그래프를 제대로 이해하려면 먼저 그래프Graph 자료구조에 대한 기본 개념을 알아야 합니다. 그래프는 노드Node와 에지Edge로 구성된 자료구조로, 객체 간의 관계를 표현하는 데 매우 효과적입니다. 그래프는 방향성에 따라 방향 그래프Directed Graph와 무방향 그래프Undirected Graph로 나뉩니다. 랭그래프는 방향 그래프를 기반으로 합니다. 이는 작업의 흐름이 특정 방향을 가지기 때문입니다. 예를 들어 A 작업이 완료된 후 B 작업이 실행되는 것을 그래프로 명확하게 표현할 수 있습니다.

그래프의 또 다른 중요한 특성은 순환Cycle의 존재 여부입니다. 순환이 없는 그래프를 DAGDirected Acyclic Graph라고 하며, 많은 워크플로 시스템이 DAG만을 이용합니다. 랭그래프는 순환이 있는 그래프도 사용할 수 있습니다. 이를 통해 조건이 만족될 때까지 특정 작업을 반복하거나, 이전 단계로 돌아가는 등의 복잡한 패턴을 구현할 수 있습니다.

6.2 랭그래프의 핵심 개념

랭그래프에서 가장 중요한 개념은 상태State, 노드, 에지입니다. **상태**는 그래프 실행 과정에서 지속적으로 유지되는 데이터로 각 노드가 실행될 때마다 읽고 쓸 수 있습니다. 이는 단순한 변수 전달을 넘어 전체 워크플로의 컨텍스트를 관리하는 중앙 저장소 역할을 합니다. 상태는 일반적으로 TypedDict나 Pydantic 모델로 정의되어 타입 안정성을 보장합니다.

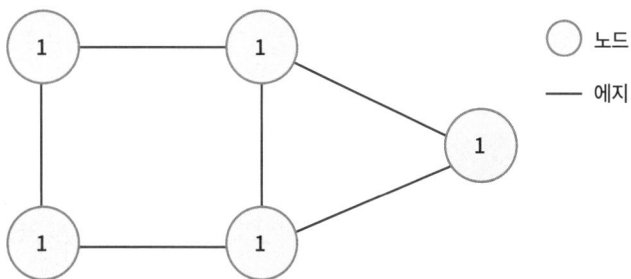

노드는 그래프의 기본 실행 단위입니다. 각 노드는 특정 작업을 수행하는 함수나 에이전트를 나타내며, 다음과 같은 특징을 가집니다.

- 현재 상태를 입력으로 받음
- 특정 작업을 수행(LLM 호출, 데이터 처리, 외부 API 호출 등)
- 업데이트된 상태를 반환

노드는 순수 함수일 수도 있고, 부수 효과Side Effects를 가질 수도 있습니다. 예를 들어 DB에 쓰기 작업을 하거나 외부 API를 호출할 수도 있습니다.

에지는 노드 간의 연결을 정의하며, 실행 흐름을 제어합니다. 랭그래프는 두 가지 유형의 에지를 지원합니다.

1. **일반 에지** : 항상 같은 경로로 진행
2. **조건부 에지** : 상태에 따라 다른 노드로 분기

조건부 에지는 동적 라우팅을 가능하게 하여, 런타임에 실행 경로를 결정할 수 있습니다. 이를 사용하여 AI 에이전트가 상황에 따라 다른 전략을 선택하게 하거나, 오류 처리 로직을 구현하는 데 유용합니다.

6.3 헬로 랭그래프 만들기

간단한 랭그래프 예제를 작성해봅시다. 랭그래프 예제를 실행하려면 당연하겠지만 langgraph 의존성을 설치해야 합니다. LLM 사용 시 langchain을 기반으로 동작하므로 필요한 경우 langchain 의존성도 추가해야 합니다. 다음과 같은 설치 명령을 사용하여 의존성을 추가해줍시다. 코드 실행 시에는 가상환경(venv)를 활성화한 상태여야 한다는 것을 잊지마세요! 코드 실행 시에는 가상환경(venv)를 활성화한 상태여야 한다는 것을 잊지마세요!

```
pip install "langchain[openai]"==0.3.27 langgraph==0.6.2 grandalf==0.8
```
터미널

다음과 같은 흐름으로 구성된 랭그래프 예제를 만들어봅시다.

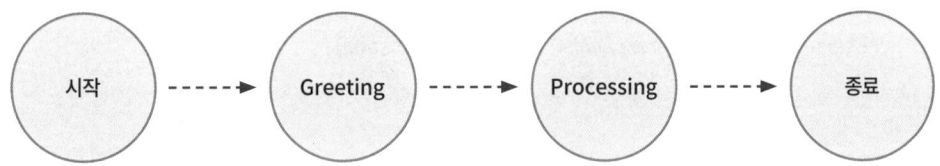

```
chapter6/langgraph/hello_langgraph.py
from typing import Dict, Any
from langgraph.graph import StateGraph, START, END
from pydantic import BaseModel, Field

# ❶ 워크플로 단계 정의
class WorkflowStep:
    GREETING = "GREETING"
    PROCESSING = "PROCESSING"

# ❷ 그래프 상태 정의
```

```python
class GraphState(BaseModel):
    name: str = Field(default="", description="사용자 이름")
    greeting: str = Field(default="", description="생성된 인사말")
    processed_message: str = Field(default="", description="처리된 최종 메시지")

# ❸ 첫 번째 노드 함수
def generate_greeting(state: GraphState) -> Dict[str, Any]:
    name = state.name or "아무개"
    greeting = f"안녕하세요, {name}님!"
    print(f"[generate_greeting] 인사말 생성: {greeting}")
    return {"greeting": greeting}

# ❹ 두 번째 노드: 인사말을 처리하고 최종 메시지 생성
def process_message(state: GraphState) -> Dict[str, Any]:
    greeting = state.greeting
    processed_message = f"{greeting} LangGraph에 오신 것을 환영합니다!"

    print(f"[process_message] 최종 메시지: {processed_message}")

    return {"processed_message": processed_message}

# ❺ 그래프 생성
def create_hello_graph():
    workflow = StateGraph(GraphState)

    # 노드 추가
    workflow.add_node(WorkflowStep.GREETING, generate_greeting)
    workflow.add_node(WorkflowStep.PROCESSING, process_message)

    # 시작점 설정
    workflow.add_edge(START, WorkflowStep.GREETING)

    # 에지 추가(노드 간 연결)
    workflow.add_edge(WorkflowStep.GREETING, WorkflowStep.PROCESSING)
    workflow.add_edge(WorkflowStep.PROCESSING, END)
```

```
    # 그래프 컴파일
    app = workflow.compile()

    return app

def main():
    print("=== Hello 랭그래프 ===\n")
    app = create_hello_graph()

    initial_state = GraphState(name="승귤", greeting="", processed_message="")
    print("초기 상태:", initial_state.model_dump())
    print("\n--- 그래프 실행 시작 ---")

    # 그래프 실행
    final_state = app.invoke(initial_state)

    print("--- 그래프 실행 종료 ---\n")
    print("최종 상태:", final_state)
    print(f"\n결과 메시지: {final_state['processed_message']}")
    # ❻ ASCII로 그래프 출력
    app.get_graph().draw_ascii()


if __name__ == "__main__":
    main()
```

❶ 워크플로 단계를 정합니다. 이번 예제에서는 인사말을 생성하는 GREETING 단계와 생성된 인사말을 처리하고 메시지를 생성하는 PROCESSING 두 단계로 이루어집니다. enum 혹은 문자열을 사용해도 됩니다. 가독성 측면에서는 예제에서처럼 클래스의 멤버 변수로 넣는 것이 깔끔합니다.

❷ **그래프 상태 정의** : State 즉 그래프의 상태는 각 노드마다 참조가 가능한 전체 워크플로 상의 컨텍스트라고 볼 수 있습니다. 상태에는 이름(name), 인사말(gretting), 최종 메시지

(processed_message) 세 가지 값이 있습니다.

❸ 이번 예제에서는 랭그래프의 기능을 테스트하기 위하여 LLM은 배제하고 코드를 작성했습니다. generate_greeting()은 일반 함수이며 state 객체를 받아서 인사말을 생성하고 반환합니다. greeting값을 반환하여 State의 greeting값이 업데이트됩니다.

❹ process_message() 함수는 두 번째 노드의 역할입니다. State에 있는 greeting을 확인하여 최종 메시지를 생성합니다. 그리고 processed_message를 반환하여 해당 값을 업데이트할 수 있게 합니다.

❺ create_hello_graph() 함수에서는 StateGraph로 상태를 가진 그래프 객체를 생성합니다. 그 다음 노드를 2개 추가하고, 시작점 설정, 에지 추가를 하고 그래프를 컴파일하여 반환합니다. 컴파일된 그래프 객체는 CompiledStateGraph이며 해당 객체는 Runnable 인터페이스를 구현한 객체입니다. 그러므로 Runnable 인터페이스의 invoke() 함수를 사용할 수 있습니다. invoke()로 컴파일된 그래프 객체를 실행하면 다음의 실행 과정을 거칩니다.

1. initial_state를 시작 상태로 사용
2. START → generate_greeting 노드 실행
    - state.name("승귤")을 사용하여 인사말 생성
    - {"greeting": "안녕하세요, 승귤님!"} 반환
3. 상태 업데이트 : greeting 필드가 업데이트됨
4. generate_greeting → process_message 노드 실행
    - state.greeting을 사용하여 최종 메시지 생성
    - {"processed_message": "..."} 반환
5. 상태 업데이트 : processed_message 필드가 업데이트됨
6. process_message → END로 이동하여 실행 종료
7. 최종 상태가 딕셔너리 형태로 반환됨

❻ 랭그래프에는 그래프를 시각적으로 알 수 있도록 이미지 혹은 텍스트로 출력하는 기능이 있습니다. app.get_graph().draw_ascii() 코드는 아스키 코드로 출력하는 함수입니다. 해당 함수를 사용하려면 grandalf 의존성이 추가로 필요합니다. 그 외 다음의 코드를 사용하여 Mermaid

다이어그램 이미지로 출력할 수도 있습니다.

```Python
result = app.get_graph().draw_mermaid_png()
with open("./hello_langgraph.png", "wb") as f:
    f.write(result)
```

예제의 그래프는 다음과 같이 단순한 형태입니다.

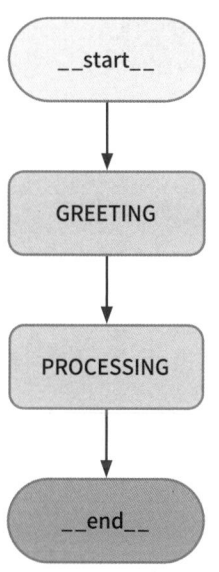

6.4 조건부 라우팅 적용하기 : 감정 분석 챗봇

랭그래프는 그래프의 실행 경로를 동적으로 결정하는 기능이 있습니다. 이를 조건부 라우팅Conditional Routing이라고 합니다. 프로그래밍에서의 조건문과 같다고 볼 수 있는데, 다른 점은 자연어 입력에 대해 LLM이 판단하도록 하고 이를 바탕으로 유연한 처리를 할 수 있다는 겁니다. 이를 통해 복잡한 비즈니스 로직을 유지보수가 쉬운 그래프 구조로 표현할 수 있습니다. 사용자가 작성한 메시지의 감정 상태가 어떤지 파악해서 답변을 다르게 하는 예제를 작성하겠습니다. 그래프의 흐름은 '시작 노드 → 감정 파악 → 부정 답변 | 중립 답변 | 긍정 답변 → 종료 노드'입니다.

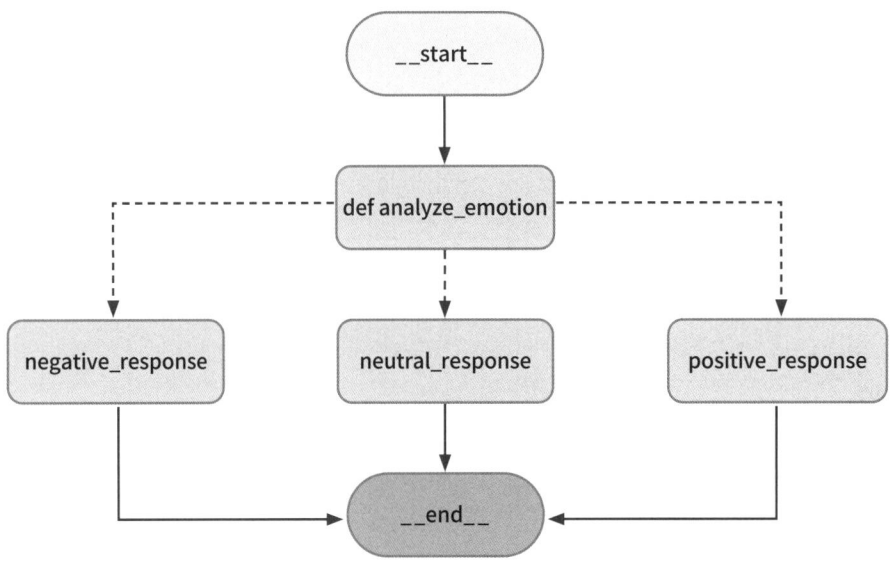

```
chapter6/langgraph/02_conditional_routing.py
from typing import Dict, Any, Literal
from langgraph.graph import StateGraph, START, END
from pydantic import BaseModel, Field
from langchain_openai import ChatOpenAI
from langchain_core.messages import SystemMessage, HumanMessage
import random


# ❶ 그래프 상태 정의 - 워크플로 전체에서 공유되는 데이터 구조
class EmotionBotState(BaseModel):
    user_message: str = Field(default="", description="사용자 입력 메시지")
    emotion: str = Field(default="", description="분석된 감정")
    response: str = Field(default="", description="최종 응답 메시지")


# ❷ LangChain LLM 초기화 - 감정 분석에 사용할 AI 모델 설정
llm = ChatOpenAI(model="gpt-5-mini", max_tokens=10)


# ❸ LLM 기반 감정 분석 노드 - 첫 번째 처리 단계
def analyze_emotion(state: EmotionBotState) -> Dict[str, Any]:
    message = state.user_message
    print(f"LLM 감정 분석 중: '{message}'")
```

```python
    messages = [
        SystemMessage(
            content="당신은 감정 분석 전문가입니다. 사용자의 메시지를 분석하여 'positive', 'negative', 'neutral' 중 하나로 감정을 분류해주세요. 답변은 반드시 하나의 단어만 출력하세요."
        ),
        HumanMessage(content=f"다음 메시지의 감정을 분석해주세요: '{message}'"),
    ]

    response = llm.invoke(messages)
    emotion = response.content.strip().lower()

    # 유효성 검사
    if emotion not in ["positive", "negative", "neutral"]:
        emotion = "neutral"

    print(f"LLM 감정 분석 결과 : {emotion}")
    return {"emotion": emotion}


# 긍정적 응답 생성
def generate_positive_response(state: EmotionBotState) -> Dict[str, Any]:
    responses = ["정말 좋은 소식이네요!", "기분이 좋으시군요!", "멋지네요!"]
    return {"response": random.choice(responses)}


# 부정적 응답 생성
def generate_negative_response(state: EmotionBotState) -> Dict[str, Any]:
    responses = [
        "힘든 시간이시군요. 괜찮아요.",
        "마음이 아프시겠어요.",
        "더 좋은 날이 올 거예요.",
    ]
    return {"response": random.choice(responses)}


# 중립적 응답 생성
```

```python
def generate_neutral_response(state: EmotionBotState) -> Dict[str, Any]:
    responses = [
        "감사해요! 더 자세히 말씀해주세요.",
        "이해했어요. 다른 도움이 필요하면 말씀하세요!",
        "흥미로운 주제네요!",
    ]
    return {"response": random.choice(responses)}

# ❹ 조건부 라우팅 함수 - 감정 분석 결과에 따라 다음 노드 결정
def route_by_emotion(
    state: EmotionBotState,
) -> Literal["positive_response", "negative_response", "neutral_response"]:
    emotion = state.emotion
    print(f"라우팅: {emotion}")

    if emotion == "positive":
        return "positive_response"
    elif emotion == "negative":
        return "negative_response"
    else:
        return "neutral_response"


# ❺ 그래프 생성 함수 - 전체 워크플로 구성
def create_emotion_bot_graph():
    workflow = StateGraph(EmotionBotState)

    # ❻ 노드 추가 - 각 처리 단계를 그래프에 등록
    workflow.add_node("analyze_emotion", analyze_emotion)
    workflow.add_node("positive_response", generate_positive_response)
    workflow.add_node("negative_response", generate_negative_response)
    workflow.add_node("neutral_response", generate_neutral_response)

    # ❼ 시작 에지 설정 - 워크플로의 진입점 정의
    workflow.add_edge(START, "analyze_emotion")
```

```python
    # ❽ 조건부 에지 설정 - 동적 라우팅 구현
    workflow.add_conditional_edges(
        "analyze_emotion",
        route_by_emotion,
        {
            "positive_response": "positive_response",
            "negative_response": "negative_response",
            "neutral_response": "neutral_response",
        },
    )

    # ❾ 종료 에지 설정 - 각 응답 노드에서 워크플로 종료
    workflow.add_edge("positive_response", END)
    workflow.add_edge("negative_response", END)
    workflow.add_edge("neutral_response", END)

    return workflow.compile()

def main():
    print("=== 감정 분석 챗봇 테스트 ===\n")
    app = create_emotion_bot_graph()

    test_cases = [
        "오늘 정말 기분이 좋아요!",
        "너무 슬프고 힘들어요...",
        "날씨가 어떤가요?",
    ]

    for i, message in enumerate(test_cases, 1):
        print(f"테스트 {i}: '{message}'")
        state = EmotionBotState(user_message=message)
        result = app.invoke(state)
        print(f"응답: {result['response']}\n")

    # 그래프 시각화
```

```
    mermaid_png = app.get_graph().draw_mermaid_png()
    with open("./02_conditional_routing.png", "wb") as f:
        f.write(mermaid_png)

if __name__ == "__main__":
    main()
```

❶ **그래프 상태 정의** : 이미 말씀 드렸지만 상태State는 워크플로 전체에서 공유되는 데이터 구조입니다. EmotionBotState는 Pydantic의 BaseModel을 상속받아 정의했으며, 세 가지 필드를 정의합니다.

- **user_message** : 사용자가 입력한 원본 메시지
- **emotion** : 분석된 감정 상태(positive/negative/neutral)
- **response** : 최종적으로 생성된 응답 메시지

각 노드는 이 상태를 입력받아 필요한 필드를 읽고, 처리 결과를 다시 상태에 기록합니다.

❷ **랭체인 LLM 초기화** : 감정 분석에 사용할 AI 모델을 설정합니다. 랭그래프는 랭체인과 매우 쉽게 통합할 수 있으므로 랭체인을 사용하여 LLM에게 요청을 보냅니다. 감정 분류는 단일 단어만 필요하므로 max_tokens를 10으로 주어서 토큰 수를 제한했습니다.

❸ **LLM 기반 감정 분석 노드** : 감정 분석 예제에서 가장 중요한 로직입니다. 알고리즘을 사용하여 작성했다면 매우 어려운 프로그램이지만, 프롬프트 엔지니어링을 통해 LLM에게 지시만 잘 하면 매우 좋은 응답이 옵니다. 응답으로는 "positive", "negative", "neutral" 3가지 중 하나로만 답변하게 했으며 다른 답변인 경우 neutral이 기본값이 됩니다.

❹ **조건부 라우팅 함수** : route_by_emotion()은 라우팅에 사용되는 함수입니다. 이 함수는 현재 상태를 기반으로 다음에 실행할 노드의 이름을 문자열로 반환합니다. 얼핏 보면 if-else 문과 같습니다만, 그래프 노드의 분기를 로직으로 나타낸 것이므로 시각화가 가능합니다.

❺ **그래프 생성 함수** : 이 함수는 개별 구성 요소들을 하나의 실행 가능한 그래프로 조립하는 역할을 합니다. StateGraph 클래스는 상태 타입을 제네릭 파라미터로 받아 타입 안정성을 보장합니다.

❻ **노드 추가** : add_node() 메서드로 각 처리 함수를 그래프에 등록합니다. 첫 번째 인자는 노드의 고유 식별자(이름)이고, 두 번째 인자는 실제 실행될 함수입니다. 이 이름은 나중에 에지를 정의할 때 참조됩니다.

❼ **시작 에지 설정** : START는 랭그래프의 특별한 상수로, 워크플로의 시작점을 나타냅니다. 이 에지는 워크플로가 실행될 때 가장 먼저 analyze_emotion 노드가 실행되도록 보장합니다.

❽ **조건부 에지 설정** : add_conditional_edges()는 LangGraph의 핵심 기능으로, 출발 노드 이름, 라우팅 함수, 가능한 목적지 매핑의 세 가지 인자를 받습니다. 이를 통해 런타임에 상태 기반으로 다음 실행 경로를 동적으로 결정할 수 있습니다.

❾ **종료 에지 설정** : END는 워크플로의 종료를 나타내는 특별한 상수입니다. 각 응답 생성 노드에서 END로 향하는 에지를 추가하여, 응답이 생성되면 워크플로가 종료되도록 합니다.

실행을 하면 다음과 같은 결과가 나옵니다. 여러분도 비슷한 결과를 얻을 겁니다.

```
=== 감정 분석 챗봇 테스트 ===

테스트 1: '오늘 정말 기분이 좋아요!'
LLM 감정 분석 중: '오늘 정말 기분이 좋아요!'
LLM 감정 분석 결과 : positive
라우팅: positive
응답: 기분이 좋으시군요!

테스트 2: '너무 슬프고 힘들어요...'
LLM 감정 분석 중: '너무 슬프고 힘들어요...'
LLM 감정 분석 결과 : negative
라우팅: negative
응답: 마음이 아프시겠어요.

테스트 3: '날씨가 어떤가요?'
LLM 감정 분석 중: '날씨가 어떤가요?'
LLM 감정 분석 결과 : neutral
라우팅: neutral
응답: 감사해요! 더 자세히 말씀해주세요.
```

6.5 체크포인터를 사용한 상태 관리하기

랭그래프의 체크포인터 시스템은 상태 영속성과 오류 복구를 위한 핵심 기능입니다. 상태 영속성이란 그래프 실행 중 각 노드의 상태를 저장한다는 의미입니다. 여러 대화나 세션의 상태를 독립적으로 관리할 수 있어서 동시에 여러 워크플로를 처리할 수 있습니다. 또한 시스템 장애 시에도 마지막 체크포인트부터 재시작을 할 수 있습니다. 이전에는 대화의 이력을 저장하려면 별도로 코드 작업을 해야 했는데, 랭그래프에서는 이런 작업을 설정 한 줄로 끝낼 수 있도록 지원하고 있습니다.

사용 방법은 다음과 같이 3가지만 하면 됩니다. ❶ 체크포인터 설정, ❷ 그래프에 체크포인터 연결, ❸ 스레드 ID로 상태 관리. 이것이 전부입니다. 나머지는 랭그래프에서 알아서 해줍니다.

```python
from langgraph.checkpoint.sqlite import SqliteSaver
from langgraph.graph import StateGraph

# ❶ 체크포인터 설정
checkpointer = SqliteSaver.from_conn_string(":memory:")

# ❷ 그래프에 체크포인터 연결
app = StateGraph(state_schema).compile(checkpointer=checkpointer)

# ❸ 스레드 ID로 상태 관리
config = {"configurable": {"thread_id": "thread-1"}}
result = app.invoke(input_data, config=config)
```

기본적으로 제공하는 체크포인터는 다음과 같습니다.

- BaseCheckpointSaver : 추상 기본 클래스
- InMemorySaver : 메모리 기반 구현
- SQLiteSaver, PostgresSaver : 영구 저장소 구현

InMemorySaver를 사용하는 간단한 예제를 만들겠습니다.

```python
# chapter6/langgraph/03_persistent_memory.py
from typing import Dict, Any
from langgraph.graph import StateGraph, START, END
from langgraph.checkpoint.memory import InMemorySaver  # ❶ InMemorySaver 임포트
from pydantic import BaseModel, Field
from langchain_openai import ChatOpenAI
from langchain_core.messages import SystemMessage, HumanMessage
import json

# ❷ 그래프 상태 정의
class MemoryBotState(BaseModel):
    user_message: str = Field(default="", description="사용자 입력 메시지")
    user_name: str = Field(default="", description="사용자 이름")
    user_preferences: Dict[str, Any] = Field(
        default_factory=dict, description="사용자 선호도"
    )
    response: str = Field(default="", description="최종 응답")


# LangChain LLM 초기화
llm = ChatOpenAI(model="gpt-5-mini")

# ❸ 메시지 처리 노드 - 메모리 로드/저장 로직 제거
def process_message(state: MemoryBotState) -> Dict[str, Any]:
    message = state.user_message
    user_name = state.user_name
    preferences = state.user_preferences.copy()

    # 시스템 프롬프트
    system_prompt = f"""
당신은 사용자의 정보를 기억하는 메모리 봇입니다.
현재 기억하는 정보:
- 사용자 이름: {user_name if user_name else "모름"}
- 좋아하는 것: {preferences.get("likes", [])}
- 싫어하는 것: {preferences.get("dislikes", [])}
```

```
사용자 메시지를 분석하여 다음 JSON 형식으로 응답하세요:
{{
  "response": "사용자에게 줄 응답 메시지",
  "new_name": "새로 알게 된 이름 (없으면 null)",
  "new_likes": ["새로 알게 된 좋아하는 것들"],
  "new_dislikes": ["새로 알게 된 싫어하는 것들"]
}}
"""

    messages = [SystemMessage(content=system_prompt),
                HumanMessage(content=message)]

    response = llm.invoke(messages)
    result = json.loads(response.content)

    # 새로운 정보 업데이트
    if result.get("new_name"):
        user_name = result["new_name"]

    if result.get("new_likes"):
        preferences.setdefault("likes", []).extend(result["new_likes"])

    if result.get("new_dislikes"):
        preferences.setdefault("dislikes", []).extend(result["new_dislikes"])

    bot_response = result.get("response", "죄송해요, 이해하지 못했어요.")

    return {
        "response": bot_response,
        "user_name": user_name,
        "user_preferences": preferences,
    }

# ❹ 메모리 봇 그래프 생성 - InMemorySaver 통합
def create_memory_bot_graph():
```

```python
    # ❺ InMemorySaver로 자동 메모리 관리
    checkpointer = InMemorySaver()

    workflow = StateGraph(MemoryBotState)

    # ❻ 단일 노드 구조
    workflow.add_node("process_message", process_message)

    # ❼ 단순한 워크플로: START → process_message → END
    workflow.add_edge(START, "process_message")
    workflow.add_edge("process_message", END)

    # ❽ checkpointer와 함께 컴파일
    return workflow.compile(checkpointer=checkpointer)

def main():
    print("=== InMemorySaver 메모리 봇 테스트 ===\n")

    app = create_memory_bot_graph()
    thread_id = "gyul_123"  # ❾ thread_id - 세션 식별자

    # 테스트 대화
    conversations = [
        "안녕하세요!",
        "내 이름은 승귤이야",
        "김치찜을 좋아해",
        "해삼은 싫어해",
        "내 이름이 뭐였지?",
        "내가 좋아하는 것과 싫어하는 것은?",
    ]

    for i, message in enumerate(conversations, 1):
        print(f"[{i}] 사용자: {message}")

        # ❿ InMemorySaver 사용 시 config 설정
```

```
            config = {"configurable": {"thread_id": thread_id}}
            result = app.invoke({"user_message": message}, config)

            print(f"[{i}] 챗봇: {result['response']}")
            print(
                f"메모리: 이름={result.get('user_name', '없음')}, "
                f"좋아하는 것={result.get('user_preferences', {})}\n"
            )

if __name__ == "__main__":
    main()
```

❶ **InMemorySaver 임포트** : 랭그래프의 체크포인트 시스템 중 가장 기본적인 구현체입니다. 메모리에 상태를 저장하는 방식으로, 다음과 같은 특징을 가집니다.

- **휘발성** : 프로그램이 종료되면 데이터가 사라집니다.
- **빠른 속도** : 메모리 접근이므로 매우 빠릅니다.
- **개발/테스트용** : 주로 프로토타이핑과 테스트에 사용됩니다.

프로덕션에서는 SQLiteSaver, PostgresSaver 등으로 교체하여 영구 저장할 수 있습니다.

❷ **그래프 상태 정의** : 그래프 전체적으로 공유하는 데이터입니다. 사용자 입력 메시지, 사용자 이름, 사용자가 좋아하는 것, 싫어하는 것, 최종 답변을 상태로 저장합니다. 체크포인트는 이런 상태에 대한 이력을 자동으로 관리합니다.

❸ **메시지 처리 노드** : 순수한 비즈니스 로직만 담당하는 노드입니다. 사용자의 메시지를 분석하여 상태를 업데이트하는 역할을 합니다. InMemorySaver가 노드 실행 전에 자동으로 이전 상태를 로드하며, 노드 실행 후에 자동으로 새 상태를 저장합니다. 그러므로 개발자가 별도로 대화 이력 관리를 하지 않아도 됩니다.

❹ **메모리 봇 그래프 생성** : create_memory_bot_graph() 함수는 메모리 봇 그래프를 생성하는 함수입니다.

❺ **InMemorySaver로 자동 메모리 관리** : InMemorySaver의 내부 구조를 매우 단순하게 표현하면 다음과 같습니다. 저장소로 사용할 딕셔너리(storage)를 만들고 거기에 thread_id별로 데이터를 쌓고, 가져올 때도 thread_id를 기준으로 가져옵니다.

```python
class InMemorySaver:
    def __init__(self):
        self.storage = {}  # {thread_id: {checkpoint_id: state}}

    def put(self, config, checkpoint):
        thread_id = config["configurable"]["thread_id"]
        self.storage[thread_id] = checkpoint

    def get(self, config):
        thread_id = config["configurable"]["thread_id"]
        return self.storage.get(thread_id)
```

❻ **checkpointer와 함께 컴파일** : compile() 메서드에 체크포인터를 전달하면 다음과 같은 일이 발생합니다.

- **각 노드를 래핑** : 체크포인터가 각 노드 실행을 감싸는 래퍼 생성
- **자동 체크포인트** : 노드 실행 전후에 자동으로 체크포인트 생성
- **상태 병합** : 이전 상태와 새 입력을 자동으로 병합

❼ **thread_id - 세션 식별자** : thread_id는 각 대화 세션을 고유하게 식별하기 위한 식별자입니다.

❽ **InMemorySaver 사용을 위한 config 설정** : 체크포인트를 사용하려면 thread_id가 필요합니다. thread_id 설정은 그래프 실행 시 설정으로 추가하면 됩니다. config는 매 실행마다 전달되어야 합니다. InMemorySarver는 config에 있는 thread_id를 확인하여 어디에 있는 데이터를 불러올지, 어디에 상태를 저장해야 할지 알 수 있게 됩니다.

예제 코드의 테스트 결과는 다음과 같습니다. 여러분의 이름, 좋아하는 것, 싫어하는 것을 넣어서 테스트해보시길 바랍니다.

Chapter 06 랭그래프   **211**

```
=== InMemorySaver 메모리 봇 테스트 ===

[1] 사용자: 안녕하세요!
[1] 챗봇: 안녕하세요! 어떻게 도와드릴까요?
메모리: 이름=, 좋아하는 것={}

[2] 사용자: 내 이름은 승귤이야
[2] 챗봇: 반가워, 승귤! 앞으로 잘 부탁해.
메모리: 이름=승귤, 좋아하는 것={}

[3] 사용자: 김치찜을 좋아해
[3] 챗봇: 김치찜을 좋아하는군요! 맛있는 음식이죠.
메모리: 이름=승귤, 좋아하는 것={'likes': ['김치찜']}

[4] 사용자: 해삼은 싫어해
[4] 챗봇: 해삼을 싫어하는군요! 알겠습니다.
메모리: 이름=승귤, 좋아하는 것={'likes': ['김치찜'], 'dislikes': ['해삼']}

[5] 사용자: 내 이름이 뭐였지?
[5] 챗봇: 당신의 이름은 승귤입니다.
메모리: 이름=승귤, 좋아하는 것={'likes': ['김치찜'], 'dislikes': ['해삼']}

[6] 사용자: 내가 좋아하는 것과 싫어하는 것은?
[6] 챗봇: 당신이 좋아하는 것은 김치찜이고, 싫어하는 것은 해삼입니다.
메모리: 이름=승귤, 좋아하는 것={'likes': ['김치찜'], 'dislikes': ['해삼']}
```

6.6 루프 워크플로 구현하기 : 숫자 맞추기 게임

랭그래프에서는 순환하는 그래프 구조도 만들 수 있습니다. 이를 사용하여 조건이 만족할 때까지 루프를 실행하는 루프 워크플로를 손쉽게 작성할 수 있습니다. 루프 워크플로는 별도의 기능이 아니라 기존의 상태 기반 라우팅을 사용하여 구현할 수 있습니다. 이런 루프 패턴은 대화형 애플리케이션, 재시도 로직, 반복 작업 등에 활용할 수 있는 중요한 패턴입니다. 다음과 같은 워크플로를 가지는 숫자 맞추기 게임 코드를 작성해봅시다.

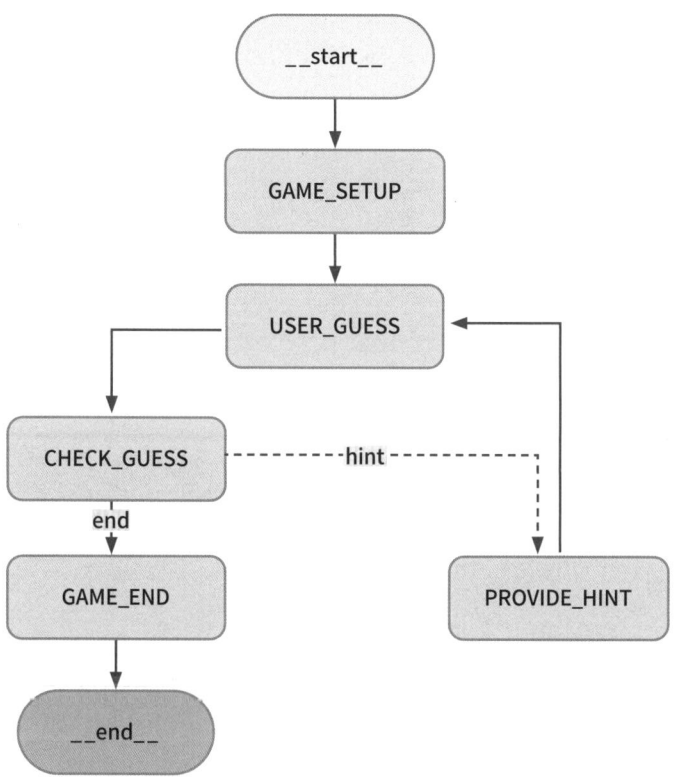

```
                                                      chapter6/langgraph/04_loop_workflow.py
from typing import Dict, Any, Literal
from langgraph.graph import StateGraph, START, END
from pydantic import BaseModel, Field
import random

# ❶ 그래프 상태 정의
class GuessGameState(BaseModel):
    target_number: int = Field(default=0, description="맞춰야 할 숫자")
    user_guess: int = Field(default=0, description="사용자 추측")
    attempts: int = Field(default=0, description="시도 횟수")
    max_attempts: int = Field(default=5, description="최대 시도 횟수")
    game_status: str = Field(default="playing", description="게임 상태")
    response: str = Field(default="", description="응답 메시지")
```

```python
# 게임 설정 노드
def game_setup(state: GuessGameState) -> Dict[str, Any]:
    target = random.randint(1, 50)
    print("게임 시작!")

    # ❷ 상태 업데이트 - 딕셔너리로 변경할 필드만 반환
    return {
        "target_number": target,
        "game_status": "playing",
        "response": f"1~50 사이의 숫자를 맞춰보세요! (최대 {state.max_attempts}회)",
        "attempts": 0,
    }


# 사용자 추측 노드(시뮬레이션)
def user_guess(state: GuessGameState) -> Dict[str, Any]:
    guess = input("입력 : ")
    print(f"[{state.attempts + 1}번째 시도] 추측: {guess}")

    return {"user_guess": int(guess), "attempts": state.attempts + 1}


# 추측 확인 노드
def check_guess(state: GuessGameState) -> Dict[str, Any]:
    target = state.target_number
    guess = state.user_guess
    attempts = state.attempts

    print(f"[check_guess] {guess} (시도: {attempts}회)")

    # ❸ 게임 상태에 따른 분기 처리
    if guess == target:
        print("정답!")
        return {
            "game_status": "won",
```

```python
            "response": f"정답! {guess}를 {attempts}번 만에 맞췄습니다!",
        }
    elif attempts >= state.max_attempts:
        print("시도 횟수 초과")
        return {
            "game_status": "lost",
            "response": f"게임 종료! 정답은 {target}이었습니다.",
        }
    else:
        hint = "더 큰 수" if guess < target else "더 작은 수"
        remaining = state.max_attempts - attempts
        print(f"계속 진행: {hint}")
        return {
            "game_status": "playing",
            "response": f"{guess}는 틀렸습니다. {hint}를 시도해보세요! (남은 기회: {remaining}회)",
        }

# ❹ 조건부 라우팅 함수 - 루프 구현의 핵심
def route_game(state: GuessGameState) -> Literal["continue", "end"]:
    print(f"라우팅 체크: 상태={state.game_status}, 시도={state.attempts}")
    if state.game_status == "playing":
        return "continue"
    else:
        return "end"


# 루프 워크플로 그래프 생성
def create_guess_game_graph():
    # ❺ StateGraph 초기화 - 상태 스키마 지정
    workflow = StateGraph(GuessGameState)

    # ❻ 노드 추가 - 각 처리 단계를 노드로 정의
    workflow.add_node("setup", game_setup)
    workflow.add_node("guess", user_guess)
    workflow.add_node("check", check_guess)
```

```python
    # ❼ 선형 에지 설정 - 기본 실행 흐름
    workflow.add_edge(START, "setup")
    workflow.add_edge("setup", "guess")
    workflow.add_edge("guess", "check")

    # ❽ 조건부 에지 - 동적 라우팅으로 루프 구현
    workflow.add_conditional_edges(
        "check",        # 소스 노드
        route_game,     # 라우팅 함수
        {
            "continue": "guess",    # 게임 계속 → 다시 추측 (루프!)
            "end": END,             # 게임 종료 → 끝
        },
    )

    # ❾ 그래프 컴파일 - 실행 가능한 앱으로 변환
    return workflow.compile()

def main():
    print("=== 루프 워크플로 예제 ===\n")
    app = create_guess_game_graph()

    # ❿ 그래프 실행 - 초기 상태로 시작
    initial_state = GuessGameState(max_attempts=5)
    result = app.invoke(initial_state)

    print(f"\n최종 결과 : {result['response']}")
    print(f"게임 상태: {result['game_status']}")
    print(f"총 시도: {result['attempts']}회")

if __name__ == "__main__":
    main()
```

❶ **그래프 상태 정의** : 워크플로 전체에서 공유되는 상태를 정의합니다. 상태는 맞춰야 할 숫자(target_number), 사용자의 추측(user_guess), 시도 횟수(attempts), 최대 시도 횟수(max_attempts), 게임 상태(game_status), 응답 메시지(response)로 이루어져 있습니다.

❷ **상태 업데이트** : 변경하려는 필드를 딕셔너리로 반환하면 랭그래프가 자동으로 기존 상태와 병합하여 업데이트합니다. 게임 설정 노드에서는 맞춰야 할 숫자와 게임 상태, 응답, 시도 횟수를 반환하여 업데이트했습니다.

❸ **게임 상태에 따른 분기 처리** : game_status 필드를 통해 게임의 현재 상태를 추적합니다. "playing", "won", "lost" 상태로 게임 진행을 제어합니다. 이 상태는 라우팅 함수에서 다음 경로를 결정하는 데 사용됩니다

❹ **조건부 라우팅 함수** : 루프 구현의 핵심이라 할 수 있는 조건부 라우팅 함수입니다. 게임의 상태가 playing인 경우 "continue"가 되며 이는 루프를 계속 반복합니다. 게임이 플레이 중이 아니라면 "end"를 반환하고 루프를 종료합니다.

❺ **StateGraph 초기화** : 상태 스키마(GuessGameState)를 지정하여 그래프를 생성합니다. 이렇게 하면 모든 노드가 같은 상태 구조를 사용하도록 강제됩니다.

❻ **노드 추가** : 각 처리 단계를 개별 노드로 정의합니다. 노드 이름과 실행할 함수를 매핑합니다.

❼ **선형 에지 설정** : 기본적인 실행 흐름을 정의합니다. START → setup → guess → check 순서로 진행됩니다. 단방향 흐름으로 예측 가능한 실행 경로를 만듭니다.

❽ **조건부 에지** : add_conditional_edges() 함수로 동적 라우팅을 구현합니다. check 노드 실행 후 route_game() 함수가 호출되어 다음 경로를 결정합니다. "continue" 시 "guess"로 돌아가면서 루프를 실행합니다. 이는 랭그래프에서 반복 구조를 구현하는 표준 패턴입니다.

❾ **그래프 컴파일** : 정의된 노드와 에지를 실행 가능한 애플리케이션으로 변환합니다. 컴파일 과정에서 그래프 구조를 검증하고 최적화합니다.

❿ **그래프 실행** : invoke() 메서드로 초기 상태를 전달하여 워크플로를 시작합니다. 그래프는 정의된 경로를 따라 자동으로 실행되며, 조건부 에지에서 동적으로 경로를 선택합니다.

프로그램을 실행하면 다음과 같이 플레이할 수 있습니다. 5번만에 숫자를 맞추는 게 꽤 어렵습니다.

여러분도 해보세요.

```
=== 루프 워크플로 예제 ===

게임 시작!
입력 : 30
[1번째 시도] 추측: 30
[check_guess] 30 (시도: 1회)
계속 진행: 더 작은 수
라우팅 체크: 상태=playing, 시도=1
입력 : 20
[2번째 시도] 추측: 20
[check_guess] 20 (시도: 2회)
계속 진행: 더 작은 수
라우팅 체크: 상태=playing, 시도=2
입력 : 10
[3번째 시도] 추측: 10
[check_guess] 10 (시도: 3회)
계속 진행: 더 작은 수
라우팅 체크: 상태=playing, 시도=3
입력 : 5
[4번째 시도] 추측: 5
[check_guess] 5 (시도: 4회)
계속 진행: 더 큰 수
라우팅 체크: 상태=playing, 시도=4
입력 : 7
[5번째 시도] 추측: 7
[check_guess] 7 (시도: 5회)
시도 횟수 초과
라우팅 체크: 상태=lost, 시도=5

최종 결과 : 게임 종료! 정답은 9이었습니다.
게임 상태: lost
총 시도: 5회
```

6.7 병렬 처리 워크플로 구현하기 : 날씨, 뉴스, 주식 병렬 처리

랭그래프는 복잡한 AI 워크플로를 그래프 구조로 모델링할 수 있도록 지원합니다. LLM 실행, API 호출, DB 접근 등은 처리 시간이 오래 걸립니다. 그래서 이런 작업들을 순차적으로 실행하면 병렬로 실행하는 것보다는 확실히 느립니다. 이번에는 여러 작업을 동시에 실행하여 전체 워크플로의 성능을 극대화하는 병렬 처리를 해봅시다. 랭그래프에서 각 노드들은 독립적으로 실행을 할 수 있습니다. 다른 노드에 의존성이 없는 노드는 자동적으로 병렬 실행을 할 수 있게 됩니다. 다음과 같은 구조로 병렬 실행되는 그래프를 생성하고 실행해봅시다.

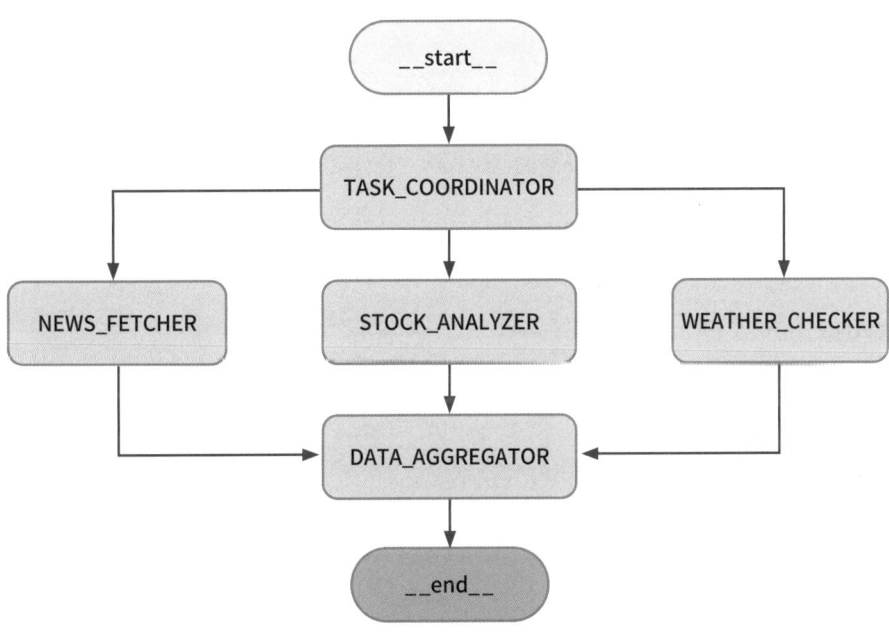

```
chapter6/langgraph/05_parallel_execution.py
from typing import Dict, Any
from langgraph.graph import StateGraph, START, END
from pydantic import BaseModel
import time
import random

# ❶ State 클래스 정의
class DashboardState(BaseModel):
```

```python
    user_location: str = "서울"
    weather_data: Dict[str, Any] = {}
    news_data: Dict[str, Any] = {}
    stock_data: Dict[str, Any] = {}
    dashboard_report: str = ""
    start_time: float = 0.0

# ❷ 코디네이터 노드
def coordinator(state: DashboardState) -> Dict[str, Any]:
    print(f"대시보드 생성 시작 - 위치: {state.user_location}")
    return {"start_time": time.time()}

# ❸ 병렬 실행 노드 1 - 날씨 데이터 수집
def weather_checker(state: DashboardState) -> Dict[str, Any]:
    print("날씨 확인 중...")
    time.sleep(random.uniform(1.0, 2.0))

    weather_info = {
        "location": state.user_location,
        "condition": "맑음",
        "temperature": 22,
        "humidity": 65
    }

    print(f"날씨: {weather_info['condition']}, {weather_info['temperature']}°C")
    return {"weather_data": weather_info}

# ❹ 병렬 실행 노드 2 - 뉴스 데이터 수집
def news_fetcher(state: DashboardState) -> Dict[str, Any]:
    print("뉴스 수집 중...")
    time.sleep(random.uniform(1.5, 2.5))

    news_info = {
        "articles": [
```

```python
            {"title": "AI 기술 발전 소식", "summary": "AI 분야 새로운 혁신"},
            {"title": "경제 동향 분석", "summary": "글로벌 경제 전망"}
        ],
        "count": 2
    }
    
    print(f"뉴스 {news_info['count']}개 수집 완료")
    return {"news_data": news_info}

# ❺ 병렬 실행 노드 3 - 주식 데이터 분석
def stock_analyzer(state: DashboardState) -> Dict[str, Any]:
    print("주식 분석 중...")
    time.sleep(random.uniform(2.0, 3.0))
    
    stock_info = {
        "KOSPI": {"price": 2650.5, "change": +1.2},
        "NASDAQ": {"price": 15780.3, "change": -0.8}
    }
    
    print("주식 분석 완료")
    return {"stock_data": stock_info}

# ❻ 집계 노드 - 모든 병렬 작업 완료 후 실행
def aggregator(state: DashboardState) -> Dict[str, Any]:
    print("리포트 생성 중...")
    
    parallel_time = time.time() - state.start_time
    
    report = f"""
대시보드 리포트
날씨: {state.weather_data.get('condition', 'N/A')} {state.weather_data.get('temperature', 'N/A')}°C
뉴스: {state.news_data.get('count', 0)}개 기사
주식: KOSPI {state.stock_data.get('KOSPI', {}).get('price', 'N/A')}
```

```
실행시간: {parallel_time:.1f}초
"""

    print(f"대시보드 완료 ({parallel_time:.1f}초)")
    return {"dashboard_report": report}

def create_graph():
    workflow = StateGraph(DashboardState)

    # ❼ 노드 추가
    workflow.add_node("coordinator", coordinator)
    workflow.add_node("weather", weather_checker)
    workflow.add_node("news", news_fetcher)
    workflow.add_node("stock", stock_analyzer)
    workflow.add_node("aggregator", aggregator)

    # ❽ 병렬 실행 구조 정의
    workflow.add_edge(START, "coordinator")
    workflow.add_edge("coordinator", "weather")
    workflow.add_edge("coordinator", "news")
    workflow.add_edge("coordinator", "stock")
    workflow.add_edge("weather", "aggregator")
    workflow.add_edge("news", "aggregator")
    workflow.add_edge("stock", "aggregator")
    workflow.add_edge("aggregator", END)

    return workflow.compile()

def main():
    print("=== LangGraph 병렬 실행 예제 ===\n")

    app = create_graph()

    initial_state = DashboardState(user_location="부산")
```

```
    print("병렬 실행 시작!")
    result = app.invoke(initial_state)  # ❾ 워크플로 실행

    print("\n최종 결과 :")
    print(result['dashboard_report'])

if __name__ == "__main__":
    main()
```

❶ **State 클래스 정의** : 모든 노드가 공유하는 상태 저장소입니다. 대시보드를 표현한 State입니다. 사용자의 위치, 날씨 데이터, 뉴스 데이터, 주식 관련 데이터, 대시보드 리포트, 대시보드 생성 시각을 필드로 가지고 있습니다.

❷ **코디네이터 노드** : 코디네이터 노드는 병렬 처리의 시작점 역할을 합니다. 시작 시간을 업데이트하여 전체 실행 시간 측정에 사용합니다.

❸~❺ **병렬 실행 노드들** : weather_checker(), news_fetcher(), stock_analyzer()가 동시에 실행됩니다. 각각 독립적으로 데이터를 수집하고 state에 데이터를 저장합니다. time.sleep() 함수를 사용하여 실제 API 호출을 시뮬레이션합니다.

❻ **집계 노드** : 모든 병렬 실행 노드들의 작업이 끝나면 집계 노드로 가게 됩니다. 수집된 데이터를 종합하여 리포트를 생성합니다. 전체 실행 시간을 계산합니다.

❼ **노드 추가** : 시작을 위한 coordinator() 노드, 병렬 처리를 위한 weather_checker(), news_fetcher(), stock_analyzer() 노드, 집계를 위한 aggregator()노드를 그래프에 추가합니다.

❽ **병렬 실행 구조 정의** : coordinator()에서 weather_checker(), news_fetcher(), stock_analyzer()로 3개의 에지를 연결합니다. 또한 각 병렬 처리 노드에서 aggregator()로 다시 연결을 합니다.

❾ **워크플로 실행** : invoke() 메서드를 사용해서 전체 워크플로를 실행합니다. 병렬 처리는 랭그래프가 알아서 관리해줍니다.

실행을 하면 다음과 같이 결과가 나오게 됩니다.

```
=== LangGraph 병렬 실행 예제 ===                              터미널

병렬 실행 시작!
대시보드 생성 시작 - 위치: 부산
주식 분석 중...
뉴스 수집 중...
날씨 확인 중...
날씨: 맑음, 22°C
주식 분석 완료
뉴스 2개 수집 완료
리포트 생성 중...
대시보드 완료 (2.3초)

최종 결과 :

대시보드 리포트
날씨: 맑음 22°C
뉴스: 2개 기사
주식: KOSPI 2650.5
실행시간: 2.3초
```

6.8 ToolNode를 사용한 도구 사용 기능 만들기 : 계산기, 날씨, 환율 도구의 도구

최근에는 모델에 툴을 바인딩하여 사용하게 하는 기능이 많이 추가되었습니다. 랭그래프에서도 ToolNode라는 기능을 사용하여 LLM이 도구를 사용할 수 있습니다. LLM 모델에 도구를 바인딩하여 사용자의 메시지에 따라 어떤 도구를 사용할지 결정하고, 결정에 따라서 ToolNode에서 도구를 실행한 결과를 다시 LLM에게 넘긴 다음 해당 결과를 사용하여 최종 응답을 만들겠습니다. 그래프의 형태는 다음 그림과 같습니다.

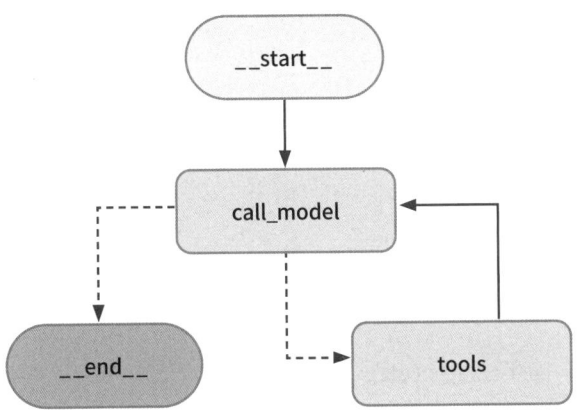

계산기, 날씨 API, 환율 계산 도구를 만들고 도구들을 활용한 코드를 작성해봅시다. 도구들의 코드는 다음과 같습니다.

```python
# chapter6/langgraph/06_tool_calling.py
import httpx
from langchain_core.messages import HumanMessage, ToolMessage
from langgraph.graph import StateGraph, MessagesState, START, END
from langgraph.prebuilt import ToolNode
from langchain.chat_models import init_chat_model
import math
from geopy.geocoders import Nominatim


# ❶ 계산기 도구
def calculator(expression: str) -> str:
    """수학 계산을 수행합니다."""
    print(f"계산 요청: {expression}")
    try:
        # 간단한 치환
        expression = expression.replace("sqrt", "math.sqrt")
        expression = expression.replace("sin", "math.sin")
        expression = expression.replace("cos", "math.cos")

        # 안전한 계산 실행
        result = eval(expression, {"__builtins__": {}, "math": math})
```

```python
        return f"계산 결과 : {result}"
    except Exception as e:
        return f"계산 오류: {str(e)}"

# ❷ 날씨 관련 도구 함수
def get_weather(city_name: str) -> dict:
    """도시 이름을 받아 해당 도시의 현재 날씨 정보를 반환합니다."""
    if city_name:
        latitude, longitude = get_coordinates(city_name)
    else:
        raise ValueError("City name must be provided to get weather information.")

    url = f"https://api.open-meteo.com/v1/forecast?latitude={latitude}&longitude={longitude}&current_weather=true"
    response = httpx.get(url)
    response.raise_for_status()  # HTTP 에러 시 예외를 발생시킨다.
    return response.json()

def get_coordinates(city_name: str) -> tuple[float, float]:
    """도시 이름을 받아 위도와 경도를 반환합니다."""
    geolocator = Nominatim(user_agent="weather_app")
    location = geolocator.geocode(city_name)
    if location:
        return location.latitude, location.longitude
    else:
        raise ValueError(f"Could not find coordinates for {city_name}")

# ❸ 환율 계산
def currency_converter(amount: float, from_currency: str, to_currency: str) -> str:
    """통화 간 환율을 계산합니다."""
    print(f"{amount} {from_currency}를 {to_currency}로 변환합니다.")
    rates = {("USD", "KRW"): 1320.50, ("KRW", "USD"): 0.00076}
    rate_key = (from_currency.upper(), to_currency.upper())
```

```
        if rate_key in rates:
            rate = rates[rate_key]
            converted = amount * rate
            return f"{amount} {from_currency} = {converted:.2f} {to_currency}"
    return f"{amount} {from_currency} = {amount} {to_currency} (동일 통화)"
```

❶ 계산기는 eval() 함수를 사용하여 실제로 계산을 수행하고 그에 따른 결과를 반환하는 함수입니다. expression에 1+1 같은 계산식이 들어갑니다. 사용자는 '일 더하기 일을 계산해줘' 같은 형식으로 넣으면 LLM이 알아서 계산식인 1+1로 변경해서 넘길 수 있도록 해야 합니다. eval() 함수의 {"__builtins__": { }, "math": math} 부분은 파이썬의 math 패키지만 사용할 수 있도록 하겠다는 의미입니다. eval()은 파이썬 코드를 모두 실행할 수 있기에, 위험한 코드를 예방하여 안전하게 처리하기 위한 코드입니다.

❷ get_weather() 함수는 ADK에서 사용한 날씨 정보 API를 사용하여 실제로 날씨를 받아오도록 하게 하는 함수입니다.

❸ currency_converter() 함수에는 실제 API를 사용하는 것은 아닌 가상으로 환율을 계산하도록 임의의 값을 넣어두었습니다. 간단한 계산식이 들어 있습니다.

이어서 랭그래프와 모델 관련 코드를 작성하겠습니다.

chapter6/langgraph/06_tool_calling.py
```
... 생략
# ❶ 분기 결정 시 사용하는 노드
def should_continue(state: MessagesState):
    print("\n--- 분기 결정 ---")
    last_message = state["messages"][-1]
    if last_message.tool_calls:
        print(f"결정: 도구 호출 필요 ({len(last_message.tool_calls)}개)")
        return "tools"
    else:
        print("결정: 최종 응답으로 종료")
        return END
```

```python
# ❷ call_model 노드를 생성하는 함수
def create_call_model_function(model_with_tools):
    """model_with_tools를 클로저로 캡처하는 call_model 함수 생성"""

    def call_model(state: MessagesState):
        """LLM을 호출하여 응답을 생성하는 노드 함수"""
        last_message = state["messages"][-1]
        # 도구 실행 결과를 받았는지, 아니면 사용자 질문을 받았는지에 따라 분기
        if isinstance(last_message, ToolMessage):
            print("\n--- 모델 호출 (도구 결과 기반) ---")
            # 도구 실행 결과가 길 수 있으므로 일부만 출력
            print(f"입력(도구 결과): {last_message.content[:300]}...")
        else:
            print("\n--- 모델 호출 (사용자 질문 기반) ---")
            print(f"입력(사용자 메시지): {last_message.content}")

        # 모델을 호출하여 다음 행동을 결정하게 함
        response = model_with_tools.invoke(state["messages"])

        # 모델의 결정에 따라 로그 출력
        if response.tool_calls:
            print(f"모델의 판단: 도구 호출 -> {response.tool_calls}")
        else:
            print(f"모델의 판단: 최종 답변 생성 -> {response.content}")

        return {"messages": [response]}

    return call_model

# ❸ 워크플로를 생성하는 함수
def create_graph(model_with_tools, tool_node):
    """LLM 워크플로 그래프 생성"""
    workflow = StateGraph(MessagesState)

    call_model = create_call_model_function(model_with_tools)
```

```python
    workflow.add_node("call_model", call_model)
    workflow.add_node("tools", tool_node)

    workflow.add_edge(START, "call_model")
    workflow.add_conditional_edges("call_model", should_continue, ["tools", END])
    workflow.add_edge("tools", "call_model")

    return workflow.compile()

# ❹ 워크플로 생성 및 실행
def llm_tool_call(query: str):
    """하나의 질문에 대해 전체 LLM 워크플로를 실행하고 로그를 출력합니다."""
    tools = [calculator, get_weather, currency_converter]
    tool_node = ToolNode(tools)
    model = init_chat_model("gpt-5-mini", model_provider="openai")
    model_with_tools = model.bind_tools(tools)

    print(f"질문: {query}")
    print("-" * 50)

    # LLM 기반 워크플로 생성
    app = create_graph(model_with_tools, tool_node)
    # 그래프 시각화
    mermaid_png = app.get_graph().draw_mermaid_png()
    with open("./06.png", "wb") as f:
        f.write(mermaid_png)

    # 워크플로 실행
    app.invoke({"messages": [HumanMessage(content=query)]})

    # 최종 응답은 call_model 노드의 로그에서 출력됩니다.
    print("-" * 50)
    print("처리 완료")
    print("=" * 50 + "\n")
```

```python
def main():
    print("=== LangGraph ToolNode 예제 (LLM 기반) ===\n")
    
    test_queries = [
        "2 + 3 * 4를 계산해줘",
        "서울 날씨 어때?",
        "100달러를 원화로 바꿔줘",
        "sqrt(16)을 계산해줘",
        "도쿄 날씨가 궁금해",
        "1000원을 달러로 환전해줘",
    ]
    
    print("\nLLM 기반 도구 호출 시작:")
    for query in test_queries:
        try:
            llm_tool_call(query)
        except Exception as e:
            print(f"'{query}' 처리 중 오류 발생: {e}")
        print("=" * 50 + "\n")

if __name__ == "__main__":
    main()
```

❶ **분기 결정 시 사용하는 노드** : should_continue() 함수는 조건부 라우팅에 사용하는 함수입니다. 가장 마지막 메시지가 도구를 호출하라는 메시지라면 tools 노드로 이동하고 아니라면 최종 응답으로 종료합니다.

❷ **call_model( ) 노드를 생성하는 함수** : create_call_model_function() 함수는 call_model()이라는 함수를 생성하여 반환합니다. 이렇게 한 이유는 랭그래프의 노드로 사용하려면 state라는 변수 하나만 가지고 있어야 하는데, model_with_tools라는 파라미터가 추가로 필요하기에 함수로 한 번 감싸서 클로저를 생성하고 call_model() 함수를 생성하여 반환합니다. model_with_tools는 calculator(), get_weather(), currency_converter() 3가지 도구

에 대한 정보를 바인딩한 채팅 모델입니다.

❸ **워크플로를 생성하는 함수** : 워크플로는 'START → call_model → [(도구를 사용해야 하면) tools → call_model] → END'가 됩니다. 분기 부분은 이미 학습한 add_conditional_edges()를 사용했습니다. 워크플로를 말로 풀어보면 다음과 같습니다.

- 유저가 메시지 입력
- 모델에서 도구 호출이 필요한지 판단
- 도구 호출이 필요하면 tool_node에서 도구 실행
- 도구의 실행 결과를 받아서 모델에서 최종응답 생성
- 최종 응답 출력

❹ **워크플로 생성 및 실행** : llm_tool_call() 함수는 하나의 질문에 대해 전체 워크플로를 실행하고 결과 로그를 출력합니다. "2 + 3 * 4를 계산해줘", "서울 날씨 어때?"에 대한 응답을 보면 다음과 같습니다. 로그만 천천히 보아도 흐름을 따라갈 수 있도록 예제를 만들어두었으니, 조금 복잡하더라도 천천히 확인해보시길 바랍니다.

```
=== LangGraph ToolNode 예제(LLM 기반) ===
LLM 기반 도구 호출 시작:
질문: 2 + 3 * 4를 계산해줘
------------------------------------------------

--- 모델 호출(사용자 질문 기반) ---
입력(사용자 메시지): 2 + 3 * 4를 계산해줘
모델의 판단: 도구 호출 -> [{'name': 'calculator', 'args': {'expression': '2 + 3 * 4'}, 'id': 'call_WZvedJnlpmOP9aBtOfAxoLDE', 'type': 'tool_call'}]

--- 분기 결정 ---
결정: 도구 호출 필요(1개)
계산 요청: 2 + 3 * 4

--- 모델 호출(도구 결과 기반) ---
입력(도구 결과): 계산 결과 : 14...
```

모델의 판단: 최종 답변 생성 -> 2 + 3 * 4의 계산 결과는 14입니다.

--- 분기 결정 ---
결정: 최종 응답으로 종료

처리 완료
==

질문: 서울 날씨 어 때?

--- 모델 호출(사용자 질문 기반) ---
입력(사용자 메시지): 서울 날씨 어 때?
모델의 판단: 도구 호출 -> [{'name': 'get_weather', 'args': {'city_name': '서울'}, 'id': 'call_XQ94EwKe1aYThU5Vb15DOyqv', 'type': 'tool_call'}]

--- 분기 결정 ---
결정: 도구 호출 필요(1개)

--- 모델 호출(도구 결과 기반) ---
입력(도구 결과): {"latitude": 37.55, "longitude": 127.0, "generationtime_ms": 0.05364418029785156, "utc_offset_seconds": 0, "timezone": "GMT", "timezone_abbreviation": "GMT", "elevation": 34.0, "current_weather_units": {"time": "iso8601", "interval": "seconds", "temperature": "°C", "windspeed": "km/h", "winddirectio...
모델의 판단: 최종 답변 생성 -> 현재 서울의 날씨는 맑고, 기온은 26.2도입니다. 바람은 시속 3.8km로 서쪽에서 불고 있습니다. 더 궁금한 점 있으면 알려주세요!

--- 분기 결정 ---
결정: 최종 응답으로 종료

처리 완료
==

6.9 휴먼 인 더 루프 반영하기

AI 모델이 아무리 성능이 좋아져도, 사람의 생각을 읽을 수는 없습니다. LLM은 좋은 결과를 내기 위해 최선을 다하지만 사람이 의도하지 않은 방향으로 최선을 다한 결과는 실망스러울 수밖에 없습니다. 결국 LLM이 사람이 의도한 바를 알려면, 사람의 개입이 필요합니다. 또한 LLM이 갈 길을 몰라 헤매고 있다면 사람이 힌트를 줄 수도 있습니다. 이를 휴먼 인 더 루프Human-in-the-loop라고 부릅니다. 휴먼 인 더 루프의 단계는 보통 다음과 같이 4단계입니다.

1. **중단점(Breakpoint)** : AI가 인간의 개입이 필요한 지점을 인식
2. **컨텍스트 제공** : 인간이 올바른 결정을 내릴 수 있도록 충분한 정보 제공
3. **피드백 수집** : 구조화된 방식으로 인간의 입력 수집
4. **재개(Resume)** : 인간의 결정에 따라 워크플로 계속 진행

휴먼 인 더 루프를 어떻게 구현하면 될지 랭그래프를 사용해서 간단하게 만듭시다.

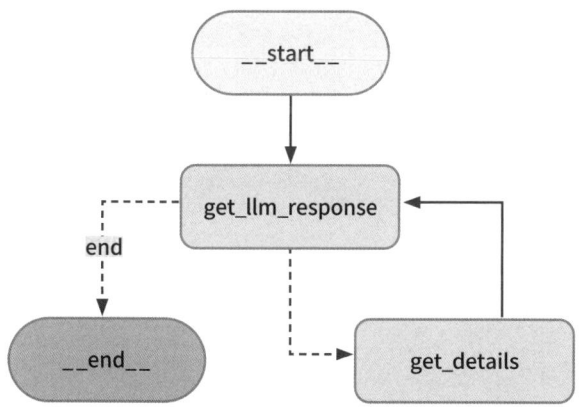

chapter6/langgraph/07_human_in_loop.py

```
from typing import Literal
from langgraph.graph import StateGraph, START, END
from langchain.chat_models import init_chat_model
from pydantic import BaseModel, Field
```

```python
# Pydantic을 사용한 State 정의
class AgentState(BaseModel):
    user_message: str = Field(default="", description="사용자 입력 작업")
    task_details: str = Field(default="", description="작업 상세 정보")
    response: str = Field(default="", description="응답 결과")

# ❶ 노드 함수 정의
def get_llm_response_node(state: AgentState, llm):
    """LLM과 상호작용하여 응답을 생성하거나, 추가 정보를 요청하는 노드"""
    details = state.task_details

    if details:
        print(f"\n상세 정보를 바탕으로 작업 실행: '{details}'")
        prompt = f"다음 요청에 따라 보고서를 작성해주세요: {details}"
    else:
        task = state.user_message
        print(f"\n작업 실행: '{task}' 작업을 수행합니다...")
        # ❷ LLM에게 상세 정보를 묻는 질문을 하도록 유도하고, 반드시 '?'로 끝내도록 지시
        prompt = f"'{task}' 작업을 수행하려고 합니다. 어떤 종류의 보고서가 필요한지, 구체적인 주제는 무엇인지 질문해주세요. 추가 정보가 필요하면, 반드시 응답의 마지막을 물음표('?')로 끝내주세요."

    response = llm.invoke(prompt).content

    print("--- LLM 응답 ---")
    print(response)
    print("--------------------")

    return {"response": response, "task_details": ""}

# ❸ 사람의 입력을 받는 노드
def get_task_details_node(state: AgentState) -> AgentState:
    """LLM의 질문에 대한 사용자 답변을 입력받는 노드"""
    print("\nLLM의 질문에 답변해주세요.")
```

```python
        user_input = input("답변: ")
        return {"task_details": user_input}


# ❹ 조건부 분기 노드
def check_llm_response(state: AgentState) -> Literal["get_details", "end"]:
    """LLM의 응답이 질문인지 확인하여 다음 단계를 결정합니다."""
    print("LLM 응답 분석 중...")
    if state.response.strip().endswith("?"):
        print("LLM이 추가 정보를 요청했습니다. 사용자 입력을 받습니다.")
        return "get_details"
    print("최종 보고서가 생성되었습니다. 워크플로를 종료합니다.")
    return "end"


# ❺ 그래프 생성
def create_graph():
    """Human-in-the-loop 워크플로 그래프를 생성합니다."""
    # 그래프 전체에서 사용할 LLM 모델을 초기화합니다.
    llm = init_chat_model("gpt-5-mini", model_provider="openai")

    def get_llm_response_with_llm(state):
        return get_llm_response_node(state, llm)

    workflow = StateGraph(AgentState)
    workflow.add_node("get_llm_response", get_llm_response_with_llm)
    workflow.add_node("get_details", get_task_details_node)

    workflow.add_edge(START, "get_llm_response")
    workflow.add_conditional_edges(
        "get_llm_response",
        check_llm_response,
        {
            "get_details": "get_details",
            "end": END,
        },
    )
```

```python
    )
    workflow.add_edge("get_details", "get_llm_response")
    return workflow.compile()

def main():
    print("=== LangGraph Human-in-the-loop 간소화 예제 ===\n")
    app = create_graph()

    final_state = app.invoke(AgentState(user_message="블로그 글 작성"))
    print("\n--- 워크플로 종료 ---")
    print("최종 응답:")
    print(final_state["response"])


if __name__ == "__main__":
    main()
```

❶ **노드 함수 정의** : LLM과 상호작용하는 핵심 노드로, 두 가지 모드로 동작합니다. 사용자가 상세 정보를 제공했다면 최종 보고서를 생성하고, 그렇지 않다면 LLM이 사용자에게 추가 정보를 요청하도록 프롬프트를 구성합니다. 이 노드는 상태의 task_details 필드를 확인하여 현재 대화의 단계를 파악하고 적절한 응답을 생성합니다.

❷ **LLM에게 상세 정보를 묻는 질문을 하도록 유도하고, 반드시 '?'로 끝내도록 지시** : 프롬프트 엔지니어링을 사용하여 LLM의 응답을 제어합니다. 물음표로 끝나도록 명시적으로 지시함으로써, 후속 조건부 분기에서 LLM이 추가 정보를 요청하는지 아니면 최종 결과를 생성했는지를 명확하게 구분할 수 있습니다.

❸ **사람의 입력을 받는 노드** : 휴먼 인 더 루프의 핵심 구현부로, 워크플로 실행을 일시 중지하고 사용자의 입력을 대기합니다. LLM이 요청한 추가 정보를 사용자로부터 수집하여 task_details 필드에 저장합니다. 이 노드는 AI와 인간 간의 대화형 상호작용을 가능하게 하는 다리 역할을 합니다.

❹ **조건부 분기 노드** : LLM 응답의 패턴을 분석하여 워크플로의 다음 경로를 결정하는 라우팅 함

수입니다. 응답이 물음표로 끝나면 get_details 노드로 분기하여 사용자 입력을 받고, 그렇지 않으면 최종 결과가 생성되었다고 판단하여 워크플로를 종료합니다. LLM이 물음표로 답하지 않는 경우도 있는데 이때는 구조화된 출력 등을 적용하여 조금 더 정확도를 높일 수 있습니다.

❺ **그래프 생성** : 전체 워크플로를 조립하는 함수입니다. LLM 인스턴스를 생성하고, 클로저를 통해 노드 함수에 바인딩한 후, StateGraph에 노드들을 추가하고 연결합니다. 특히 get_details에서 get_llm_response로 돌아가는 에지를 추가하여 반복적인 대화 루프를 구성합니다. 마지막으로 컴파일된 그래프를 반환합니다. 컴파일된 그래프는 Runnable 인터페이스의 구현체이므로 invoke 함수를 사용하여 실행할 수 있습니다. get_llm_response_with_llm(state) 함수를 사용하여 get_llm_response 노드에 추가한 이유는 get_llm_response_node(state, llm) 함수가 두 개의 인자를 가지고 있기 때문입니다. 랭그래프의 노드로 추가하기 위한 함수는 그래프의 상태인 state 단 하나만 가지고 있어야 하기에 함수로 한번 감싸서 처리하였습니다.

테스트로 실행해본 결과입니다. 여러분도 간단하게 테스트해보세요.

```
=== LangGraph Human-in-the-loop 간소화 예제 ===


작업 실행: '블로그 글 작성' 작업을 수행합니다...
--- LLM 응답 ---
블로그 글 작성 작업을 위해 어떤 종류의 보고서가 필요한가요? 예를 들어 시장 조사 보고서,
기술 분석 보고서, 또는 트렌드 보고서 중 어떤 유형을 원하시나요? 그리고 구체적인 주제는
무엇인지 알려주실 수 있나요? 추가로, 목표 독자층이나 글의 목적(정보 제공, 마케팅, 교육
등)에 대해 더 설명해주실 수 있나요?
--------------------
LLM 응답 분석 중...
LLM이 추가 정보를 요청했습니다. 사용자 입력을 받습니다.


LLM의 질문에 답변해주세요.
답변: 여름 더위 극복 방법    <= 사람이 입력 (Human in the loop)


상세 정보를 바탕으로 작업 실행: '여름 더위 극복 방법 '
--- LLM 응답 ---
```

> 보고서: 여름 더위 극복 방법
> 1. 서론
> 여름철은 높은 기온과 강한 햇볕으로 인해 신체적, 정신적으로 많은 부담을 주는 시기입니다. 특히 무더위는 열사병, 탈수 등 건강 문제를 유발할 수 있기 때문에 효과적인 더위 극복 방법을 알고 실천하는 것이 중요합니다. 본 보고서에서는 여름 더위를 건강하고 안전하게 극복할 수 있는 다양한 방법을 제시하고자 합니다.
> ... 생략

휴먼 인 더 루프는 에이전트 애플리케이션 개발에 자주 나오는 패턴입니다. 에이전트 SDK, ADK에서도 간단한 반복 혹은 분기를 사용하여 구현할 수 있습니다.

6.10 하위 그래프 사용하기 : 기상 전문가와 범용 에이전트

랭그래프에서는 하나의 노드가 그래프인 하위 그래프를 사용할 수 있습니다. 이를 사용하여 더 복잡한 워크플로를 만들 수 있습니다. 그래프 안에 그래프가 들어가는 형태가 되기에 마구 만들면 매우 복잡한 워크플로가 됩니다. 그러므로 하위 그래프는 독립적으로도 잘 동작하는 하나의 워크플로로 구성하고, 이를 상위 워크플로에서 재사용하는 방식이 바람직합니다. 모듈화가 잘되면 테스트도 편해지고, 재사용성, 확장성이 용이해집니다.

하위 그래프를 활용하여 전문가 시스템을 만들어봅시다. 다음과 같이 기상 전문가 그래프가 하위 그래프로 존재하는 워크플로를 작성하겠습니다.

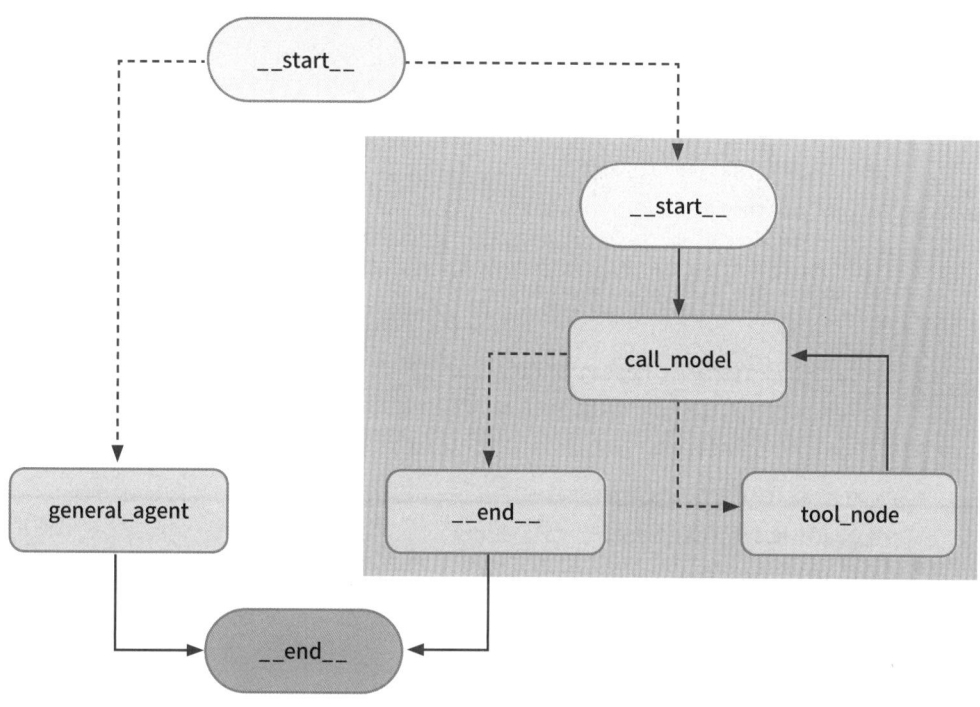

```python
import httpx
from geopy.geocoders import Nominatim
from langchain_core.messages import HumanMessage
from langgraph.graph import StateGraph, MessagesState, START, END
from langgraph.prebuilt import ToolNode
from langchain.chat_models import init_chat_model
from typing import Literal
import json


def get_coordinates(city_name: str) -> tuple[float, float]:
    """도시 이름을 받아 위도와 경도를 반환합니다."""
    ... 생략


def get_weather(city_name: str) -> str:
    """도시 이름을 받아 해당 도시의 현재 날씨 정보를 반환합니다."""
    ... 생략
```

```python
# ❶ 기상 전문가 하위 그래프 생성
def create_weather_agent():
    """날씨 관련 질문을 처리하는 전문가 하위 그래프를 생성합니다."""
    model = init_chat_model("gpt-5-mini", model_provider="openai").bind_tools(
        [get_weather]
    )
    tool_node = ToolNode([get_weather])

    def call_model(state: MessagesState):
        return {"messages": [model.invoke(state["messages"])]}

    graph = StateGraph(MessagesState)
    graph.add_node("call_model", call_model)
    graph.add_node("tool_node", tool_node)

    graph.add_edge(START, "call_model")
    graph.add_conditional_edges(
        "call_model",
        lambda s: "tool_node" if s["messages"][-1].tool_calls else END,
        {"tool_node": "tool_node", END: END},
    )
    graph.add_edge("tool_node", "call_model")
    return graph.compile()

def router(state: MessagesState) -> Literal["weather_expert", "general_agent"]:
    query = state["messages"][-1].content.lower()
    if "날씨" in query or "기온" in query:
        print("라우팅 결정: 기상 전문가에게 위임")
        return "weather_expert"
    print("라우팅 결정: 일반 에이전트가 처리")
    return "general_agent"

# ❷ 메인 그래프 생성
def create_main_agent(weather_subgraph):
    """질문을 라우팅하고 처리하는 메인 에이전트 그래프를 생성합니다."""
```

```python
    main_model = init_chat_model("gpt-5-mini", model_provider="openai")

    workflow = StateGraph(MessagesState)
    workflow.add_node(
        "general_agent", lambda s: {"messages": [main_model.invoke(s["messages"])]}
    )
    workflow.add_node("weather_expert", weather_subgraph)
    workflow.add_conditional_edges(
        START,
        router,
        {
            "weather_expert": "weather_expert",
            "general_agent": "general_agent",
        },
    )
    workflow.add_edge("general_agent", END)
    workflow.add_edge("weather_expert", END)
    return workflow.compile()

def main():
    print("=== LangGraph 하위 그래프 예제 (기상 전문가) ===\n")
    weather_agent = create_weather_agent()
    main_agent = create_main_agent(weather_agent)

    main_graph_image = main_agent.get_graph(xray=True).draw_mermaid_png()
    with open("main_agent_graph.png", "wb") as f:
        f.write(main_graph_image)

    queries = ["성남 날씨 어 때?", "잠은 몇 시간 자는 게 좋을까?"]
    for query in queries:
        print(f"\n--- 질문: {query} ---")
        result = main_agent.invoke({"messages": [HumanMessage(content=query)]})
        print(f"최종 답변: {result['messages'][-1].content}")
```

```
        print("-" * 20)

if __name__ == "__main__":
    main()
```

❶ **기상 전문가 하위 그래프 생성** : 그동안 보아왔던 코드들과 크게 다른 점은 없습니다. 랭체인의 채팅 모델을 사용하여 모델을 만들고, 툴노드ToolNode를 만들어서 get_weather() 함수를 설정했습니다. 채팅 모델에서 사용자의 메시지를 받고 도구를 호출해야 하면 도구를 사용하는 형태의 그래프를 만들어서 반환합니다.

❷ **메인 그래프 생성** : router() 함수는 노드를 반환하며 사용자의 메시지를 읽어서 어디에 요청을 보낼지 결정하는 역할을 합니다. 예제 코드에서는 단순하게 메시지에 "날씨" 혹은 "기온"이라는 키워드가 있으면 기상 전문가에게, 아니면 일반 에이전트가 처리하도록 했습니다. 메인 그래프의 워크플로에서는 라우터가 먼저 받아서 메시지를 처리하여 어느 워크플로에 넘길지 결정합니다. 라우터의 결정에 따라 일반 에이전트 혹은 기상 전문가가 받아서 처리합니다. 하위 그래프를 추가하는 부분도 보통의 노드를 추가하는 것처럼 add_node() 함수를 사용하여 추가하면 됩니다.

"성남 날씨 어 때?", "잠은 몇 시간 자는 게 좋을까?"라는 사용자의 질문에 대한 응답은 다음과 같은 형태로 나옵니다. LLM이 메시지를 생성하기에 실행 시마다 약간씩 다르게 나올 수 있습니다.

> 터미널

```
=== LangGraph 하위 그래프 예제(기상 전문가) ===


--- 질문: 성남 날씨 어 때? ---
라우팅 결정: 기상 전문가에게 위임
날씨 조회: 성남
최종 답변: 성남의 현재 기온은 27.4도이며, 바람은 시속 11.7km로 서쪽(261도)에서 불고 있습니다. 날씨는 맑습니다.
--------------------

--- 질문: 잠은 몇 시간 자는 게 좋을까? ---
라우팅 결정: 일반 에이전트가 처리
```

최종 답변: 일반적으로 성인의 경우 하루 7~9시간 정도 수면이 권장됩니다. 이는 신체와 뇌가 충분히 회복하고, 기억력과 집중력, 면역 기능 등을 최적화하는 데 도움이 됩니다.

연령대별 권장 수면 시간은 다음과 같습니다:
- 신생아(0~3개월): 14~17시간
- 영아(4~11개월): 12~15시간
- 유아(1~2세): 11~14시간
- 어린이(3~5세): 10~13시간
- 청소년(14~17세): 8~10시간
- 성인(18~64세): 7~9시간
- 노인(65세 이상): 7~8시간

개인차가 있으므로 자신의 몸 상태와 생활 패턴에 맞게 조절하는 것이 중요하며, 수면의 질도 함께 고려해야 합니다. 너무 적거나 과도한 수면은 건강에 부정적인 영향을 줄 수 있으니 적절한 수면 시간을 유지하는 것이 좋습니다.

학습 마무리

이번 장에서는 복잡한 AI 에이전트 워크플로를 구축하기 위한 강력한 프레임워크인 랭그래프LangGraph를 학습했습니다. 랭그래프는 작업 흐름을 노드와 에지로 구성된 그래프 구조로 표현하여, 기존의 선형적인 체인 구조를 넘어 더욱 유연하고 동적인 워크플로를 구현할 수 있게 해줍니다.

먼저 그래프 자료구조의 기본 개념과 함께 랭그래프의 핵심 구성 요소인 상태State, 노드Node, 에지Edge를 이해했습니다. 간단한 'Hello 랭그래프' 예제로 시작하여 점진적으로 복잡한 기능을 구현해보았습니다.

조건부 라우팅을 활용한 '감정 분석 챗봇'을 통해 AI가 상황에 맞게 동적으로 실행 경로를 결정하는 방법을 배웠고, 루프 워크플로를 구현한 '숫자 맞추기 게임'으로 반복적인 작업 처리 패턴을 익혔습니다. 체크포인터Checkpointer 기능을 사용한 '메모리 봇'에서는 단 한 줄의 설정으로 대화 상태를 자동 관리하는 방법을 확인했습니다.

또한 병렬 처리 워크플로를 통해 여러 작업을 동시에 실행하여 성능을 최적화하는 방법을 학습했고, 툴노드를 활용하여 LLM이 계산기, 날씨 API 등의 외부 도구를 사용하는 에이전트를 구현했습니다. 휴먼 인 더 루프Human-in-the-Loop 패턴을 사용하여 AI의 자율적인 작업 중간에 사람의 피드백을 받아 처리하는 협업 시스템을 구축했으며, 하위 그래프를 사용하여 복잡한 워크플로를 모듈화하고 재사용 가능한 구조로 설계하는 방법을 익혔습니다.

랭그래프는 클라나, 리플릿, 우버 등 글로벌 기업들이 프로덕션 환경에서 활용하고 있으며, 복잡한 비즈니스 로직을 시각적이고 유지보수가 용이한 구조로 표현할 수 있다는 점에서 큰 가치를 지닙니다.

핵심 키워드

1. 랭그래프(LangGraph) : 복잡하고 상태를 가지는 AI 에이전트 워크플로를 그래프 구조로 모델링하고 실행하기 위한 프레임워크입니다.
2. 그래프(Graph) : 노드(작업 단위)와 에지(흐름)로 구성된 자료구조로, 랭그래프에서 워크플로를 표현하는 핵심 방식입니다.
3. 상태(State) : 워크플로 전체에서 공유되며, 각 노드가 실행될 때마다 읽고 수정할 수 있는 중앙 데이터 저장소입니다.
4. 노드(Node) : 그래프의 기본 실행 단위로, 특정 작업을 수행하는 함수나 에이전트입니다.
5. 에지(Edge) : 노드 간의 연결을 정의하여 작업의 순서와 실행 흐름을 결정합니다.
6. 조건부 라우팅(Conditional Routing) : 상태(State) 값에 따라 다음에 실행할 노드를 동적으로 결정하는 기능. AI의 유연한 의사결정을 구현하는 핵심입니다.
7. 체크포인터(Checkpointer) : 그래프의 실행 상태를 자동으로 저장하고 복원하는 시스템. 대화 기록 관리 및 오류 복구에 사용합니다.
8. 툴노드(ToolNode) : LLM이 계산기, API 호출 등 외부 도구를 쉽게 사용할 수 있도록 돕는 랭그래프의 내장 노드입니다.
9. 휴먼 인 더 루프(Human-in-the-Loop) : AI의 작업 흐름 중간에 사람이 개입하여 피드백을 주거나 다음 단계를 결정하는 패턴입니다.
10. 하위 그래프(Subgraph) : 그래프의 한 노드로서 다른 그래프를 포함시키는 기능. 복잡한 로직을 모듈화하고 재사용성을 높이는 데 사용합니다.

Part
03

AI 에이전트 프로토콜 : MCP와 A2A

AI 모델과 도구, 그리고 에이전트 간의 통신을 표준화하는 MCP 및 A2A 프로토콜을 학습합니다.

Chapter 07

AI 에이전트 프로토콜, 클로드 MCP

7장과 8장에서는 AI 시대의 핵심 프로토콜 2가지를 다룹니다. 하나는 LLM이 도구를 어떻게 사용할 것인가를 정의한 MCP$^{Model\ Context\ Protocol}$이고, 다른 하나는 에이전트 간의 통신을 어떻게 할 것인가를 정의한 A2A$^{Agent\ to\ Agent}$입니다. 프로토콜은 통신 규약이기에 그 자체만으로는 실제로 동작을 볼 수 없습니다만, MCP의 경우 공식 구현체가 있으며, A2A의 경우도 간단히 구현체를 만들 수 있습니다. 이론과 예제를 번갈아가며 학습하면서 MCP가 무엇인지 A2A가 무엇인지 알아봅시다.

MCP가 A2A보다 6개월 정도 먼저 나왔으니, MCP부터 살펴보겠습니다.

7.1 MCP의 탄생 배경

우리는 LLM을 사용하면서 알게 모르게 컨텍스트(더 좋은 응답을 유도하는 추가 정보)를 계속해서 제공하고 있습니다. 프롬프트에 붙여넣기도 하고, LLM의 실행 결과를 다시 추가해서 넣기도 합니다. 아니면 내부의 API를 호출한 결과 혹은 데이터를 프롬프트에 추가해서 컨텍스트를 전달하기도 합니다. 이런 컨텍스트들은 모델과 간접적으로 연동되어 있으며 컨텍스트가 없는 경우보다 컨텍스트를 모델에게 제공한 상황에서 더 좋은 결과를 낸다는 것을 앤트로픽에 있는 연구원들이 알게 되었습니다. 모델 자체의 성능을 개선하지 않더라도 컨텍스트만 잘 제공한다면 더 높은 성능의 모델을 만드는 것과 같은 효과를 준다는 겁니다. 그래서 최근 모델들은 외부 리소스를 모델에서 가져다 쓸 수 있도록 웹브라우징 등의 도구를 기본으로 가지고 나오는 경우가 많습니다. 그러나 현실에는 너무도 다양한 모델이 있고, 사용하고 싶은 도구도 너무나 다양하며, 모델별로 도구를 사용하는 방법이 다릅니다. 이러한 현실의 복잡한 AI 애플리케이션 환경을 개선하고자 하는 목표로 나온 것이 MCP인 겁니다.

▼ MCP 이전의 도구 사용

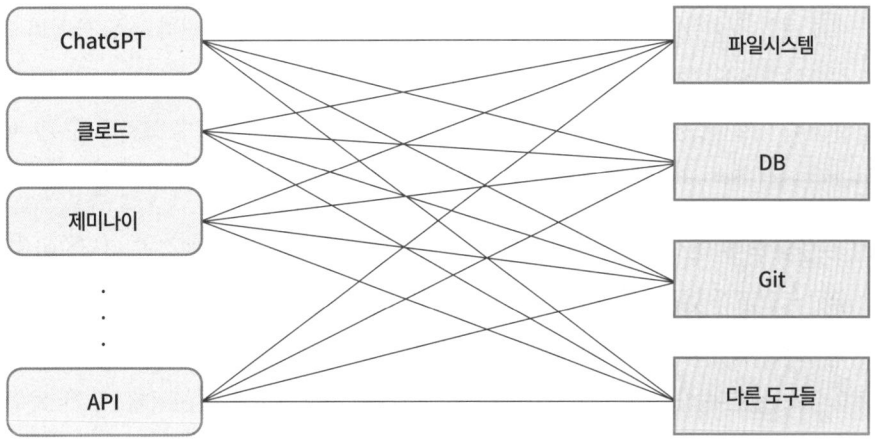

7.2 MCP란 무엇인가?

MCP는 기존의 모델들이 도구를 사용하는 방법이 파편화되어 있어서 이를 통합하기 위한 목적으로 고안되었습니다. 즉 MCP는 AI 모델과 외부 리소스를 원활하게 통합하기 위한 오픈 프로토콜입니다. 외부 리소스는 도구가 될 수도 있고 데이터가 될 수도 있습니다. 오픈 프로토콜이라는 말은 프로토콜의 스펙 자체가 공개되어 있으며, 누구나 제안과 의견 개시를 할 수 있다는 의미입니다. 실제로 MCP[1]는 깃허브에 저장소를 두고 스펙을 공개하고 있습니다.

MCP는 앤트로픽 사의 천재가 어느 날 만들어낸 기발한 아이디어라는 생각을 할 수도 있겠습니다. 하지만 MCP는 앤트로픽의 두 엔지니어 데이비드 소리아 파라 David Soria Parra와 저스틴 스파 섬머스 Justin Spahr-Summers가 클로드 데스크톱을 개발자 도구와 더 잘 연동시키려 고민을 하던 중, 내부

---

1 **MCP GitHub 저장소** : https://github.com/modelcontextprotocol/modelcontextprotocol

에서 진행하던 LSP 프로젝트에서 영감을 받아 개발하게 되었습니다.

MCP가 영감을 받은 LSP 이야기를 잠깐 하겠습니다. LSP는 현재 굉장히 많은 사람이 사용하는 IDE인 VSCode의 개발 과정에서 탄생했습니다. IDE 관점에서 해결해야 하는 문제는 IDE에서 프로그래밍 언어를 지원하는 기능을, 프로그래밍 언어마다 만들어야 한다는 점이었습니다. IDE가 프로그래밍 언어에게 지원하는 기능은 굉장히 많고 방대하죠. 예를 들면 자동 완성, 함수나 클래스 정의로 이동하기, 검색하기, 문법 오류 검사, 코드 포맷팅 등… 이걸 모든 IDE가 모든 프로그래밍 언어에 대해 구현해야 한다는 매우 도전적인 문제가 있었습니다. 어째 파편화된 AI 애플리케이션 환경과 비슷하다는 느낌이 드시나요? 이걸 마이크로소프트에서는 LSP^{Language Server Protocol}라는 프로토콜을 통해 해결했습니다. 언어 서버와 개발 도구 간의 통신 프로토콜을 표준화해버렸습니다.

그렇다면 'AI 모델과 외부 리소스의 관계도 프로토콜을 만들면 해결되지 않을까?'라는 생각이 드신다면 정답입니다. LSP가 있음으로 인해 프로그래밍 편집기를 만들 때 LSP 서버를 구현하면 프로그래밍 언어 지원은 따라오게 되었습니다. 사실상 표준이 되었죠. 정리하면 MCP는 AI 모델과 AI가 사용하고자 하는 도구 간의 통신 프로토콜을 표준화하기 위한 목적으로 고안된 프로토콜입니다. **M(개의 AI 모델) × N(개의 도구)** 복잡도를 가진 문제를 **M + N**의 복잡도로 바꾸는 것이 목표입니다.

- LSP : IDE가 프로그래밍 언어 도구와 상호작용하는 방법을 표준화
- MCP : AI 애플리케이션이 외부 시스템과 상호작용하는 방법을 표준화

7.3 MCP를 기술적 관점에서 바라보기

MCP를 왜 만들었고, 어떤 것인지 앞서 알아보았습니다. 기술적인 용어들이 나오긴 했지만, 기술적인 부분을 다루지는 않았는데, 이번에는 기술적인 부분을 따로 다뤄보겠습니다. MCP는 LSP와 비슷한 것을 만들면 되지 않을까라는 아이디어에서 출발했습니다만, 실제 MCP의 구현 부분은 정교한 기술적 고려 사항들로 가득합니다. MCP의 기술적 아키텍처, 프로토콜 설계, 구현 세부사항, 실제 동작하는 간단한 코드까지 살펴보겠습니다.

7.3.1 MCP 아키텍처

MCP는 호스트, MCP 클라이언트, MCP 서버 세 가지 주요 컴포넌트로 구성된 단순한 계층형 아키텍처를 가집니다.

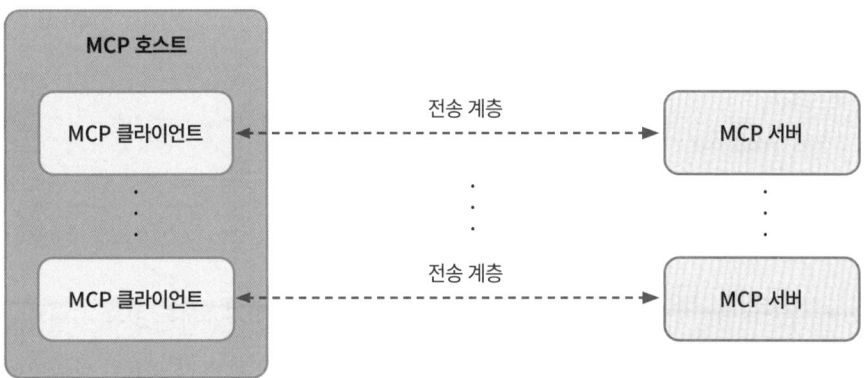

호스트는 사용자가 직접 상호작용하는 애플리케이션입니다. 여러 MCP 클라이언트를 관리할 수 있습니다. 대표적으로 클로드 데스크톱이 있습니다. AI 모델과 MCP 응답을 통합하는 것도 여기서 담당합니다. **클라이언트**는 호스트 애플리케이션 내에 존재하는 코드입니다. 또는 별도의 서버 애플리케이션으로 작성할 수도 있습니다. 이 경우 MCP호스트는 원격에 있는 MCP 클라이언트와 상호작용하며, MCP 클라이언트와 MCP 서버는 'Server to Server'로 통신을 하게 됩니다. 각 MCP 서버와 연결을 유지하며 프로토콜 통신을 관리합니다. **서버**는 독립적인 프로세스입니다. 도구, 리소스, 프롬프트를 제공합니다.

7.3.2 통신 프로토콜

MCP는 JSON-RPC 2.0을 기반으로 하며, stdio와 SSE^{Server-Sent Events}, streamable-http 세 가지 주요 통신 방식을 지원합니다. 이중 SSE 방식은 긴 연결을 유지하기에 보안 우려 사항이 있어서 폐기^{Deprecated} 예정이며, streamable-http 사용을 권장하고 있습니다.

JSON-RPC 2.0의 메시지 형식에 대한 인터페이스를 정의하면 다음과 같습니다.

```typescript
interface JSONRPCMessage {
    jsonrpc: "2.0";
```

```
    id?: string | number;    // 요청/응답 식별자
    method?: string;         // 메서드 이름
    params?: object;         // 매개변수
    result?: object;         // 응답 결과
    error?: {
        code: number;
        message: string;
        data?: unknown;
    };
}
```

jsonrpc는 jsonrpc 버전을 나타내는 식별자이며, id는 요청과 응답에 사용하는 고유 식별자입니다. method는 실행하고자 하는 메서드 이름이며, params는 메서드 실행 시 필요한 파라미터입니다. result는 응답 결과가 매핑되는 필드이며, error는 에러 발생 시 데이터가 매핑되는 필드입니다. 매우 단순한 구조를 사용하고 있어서 금방 적응할 수 있습니다.

sum(nums:list[int]) 함수에 대한 함수 호출 요청 응답 예시를 살펴보면 다음과 같습니다.

```
요청
{
  "jsonrpc": "2.0",
  "method": "sum",
  "params": [1,2,4],
  "id": "1"
}
```

클라이언트 ────> 서버

```
응답
{
  "jsonrpc": "2.0",
  "result": 7,
  "id": "1"
}
```

7.3.3 도구, 리소스, 프롬프트

도구는 LLM이 실행할 수 있는 함수를 의미합니다. 예시 코드를 작성하면 다음과 같습니다. MCP 파이썬 공식 구현체[2]를 이미 앤트로픽에서 만들어두었으므로 해당 SDK를 사용하면 손쉽게 만들 수 있습니다. 그 외에도 타입스크립트, 자바, 코틀린, C# 용 공식 SDK가 있으니 다른 언어에 익숙하다면, 해당 언어의 SDK를 사용하는 것도 좋을 것 같습니다. 이 책에서는 파이썬 공식 SDK를 사용하여 예제들을 구현합니다.

```python
@mcp.tool()
async def sum_of_nums(nums:list[int]) -> int:
    """ 숫자 리스트의 총합을 반환한다."""
    return sum(nums)
```

리소스는 LLM이 접근할 수 있는 데이터를 의미합니다. 데이터는 정적인 데이터와 동적인 데이터가 있습니다. 정적인 데이터는 특정 디렉터리 내의 파일, 이미지 같은 변하지 않는 데이터를 말하는 것이고 동적인 데이터는 입력받은 파라미터에 따라 결과가 달라지는 데이터를 의미합니다. 다음과 같이 구현할 수 있습니다.

```python
@mcp.resource("dir://test")
def my_resource() -> list[str]:
    """test 폴더에 있는 파일 리스트"""
    test = Path.home() / "test"
    return [str(f) for f in test.iterdir()]
```

프롬프트는 재사용 가능한 템플릿을 의미합니다.

```python
@mcp.prompt("코드 리뷰")
def sample_prompt(language: str):
    """특정 프로그램 언어에 대한 리뷰 프롬프트 """
    return f"""{language}에 대한 코드를 리뷰해주세요."""
```

---

[2] https://github.com/modelcontextprotocol/python-sdk

열거한 도구, 리소스, 프롬프트 중 주로 사용하는 것은 도구tools입니다. 리소스와 프롬프트는 클라이언트의 구현에 따라서 사용되는 곳도 있지만, 사용하지 않는 곳이 많습니다. 그러므로 예제 코드 작성 시에는 도구를 위주로 작성할 예정입니다. 추후에 MCP 호스트와 클라이언트 구현이 더 정교해지면, 리소스와 프롬프트도 적극적으로 사용할 수도 있으니 일단은 알아둡시다.

7.4 MCP의 현재 위상

이 글을 작성하는 2025년 7월 22일 기준으로 MCP는 대성공을 했다고 생각합니다. MCP가 소개된 것이 2024년 11월이었는데, 6개월이 조금 넘는 기간 동안 어마어마하게 회자되었습니다. 여기에는 몇 가지 이유가 있다고 생각합니다.

첫 번째는 적절한 타이밍에 적절한 기술이 나왔다는 겁니다. AI 모델과 외부 리소스를 연결하고자 하는 것은 많은 사람이 겪고 있는 문제들이었고 뾰족한 해결책이 없었습니다. 랭체인에 도구를 바인딩하는 방법이 있긴 합니다만, 모델이 늘어나는 수만큼 작업을 해야 한다는 사실은 변함이 없었지요. 그런데 시장을 선도하는 회사에서 해결책을 가지고 나왔다고 홍보한다면, 관심을 가질 수밖에 없습니다.

두 번째는 적응 및 적용이 쉽다는 겁니다. MCP의 기술적인 부분들을 잠깐 살펴보았습니다만, 개발을 조금 해본 사람들이라면 이미 알고 있는 것들이거나 빠르게 익힐 수 있는 것을 사용했습니다. 서버-클라이언트 아키텍처, JSON-RPC2.0 통신, LSP 등 개발자라면 금방 익힐 수 있거나, 이미 알고 있는 내용이었습니다. 실제로 MCP 서버를 개발하는 것도 해보시면 알겠지만, 기존의 API 개발과 크게 다르지 않습니다. 그냥 @mcp.tool() 데코레이터를 한 줄 달아주는 정도지요.

세 번째는 앤트로픽 사의 치열한 준비입니다. 앤트로픽은 오픈AI, 구글과 더불어 AI 모델 시장을 선도하는 3대 강자 중 하나입니다. 이런 회사에서 프로토콜을 만들었다는 것만으로도 일단 홍보가 되는데, 스펙만 있었던 것이 아니라 구현체도 이미 만들어두었고, 인스펙터[3]라는 MCP를 테스트할 수 있는 도구도 함께 제작했습니다. 그뿐 아니라 직접 작성한 MCP 서버들[4] 코드도 함께 공

---

3 inspector : https://github.com/modelcontextprotocol/inspector
4 MCP servers : https://github.com/modelcontextprotocol/servers

개했습니다. 이뿐 아니라 스펙 공개 후에 커뮤니티의 요구사항들을 매우 빠르게 처리했습니다. 실제로 인증 관련된 부분이 초기에는 없었는데, 이를 커뮤니티에서 지적하자 매우 빠르게 스펙을 추가했습니다.

운과 노력이 합쳐진 결과 MCP는 AI 애플리케이션을 개발하고 있고, AI 모델과 외부 리소스를 연결하고자 하는 곳에서는 빠르게 적용이 되고 있습니다. 유명 IDE에 플러그인으로 들어가거나, 윈도우 11에 통합이 되거나 하는 일도 생겼습니다. 제 개인의 생각으로는 사실상 표준이라 해도 무방할 것 같습니다.

7.5 MCP 서버 만들기

MCP가 무엇인지는 알아보았으니 이제 코드를 실제로 작성하겠습니다. MCP 서버 만들기는 API 서버 만드는 것과 매우 유사합니다. 프로토콜이 조금 다를 뿐입니다. MCP 공식 파이썬 SDK를 사용하여 MCP 서버를 만들어봅시다. 서버를 작성하는 부분은 사실 FastMCP[5]라는 라이브러리를 사용하도록 되어 있습니다. FastMCP에도 강력한 기능이 많으니 관심 있는 독자는 확인해보시길 바랍니다. 자, 그럼 가장 간단한 MCP 서버를 하나 만들어봅시다.

가장 처음 해야 할 일은 의존성을 설치하는 겁니다. 다음의 명령을 실행하여 MCP SDK를 설치합시다.

```
pip install "mcp[cli]"==1.12.2
```

다음으로 코드를 작성해봅시다. 매우 간단한 MCP 서버입니다.

```
chapter7/mcp/simple_mcp_server.py
from mcp.server.fastmcp import FastMCP

# ❶ FastMCP 인스턴스를 생성합니다.
mcp = FastMCP("Simple MCP Server")
```

---
[5] FastMCP : https://github.com/jlowin/fastmcp

```python
@mcp.tool()  # ❷ 도구를 정의합니다.
def hello(name: str = "World") -> str:
    """간단한 인사말을 반환하는 도구"""
    return f"안녕하세요, {name}님!"


@mcp.tool()
def get_prompt(prompt_type: str = "general") -> str:
    """사전 정의된 프롬프트를 반환하는 도구"""
    prompts = {
        "general": "당신은 도움이 되는 AI 어시스턴트입니다. 사용자의 질문에 정확하고 친절하게 답변해주세요.",
        "code_review": "다음 코드를 검토하고 개선점을 제안해주세요. 코드의 가독성, 성능, 보안 측면을 고려해주세요.",
        "translate": "다음 텍스트를 자연스러운 한국어로 번역해주세요.",
        "summarize": "다음 내용을 핵심 포인트 중심으로 간결하게 요약해주세요."
    }
    return prompts.get(prompt_type, prompts["general"])


@mcp.resource("simple://info")  # ❸ 리소스를 정의합니다.
def get_server_info() -> str:
    """서버 정보를 제공하는 리소스"""
    return """
Simple MCP Server 정보
=====================

이 서버는 MCP(Model Context Protocol)의 기본 기능을 시연하는 간단한 예제입니다.

제공하는 도구:
- hello: 인사말 생성
- get_prompt: 프롬프트 템플릿 제공

제공하는 리소스:
- simple://info: 서버 정보
"""
```

```
if __name__ == "__main__":
    """서버를 실행합니다."""
    # ❹ 서버를 실행합니다.
    mcp.run(transport="streamable-http")
```

❶ **FastMCP 인스턴스를 생성** : FastMCP 클래스의 인스턴스를 생성하여 mcp 변수에 담습니다. mcp에는 @mcp.tool(), @mcp.resource(), @mcp.prompt() 데코레이터가 있습니다. 이름을 보면 알 수 있듯 각각 '도구', '리소스', '프롬프트'를 정의하는 데 사용하는 데코레이터입니다.

❷ **도구를 정의** : @mcp.tool() 데코레이터를 사용하여 클라이언트가 호출할 수 있는 도구(함수)를 정의합니다. 여기서는 두 개의 도구를 정의했는데, hello() 함수는 이름을 받아 인사말을 생성하고, get_prompt() 함수는 여러 상황에 맞는 프롬프트 템플릿을 제공합니다. 각 도구는 타입 힌트와 독스트링을 포함하여 클라이언트가 도구의 용도와 사용법을 이해할 수 있도록 유도합니다.

❸ **리소스를 정의** : @mcp.resource("simple://info") 데코레이터를 사용하여 정적 리소스를 정의합니다. 리소스는 URI 형식("simple://info")으로 식별되며, 클라이언트가 요청할 때 정보를 제공합니다. 이 예제에서는 서버의 전반적인 정보, 제공하는 도구 목록, 리소스 목록 등을 텍스트 형식으로 반환하여 서버의 기능을 문서화하는 역할을 합니다.

❹ **서버를 실행** : mcp.run() 메서드를 호출하여 실제 MCP 서버를 시작합니다. transport는 통신 방법을 무엇으로 할지 지정하는 겁니다. stdio, sse, streamable-http가 있습니다. 이중 sse는 DNS 라운딩 보안 이슈로 사용하지 않는 것이 좋습니다. 대신 streamable-http를 사용하면 됩니다. stdio의 경우 클로드 데스크톱 같은 로컬 머신에 설치하는 클라이언트에 바로 사용하고자 할 때 사용합니다. 예제에서는 매개변수로 "streamable-http"를 지정하여 HTTP 기반의 스트리밍 통신을 사용하도록 설정했습니다. transport를 streamable-http로 설정한 경우 엔트리 포인트는 〈URL〉/mcp가 됩니다. 우리가 작성한 코드라면 http://localhost:8000/mcp가 됩니다. 내부적으로는 이벤트 루프를 실행하고 있으며, 비동기로 요청을 처리합니다.

simple_mcp_server.py를 실행하면 다음과 같이 서버가 기동되고 다음과 같은 메시지가 나옵니다.

```
Starting MCP server 'Simple MCP Server' with transport 'streamable-http' on
http://localhost:8000/mcp
INFO:     Started server process [24066]
INFO:     Waiting for application startup.
INFO:     Application startup complete.
INFO:     Uvicorn running on http://localhost:8000 (Press CTRL+C to quit)
```

MCP 서버를 테스트하는 클라이언트로는 앤트로픽에서 제작한 인스펙터inspector와 포스트맨postman이 가장 사용하기 쉽습니다. 인스펙터는 Node.js가 설치되어 있다면[6] 한 줄의 명령으로 웹 클라이언트를 사용할 수 있습니다.

```
npx @modelcontextprotocol/inspector
```
터미널

처음 실행한다면 패키지를 설치해야 한다고 뜨고 설치할지 물어봅니다. y를 눌러서 설치하면 다음과 같은 메시지들이 나오고 실행이 됩니다.

```
터미널
Need to install the following packages:
@modelcontextprotocol/inspector@0.14.3
Ok to proceed? (y) y
Starting MCP inspector...
⚙ Proxy server listening on 127.0.0.1:6277
🔑 Session token: 224b87af7476cd39d0364dc6a2ece4b0d9119d495b890e9650adcc977e9176de
Use this token to authenticate requests or set DANGEROUSLY_OMIT_AUTH=true to disable auth

📎 Open inspector with token pre-filled:
   http://localhost:6274/?MCP_PROXY_AUTH_TOKEN=224b87af7476cd39d0364dc6a2ece4b0d9119d495b890e9650adcc977e9176de
   (Auto-open is disabled when authentication is enabled)
```

---

6   **Node.js 설치는 공식 웹사이트** : https://nodejs.org/ko/download를 참고하여 설치해주세요.

> 🔍 MCP Inspector is up and running at http://127.0.0.1:6274 🚀

콘솔에 찍혀 있는 주소를 복사해서 브라우저에 붙여넣기 후 접속해봅시다. 예제에서는 http://localhost:6274/?MCP_PROXY_AUTH_TOKEN=224b87af7476cd39d0364dc6a2ece4b0d9119d495b890e9650adcc977e9176de입니다. 이 주소는 사람마다 다릅니다.

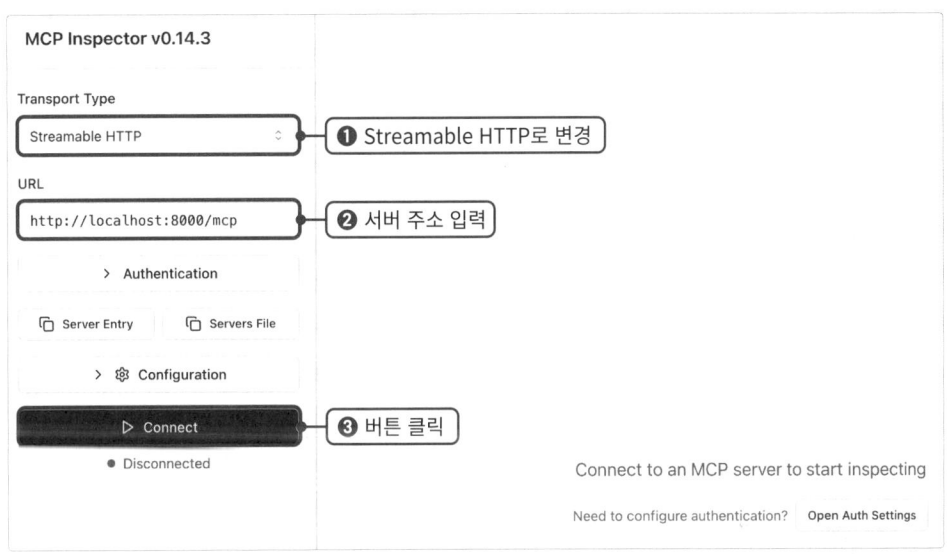

들어가서 ❶ Transport Type은 Streamable HTTP를 고르고, ❷ URL은 http://localhost:8000/mcp로 변경합니다. 그리고 ❸ Connect 버튼을 누릅니다. 그러면 접속이 되고 다음과 같은 화면이 나옵니다.

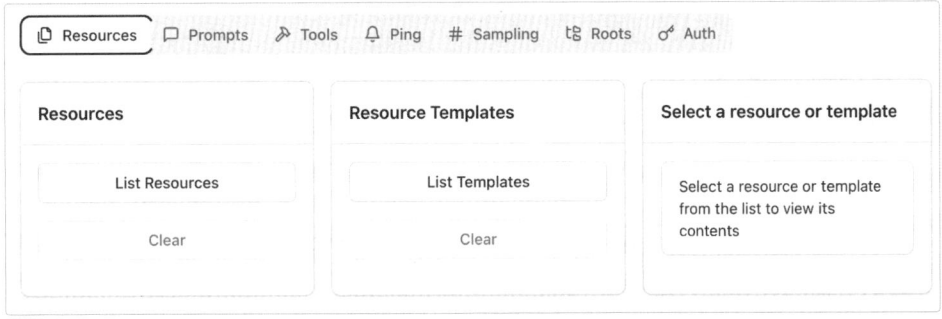

리소스, 프롬프트, 툴 모두 사용 방법이 비슷합니다. 툴을 사용하는 방법만 간단하게 설명드리면 다음과 같습니다.

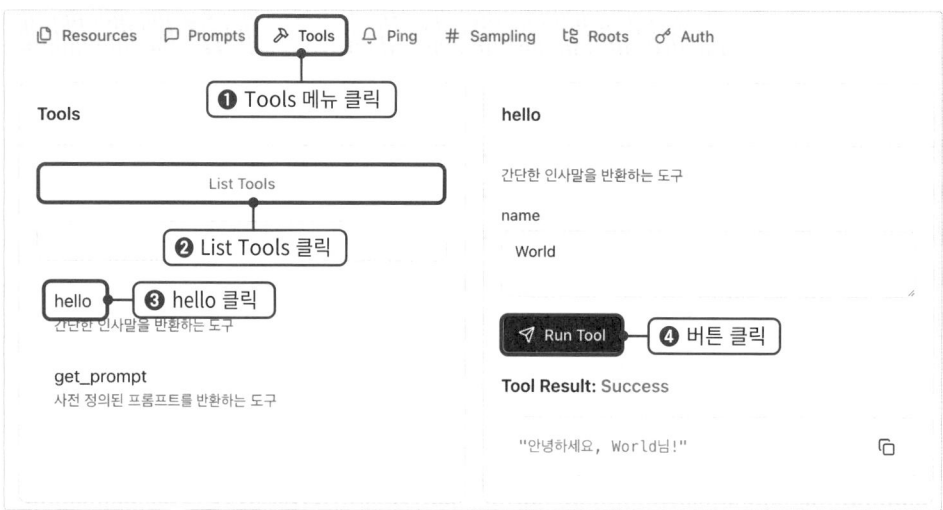

❶ 툴 메뉴를 클릭하면 툴 상세페이지가 나옵니다. ❷ List Tools 클릭하면 도구들이 나옵니다. ❸ hello 도구를 선택하면 우측에 도구 상세 설명이 나옵니다. ❹ Run Tool 버튼을 누르면 MCP 함수가 실행됩니다. name이 있는 곳의 텍스트 박스 내용을 수정하여 실행해보세요.

더 간단하게 하는 방법은 포스트맨을 사용하는 겁니다. 포스트맨의 최신 버전은 AI 기능이 대폭 업데이트되어서 MCP도 지원합니다.[7]

01 포스트맨은 다운로드 웹사이트에[8]서 내려받은 후 설치하면 됩니다. 회원 가입 후 로그인을 하면 더 많은 기능이 오픈되니 회원 가입 및 로그인을 하는 것을 추천드립니다.

02 포스트맨에서는 ❶ [New] 버튼을 누르면 보이는 ❷ MCP 메뉴를 클릭합니다.

---

[7] MCP 테스트를 위한 도구를 하나만 추천한다면, 제 추천은 포스트맨입니다만, 취향에 따라 인스펙터를 사용하셔도 무방합니다.

[8] **포스트맨 다운로드** : https://www.postman.com/downloads/

03 ❶ STDIO를 HTTP로 변경하고 ❷ http://localhost:8000/mcp 주소를 입력해주고 ❸ [Connect] 버튼을 눌러주세요.

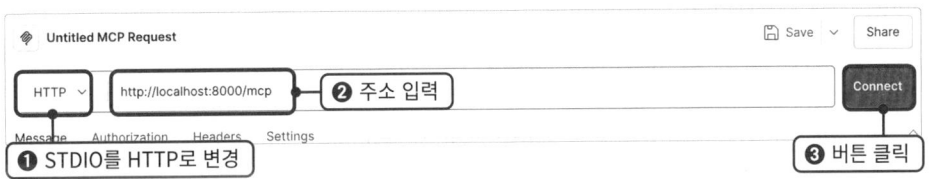

04 그러면 다음과 같은 화면으로 바뀝니다. ❶ 도구를 선택해주고, ❷ 변숫값도 "승귤"로 변경해봅시다. ❸ [Run] 버튼을 눌러서 실행하면 ❹ 하단에 결괏값이 보입니다.

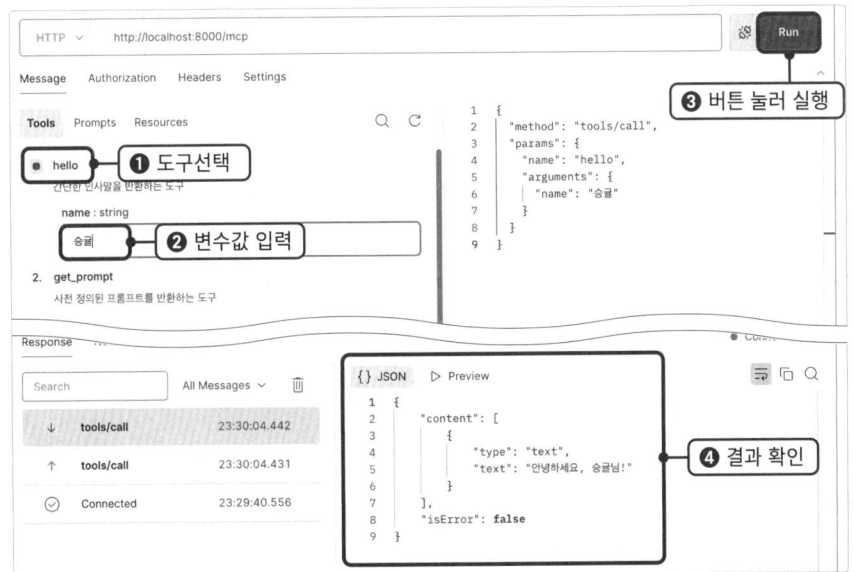

Chapter 07 AI 에이전트 프로토콜, 클로드 MCP **259**

MCP 서버는 기존의 API 개발의 틀을 크게 벗어나지 않고 프로토콜과 테스트 도구가 약간 바뀐 느낌입니다. 여기서는 분량 관계상 STDIO 서버를 구축하는 방법을 생략했습니다만, 클로드 데스크톱에서 사용하고 싶은 분은 transport를 STDIO 모드로 해야 합니다. 혹은 mcp-remote[9]를 사용하여 연동할 수도 있습니다. MCP 서버 개발은 사실 API 개발과 크게 다르지 않습니다. 그렇다면 모델이 MCP를 사용하게 하는 부분은 어디에 있어야 할까요? 그 부분은 호스트 애플리케이션 혹은 클라이언트에서 담당합니다.

MCP 클라이언트를 만들고 호스트 애플리케이션까지 만들려면 꽤 많은 코드를 작성해야 하므로 이 부분은 별도의 챕터에서 프로젝트 형태로 다루겠습니다. 간단한 클라이언트 코드를 chapter7/mcp/simple_mcp_client.py에 작성해두었으니 궁금한 독자는 소스 코드를 먼저 살펴보시길 바랍니다.

7.6 MCP의 향후 과제들 살펴보기

MCP는 빠르게 진화하는 프로토콜입니다. 초기 성공에도 불구하고, AI 생태계의 표준으로 자리 잡으려면 해결해야 할 중요한 과제들이 남아 있습니다. 이번 절에서는 MCP 팀이 공개한 로드맵[10]을 바탕으로 남아 있는 주요 과제들을 살펴보겠습니다.

Agent
MCP가 에이전트 워크플로의 일부가 되는 경우가 많아짐에 따라서 에이전트가 오래 걸리는 태스크를 수행 시에도 문제 없이 실행할 수 있도록 비동기 작업의 지원이 필요합니다.

인증 및 보안
안전하게 MCP를 사용하고 더 나은 개발자 경험을 제공하기 위한 권한 부여 및 리소스 보안 관련된 부분을 개선하고 있습니다.

- **가이드 및 모범 사례** : MCP를 안전하게 배포하는 방법에 대한 세부사항 문서화

---

9 mcp-remote 저장소 : https://github.com/geelen/mcp-remote
10 MCP 로드맵 : https://modelcontextprotocol.io/development/roadmap

- **동적클라이언트 등록(DCR)의 대안** : 동적으로 클라이언트를 등록하도록 하는 프로세스인 DCR의 대안을 찾고 사용자의 경험과 운영상의 과제를 해결
- **세분화된 권한 부여** : 권한 부여를 위한 매커니즘 및 지침 개발
- **엔터프라이즈 관리 권한 부여** : SSO를 통해 기업이 MCP 권한을 다룰 수 있는 기능 추가
- **보안 권한 부여 유도** : 개발자가 주 MCP 서버 권한 부여 외부의 다운스트림 API에 대한 보안 권한 부여 흐름을 통합할 수 있게 함

검증(Validation) - 신뢰할 수 있는 생태계 구축

MCP 생태계가 급속히 성장하면서, 다양한 구현체들이 등장하고 있습니다. 하지만 이들이 모두 프로토콜 사양을 정확히 따르고 있는지 검증할 방법이 부족합니다. 이는 다음과 같은 문제를 야기합니다.

- 클라이언트와 서버 간 호환성 문제
- 예상치 못한 동작으로 인한 사용자 경험 저하
- 개발자들의 디버깅 시간 증가

이를 해결하기 위해 프로토콜 기능을 완벽하게 보여줄 수 있는 고품질 AI 애플리케이션 개발이 필요합니다. 또한 개발자들이 참고할 수 있는 모범 사례가 필요하며, 실제 사용 시나리오를 통한 검증이 필요합니다.

레지스트리 - 서버 발견과 배포의 간소화

MCP 서버가 천 개 이상 개발되었지만, 사용자들이 필요한 서버를 찾고 설치하는 과정은 여전히 복잡합니다. 어떤 서버가 존재하는지, 어떤 기능을 제공하는지 파악하기 어렵습니다. 또한 각 서버마다 설치 방법이 다르며, 서버의 기능, 요구사항, 호환성 정보가 부재합니다. 이를 해결하기 위한 중앙 집중화된 시스템이 필요합니다.

복잡한 에이전트 워크플로 지원

MCP가 에이전트 워크플로의 핵심 구성 요소가 되면서, 더 복잡한 시나리오를 지원해야 할 필요성이 대두되고 있습니다. 단순한 1:1 통신 구조로는 어려운 부분이 있기에 복잡한 에이전트 간의

협업 및 사용자의 개입이 필요한 상황들의 처리가 필요해졌습니다. 이런 기능들은 클라이언트 혹은 호스트의 구현에 따라 바뀌게 되는데 이를 MCP에서 처리해줄 수 있다면 좋을 겁니다.

멀티 모달리티

MCP는 현재 주로 텍스트 기반 상호작용에 초점을 맞추고 있습니다. 하지만 AI의 능력이 확장되면서 다양한 모달리티 지원이 필수가 되고 있습니다. 텍스트뿐만 아니라, 오디오, 비디오, 이미지 처리, 대용량 데이터 전송, 실시간 처리 등이 가능하게 되는 것을 기대하고 있습니다.

학습 마무리

이번 장에서는 AI 에이전트 생태계의 핵심 통신 규약인 MCP(Model Context Protocol)를 깊이 있게 탐구했습니다. MCP는 수많은 AI 모델과 외부 도구들이 각기 다른 방식으로 연동되던 파편화 문제를 해결하기 위해 탄생했습니다. 마치 LSP(Language Server Protocol)가 다양한 IDE와 프로그래밍 언어의 연동을 표준화했듯이, MCP는 AI 모델과 외부 리소스(도구, 데이터 등) 간의 상호작용을 표준화하여 M × N의 복잡도를 M + N으로 줄이는 것을 목표로 합니다.

MCP의 기술적 구조도 살펴보았습니다. 호스트-클라이언트-서버라는 단순한 아키텍처 위에서 JSON-RPC 2.0 통신 규약을 기반으로 동작하며, @mcp.tool() 데코레이터를 사용하여 누구나 쉽게 외부 도구를 AI에 제공할 수 있음을 확인했습니다. 직접 MCP 파이썬 SDK를 사용해 간단한 MCP 서버를 구축하고, 인스펙터와 포스트맨을 통해 서버의 도구와 리소스를 테스트하며 MCP의 동작 원리를 실질적으로 이해했습니다.

MCP는 적절한 시기에 등장한 명확한 해결책, 개발자 친화적인 설계, 그리고 앤트로픽의 적극적인 지원 덕분에 빠르게 영향력을 확대하고 있습니다. 앞으로 레지스트리 구축, 복잡한 워크플로 및 멀티모달리티 지원 등 해결해야 할 과제들이 남아 있지만, AI 애플리케이션 개발의 사실상 표준으로 자리 잡을 잠재력을 충분히 보여주었습니다.

핵심 키워드

1. **MCP(Model Context Protocol)** : AI 모델과 외부 도구 및 리소스 간의 상호작용을 표준화하기 위한 오픈 프로토콜입니다.

2. **LSP (Language Server Protocol)** : 다양한 코드 편집기와 프로그래밍 언어 서버 간의 통신을 표준화한 프로토콜로, MCP 탄생에 큰 영감을 줍니다.

3. **JSON-RPC 2.0** : MCP 통신의 기반이 되는 경량 원격 프로시저 호출(RPC) 프로토콜입니다.

4. **MCP 아키텍처** : 사용자 애플리케이션인 호스트(Host), 통신을 관리하는 MCP 클라이언트(Client), 그리고 도구를 제공하는 독립 프로세스인 MCP 서버(Server)의 3단계 구조입니다.

5. **도구(Tool)** : @mcp.tool() 데코레이터로 정의하며, LLM이 원격으로 호출하여 실행할 수 있는 핵심 기능 함수입니다.

6. **리소스(Resource)** : @mcp.resource()로 정의하며, LLM이 URI를 통해 접근할 수 있는 정적 또는 동적 데이터입니다.

7. **FastMCP** : MCP 서버와 클라이언트를 파이썬으로 쉽게 구현할 수 있도록 돕는 라이브러리입니다.

8. **인스펙터(Inspector)** : 앤트로픽에서 공식적으로 제공하는 웹 기반 MCP 서버 테스트 및 디버깅 도구입니다.

9. **streamable-http** : MCP에서 권장하는 HTTP 기반의 스트리밍 통신 방식으로, 클라이언트와 서버가 효율적으로 통신하게 합니다.

10. **레지스트리(Registry)** : MCP의 향후 과제 중 하나로, 개발된 다양한 MCP 서버를 쉽게 찾고 공유할 수 있는 중앙 집중식 저장소입니다.

Chapter 08

AI 에이전트 프로토콜, 구글 A2A

수많은 회사, 조직, 팀에서 AI 에이전트를 이야기하고 에이전트를 만들고 있습니다. 프레젠테이션을 만들어주는 에이전트, 요약을 하는 에이전트, 수많은 자료를 검색한 후 보고서를 만들어주는 에이전트, 코딩을 도와주는 에이전트 등 이미 상용화된 에이전트들이 있고 사람들이 이미 사용하고 있습니다. 그렇다면 여기서 한 단계 더 나아가서 다른 곳에서 만든 에이전트를 SaaS 형태로 사용할 수 있다면 어떨까요? 이런 고민에 대한 해결책으로 구글은 A2A라는 프로토콜을 내놓았습니다.

8.1 A2A란?

A2A Agent to Agent는 2025년 4월, 라스베이거스에서 열린 구글 클라우드 넥스트 Google Cloud Next에서 처음 발표되었습니다. 구글이 50개 이상의 기술 파트너와 함께 만든 프로토콜입니다. 개방형 프로토콜이므로 누구나 의견을 제시할 수 있습니다. 깃허브에 저장소[1]도 있습니다. A2A 소개의 내용을 살펴보면 다음과 같은 말이 있습니다. "에이전트 AI의 이점을 극대화하려면 에이전트들이 **분산된** 데이터 시스템과 애플리케이션 전반에서 역동적인 **다중 에이전트** 생태계에서 **협업**할 수 있어야 합니다."

---

1 **A2A GitHub 저장소** : https://github.com/google-a2a/A2A

핵심 키워드는 분산된 환경에서 다중 에이전트가 협업할 수 있어야 한다는 겁니다. 로컬에 혹은 한 대의 머신에 코드로 생성한 논리적인 에이전트가 아니라 물리적으로 떨어진 네트워크 공간에 있는 다른 에이전트와 네트워크를 넘어서 협업을 하고 싶다는 의도를 담아냈습니다. 사람으로 생각하면 서로 이메일을 주고 받으며 업무를 진행하는 것과 유사합니다.

물론 사람이 아니기에 에이전트들은 사람의 언어로 통신할 수 없습니다. A2A라는 프로토콜이 있기 전에는 에이전트를 만드는 곳이 제각각이므로 통신을 하는 방법을 먼저 생각을 해야만 했습니다. A2A를 사용하면 에이전트 간의 통신을 표준화할 수 있게 된다는 큰 장점이 있습니다.

A2A 프로토콜 스펙[2]은 웹에 공개되어 있습니다. A2A 스펙을 출력하면 A4지 종이로 64장이나 됩니다. 이는 프로토콜이 꽤 많은 기능을 담고 있고, 프로토콜을 어떻게 구현해야 하는지 상세히 정의해놓았다는 의미가 됩니다. 스펙에 나와 있는 핵심 목표는 다음 6가지입니다.

- **상호운용성(Interoperability)** : 서로 다른 에이전트 시스템이 통신할 수 있게 함
- **협업(Collaboration)** : 에이전트가 작업을 위임, 맥락을 전달, 복잡한 사용자의 요청에 대해 함께 작업
- **발견(Discovery)** : 다른 에이전트를 동적으로 발견할 수 있음
- **유연성(Flexibility)** : 동기 요청/응답, 리얼 타임 업데이트를 위한 스트리밍, 오래 걸리는 작업을 위한 비동기 모드를 지원
- **보안(Security)** : 기업 환경을 위한 보안 통신을 지원
- **비동기성(Asynchronicity)** : 오래 걸리는 작업과 상호작용을 지원

8.2 A2A의 핵심 개념 및 용어들

A2A가 무엇인지 그리고 어떤 것을 목표로 하는지 알았습니다. A2A 프로토콜을 사용해서 개발을 하려면 A2A에서 사용하는 개념과 용어들을 알아야 할 필요가 있습니다. 다음 그림에는 A2A에 등장하는 핵심 주체들이 있습니다.

---

[2] **A2A 프로토콜 스펙** : https://google-a2a.github.io/A2A/latest/specification/

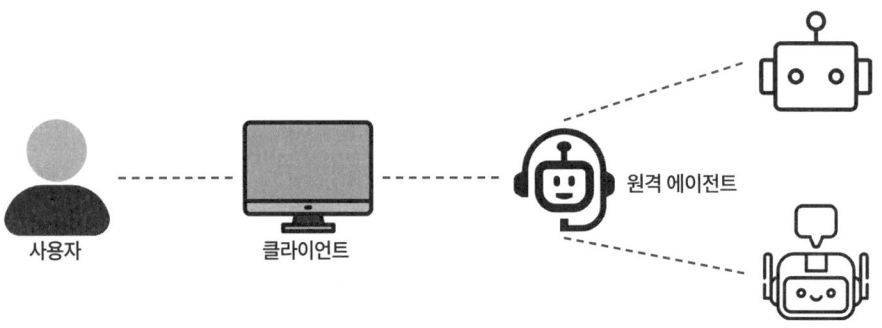

사용자는 에이전트에게 요청 혹은 일감을 주는 사용자를 의미합니다. 사용자는 인간이거나 혹은 자동화된 서비스가 될 수도 있습니다. 클라이언트는 A2A 클라이언트를 의미합니다. 사용자를 대신하여 원격 에이전트에게 작업을 할당하거나 정보를 요청합니다. 클라이언트는 A2A 프로토콜을 사용하여 통신을 합니다. 여기서 원격 에이전트는 A2A 서버를 의미합니다. A2A 서버는 HTTP 엔드포인트를 가지고 있는 에이전트이며, 클라이언트의 요청을 수신하고, 작업을 처리하고 결과물을 반환하거나 작업의 상태를 업데이트합니다.

8.2.1 에이전트 카드

클라이언트가 원격에 있는 에이전트에게 작업을 요청하려면, 에이전트를 찾아야 합니다. 에이전트를 찾을 때 필요한 것이 바로 에이전트 카드입니다. 에이전트 카드는 A2A 서버를 설명하는 JSON 데이터 문서입니다. 일반적으로 .well-known/agent.json 경로에 위치합니다.

에이전트 카드에는 에이전트의 이름, 서비스의 엔드포인트 URL, 버전, 지원되는 A2A의 기능, 기본 입출력 방식, 인증 요구사항 등이 나와 있습니다. 정확한 내용은 프로토콜 스펙의 에이전트 카드[3]를 참고해주세요.

8.2.2 태스크

A2A에서는 보통 클라이언트가 에이전트에게 수행해야 하는 업무를 요청하는데, 이를 태스크라고 합니다. 스펙에 나오는 용어로 설명을 하면 A2A 클라이언트를 위해 A2A 서버에서 처리되는 상태를 가진 작업 단위라고 할 수 있습니다. 태스크는 다음의 형태를 가지는 객체입니다.

---

3 에이전트 카드 : https://google-a2a.github.io/A2A/latest/specification/#5-agent-discovery-the-agent-card

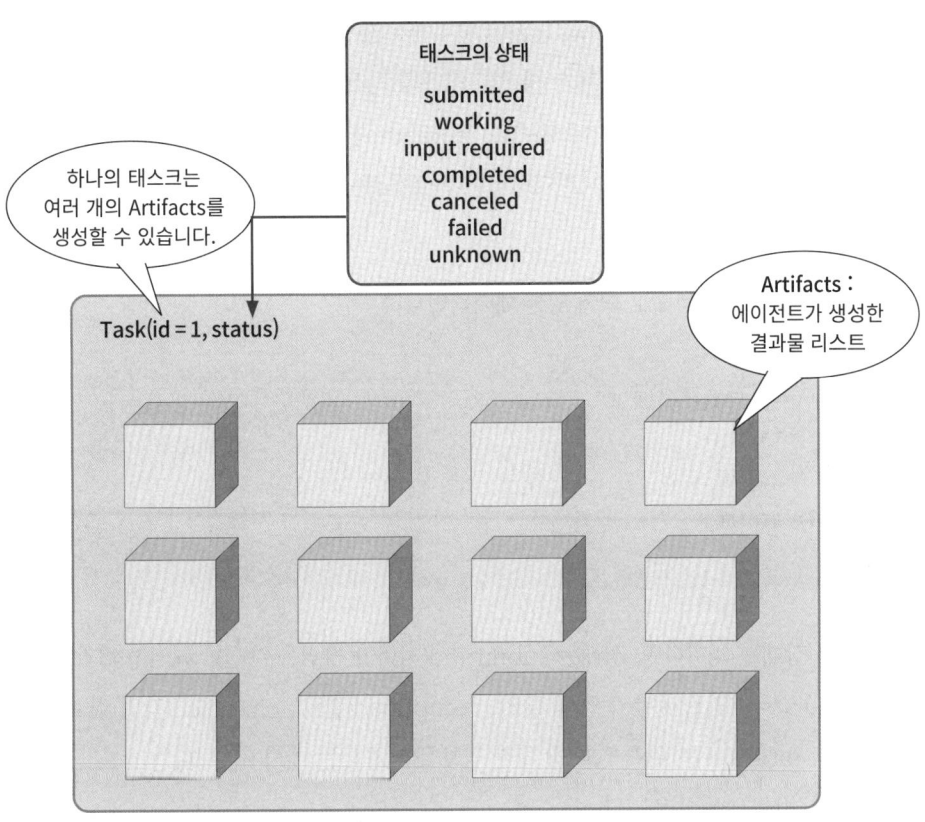

```typescript
export interface Task {
  id: string;
  contextId: string;
  status: TaskStatus;
  history?: Message[];
  artifacts?: Artifact[];
  metadata?: {
    [key: string]: any;
  };
  kind: "task";
}
```

id는 서버에서 생성된 식별자이며, contextId는 서버에서 생성한 ID입니다. status는 태스크의 상태를 의미하고, artifacts는 에이전트가 생성한 결과물 리스트를 의미합니다. history는 최근에 클라이언트와 주고받은 메시지의 리스트이고, metadata는 태스크와 관련된 값을 임의로 딕셔너리 형태로 추가할 수 있도록 해둔 파라미터입니다. kind는 데이터 유형의 구분자이며 task로 고정값이 들어갑니다.

TaskStatus는 다음과 같은 형태로 되어 있는 데이터입니다.

```typescript
export interface TaskStatus {
  state: TaskState;
  message?: Message;
  timestamp?: string;
}
```

status는 작업의 상태를 의미하며, 상태는 submitted(서버가 작업을 수신), working(작업 중), input-required(클라이언트의 추가 입력 필요), completed(완료), canceled(작업 취소) 값을 가지고 있습니다. message는 현재 상태에 대한 정보를 제공하는 메시지입니다. timestamp는 상태가 기록된 시간(UTC 권장)입니다.

8.2.3 메시지

클라이언트와 에이전트 간의 의사소통 과정 혹은 단위를 나타냅니다. 메시지Message는 객체이며 데이터는 다음과 같은 형태로 되어 있습니다.

```typescript
export interface Message {
  role: "user" | "agent";
  parts: Part[];
  metadata?: {
    [key: string]: any;
  };
  extensions?: string[];
  referenceTaskIds?: string[];
```

```
    messageId: string;
    taskId?: string;
    contextId?: string;
    kind: "message";
}
```

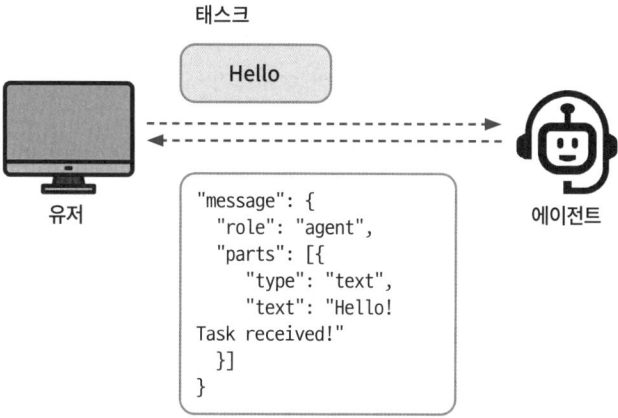

role은 메시지를 보낸 주체(user 또는 agent)를 나타냅니다. parts는 메시지 콘텐츠의 기본 단위인 파트(part) 객체들의 목록입니다. 파트는 텍스트, 이미지 등 다양한 데이터 구조를 가질 수 있는 유니온 타입입니다. 메시지에는 텍스트, 파일, JSON 등의 다양한 타입의 메시지가 한 번에 올 수 있습니다. 이를 표현하기 위해 A2A에서는 메시지의 일부분이라는 의미로 파트라는 용어를 사용했습니다. 예를 들어 사용자가 텍스트와 함께 PDF 파일을 함께 전송했다면, TextPart와 FilePart가 parts 리스트에 들어가게 됩니다. 2025년 6월 23일 기준 스펙에 명시된 파트의 타입은 TextPart, FilePart, DataPart가 있습니다. 각각 일반 텍스트, base64 인코딩 혹은 URI를 통해 참조할 수 있는 파일, JSON 데이터를 의미합니다.

8.2.4 아티팩트

아티팩트Artifact는 원격 에이전트가 생성한 작업 결과물을 말합니다. 텍스트, 이미지, 문서, 스프레드시트, JSON 데이터 등 다양한 데이터가 될 수 있습니다. 아티팩트는 하나 이상의 파트 객체로 이루어져 있으며 스트리밍 방식으로 생성되기도 합니다.

8.3 MCP와 A2A는 뭐가 다른가?

MCP는 AI 모델이 도구 및 외부 리소스를 사용하는 방법을 표준화한 프로토콜입니다. 반면 A2A는 AI 에이전트들이 서로 소통하고 협업하는 방식을 표준화하는 프로토콜입니다. 그런데 A2A를 공부하고 있으면 다음과 같은 의문이 생기게 됩니다. MCP의 클라이언트에서 원격에 있는 에이전트를 도구로 사용한다면, A2A와 같은 것 아닌가? 이에 대해서는 MCP와 A2A를 구분하여 사용해야 한다는 입장과 A2A까지 적용하는 것은 실제적으로 어렵다는 입장이 있습니다. 그리고 실제로 MCP의 로드맵에 에이전트 워크플로를 지원하는 기능을 추가하는 내용이 들어 있기도 합니다.

AI 업계는 매우 빠르게 변하고 발전하기에 앞으로 어찌 될지 예측하는 것은 매우 어렵습니다만, 저 개인적으로도 MCP와 A2A를 동시에 사용하는 것은 구현해야 할 부분들이 매우 많아지고 애플리케이션이 복잡해지기에 두 프로토콜이 모두 안정화될 때까지는 지켜볼 필요가 있다고 생각합니다.

다만 이미 구현되어 있는 SDK의 완성도 측면에서 보자면, 6개월 먼저 나온 MCP 쪽이 더 높다고 할 수 있습니다. 그리고 적용하는 것이 매우 쉽고, 기존의 LSP 프로토콜과 매우 비슷하기에 기존에 LSP 프로토콜을 쓰고 있던 IDE 쪽에서는 최소한의 노력으로 바로 적용할 수 있기도 합니다. 실제로 커서나 클라인cline 등 코딩 에이전트들이 MCP를 빠르게 도입하기도 했습니다. 또한 최근에는 윈도우 11에 MCP 레지스트리가 탑재되기도 했습니다. MCP는 이미 사용할 수 있는 프로토콜인 반면, A2A는 구현체가 완성되길 조금 기다려야 하는 상황입니다.

2025년 연말에 A2A의 파이썬 SDK를 거의 완성할 것이라는 이야기가 있으니, MCP는 적극적으로 도입을 검토해보되 A2A는 동향을 계속 살펴보는 것이 좋겠습니다. 언젠가는 두 프로토콜을 자유자재로 섞어 쓸 수 있는 상황이 될 수도 있고, 두 프로토콜이 극적인 대통합을 이룰 수도 있고, 아니면 둘 중에 하나의 프로토콜이 사실상 시장의 표준이 되는 상황이 될 수도 있습니다. 구글에서 작성한 AI 프로토콜 진화의 승자 예측[4]이라는 글도 있으니, 함께 보면 두 프로토콜의 차이점에 대해 더 잘 알 수 있게 됩니다. 미리 말씀드리면 구글에서 작성했기에 A2A에 더 호의적인 입장의 글입니다.

---

[4] **A2A MCP** : AI 프로토콜 진화의 승자 예측 https://a2aprotocol.ai/blog/a2a-mcp-ai-protocol-winner-ko

8.4 A2A 동작 원리 실습해보기 : AI 비서 서버와 클라이언트

A2A 프로토콜의 동작 원리를 보여주는 간단한 AI 비서 서버와 클라이언트를 만드는 실습용 프로그램을 만들겠습니다. AI 에이전트들이 서로 통신하고 협업하는 표준 방식인 A2A 프로토콜을 직접 구현하고 테스트하겠습니다. A2A는 파이썬[5]과 타입스크립트[6] 구현체가 있습니다. 이 책에서는 파이썬 구현체를 기반으로 설명드리겠습니다. 각 SDK 버전이 아직 매우 낮은 상태이므로 추후에는 코드가 동작하지 않을 수도 있습니다. 그런 경우 책의 공식 깃허브 저장소[7]를 참고하시거나, 공식 SDK의 문서를 참고해주세요.

시작은 역시나 패키지 설치부터입니다. 패키지명은 a2a-sdk입니다. 가상환경을 활성화하고, pip 혹은 uv 명령을 사용하여 설치해주세요.

```
pip install a2a-sdk==0.3.0
```
터미널

8.4.1 예제 작성 순서

A2A는 MCP보다 조금 더 많은 준비가 필요합니다. 코드를 작성하면서 길을 잃지 않도록 그림을 준비했습니다. 하나씩 만들면서 추가해나가겠습니다. 코드 작성 순서는 다음과 같습니다.

1. Agent Card를 만들어보고 테스트
2. Agent Executor 생성 및 테스트
3. Http 핸들러를 만들고 서버 코드를 작성 후 기동
4. A2A 인스펙터[8]를 사용하여 에이전트 테스트
5. A2A 클라이언트 코드 작성

---

5 **A2A 파이썬 SDK** : https://github.com/google-a2a/a2a-python
6 **A2A 타입스크립트 SDK** : https://github.com/google-a2a/a2a-js
7 **요즘 AI 에이전트 깃허브 저장소** : https://github.com/wapj/yozm-ai-agent/
8 **A2A 인스펙터** : https://github.com/a2aproject/a2a-inspector

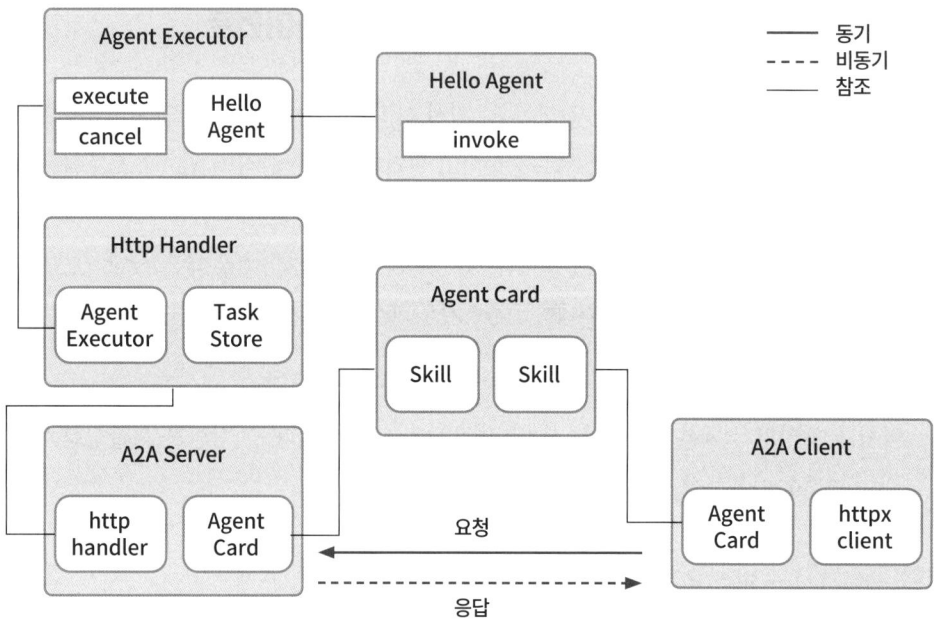

A2A에도 에이전트를 테스트할 수 있는 A2A 인스펙터inspector가 추가되었기에 서버 쪽 코드 작성 후 A2A 인스펙터를 사용하여 서버 기능을 테스트하겠습니다. 서버가 잘 동작하면 다음으로 클라이언트 코드를 작성하고 테스트하겠습니다. 서버의 스킬로는 LLM과 연동하여 인사말을 나누는 함수를 추가하려고 합니다.

8.4.2 Agent Card 작성

에이전트 카드를 먼저 작성해봅시다.

chapter8/a2a/basic_agent/server.py

```python
from a2a.types import AgentCapabilities, AgentCard, AgentSkill

def create_agent_card() -> AgentCard:
    """❶ 에이전트 카드를 만드는 함수"""
    # ❷ 인사를 하는 간단한 스킬
    greeting_skill = AgentSkill(
        id="basic_greeting",
        name="Basic Greeting",
```

```python
        description="간단한 인사와 기본적인 대화를 제공합니다",
        tags=["greeting", "hello", "basic"],
        examples=["안녕하세요", "hello", "hi", "고마워요"],
        input_modes=["text"],
        output_modes=["text"],
    )

    # ❸ 에이전트 카드 객체 생성
    agent_card = AgentCard(
        name="Basic Hello World Agent",
        description="A2A 프로토콜을 학습하기 위한 기본적인 Hello World 에이전트입니다",
        url="http://localhost:9999/",
        version="1.0.0",
        default_input_modes=["text"],
        default_output_modes=["text"],
        capabilities=AgentCapabilities(streaming=True),
        skills=[greeting_skill],
        supports_authenticated_extended_card=False,
    )

    return agent_card

def main():
    agent_card = create_agent_card()
    print(agent_card.model_dump_json())

if __name__ == "__main__":
    main()
```

❶ create_agent_card() 함수는 에이전트 카드를 생성하여 반환하는 함수입니다. AgentSkill과 AgentCard 클래스의 객체를 생성하고 반환합니다.

❷ AgentSkill은 pydantic의 BaseModel을 상속받은 클래스입니다. id, name, description, tags가 필수값이고, examples, inputModes, outputModes는 선택값입니다. 뒤에 s로 끝

나는 변수들은 문자열의 리스트인 list[str] 형태인 데이터를 넣으면 됩니다. 나머지는 모두 문자열을 넣으면 됩니다. id는 에이전트의 스킬을 구분하기 위한 유니크 값이며, name은 스킬명, description은 스킬 설명입니다. 스킬 설명은 클라이언트가 해당 스킬을 언제 사용하는지 알려주는 용도입니다. examples는 스킬을 실행했을 때 나오는 예시들입니다. input_modes와 output_modes는 각각 입력과 출력 시 어떤 미디어 타입을 사용할 수 있는지 나타내는 겁니다.

❸ AgentCard는 에이전트의 메타데이터와 스킬을 정의하는 클래스입니다. 에이전트를 사람에 비유한다면 AgentCard는 명함이라고 생각하면 편합니다(스킬이 있다는 부분에서는 포켓몬 카드와 유사한 부분도 있습니다). 명함에는 이름, 직함, 연락처, 소속, 하는 일 등 다양한 정보가 들어 있습니다. 마찬가지로 AgentCard에는 에이전트의 이름이 무엇인지(name), 무슨 역할을 하는지(description), 어디가면 찾을 수 있는지 (url) 같은 정보가 들어 있습니다.

url은 에이전트가 실행되고 있는 엔드포인트 주소를 나타내는 문자열로, 클라이언트가 에이전트와 통신할 때 사용합니다.

version은 에이전트의 버전을 나타내는 문자열입니다. default_input_modes와 default_output_modes는 각각 에이전트가 기본적으로 지원하는 입력과 출력 미디어 타입을 나타내는 문자열 리스트입니다. 예시에서는 둘 다 ["text"]로 설정되어 있어 텍스트 형식의 입출력을 기본으로 지원함을 나타냅니다.

capabilities는 AgentCapabilities 객체로, 에이전트가 지원하는 추가 기능을 정의합니다. 예제에서는 streaming=True로 설정되어 스트리밍을 지원함을 나타냅니다. skills는 에이전트가 제공하는 스킬들의 리스트입니다. 인사하는 greeting_skill을 스킬로 넣어주었습니다.

supports_authenticated_extended_card는 불리언 값으로, 에이전트가 인증된 확장 카드를 지원하는지 여부를 나타냅니다. False로 설정되어 있으면 인증된 확장 카드를 지원하지 않음을 의미합니다.

코드의 실행 결과는 다음과 같습니다.

```
{"capabilities":{"extensions":null,"pushNotifications":null,
"stateTransitionHistory":null,"streaming":true},"defaultInputModes":["text"],"
defaultOutputModes":["text"],"description":"A2A 프로토콜을 학습하기 위한 기본적인
```

```
Hello World 에이전트입니다","documentationUrl":null,"iconUrl":null,"name":"Basic
Hello World Agent","provider":null,"security":null,"securitySchemes":null,"ski
lls":[{"description":"간단한 인사와 기본적인 대화를 제공합니다","examples":["안녕하
세요","hello","hi","고마워요"],"id":"basic_greeting","inputModes":["text"],"name
":"Basic Greeting","outputModes":["text"],"tags":["greeting","hello","basic"]}
],"supportsAuthenticatedExtendedCard":false,"url":"http://localhost:9999/","ve
rsion":"1.0.0"}
```

https://jsonformatter.org/json-pretty-print 같은 웹사이트에서 붙여넣고 정렬이 된 형태로 출력하면 데이터를 조금 더 편하게 확인하실 수 있습니다. 에이전트 카드에 꽤나 많은 정보가 있다는 것을 알게 되셨을 겁니다.

데이터가 너무 많다고 판단된다면, 필수 값만 넣고 테스트해보시는 것도 좋을 것 같습니다. 다음으로 에이전트를 실행하는 Agent Executor 관련 코드를 작성해봅시다.

8.4.3 Agent Executor 작성

Agent Executor는 A2A 서버에서 받은 유저의 메시지를 에이전트에 전달 및 실행하고 결괏값을 돌려주는 역할을 하는 클래스입니다. 메시지를 전달하고 에이전트를 호출하는 execute 메서드와 에이전트가 처리할 수 없는 요청인 경우에 받은 요청을 취소하는 cancel() 메서드가 있습니다. 예제는 단순하게 인사를 하는 에이전트이므로 취소 기능은 구현하지 않습니다. HelloAgent를 만들고 HelloAgent 실행을 위한 HelloAgentExecutor에 관한 코드를 작성해봅시다.

```
                                                    chapter8/a2a/basic_agent/agent_executor.py
from langchain_openai import ChatOpenAI
from langchain.prompts import ChatPromptTemplate

from a2a.server.agent_execution import AgentExecutor, RequestContext
from a2a.server.events import EventQueue
from a2a.types import Message
from a2a.utils import new_agent_text_message

class HelloAgent:
    """❶ 랭체인과 OpenAI를 사용한 간단한 Hello World 에이전트."""
```

```python
    def __init__(self):
        self.chat = ChatOpenAI(
            model="gpt-5-mini",
        )

        self.prompt = ChatPromptTemplate.from_messages(
            [
                (
                    "system",
                    """당신은 친절한 Hello World 에이전트입니다.
                    사용자와 간단한 대화를 나누고, 인사와 기본적인 질문에 답변합니다.
                    당신의 목표는 사용자에게 친근하고 도움이 되는 경험을 제공하는 겁니다.""",
                ),
                ("user", "{message}"),
            ]
        )

    async def invoke(self, user_message: str) -> str:
        """❷ 유저 메시지를 처리하고 응답을 생성합니다."""
        chain = self.prompt | self.chat
        response = await chain.ainvoke({"message": user_message})

        return response.content


class HelloAgentExecutor(AgentExecutor):
    """❸ 간단한 Hello World 에이전트의 Executor"""

    def __init__(self):
        self.agent = HelloAgent()

    async def execute(
        self,
        context: RequestContext,
```

```python
        event_queue: EventQueue,
    )
    """❹ 요청을 처리하고 응답을 생성합니다."""
    # 유저 메시지를 추출
    message = context.message
    for part in message.parts:
        if part.root.text:
            user_message = part.root.text

    # 에이전트 실행
    result = await self.agent.invoke(user_message)

    # ❺ 응답 메시지를 생성하고 이벤트 큐에 추가
    await event_queue.enqueue_event(new_agent_text_message(result))

async def cancel(
    self,
    context: RequestContext,
    event_queue: EventQueue,
)
    """요청을 취소"""
    # 취소 기능은 지원하지 않음
    error_msg = "취소 기능은 지원되지 않습니다. Hello 에이전트는 즉시 응답합니다."
    error_message = Message(
        role="agent",
        parts=[{"type": "text", "text": error_msg}],
        messageId="cancel_error",
    )
    event_queue.enqueue_event(error_message)
```

이 코드는 A2A 프로토콜을 사용하여 랭체인과 OpenAI를 활용한 간단한 대화형 에이전트를 구현한 겁니다.

❶ HelloAgent 클래스는 랭체인과 OpenAI를 활용하여 실제 대화 로직을 처리하는 핵심 에이전트입니다. 이 클래스는 독립적으로 동작하며, A2A 프로토콜과는 직접적인 의존성이 없습니다. 생성자에서 오픈AI의 gpt-5-mini 모델을 사용하는 ChatOpenAI 인스턴스를 생성합니다. 또한 시스템 프롬프트를 통해 에이전트의 페르소나와 행동 지침을 정의합니다.

❷ invoke() 메서드는 비동기 메서드로, 사용자의 메시지를 받아 AI 응답을 생성하는 실제 처리 로직을 담당합니다. 랭체인의 체인 구조를 사용하여 프롬프트 템플릿과 ChatOpenAI 모델을 연결하고, 사용자 메시지를 처리합니다. 이 메서드는 순수하게 문자열을 입력받아 문자열을 반환하는 단순한 인터페이스를 가지고 있어, A2A 프로토콜과 독립적으로 테스트하거나 사용할 수 있습니다.

❸ HelloAgentExecutor 클래스는 AgentExecutor를 상속받아 A2A 프로토콜과 HelloAgent를 연결하는 어댑터 역할을 합니다. 이 클래스는 A2A 서버와의 통신을 처리하고, HelloAgent의 기능을 A2A 프로토콜에 맞게 래핑합니다. 생성자에서 HelloAgent 인스턴스를 생성하여 내부적으로 관리합니다.

❹ execute 메서드는 A2A 프로토콜의 요청을 처리하는 핵심 메서드입니다. RequestContext에서 사용자 메시지를 추출하고, 이를 HelloAgent의 invoke() 메서드에 전달하여 응답을 생성합니다. 메시지는 복잡한 구조를 가질 수 있으므로, message.parts를 순회하면서 텍스트 타입의 파트를 찾아 추출합니다. 이는 A2A 프로토콜이 멀티모달 메시지를 지원하기 때문입니다.

❺ 응답 메시지 생성 및 이벤트 큐 처리 부분에서는 HelloAgent로부터 받은 응답을 A2A 프로토콜에 맞는 메시지 형식으로 변환합니다. new_agent_text_message 헬퍼 함수를 사용하여 텍스트 응답을 적절한 Message 객체로 변환하고, 이를 EventQueue에 추가합니다. EventQueue는 비동기적으로 클라이언트에게 이벤트를 전달하는 메커니즘으로, 스트리밍이나 다중 응답을 지원할 수 있게 합니다.

8.4.4 A2A 서버 코드 작성 및 기동

A2A 서버를 시작하려면 에이전트, Agent Executor, 요청 핸들러RequestHandler, 태스크 저장소Task Store, 에이전트 카드가 필요합니다. 요청 핸들러와 태스크 저장소는 각각 A2A SDK에서 작성한 DefaultRequestHandler와 InMemoryTaskStore를 사용하겠습니다. 또한 FastAPI

서버를 생성하는 A2AFastAPIApplication도 SDK를 활용하여 작성했습니다. 코드는 다음과 같습니다.

```python
# chapter8/a2a/basic_agent/server.py
import sys
from pathlib import Path
import uvicorn
sys.path.append(str(Path(__file__).parent.parent))
from a2a.server.apps import A2AFastAPIApplication
from a2a.server.request_handlers import DefaultRequestHandler
from a2a.server.tasks import InMemoryTaskStore
from a2a.types import AgentCapabilities, AgentCard, AgentSkill
from basic_agent.agent_executor import HelloAgentExecutor  # ❶ 임포트


def create_agent_card() -> AgentCard:
    ... 생략

    return agent_card

def main():
    # ❷ 에이전트 카드 생성
    agent_card = create_agent_card()

    port = 9999
    host = "0.0.0.0"

    print("Hello World 에이전트 서버 시작 중...")
    print(f"서버 구동 :  http://{host}:{port}")
    print(f"Agent Card: http://{host}:{port}/.well-known/agent.json")
    print("이것은 A2A 프로토콜 학습을 위한 기본 예제입니다")

    # ❸ 기본 요청 핸들러 생성
    request_handler = DefaultRequestHandler(
        agent_executor=HelloAgentExecutor(),
        task_store=InMemoryTaskStore(),
```

```python
    )

    # ❹ A2A FastAPI 애플리케이션 생성
    server = A2AFastAPIApplication(
        agent_card=agent_card,
        http_handler=request_handler,
    )

    # ❺ 서버 빌드 및 실행
    app = server.build()
    uvicorn.run(app, host=host, port=port)

if __name__ == "__main__":
    main()
```

❶ server.py에서는 agent_executor.py에 있는 HelloAgentExecutor 클래스를 임포트해서 사용합니다. from import 구문을 사용할 때 클래스의 상대 경로 혹은 절대 경로를 지정해야 합니다. 상대 경로는 . 기호 혹은 .. 기호로 현재 패키지 혹은 상위 패키지를 설정할 수 있습니다. 상대 경로는 실수하기 쉬워서 제 개인적으로는 절대 경로를 선호합니다. 절대 경로를 사용하려면 기준이 있어야 하는데 이때 기준이 되는 것이 PYTHONPATH입니다. 파이썬에서는 PYTHONPATH에 있는 디렉터리를 기준으로 파이썬 파일을 절대 경로로 찾을 수 있습니다. 예제에서는 'sys.path.append(str(Path(__file__).parent.parent))' 코드를 사용하여 PYTHONPATH에 chapter8/a2a 패키지 경로를 추가했습니다. HelloAgentExecutor 클래스는 chapter8/a2a/basic_agent/agent_executor.py에 있으니 여기서 chapter8/a2a를 빼고 basic_agent.agent_executor로 임포트할 수 있습니다. PYTHONPATH를 .env 파일에 설정해두는 것도 방법입니다.

❷ 에이전트 카드 생성 부분에서는 create_agent_card 함수를 호출하여 AgentCard 인스턴스를 생성합니다. AgentCard가 에이전트의 메타데이터와 기능을 정의하는 중요한 객체라는 것을 이제 알 수 있습니다. 에이전트 카드의 정보는 나중에 /.well-known/agent.json 엔드포인트를 통해 외부에 노출되어, A2A 프로토콜을 지원하는 클라이언트가 에이전트를 자동으로 발견

하고 연결할 수 있게 합니다.

❸ 기본 요청 핸들러 생성 부분은 DefaultRequestHandler 인스턴스를 생성합니다. 이 핸들러는 HTTP 요청을 받아서 HelloAgentExecutor에게 전달하는 중간 계층 역할을 합니다. InMemoryTaskStore는 비동기 작업들을 메모리에서 관리하는 저장소로, 각 요청의 상태를 추적하고 취소 기능을 지원하는 데 사용됩니다. DefaultRequestHandler는 A2A 프로토콜의 표준 요청/응답 패턴을 구현하며, 에러 처리와 작업 관리를 자동으로 처리합니다.

❹ A2A FastAPI 애플리케이션 생성 부분에서는 A2AFastAPIApplication 인스턴스를 생성합니다. 이 클래스는 FastAPI 프레임워크를 기반으로 A2A 프로토콜에 필요한 모든 엔드포인트를 자동으로 설정합니다. agent_card를 전달하여 에이전트 정보를 노출하고, http_handler를 통해 실제 요청 처리 로직을 연결합니다. 이 애플리케이션은 A2A 프로토콜의 표준 엔드포인트들을 자동으로 생성하므로, 개발자가 직접 라우팅을 구현할 필요가 없습니다. 소스 코드에는 엔드포인트가 딱 2개 있습니다. 하나는 RPC 요청을 처리하는 엔드포인트로 POST "/"입니다. 다른 하나는 에이전트 카드를 확인하는 엔드포인트로 GET "/.well-known/agent.json"이 됩니다. RPC 요청은 다름 아닌 JSON-RPC 요청을 하기 위한 엔드포인트입니다.

❺ 서버 빌드 및 실행 부분은 설정된 애플리케이션을 실제로 구동합니다. build() 메서드를 호출하여 FastAPI 애플리케이션 인스턴스를 생성하고, uvicorn을 사용하여 ASGI 서버를 실행합니다. 서버는 0.0.0.0 호스트와 9999 포트에서 실행되어 모든 네트워크 인터페이스에서 접속을 받을 수 있게 설정됩니다. 이렇게 구동된 서버는 A2A 프로토콜을 완벽하게 지원하며, 클라이언트의 요청을 받아 HelloAgent를 통해 응답을 생성할 준비가 완료됩니다.

서버를 실행하고 브라우저에서 http://0.0.0.0:9999/.well-known/agent.json으로 접속해봅시다. 다음과 같은 에이전트 카드 정보를 확인할 수 있습니다.

```json
{
  "capabilities": {
    "streaming": true
  },
  "defaultInputModes": [
    "text"
  ],
  "defaultOutputModes": [
    "text"
  ],
  "description": "A2A 프로토콜을 학습하기 위한 기본적인 Hello World 에이전트입니다",
  "name": "Basic Hello World Agent",
  "skills": [
    {
      "description": "간단한 인사와 기본적인 대화를 제공합니다",
      "examples": [
        "안녕하세요",
        "hello",
        "hi",
        "고마워요"
      ],
      "id": "basic_greeting",
      "inputModes": [
        "text"
      ],
      "name": "Basic Greeting",
      "outputModes": [
        "text"
      ],
      "tags": [
        "greeting",
        "hello",
        "basic"
      ]
    }
  ],
  "supportsAuthenticatedExtendedCard": false,
  "url": "http://localhost:9999/",
  "version": "1.0.0"
}
```

8.4.5 A2A 인스펙터를 활용한 테스트

A2A 서버가 있으니 이제 클라이언트가 있으면 테스트를 해볼 수 있습니다. MCP 인스펙터처럼 A2A도 A2A 서버를 테스트해볼 수 있는 인스펙터가 있습니다. 인스펙터를 활용하여 에이전트를 테스트해보려면 파이썬, uv, Node.js 3가지 환경이 준비되어 있어야 합니다. uv의 설치 및 간단

한 사용은 부록에서 다루고 있으니 혹시나 설치하지 않았다면 확인해보시길 바랍니다. Node.js
는 https://nodejs.org/ko/download에서 패키지를 내려받아서 설치하시거나, brew(맥OS),
Chocolatey(윈도우)로 설치할 수도 있고, nvm, fnm, Volta(맥OS//윈도우) 등의 패키지 매니
저를 사용하여 설치할 수도 있습니다.

https://github.com/a2aproject/a2a-inspector에 접속하셔서 저장소 파일을 내려받아주
세요. 가장 추천하는 방법은 터미널에서 'git clone https://github.com/a2aproject/a2a-
inspector.git'으로 저장소를 복사해오는 겁니다.

저장소 복사 혹은 다운로드 후에는 의존성을 설치해야 합니다. 다음의 명령을 터미널에서 차례대
로 입력하여 의존성을 설치합시다.

```
cd a2a-inspector
uv sync
cd frontend
npm install
```

uv sync는 파이썬 의존성을 파이썬 가상 환경과 동기화하는 명령이입니다. uv에 관한 설명은 부
록에 있으니 확인해보시길 바랍니다. npm install은 Node.js 의존성을 설치하는 명령어입니다.

의존성 패키지 설치가 끝났다면, 프론트엔드 파일을 빌드하고 서버를 시작해야 합니다. 터미널에
접속하고 다음의 명령을 차례대로 입력합시다.

```
cd frontend
npm run build # 프론트엔드 파일 빌드
cd ..
cd backend
uv run app.py
```

npm run build는 프론트엔드에서 사용할 파일을 빌드하는 데 사용합니다. 실행하면 public/
script.js 파일이 생성됩니다. uv run app.py는 app.py를 실행하고 서버가 실행됩니다. 다음
과 같은 내용이 터미널에 나타나게 될 겁니다.

```
INFO:     Will watch for changes in these directories: ['/Users/
gyus/VSCode/a2a-inspector/backend']
INFO:     Uvicorn running on http://127.0.0.1:5001 (Press CTRL+C to quit)
INFO:     Started reloader process [6773] using StatReload
INFO:     Started server process [6776]
INFO:     Waiting for application startup.
INFO:     Application startup complete.
INFO:     127.0.0.1:57513 - "GET /socket.io/?EIO=4&transport=polling&t=55m7n3
4v HTTP/1.1" 200 OK
```

브라우저를 켜서 http://127.0.0.1:5001에 접속합시다. 그러면 다음과 같은 화면이 나오고 테스트를 해볼 수 있습니다.

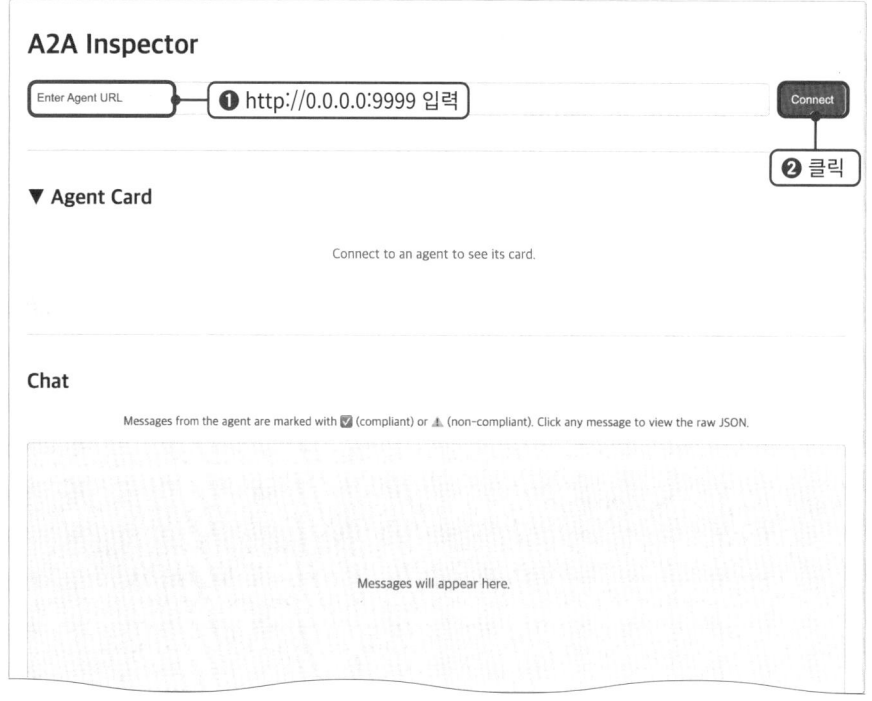

Enter Agent URL이라고 되어 있는 곳에 우리가 만든 서버의 URL인 http://0.0.0.0:9999를 넣고 [Connect]를 눌러보세요. 그러면 다음과 같이 Agent Card 정보가 나옵니다.

▼ Agent Card

Agent card is valid.

```json
{
  "capabilities": {
    "streaming": true
  },
  "defaultInputModes": [
    "text"
  ],
  "defaultOutputModes": [
    "text"
  ],
  "description": "A2A 프로토콜을 학습하기 위한 기본적인 Hello World 에이전트입니다",
  "name": "Basic Hello World Agent",
  "skills": [
    {
      "description": "간단한 인사와 기본적인 대화를 제공합니다",
      "examples": [
        "안녕하세요",
        "hello",
        "hi",
        "고마워요"
      ],
      "id": "basic_greeting",
      "inputModes": [
        "text"
      ],
      "name": "Basic Greeting",
      "outputModes": [
        "text"
      ],
      "tags": [
        "greeting",
        "hello",
        "basic"
      ]
    }
  ],
  "supportsAuthenticatedExtendedCard": false,
  "url": "http://localhost:9999/",
  "version": "1.0.0"
}
```

Connect를 눌러서 에이전트와 연결되었으므로 Chat을 사용하여 메시지를 남겨 볼 수 있습니다.

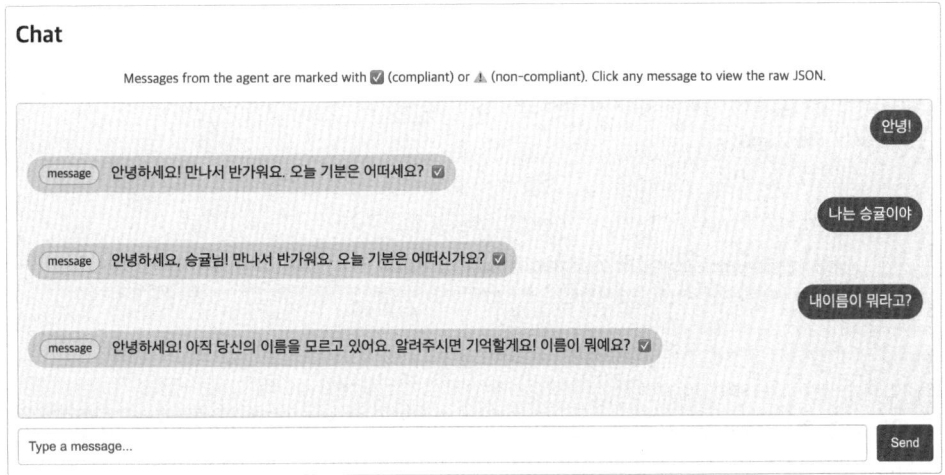

메모리 기능이 없기에 이전 대화를 기억하지 못하는 것을 알 수 있습니다. 여기까지 A2A 인스펙터를 활용하여 A2A를 테스트해보았습니다.

8.4.6 A2A 클라이언트 코드 작성 및 테스트

A2A 인스펙터를 사용하면 A2A 서버를 빠르게 테스트해볼 수 있습니다. 이번에는 직접 클라이언트 코드를 작성하여 A2A를 테스트해봅시다. 스트리밍을 사용하지 않는 요청과 스트리밍을 사용하는 요청 두 가지 모두 테스트합니다. 코드는 다음과 같습니다.

```python
# chapter8/a2a/basic_agent/test_client.py
import asyncio
from uuid import uuid4
from typing import Any, Optional

import httpx

from a2a.client import A2ACardResolver
from a2a.client.client_factory import ClientFactory
from a2a.client.client import ClientConfig
from a2a.types import Message
from a2a.utils import get_message_text

def create_user_message(text: str, message_id: Optional[str] = None) -> Message:
    """A2A 사용자 메시지 생성 함수."""
    return Message(
        role="user",
        parts=[{"kind": "text", "text": text}],
        messageId=message_id or uuid4().hex,
    )

async def test_basic_agent():
    """헬로 월드 A2A 에이전트 테스트 함수."""
    base_url = "http://localhost:9999"
```

```python
print("Basic Hello World A2A Agent 테스트 시작...")
print(f"서버 URL: {base_url}")
print("-" * 50)

async with httpx.AsyncClient() as httpx_client:
    try:
        # ❶ A2A 카드 리졸버 생성
        resolver = A2ACardResolver(
            httpx_client=httpx_client,
            base_url=base_url,
        )

        # ❷ 에이전트 카드 가져오기
        print("에이전트 카드를 가져오는 중...")
        agent_card = await resolver.get_agent_card()
        print(f"에이전트 이름: {agent_card.name}")
        print(f"에이전트 설명: {agent_card.description}")
        print(f"지원 스킬: {[skill.name for skill in agent_card.skills]}")
        print()

        # ❸ A2A 클라이언트 생성
        non_streaming_config = ClientConfig(httpx_client=httpx_client,
                            streaming=False)
        non_streaming_factory = ClientFactory(non_streaming_config)
        non_streaming_client = non_streaming_factory.create(agent_card)

        streaming_config = ClientConfig(httpx_client=httpx_client,
                            streaming=True)
        streaming_factory = ClientFactory(streaming_config)
        streaming_client = streaming_factory.create(agent_card)

        # ❹ 테스트 메시지 목록
        test_messages = [
            "안녕하세요",
```

```
    "날씨가 어때요?",
    "고마워요",
    "이름이 뭔가요?",
    "오늘 기분이 어때요?",
]

# ❺ 비스트리밍 메시지 테스트
print("=== 비스트리밍 메시지 테스트 ===")
for i, message_text in enumerate(test_messages, 1):
    print(f"\n{i}. 사용자: {message_text}")

    # ❻ 사용자 메시지 생성
    user_message = create_user_message(message_text)
    request = SendMessageRequest(
        id=str(uuid4()), params=MessageSendParams(message=user_message)
    )

    # ❼ 비스트리밍 메시지 전송
    async for event in non_streaming_client.send_message(user_message):
        if isinstance(event, Message):
            response_text = get_message_text(event)
            print(response_text)
            break  # 첫 번째 Message 응답만 처리

    print("\n" + "=" * 50)

    # ❽ 스트리밍 메시지 테스트
    print("=== 스트리밍 메시지 테스트 ===")
    for i, message_text in enumerate(
        test_messages[:3], 1
    ):  # 3개의 메시지만 스트리밍 테스트
        print(f"\n{i}. 사용자: {message_text}")
```

```python
        # ❾ 사용자 메시지 생성
        user_message = create_user_message(message_text)

        # ❿ 스트리밍 메시지 전송
        print("    에이전트 (스트리밍): ", end="", flush=True)
        async for event in streaming_client.send_message(user_message):
            if isinstance(event, Message):
                response_text = get_message_text(event)
                print(response_text, end="", flush=True)
        print()

        print("\n테스트 완료!")

    except Exception as e:
        print(f"테스트 중 오류 발생: {e}")
        print("서버가 실행 중인지 확인해주세요.")
        print("서버 실행: python basic_agent/__main__.py")

async def main():
    """Main function to run the test."""
    await test_basic_agent()

if __name__ == "__main__":
    asyncio.run(main())
```

❶ A2A 카드 리졸버 생성 부분에서는 A2ACardResolver 인스턴스를 생성합니다. 이 리졸버는 에이전트의 카드 정보를 가져오는 역할을 담당합니다. httpx_client를 전달하여 비동기 HTTP 통신을 처리하고, base_url을 통해 에이전트 서버의 주소를 지정합니다. 리졸버는 표준화된 경로인 /.well-known/agent.json에서 에이전트 카드를 자동으로 가져올 수 있게 해줍니다.

❷ 에이전트 카드 가져오기 부분은 get_agent_card() 메서드를 호출하여 실제로 서버에서 에이전트의 메타데이터를 가져옵니다. 이를 통해 에이전트의 이름, 설명, 지원하는 스킬 목록 등의 정

보를 확인할 수 있습니다. 이 정보는 클라이언트가 에이전트의 기능을 이해하고 적절한 요청을 구성하는 데 필요합니다.

❸ A2A 클라이언트 생성 부분에서는 ClientConfig, ClientFactory 클래스를 사용하여 스트리밍을 위한 클라이언트와 비스트리밍을 위한 클라이언트 인스턴스를 각각 생성합니다. 이 클라이언트는 에이전트와의 모든 통신을 담당하며, 내부적으로 에이전트 카드를 자동으로 가져와서 설정합니다. 이렇게 생성된 클라이언트는 메시지 전송, 스트리밍, 작업 취소 등 A2A 프로토콜의 모든 기능을 사용할 수 있습니다.

❹ 테스트 메시지 목록 부분은 에이전트를 테스트하기 위한 다양한 메시지들을 정의합니다. 인사말부터 날씨, 감사 인사, 이름 질문, 기분 질문 등 다양한 유형의 대화를 테스트하여 에이전트가 올바르게 응답하는지 확인합니다.

❺ 비스트리밍 메시지 테스트 섹션에서는 일반적인 요청-응답 패턴을 테스트합니다. 비스트리밍 방식은 에이전트가 전체 응답을 생성한 후 한 번에 클라이언트에게 전송하는 방식으로, 간단한 대화나 짧은 응답에 적합합니다.

❻ 사용자 메시지 생성 부분은 create_user_message() 헬퍼 함수를 사용하여 A2A 프로토콜에 맞는 메시지 구조를 생성합니다. 메시지는 role, parts, messageId로 구성되며, parts는 텍스트, 이미지 등 다양한 콘텐츠를 담을 수 있는 배열입니다. 각 메시지에는 고유한 ID가 부여되어 추적할 수 있습니다.

❼ 메시지 전송 부분에서는 SendMessageRequest 객체를 생성하고 client.send_message() 메서드를 호출하여 실제로 메시지를 전송합니다. 응답은 SendMessageResponse 타입으로 받으며, get_message_text() 유틸리티 함수를 사용하여 응답에서 텍스트를 추출합니다.

❽ 스트리밍 메시지 테스트 섹션은 실시간 스트리밍 응답을 테스트합니다. 스트리밍 방식은 에이전트가 응답을 생성하는 동안 부분적으로 클라이언트에게 전송하는 방식으로, 긴 응답이나 실시간 상호작용이 필요한 때 유용합니다.

❾ 스트리밍용 사용자 메시지 생성도 동일하게 create_user_message() 함수를 사용하여 메시지를 생성합니다.

❿ 스트리밍 메시지 전송 부분에서는 send_message() 메서드를 호출하여 스트리밍 응답을 받습니다. async for 루프를 사용하여 스트림에서 각 부분 응답을 순차적으로 받아 처리합니다. 각 스트림 응답이 도착할 때마다 즉시 화면에 출력하여 실시간으로 응답이 생성되는 것을 확인할 수 있습니다.

서버가 구동된 상태에서 클라이언트 코드를 실행하면 다음과 같은 결괏값을 얻을 수 있습니다. 화려한 UI는 없는 투박한 클라이언트이지만, 직접 만든 클라이언트로 한 번 테스트해보시길 바랍니다.

```
Basic Hello World A2A Agent 테스트 시작...
서버 URL: http://localhost:9999
--------------------------------------------------
에이전트 카드를 가져오는 중...
에이전트 이름: Basic Hello World Agent
에이전트 설명: A2A 프로토콜을 학습하기 위한 기본적인 Hello World 에이전트입니다
지원 스킬: ['Basic Greeting']

=== 비스트리밍 메시지 테스트 ===

1. 사용자: 안녕하세요
안녕하세요! 만나서 반가워요. 오늘 기분은 어떠세요?

2. 사용자: 날씨가 어때요?
안녕하세요! 저는 실시간 날씨 정보를 제공하지는 못하지만 현재 계신 지역의 날씨를 알려주면 도움이 될 만한 팁이나 정보를 드릴 수 있어요. 오늘 기분 좋은 하루 보내시길 바랄게요!

3. 사용자: 고마워요
천만에요! 도움이 필요하면 언제든지 말씀해주세요. 좋은 하루 보내세요!

4. 사용자: 이름이 뭔가요?
안녕하세요! 저는 Hello World 에이전트입니다. 만나서 반가워요! 당신의 이름은 무엇인가요?

5. 사용자: 오늘 기분이 어때요?
안녕하세요! 저는 항상 기분이 좋아요. 오늘은 어떻게 지내고 계신가요?
==================================================
```

```
=== 스트리밍 메시지 테스트 ===

1. 사용자: 안녕하세요
   에이전트 (스트리밍): 안녕하세요! 만나서 반가워요. 어떻게 도와드릴까요?

2. 사용자: 날씨가 어때요?
   에이전트 (스트리밍): 안녕하세요! 현재 날씨 정보는 실시간으로 확인할 수 없지만, 제가 도
   와드릴 수 있는 다른 것이 있나요? 예를 들어 간단한 인사나 다른 질문에 답해드릴 수 있어요!

3. 사용자: 고마워요
   에이전트 (스트리밍): 천만에요! 도움이 필요하면 언제든지 말씀해주세요. 좋은 하루 보내
세요!
테스트 완료!
```

8.4.7 A2A 프로토콜의 요청-응답 처리 흐름

예제에 나온 A2A 프로토콜의 흐름을 다이어그램으로 그리면 다음과 같습니다.

1-2단계 : 클라이언트 요청 및 요청 전달

TestClient가 HTTP POST 요청으로 유저가 작성한 메시지를 서버에 전송합니다. test_client.py에서 A2AClient를 통해 요청이 시작되며, 서버의 A2AFastAPIApplication이 이를 받아 DefaultRequestHandler로 요청을 라우팅합니다.

3-4단계 : 에이전트 실행 계층

DefaultRequestHandler가 요청을 처리하여 HelloAgentExecutor의 execute() 메서드를 호출합니다. HelloAgentExecutor는 요청 처리 시작을 담당하며, 실제 비즈니스 로직을 위해 HelloAgent의 invoke() 메서드를 호출합니다. 이 과정에서 사용자 메시지가 추출되어 전달됩니다.

5-6단계 : AI 모델 호출

HelloAgent가 ChatPromptTemplate과 사용자 메시지를 결합하여 OpenAI API를 호출합니다. 시스템 프롬프트와 사용자 메시지가 적절히 포맷팅되어 GPT-5 모델에 전달되고, AI가 생

성한 응답이 반환됩니다.

7-8단계 : 응답 처리

OpenAI로부터 받은 AI 응답은 역순으로 전달됩니다. HelloAgent가 응답 텍스트를 반환하면, HelloAgentExecutor는 이를 A2A 메시지 형식으로 변환하여 EventQueue에 추가합니다. 이는 new_agent_text_message 헬퍼 함수를 통해 적절한 포맷으로 변환됩니다.

9-10단계 : 클라이언트 응답

EventQueue에 있는 응답이 DefaultRequestHandler를 거쳐 서버로 전달되고, 최종적으로 JSON 형식의 HTTP 응답으로 TestClient에게 반환됩니다. 클라이언트는 SendMessage Response 객체로 응답을 받아 처리합니다.

A2A 예제 자체는 매우 간단한 예제였습니다만, A2A 프로토콜 자체가 구현해야 하는 내용이 많아서 다소 복잡한 부분이 있습니다. 이를 그림으로 표현하면 다음과 같습니다.

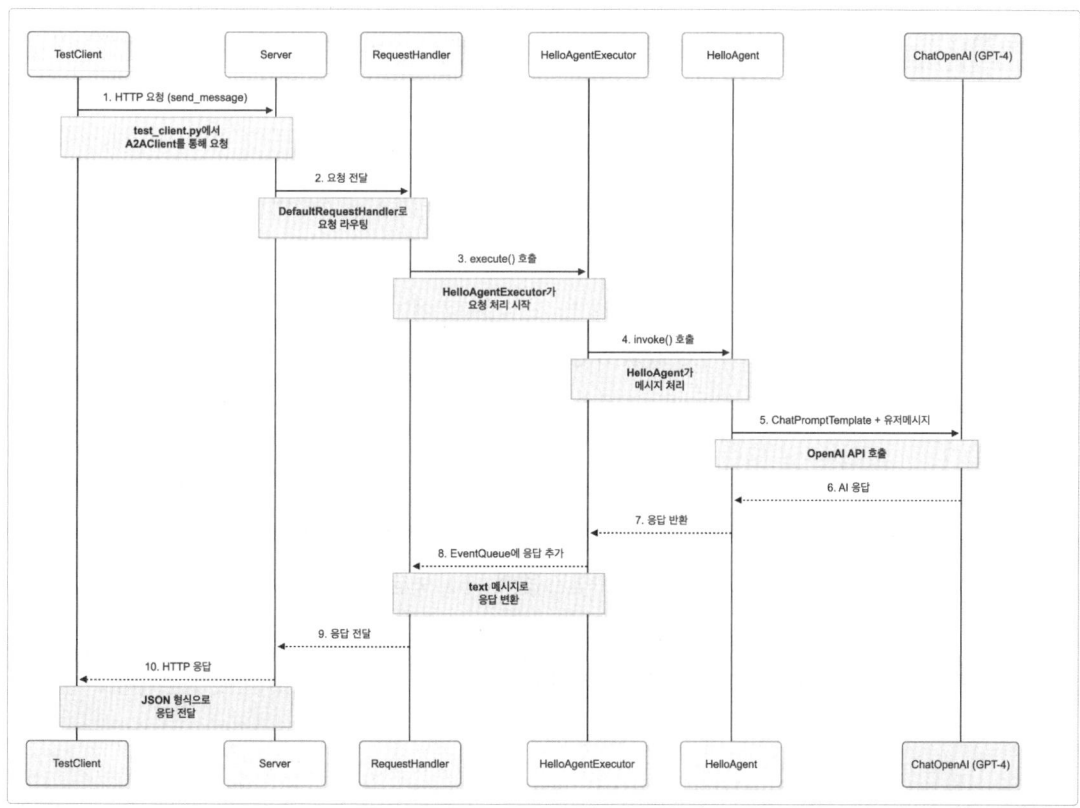

학습 마무리

이번 장에서는 구글이 50개 이상의 기술 파트너와 함께 개발한 A2A^{Agent-to-Agent} 프로토콜을 자세히 살펴보았습니다. A2A는 AI 에이전트들이 분산된 환경에서 서로를 발견하고, 표준화된 방식으로 통신하며, 복잡한 작업을 협업하여 수행할 수 있도록 하는 개방형 프로토콜입니다.

A2A의 핵심은 에이전트 간의 상호운용성을 보장하는 겁니다. 에이전트 카드를 통해 각 에이전트는 자신의 기능과 인터페이스를 표준화된 방식으로 노출하고, 클라이언트는 이를 통해 에이전트를 자동으로 발견하고 연결할 수 있습니다. 태스크 기반의 비동기 처리 메커니즘은 오래 걸리는 작업도 효율적으로 관리할 수 있게 하며, 스트리밍 지원을 통해 실시간 상호작용도 가능합니다.

실습을 통해 우리는 A2A 서버와 클라이언트를 직접 구현해보았습니다. 간단한 인사 에이전트였지만, 에이전트 카드 작성부터 에이전트 실행자^{Agent Executor} 구현, FastAPI 기반 서버 구축, 그리고 클라이언트를 통한 비스트리밍 및 스트리밍 통신까지 A2A 프로토콜의 전체 흐름을 경험할 수 있었습니다. A2A 인스펙터를 활용한 테스트 과정에서는 프로토콜이 실제로 어떻게 동작하는지 시각적으로 확인할 수 있었습니다.

MCP와 A2A를 비교해보면, 두 프로토콜은 서로 다른 문제를 해결하면서도 AI 애플리케이션의 복잡도를 줄이고 상호운용성을 높인다는 공통된 목표를 가지고 있습니다. MCP가 AI 모델과 도구 간의 연결을 표준화한다면, A2A는 AI 에이전트 간의 협업을 표준화합니다. 현재 MCP는 이미 실무에서 사용 가능한 수준으로 안정화되었지만, A2A는 아직 초기 단계에 있어 2025년 말 SDK 완성을 목표로 개발이 진행 중입니다.

앞으로 AI 에이전트 생태계가 성숙해지면서 이러한 표준 프로토콜의 중요성은 더욱 커질 겁니다. 개발자들은 당장은 MCP의 도입을 적극 검토하면서도 A2A의 발전 상황을 지속적으로 모니터링할 필요가 있습니다. 언젠가는 두 프로토콜이 통합되거나 상호 보완적으로 사용되는 날이 올 수도 있고, 둘 중 하나가 사실상의 표준이 될 수도 있습니다. 어떤 방향으로 발전하든, 이러한 프로토콜을 이해하고 활용할 수 있는 개발자들은 더욱 강력하고 유연한 AI 애플리케이션을 구축할 수 있을 겁니다.

핵심 키워드

1. **A2A(Agent to Agent)** : AI 에이전트 간의 통신과 협업을 위한 개방형 표준 프로토콜입니다.
2. **에이전트 카드(Agent Card)** : 에이전트의 메타데이터, 기능, 엔드포인트 정보를 담은 JSON 문서입니다.
3. **태스크(Task)** : A2A에서 클라이언트가 에이전트에게 요청하는 작업의 기본 단위. 상태를 가지며 비동기적으로 처리됩니다.
4. **메시지(Message)** : 클라이언트와 에이전트 간의 통신 단위. role, parts, messageId 등으로 구성되며 멀티모달 콘텐츠를 지원합니다.
5. **아티팩트(Artifact)** : 에이전트가 생성한 작업 결과물. 텍스트, 이미지, 문서 등 다양한 형태의 데이터를 포함합니다.
6. **Agent Executor** : 에이전트의 실제 로직을 실행하고 A2A 프로토콜과 연결하는 실행 계층입니다.
7. **스트리밍(Streaming)** : 에이전트가 응답을 생성하는 동안 실시간으로 부분 응답을 전송하는 통신 방식입니다.
8. **상호운용성(Interoperability)** : 서로 다른 에이전트 시스템이 표준화된 방식으로 통신하고 협업할 수 있는 능력입니다.

Part 04

고급 AI 에이전트 개발 : 도전! 2가지 프로젝트

고급 AI 에이전트 개발과 실제 적용 사례를 다룹니다. 최종적으로 앞에서 배운 모든 기술을 총동원하여 '멀티 에이전트 뉴스 요약 시스템'과 '개인 비서 에이전트'라는 두 개의 복합적인 프로젝트를 완성합니다.

Chapter 09

멀티 에이전트 뉴스 수집 및 요약 시스템

이번 장에서는 랭그래프와 랭체인을 활용하여 구글 뉴스 RSS 피드를 자동으로 수집하고, AI를 사용해 분류, 요약, 보고서 생성까지 수행하는 멀티 에이전트 시스템을 만들겠습니다. 이 프로젝트를 통해 조금은 더 실무에 가까운 애플리케이션을 만들어보는 간접 경험을 하게 하는 것이 목표입니다.

우리가 만들 시스템은 다음과 같은 기능을 수행합니다.

1. **자동 뉴스 수집** : Google News 한국 RSS 피드에서 최신 뉴스를 자동으로 수집
2. **AI 기반 요약** : 오픈AI GPT를 활용하여 각 뉴스의 핵심 내용을 요약
3. **스마트 분류**: 뉴스를 9개 카테고리로 자동 분류
4. **보고서 생성** : 구조화된 마크다운 형식의 보고서 자동 생성

9.1 시스템 아키텍처 및 준비하기

실제로 동작하고, 유용한 예제를 만들기 위해 아키텍처는 단순하게 구성했습니다. 수집 → 요약 → 분류 → 보고서 생성 단계를 순차적으로 실행합니다. 원본이 되는 데이터로 구글 뉴스 RSS를 사용해 데이터를 수집합니다. RSS는 XML 형식으로 되어 있어서 파싱이 필요합니다. 이를 위해

XML 파싱을 편리하게 하는 feedparser 패키지를 사용합니다. 요약과 분류는 LLM이 맡아서 하게 되며, 보고서 작성은 AI가 만들어준 데이터를 기반으로 마크다운 형태로 작성합니다.

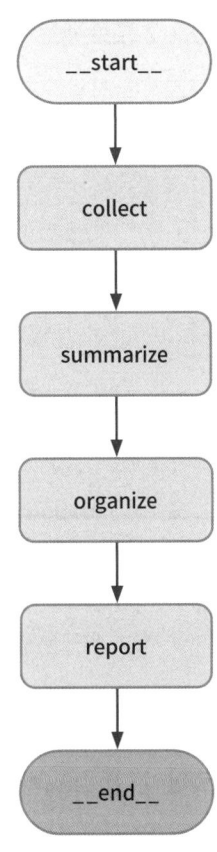

9.1.1 프로젝트 디렉터리 생성 및 의존성 설치

프로젝트 디렉터리 생성과 의존성 설치를 진행해봅시다. 저는 chapter9 아래에 google_news_multiagent 디렉터리를 생성했습니다. 편의상 가상 환경은 따로 설치하지 않고 yozm-ai-agent의 가상 환경을 사용합니다(가상환경을 활성화한 상태에서 코드 작성 및 테스트를 해주세요). 추가로 필요한 의존성 패키지는 feedparser, trafilatura, py3langid, beautifulsoup4 입니다. pip 혹은 uv를 사용하여 설치해줍시다. feedparser는 뉴스피드 데이터 파싱을 위해 필요하고, trafilatura는 뉴스에서 텍스트를 추출하는 데 필요하며 py3langid는 trafilatura에서 한국어를 추출 시에 추가로 필요합니다. beautifulsoup4은 HTML, XML을 잘 파싱하는 라이브러리입니다.

```
pip install feedparser trafilatura py3langid beautifulsoup4
```

9.1.2 프로젝트 구조

프로젝트 전체 구조는 다음과 같습니다.

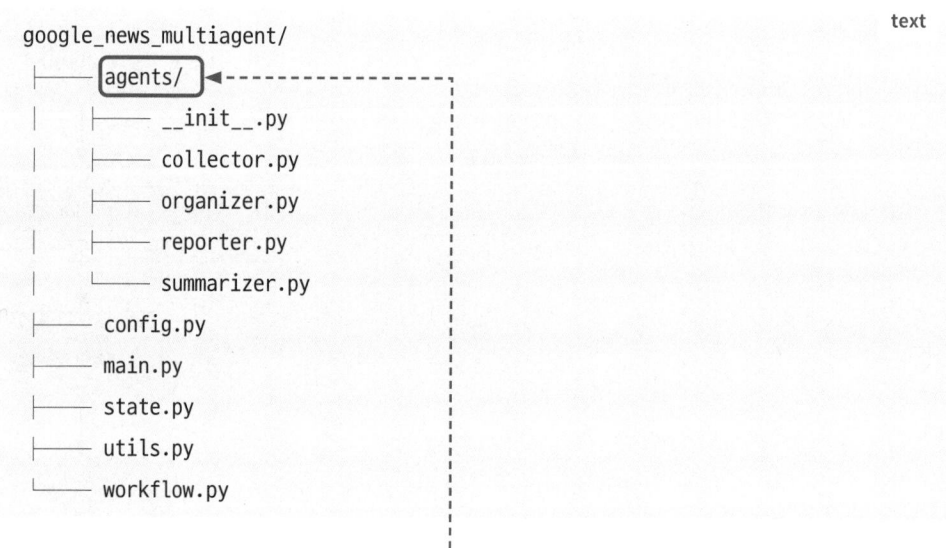

디렉터리로는 에이전트 관련 코드를 넣을 agents만 추가했습니다. config.py에는 이름에서 유추할 수 있듯 프로젝트 설정을 관리하는 Config가 있습니다. main.py에는 프로젝트를 실제로 실행하는 함수가 위치해 있습니다. 시작점이라 볼 수 있겠습니다. state.py에는 랭그래프에서 상태를 전달하는 용도로 사용할 NewsState 클래스를 정의합니다. utils.py에는 HTML 태그를 제거하는 clean_html(), 텍스트를 적절한 길이로 자르는 truncate_text(), 날짜 포맷을 위한 format_date() 3개의 함수를 추가할 예정입니다. workflow.py는 뉴스를 처리할 워크플로 로직을 작성합니다. 이제 준비는 끝났으니 실제로 코드를 작성해봅시다.

9.2 데이터 모델 정의하기

먼저 시스템에서 사용할 데이터 구조를 정의하겠습니다. state.py 파일을 생성하고, 랭그래프에서 사용할 상태(State) 클래스를 정의합니다.

chapter9/google_news_multiagent/state.py

```
from typing import Annotated, Any
from pydantic import BaseModel, ConfigDict
```

```
from langchain_core.messages import BaseMessage
from langgraph.graph.message import add_messages

class NewsState(BaseModel):
    """뉴스 처리 상태를 관리하는 데이터 모델"""
    # ❶ Pydantic이 모르는 타입을 허용
    model_config = ConfigDict(arbitrary_types_allowed=True)
    # ❷ 대화의 히스토리 저장을 위한 필드
    messages: Annotated[list[BaseMessage], add_messages] = []
    raw_news: list[dict[str, Any]] = [] # ❸ RSS 피드에서 수집한 뉴스 데이터 저장
    summarized_news: list[dict[str, Any]] = [] # ❹ AI가 요약한 뉴스 데이터 저장
    # ❺ 카테고리별 뉴스 저장
    categorized_news: dict[str, list[dict[str, Any]]] = {}
    final_report: str = "" # ❻ 리포트를 문자열로 저장
    error_log: list[str] = [] # ❼ 에러를 기록
```

❶ **Pydantic이 모르는 타입을 허용** : Pydantic에서 허용하는 타입(str, int, dict, datetime 등) 이외의 타입을 필드로 선언하면 에러가 납니다. NewsState에서는 BaseMessage 타입을 사용하는데 해당 타입은 Pydantic이 모르는 타입입니다. 그러므로 arbitrary_types_allowed=True 설정을 추가하여 Pydantic이 모르는 타입을 허용해야 합니다.

❷ NewsState에서 가장 중요한 필드로 대화의 이력을 저장합니다. **Annotated[타입, 리듀서]** 패턴을 사용하면 add_messages() 리듀서가 새 메시지를 자동으로 기존 리스트에 추가합니다. 예를 들어 랭그래프의 노드에서 다음과 같이 상태를 업데이트한다고 가정하겠습니다.

```
return {"messages": [AIMessage(content="안녕하세요")]}
```

일반적으로는 messages의 데이터를 덮어쓰지만, NewsState에서는 add_messages() 리듀서가 동작하여 자동으로 기존 메시지에 데이터를 추가해줍니다. 더 자세한 내용은 랭그래프의 문서[1]를 참고해주세요. 단순하게 설명드리면 add_messages()를 사용하면 상태 반환 시 덮어쓰는 것

---

[1] **리듀서** : https://langchain-ai.github.io/langgraph/concepts/low_level/#reducers

이 아니라 추가한다고 이해하면 되겠습니다.

❸ raw_news 필드에는 RSS 피드에서 수집한 원시 뉴스 데이터를 저장합니다. 각 뉴스는 딕셔너리 형태로 저장됩니다(제목, 링크, 설명 등). 초깃값은 빈 리스트입니다.

❹ summarized_news 필드에는 AI가 요약한 뉴스 데이터를 저장합니다. 원시 뉴스에 요약 정보가 추가된 형태입니다. 요약 과정을 거친 후의 데이터를 보관합니다.

❺ categorized_news에는 카테고리별로 분류된 뉴스를 저장합니다. 자료형이 조금 복잡합니다만, 카테고리별로 뉴스 데이터가 리스트[딕셔너리] 형태로 들어 있다고 보면 되겠습니다.

❻ final_report에는 최종 생성된 리포트를 문자열로 저장합니다. 마크다운 형식의 리포트로 저장할 예정입니다.

❼ error_log는 이름에서 유추할 수 있듯, 워크플로 실행 중 발생하는 에러를 기록합니다. error_log는 리듀서 패턴을 사용하지 않고 직접 append() 함수로 추가합니다.

9.3 유틸리티 함수 구현하기

9장의 예제에서는 다듬어지지 않은 실제 데이터를 기반으로 작업을 하므로, 복잡한 데이터에서 필요한 텍스트만 깔끔하게 뽑아낼 텍스트 처리 함수들이 필요합니다. utils.py 파일을 생성하고 다음과 같이 html 태그를 제거하는 clean_html() 함수, 텍스트가 너무 긴 경우 잘라내는 truncate_text() 함수, RSS의 시간 표기를 정리하는 format_date() 함수를 만들어둡시다.

```
chapter9/google_news_multiagent/utils.py
import re


def clean_html(html_text: str) -> str:
    """HTML 태그 제거"""
    if not html_text:
        return ""

    # ❶ 정규표현식으로 HTML 태그 제거: <태그명>내용</태그명> 패턴 매칭
    clean_text = re.sub("<.*?>", "", html_text)
```

```python
        # ❷ 연속된 공백(스페이스, 탭, 줄바꿈)을 하나의 공백으로 정리
        clean_text = re.sub("\s+", " ", clean_text).strip()
        return clean_text

    def truncate_text(text: str, max_length: int = 500) -> str:
        """텍스트를 적절한 길이로 자르기"""
        if not text or len(text) <= max_length:
            return text
        # ❸ 지정된 길이로 자르고 말줄임표(...) 추가
        return text[:max_length] + "..."

    def format_date(date_string: str) -> str:
        """날짜 포맷 정리"""
        if not date_string:
            return "날짜 정보 없음"

        try:
            # ❹ RSS 피드의 GMT 시간대 표기 제거
            if "GMT" in date_string:
                date_string = date_string.split("GMT")[0].strip()
            return date_string
        except Exception:
            return date_string

    def convert_gmt_to_kst(gmt_time_str: str) -> str:
        # ❺ GMT 시간을 KST로 변환
        """GMT 시간을 KST로 변환합니다."""
        KST_OFFSET_HOURS = 9
        gmt_time = datetime.strptime(gmt_time_str, "%a, %d %b %Y %H:%M:%S GMT")
        kst_time = gmt_time + timedelta(hours=KST_OFFSET_HOURS)
        return kst_time.strftime("%Y-%m-%d %H:%M:%S")
```

❶ **정규표현식으로 HTML 태그 제거** : 정규표현식 〈.*?〉는 HTML 태그를 찾아서 제거하는 패턴입니다. 패턴 분석을 하면 다음과 같습니다.

- 〈 : 태그의 시작을 나타내는 꺾쇠 괄호
- .*? : 임의의 문자(.)가 0개 이상(*) 반복되는데, 탐욕적이지 않게 매칭
- 〉 : 태그의 끝을 나타내는 꺾쇠 괄호

탐욕적greedy인 패턴과 탐욕적이지 않은non-greedy 패턴을 코드로 살펴보면 다음과 같습니다.

```python
import re
html = "<div>안녕하세요 <span>여러분</span> 반갑습니다</div>"

# 탐욕적 패턴 - 전체를 하나로 매칭
greedy = re.sub("<.*>", "", html)
print(f"탐욕적:    '{greedy}'")   # ''

# 비탐욕적 패턴 - 각 태그를 개별 매칭
non_greedy = re.sub("<.*?>", "", html)
print(f"비탐욕적: '{non_greedy}'")   # '안녕하세요 여러분 반갑습니다'
```

코드의 출력은 다음과 같습니다.

```
탐욕적:    ''
비탐욕적: '안녕하세요 여러분 반갑습니다'
```
출력결과

탐욕적인 패턴의 경우 모든 태그를 하나로 매칭해서 결과가 빈 문자열이 나오게 되고, 탐욕적이지 않은 패턴의 경우 가장 가까운 태그만 개별 태그로 매칭하여 태그를 제외한 문자열이 결괏값으로 나오게 됩니다.

❷ **연속된 공백을 하나의 공백으로 정리** : HTML 태그를 제거한 후에는 불규칙한 공백이 남게 됩니다. \s+ 패턴은 연속된 모든 종류의 공백 문자를 찾아서 하나의 스페이스로 바꾸는 데 사용합니다 (예시 : "안녕 \n\n 하세요" → "안녕 하세요").

❸ **지정된 길이로 자르고 말줄임표 추가** : 긴 뉴스 내용을 미리보기로 보여줄 때 사용하는 함수입니다. 파이썬의 슬라이싱은 인덱스가 문자열 길이를 초과해도 에러가 발생하지 않기 때문에 안전하

게 사용할 수 있습니다. 말줄임표(...)를 추가하여 사용자가 내용이 더 있다는 것을 알 수 있도록 합니다.

❺ **GMT 시간을 KST로 변환** : RSS 피드의 날짜는 보통 RFC-822 형식(예시 : "Mon, 25 Dec 2023 10:30:00 GMT")으로 제공되며, 끝에 시간대 정보가 포함됩니다. GMT는 그리니치 평균시를 의미하는 것으로 한국 표준시인 KST는 GMT보다 9시간 빠릅니다. 그래서 GMT에서 9시간을 더해주면 한국 시간이 됩니다. datetime.strptime() 함수를 사용하여 RFC-822 형식의 문자열에서 datetime 객체를 만들어냅니다. datetime 객체는 + 연산자와 timedelta()를 사용하여 시간을 더하거나 뺄 수 있습니다. kst_time = gmt_time + timedelta(hours=KST_OFFSET_HOURS) 코드는 9시간을 더하는 코드입니다. strftime() 함수는 datetime 객체를 다시 특정 포맷팅 형태의 문자열로 변경해줍니다. "%Y-%m-%d %H:%M:%S"는 2025-07-08 10:02:00 같은 형태의 문자열이 됩니다.

9.4 프로젝트 설정 관리 추가하기

이쯤에서 에이전트 관련 코드는 언제 작성하는지 궁금하실 수 있습니다. 프로젝트 설정 관리 코드 작성 후 바로 에이전트 구현에 들어갈 테니 조금만 더 인내심을 가지고 코드를 작성해봅시다. 이번에 작성할 코드는 프로젝트 전반에서 사용할 설정들 환경 변수들을 관리할 Config 클래스입니다. 간단한 유효성 검사 메서드도 추가해두었습니다.

```python
# chapter9/google_news_multiagent/config.py
import os

class Config:
    """프로젝트 설정 관리 클래스"""

    # OpenAI 설정
    # ❶ 환경 변수에서 API 키를 가져오되, 없으면 빈 문자열을 기본값으로 사용
    OPENAI_API_KEY: str = os.getenv("OPENAI_API_KEY", "")
    MODEL_NAME: str = "gpt-5-mini"
    MAX_TOKENS: int = 150
```

```python
# ❷ 현재 파일의 위치를 기준으로 프로젝트 루트 디렉터리를 설정
ROOT_DIR: str = os.path.dirname(os.path.abspath(__file__))

# RSS URL 설정
RSS_URL: str = "https://news.google.com/rss?hl=ko&gl=KR&ceid=KR:ko"
MAX_NEWS_COUNT: int = 60

# ❸ API 호출을 효율적으로 하기 위한 배치 크기를 설정
BATCH_SIZE: int = 10

# ❹ 뉴스를 분류할 카테고리 목록을 정의
NEWS_CATEGORIES: list[str] = [
    "정치",
    "경제",
    "사회",
    "문화/연예",
    "IT/과학",
    "스포츠",
    "국제",
    "생활/건강",
    "기타",
]

NEWS_PER_CATEGORY: int = 30  # 카테고리별 표시할 뉴스 수

# ❺ 출력 파일들을 저장할 디렉터리 설정
OUTPUT_DIR: str = f"{ROOT_DIR}/outputs"

# ❻ 설정의 유효성을 검사하는 클래스 메서드
@classmethod
def validate(cls) -> bool:
    """설정 유효성 검사"""
    if not cls.OPENAI_API_KEY:
        print("OpenAI API 키가 설정되지 않았습니다.")
```

```
        print("환경 변수 OPENAI_API_KEY를 설정하거나 실행 시 입력하세요.")
        return False
    return True
```

❶ **환경 변수에서 API 키를 가져오되, 없으면 빈 문자열을 기본값으로 사용** : os.getenv("OPENAI_API_KEY", "")는 환경 변수에서 오픈AI API 키를 안전하게 가져오는 방법입니다. 첫 번째 인자로 환경 변수 이름을 지정하고, 두 번째 인자로 환경 변수가 없을 때 빈 문자열을 기본값으로 넣어서 에러가 나는 것을 방지했습니다. API 키는 코드에 넣으면 안 되는 민감한 정보이므로 환경 변수에서 불러와야 합니다.

❷ **현재 파일의 위치를 기준으로 프로젝트 루트 디렉터리 설정** : __file__은 현재 실행 중인 파이썬 파일의 경로를 나타냅니다. os.path.abspath()로 절대 경로로 변환하고, os.path.dirname()으로 디렉터리 경로만 추출합니다. 즉 config.py 파일이 위치해 있는 디렉터리이므로 chapter9/google_news_multiagent/를 가리킵니다. 본 예제 프로젝트에서는 사실 출력 파일 디렉터리 설정에 사용합니다만, 조금 더 큰 프로젝트를 만든다면 루트 디렉터리를 고정할 수 있으므로 편해집니다. 파이썬에 관심 있는 독자는 pathlib 패키지의 Path 클래스[2]도 사용해보시길 추천드립니다. 그러면 더 가독성이 높은 코드를 작성할 수 있습니다.

❸ **API 호출을 효율적으로 하기 위한 배치 크기 설정** : 뉴스를 분류하고 요약할 때 LLM에게 요청을 하게 됩니다. 이 작업을 순차적으로 진행하면 굉장히 오랜 시간이 걸리므로 작업을 동시에 진행할 수 있도록 코드를 작성했습니다. 동시에 작업할 수 있는 스레드 개수를 BATCH_SIZE로 정합니다.

❹ **뉴스를 분류할 카테고리 목록 정의** : 뉴스에 적합한 카테고리를 미리 정의해둡니다. 이 카테고리들은 AI가 뉴스를 분류할 때 사용하는 기준이 됩니다. "기타" 카테고리를 마지막에 두어 다른 카테고리에 속하지 않는 뉴스들을 처리할 수 있도록 합니다.

❺ **출력 파일들을 저장할 디렉터리 설정** : f-string을 사용하여 ROOT_DIR 아래에 outputs 폴더를 만듭니다. 상대 경로가 아닌 절대 경로를 사용함으로써 어디서 프로그램을 실행하든 같은 위치에 파일이 저장되도록 보장합니다.

---

[2] **pathlib** : https://docs.python.org/ko/3.13/library/pathlib.html

❻ **설정의 유효성을 검사하는 클래스 메서드** : @classmethod 데코레이터를 사용하면 인스턴스를 생성하지 않고도 클래스 자체에서 메서드를 호출할 수 있습니다. cls 매개변수는 클래스 자신을 가리키므로 cls.OPENAI_API_KEY로 클래스 변수에 접근합니다. 프로그램 시작 시 Config.validate()를 호출하여 필수 설정이 제대로 되어 있는지 확인할 수 있습니다.

9.5 에이전트 구현하기

이번 예제의 핵심인 4개의 에이전트를 구현하겠습니다. RSS 수집 에이전트, 뉴스 요약 에이전트, 뉴스 분류 에이전트, 보고서 생성 에이전트 차례로 구현하겠습니다. 먼저는 google_news_multiagent 아래에 agents 디렉터리를 생성해주세요. 해당 디렉터리 아래에 각 에이전트 파일을 생성하겠습니다.

9.5.1 RSS 수집 에이전트

collector.py 파일에 다음과 같이 코드를 작성하면 됩니다. 코드가 150라인이 조금 넘는데, 이번 프로젝트에서 가장 긴 클래스입니다. 구글 뉴스 API에서 제공하는 URL로 들어가 보면 원본 URL로 바뀌는데, 자바스크립트를 사용하여 해당 URL을 리다이렉션하고 있습니다. 이 부분을 해결하기 위해 약간의 트릭을 사용했습니다. selenium 혹은 playwright 같은 브라우저 API를 사용하는 라이브러리로도 해결할 수 있습니다만, 페이지가 로딩될 때까지 기다려야 하므로 시간이 더 많이 걸립니다. RSS 피드의 기사를 읽을 때 30개 이상이 되는 경우가 많기에 비동기, 동시성 처리를 진행했습니다.

```
chapter9/google_news_multiagent/agents/collector.py
import json
import re
import asyncio
from typing import Optional

import httpx
import feedparser
import trafilatura
from bs4 import BeautifulSoup
```

```python
from utils import convert_gmt_to_kst
from state import NewsState

# ❶ 구글 뉴스 API 관련 상수 정의
GOOGLE_NEWS_BASE_URL = "https://news.google.com"
GOOGLE_NEWS_API_URL = f"{GOOGLE_NEWS_BASE_URL}/_/DotsSplashUi/data/batchexecute"
KOREA_PARAMS = "&hl=ko&gl=KR&ceid=KR:ko"

class RSSCollectorAgent:
    """RSS 피드를 수집하는 에이전트"""

    def __init__(self):
        self.name = "RSS Collector"
        # ❷ 한국 구글 뉴스 RSS 피드 URL 구성
        self.rss_url = f"{GOOGLE_NEWS_BASE_URL}/rss?{KOREA_PARAMS[1:]}"
        self.feed = None

    def load_feed(self) -> None:
        """RSS 피드를 로드합니다."""
        # ❸ feedparser를 사용하여 RSS XML 파싱
        self.feed = feedparser.parse(self.rss_url)

    @staticmethod
    def extract_chosun_content(html_content):
        """조선일보 기사 내용을 특별 처리합니다."""
        # ❹ 조선일보는 Fusion.globalContent에서 기사 추출
        pattern = r"Fusion\.globalContent\s*=\s*({.*?});"
        match = re.search(pattern, html_content, re.DOTALL)

        if match:
            try:
                content_data = json.loads(match.group(1))
```

```python
                texts = []
                # ❺ content_elements 배열에서 텍스트 타입 요소만 추출
                if "content_elements" in content_data:
                    for element in content_data["content_elements"]:
                        if element.get("type") == "text" and "content" in element:
                            texts.append(element["content"])
                    return "\n\n".join(texts)
            except json.JSONDecodeError:
                pass
        return ""

    async def extract_article_url(self, google_news_url: str) -> Optional[str]:
        """
        ❻ Stack Overflow 솔루션 활용
        참조: https://stackoverflow.com/questions/79388897/how-to-scrape-google-rssfeed-links/79388987#79388987
        Google News는 JavaScript를 사용하여 페이지를 리다이렉션시키므로 내부 API를 직접 호출하여 우회
        """
        async with httpx.AsyncClient() as client:
            try:
                # ❼ 구글 뉴스 페이지에서 c-wiz 컴포넌트 데이터 추출
                response = await client.get(google_news_url)
                soup = BeautifulSoup(response.text, "html.parser")

                # c-wiz 태그에서 데이터 추출
                data_element = soup.select_one("c-wiz[data-p]")
                if not data_element:
                    return None

                # ❽ 구글 내부 API 호출을 위한 페이로드 구성
                raw_data = data_element.get("data-p")
```

```python
            json_data = json.loads(raw_data.replace("%.@.", '["garturlreq",'))
            payload = {
                "f.req": json.dumps(
                    [
                        [
                            [
                                "Fbv4je",
                                json.dumps(json_data[:-6] + json_data[-2:]),
                                "null",
                                "generic",
                            ]
                        ]
                    ]
                )
            }

            headers = {
                "content-type": "application/x-www-form-urlencoded;charset=UTF-8",
                "user-agent": "Mozilla/5.0 (Windows NT 10.0; Win64; x64) AppleWebKit/537.36",
            }

            # ❾ Google 내부 API 호출하여 실제 기사 URL 추출
            api_response = await client.post(
                GOOGLE_NEWS_API_URL, headers=headers, data=payload
            )
            cleaned_response = api_response.text.replace(")]}'", "")
            response_data = json.loads(cleaned_response)
            article_url = json.loads(response_data[0][2])[1]
            return article_url

    except Exception:
        return None
```

```python
async def parse_entry(self, entry) -> dict[str, Optional[str]]:
    """RSS 피드 항목을 파싱합니다."""
    # ❿ 구글 뉴스 URL에 한국 파라미터 추가
    google_news_url = entry.link + KOREA_PARAMS

    # ⓫ 실제 기사 URL 추출 및 내용 수집
    original_url = await self.extract_article_url(google_news_url)
    content = ""

    if original_url:
        # ⓬ trafilatura를 사용하여 웹페이지 다운로드
        downloaded = trafilatura.fetch_url(original_url)

        if downloaded:
            if "chosun.com" in original_url:
                # ⓭ 조선일보는 특별한 파싱 로직 적용
                content = self.extract_chosun_content(downloaded)
            else:
                # ⓮ trafilatura로 일반 기사 추출(한국어 최적화)
                content = trafilatura.extract(
                    downloaded,
                    include_comments=False,   # 댓글 제외
                    include_images=False,     # 이미지 제외
                    include_links=False,      # 링크 제외
                    target_language="ko",     # 한국어 최적화
                )

    # ⓯ 파싱된 뉴스 정보를 딕셔너리로 반환
    return {
        "title": entry.title,
        "published_kst": convert_gmt_to_kst(entry.published),
        "source": entry.source.get("title", "Unknown"),
        "google_news_url": google_news_url,
        "original_url": original_url,
```

```python
            "content": content or "",
        }

    async def collect_rss(self, state: NewsState) -> NewsState:
        """RSS 피드를 수집하고 상태를 업데이트합니다."""
        print("--- RSS 피드 수집 시작 ---")

        try:
            if not self.feed:
                self.load_feed()

            # ⓰ 비동기로 모든 엔트리 동시 처리(성능 최적화)
            tasks = [self.parse_entry(entry) for entry in self.feed.entries]
            raw_news = await asyncio.gather(*tasks)

            # ⓱ 수집된 뉴스를 상태 객체에 저장
            state.raw_news = raw_news
            print(f"총 {len(raw_news)}개의 뉴스 기사 수집 완료")

        except Exception as e:
            print(f"RSS 피드 수집 중 오류 발생: {e}")
            state.error_log.append(f"RSSCollectorAgent: {str(e)}")

        return state
```

❶ **구글 뉴스 API 관련 상수 정의** : 구글 뉴스 서비스와 통신하기 위한 기본 URL들을 상수로 정의합니다. _/DotsSplashUi/data/batchexecute는 구글의 내부 API 엔드포인트로, 공식적으로 문서화되지 않은 API입니다. KOREA_PARAMS는 한국어(hl=ko), 한국 지역(gl=KR), 한국 콘텐츠 ID(ceid=KR:ko)를 지정하는 파라미터입니다.

❷ **한국 구글 뉴스 RSS 피드 URL 구성** :

```python
self.rss_url = f"{GOOGLE_NEWS_BASE_URL}/rss?{KOREA_PARAMS[1:]}"
```

KOREA_PARAMS[1:]을 사용하여 앞의 '&' 문자를 제거합니다.

❸ **feedparser를 사용하여 RSS XML 파싱** :

```Python
self.feed = feedparser.parse(self.rss_url)
```

feedparser는 RSS/Atom 피드를 파싱하는 파이썬 라이브러리입니다. XML 형식의 RSS 피드를 파싱하여 파이썬 객체로 변환해줍니다. feedparser가 없다면 httpx를 사용하여 XML을 가져오고, 다시 파싱하는 과정을 거쳐야 하는데 이를 단순하게 해줍니다.

❹ **조선일보는 Fusion.globalContent에서 기사 추출** : 일반적인 텍스트로 이루어진 페이지는 trafilatura를 사용하여 텍스트를 추출할 수 있는데, 조선일보는 리액트 기반의 Fusion 프레임워크를 사용하고 있어서 기사를 추출할 수가 없었기에, 따로 메서드를 만들었습니다. Fusion 프레임워크는 기사 데이터를 Fusion.globalContent라는 자바스크립트 변수에 저장합니다. 정규표현식으로 이 변수의 JSON 데이터를 추출합니다.

❺ **content_elements 배열에서 텍스트 타입 요소만 추출** : 조선일보의 기사는 여러 요소(이미지, 텍스트, 광고 등)로 구성되어 있습니다. 이 중에서 type이 "text"인 요소만 필터링하여 순수한 기사 본문만 추출합니다. 정규표현식에 매칭되는 문자열이 없다면 빈 문자열을 반환합니다 .

❻ **Stack Overflow 솔루션 활용** : extract_article_url() 함수에 작성한 코드는 스택오버플로에 있는 코드를 httpx 및 비동기를 지원하도록 변경한 코드입니다. 이미 설명드렸지만, 구글 뉴스 RSS 피드에 있는 URL로 들어가면 원본 뉴스 URL로 리다이렉션이 되는데, 이때 자바스크립트를 사용하여 리다이렉션을 합니다. http 클라이언트에서 일반적으로 제공하는 방법으로는 실제 기사 URL을 얻을 수 없어, 리다이렉션에 사용되는 자바스크립트를 분석하여 파이썬에서도 동일하게 동작하도록 변경한 코드입니다. 해당 구현은 구글의 API가 변경되면 동작하지 않을 수 있습니다. 이 경우 playwright나 selenium을 사용하여 실제 브라우저를 코드로 구동한 다음 URL을 얻어오는 방법도 있습니다.

❼ **구글 뉴스 페이지에서 c-wiz 컴포넌트 데이터 추출** : c-wiz는 구글이 사용하는 웹 컴포넌트입니다. data-p 속성에는 실제 기사 URL을 얻기 위해 필요한 암호화된 데이터가 들어 있습니다.

❽ **구글 내부 API 호출을 위한 페이로드 구성** : 구글의 내부 자료 형식을 디코딩하고, API 호출에 필요한 형태로 변환합니다. "%.@."는 구글이 사용하는 특수한 플레이스홀더placeholder입니다. headers값도 파이썬 프로그램이 아니라 웹브라우저에서 호출하는 것처럼 변경해줍니다.

❾ **Google 내부 API 호출하여 실제 기사 URL 추출** : API 응답은 중첩된 배열 구조로 되어 있으며, 실제 URL은 [0][2] 위치의 JSON을 파싱한 후 인덱스 1에 위치합니다.

❿ **구글 뉴스 URL에 한국 파라미터 추가** : RSS 피드에서 제공하는 기본 URL을 브라우저에서 접속을 하면 다시 한국 지역 파라미터가 뒤에 붙는 것을 확인할 수 있습니다. 기본 URL에 한국 지역 파라미터를 추가하여 한국 버전의 페이지를 요청합니다.

⓫ **실제 기사 URL 추출 및 내용 수집** : ❿에서 만든 URL을 사용하여 구글 뉴스의 리다이렉션 페이지에서 실제 언론사의 기사 URL을 추출해옵니다.

⓬ **trafilatura를 사용하여 웹페이지 다운로드** : trafilatura는 웹 스크래핑에 특화된 라이브러리로, User-Agent 설정, 인코딩 처리 등을 자동으로 처리해줍니다. trafilatura.fetch_url(URL)을 사용하면 편하게 URL에서 웹페이지를 내려받을 수 있습니다.

⓭ **조선일보는 특별한 파싱 로직 적용** : 조선일보는 trafilatura를 사용한 추출 방법이 작동하지 않아 별도의 extract_chosun_content() 메서드를 사용합니다.

⓮ **trafilatura로 일반 기사 추출 (한국어 최적화)** : 한국어 텍스트 추출을 최적화하고, 댓글, 이미지, 링크 등 불필요한 요소를 제외하여 순수한 기사 본문만 추출합니다.

⓯ **파싱된 뉴스 정보를 딕셔너리로 반환** : 다음 에이전트들이 처리하기 편하도록 수집된 모든 정보를 구조화된 딕셔너리 형태로 반환합니다.

⓰ **비동기로 모든 엔트리 동시 처리(성능 최적화)** : 모든 RSS 엔트리에 대해 비동기 태스크를 생성하고, asyncio.gather()로 동시에 실행합니다. 파이썬의 비동기에 대해 익숙하지 않은 독자분들을 위해 조금 더 길게 설명드리면 다음과 같습니다.

```Python
tasks = [self.parse_entry(entry) for entry in self.feed.entries]
```

self.parse_entry()는 async def로 정의된 비동기 함수이며 실행 시 바로 동작하는 것이 아니라 await 같은 키워드를 사용하거나 asyncio.run(), asyncio.gather() 같은 asyncio의 기능을 통해 이벤트 루프에 제출해야 실행이 시작됩니다. 즉 tasks에는 실행이 되지 않은 self. parse_entry() 함수들이 들어 있습니다 .

```Python
await asyncio.gather(*tasks)
```

*tasks는 tasks 리스트를 풀어서 asyncio.gather(task1, task2, task3, …) 형태로 인자를 전달합니다. asyncio.gather()는 이 모든 코루틴 객체들을 이벤트 루프에 제출하고 "이 작업들을 동시에 시작해줘!"라고 요청합니다. asyncio.gather()는 모든 코루틴이 작업을 완전히 마칠 때까지 기다렸다가, 그 결과들을 모두 모아서 raw_news 변수에 리스트 형태로 반환합니다.

이렇게 비동기로 한 번에 처리한 이유는 parse_entry() 함수 내에 실제 기사 URL 추출 및 해당 본문을 가져와야 하는 네트워크 요청이 있기 때문입니다. 동기 방식으로 처리하면 네트워크 요청마다 대기를 해야 하고, 오래 걸립니다. 하지만 asyncio.gather()를 사용하면, 하나의 기사를 기다리는 시간(네트워크 대기 시간)에 다른 기사들의 작업을 동시에 처리할 수 있으므로 전체 작업 시간이 획기적으로 단축됩니다.

⓱ **수집된 뉴스를 상태 객체에 저장** : 랭그래프는 State 객체를 통해 상태를 다음 에이전트에 전달할 수 있기에, 최종적으로 state에 수집된 뉴스 데이터를 상태 객체에 저장합니다.

9.5.2 뉴스 요약 에이전트

RSS 수집 에이전트에서 어려운 일은 거의 다 했습니다. 이제 LLM을 사용하여 수집된 데이터를 요약해봅시다.

```
chapter9/google_news_multiagent/agents/summarizer.py
import asyncio
from typing import Dict, Any
from langchain_openai import ChatOpenAI
from langchain_core.messages import AIMessage
from langchain_core.prompts import ChatPromptTemplate

from state import NewsState
```

```python
from config import Config

class NewsSummarizerAgent:
    """뉴스를 요약하는 에이전트"""

    def __init__(self, llm: ChatOpenAI):
        self.name = "News Summarizer"
        self.llm = llm
        # ❶ 튜플 형식의 메시지로 간결하게 프롬프트 템플릿 구성
        self.prompt = ChatPromptTemplate.from_messages(
            [
                (
                    "system",  # ❷ 시스템 역할 메시지로 AI의 행동 지침 설정
                    """당신은 전문 뉴스 요약 전문가입니다.
                    주어진 뉴스를 핵심만 간결하게 두세 문장으로 요약해주세요.
                    - 사실만을 전달하고 추측은 피하세요
                    - 중요한 숫자나 날짜는 포함하세요
                    - 명확하고 이해하기 쉽게 작성하세요""",
                ),
                (
                    "human",  # ❸ 사용자 메시지 템플릿에 변수 플레이스홀더 포함
                    "제목: {title}\n내용: {content}\n\n위 뉴스를 두세 문장으로 요약해주세요:",
                ),
            ]
        )

    async def summarize_single_news(self, news_item: Dict[str, Any]) -> Dict[str, Any]:
        """단일 뉴스 요약 (오류 발생 시 원본 내용 반환)"""
        content = news_item.get("content", "")
        try:
            # ❹ 최소 콘텐츠 길이 검증으로 불필요한 API 호출 방지
            if not content or len(content) < 50:
```

```python
            return {**news_item, "ai_summary": content}

        # ❺ LCEL(LangChain Expression Language) 체인 구성
        chain = self.prompt | self.llm
        summary_response = await chain.ainvoke(
            {
                "title": news_item["title"],
                "content": content[:500],
            }
        )
        summary = summary_response.content.strip()
        # ❻ 요약 결과 검증 및 폴백 처리
        return {**news_item, "ai_summary": summary or content}

    except Exception as e:
        # ❼ 간결한 오류 로깅과 원본 반환으로 서비스 연속성 보장
        print(
            f"  [{self.name}] 요약 오류 (Title: {news_item['title']}): {str(e)[:50]}..."
        )
        return {**news_item, "ai_summary": content}  # 오류 시 원본 사용

async def summarize_news(self, state: NewsState) -> NewsState:
    """모든 뉴스를 비동기로 요약"""
    print(f"\n[{self.name}] 뉴스 요약 시작...")

    batch_size = Config.BATCH_SIZE
    summarized_news = []
    raw_news = state.raw_news
    total_news = len(raw_news)

    # ❽ 배치 단위 순차 처리로 API 부하 분산
    for i in range(0, total_news, batch_size):
        batch = raw_news[i : i + batch_size]
```

```python
        batch_num = i // batch_size + 1
        total_batches = total_news + batch_size - 1

        print(f"  배치 {batch_num}/{total_batches} 처리 중...")

        tasks = [self.summarize_single_news(news) for news in batch]
        batch_results = await asyncio.gather(*tasks)
        summarized_news.extend(batch_results)

    # ❾ LangGraph 워크플로 상태 업데이트
    state.summarized_news = summarized_news
    state.messages.append(
        AIMessage(content=f"{len(summarized_news)}개의 뉴스 요약을 완료했습니다.")
    )

    print(f"[{self.name}] 요약 완료\n")
    return state
```

❶ **튜플 형식의 메시지로 간결하게 프롬프트 템플릿 구성** :

```python
self.prompt = ChatPromptTemplate.from_messages([ ... ])
```

랭체인의 ChatPromptTemplate.from_messages()는 대화형 프롬프트를 만드는 기능입니다. 여기에 [("system", "..."), ("human", "...")]처럼 튜플의 리스트를 전달하면, 각 튜플의 첫 번째 요소("system", "human")가 메시지의 역할을, 두 번째 요소가 메시지의 내용을 나타냅니다. 이렇게 하면 코드가 더 간결하고 가독성이 좋아집니다.

❷ **시스템 역할 메시지로 AI의 행동 지침 설정** : system 메시지는 LLM(거대 언어 모델)에게 역할을 부여하고, 따라야 할 지침을 명확하게 전달합니다. 여기서는 모델이 '전문 뉴스 요약 전문가'로서 행동하도록 설정하고, 요약 시 지켜야 할 규칙(사실 기반, 중요 정보 포함, 명확성)을 구체적으로 명시하여 일관되고 높은 품질의 결과물을 얻도록 유도합니다.

❸ **사용자 메시지 템플릿에 변수 플레이스홀더 포함**:

```Python
("human", "제목: {title}\n내용: {content}\n\n위 
뉴스를 두세 문장으로 요약해주세요:"),
```

human 메시지는 사용자가 LLM에게 전달하는 요청을 나타냅니다. {title}과 {content}는 플레이스홀더로, 실제 뉴스 데이터가 동적으로 삽입될 자리를 의미합니다. 나중에 .invoke()나 .ainvoke()를 호출할 때 이 변수들에 해당하는 값을 전달하면, 템플릿이 완성된 프롬프트로 변환됩니다.

❹ **최소 콘텐츠 길이 검증으로 불필요한 API 호출 방지**:

```Python
if not content or len(content) < 50:
    return {**news_item, "ai_summary": content}
```

이 코드는 요약할 내용이 너무 짧거나 없는 경우, 굳이 비싼 LLM API를 호출하지 않도록 막는 가드 레일guard rail 역할을 합니다. 콘텐츠 길이가 50자 미만이면 의미 있는 요약이 어렵다고 판단하고, API 호출 비용을 절약하며 불필요한 작업을 방지합니다.

❺ **LCEL 체인 구성**:

```Python
chain = self.prompt | self.llm
```

랭체인의 핵심 기능인 LCELLangChain Expression Language을 사용해 여러 컴포넌트를 파이프라인처럼 연결하는 부분입니다. | 파이프 기호는 프롬프트(self.prompt)의 출력(생성된 프롬프트)을 LLM 모델(self.llm)의 입력으로 바로 전달하라는 의미입니다. 이렇게 하면 데이터 처리 흐름을 직관적으로 구성할 수 있습니다.

❻ **요약 결과 검증 및 폴백(Fallback) 처리**:

```Python
return {**news_item, "ai_summary": summary or content}
```

LLM이 간혹 비어 있는 문자열을 반환하는 경우가 있습니다. summary or content 구문은 summary가 비어 있거나 None이면, 원래의 content를 대신 사용하도록 하는 안전장치입니다. 이를 통해 요약 결과가 항상 유효한 값을 가지도록 보장합니다.

❼ **간결한 오류 로깅과 원본 반환으로 서비스 연속성 보장** : try…except 블록은 API 호출 중 네트워크 문제나 기타 예외가 발생했을 때 프로그램이 중단되지 않도록 합니다. 오류가 발생하면 간단한 로그를 남기고, 요약 결과 대신 원본 뉴스 내용을 반환하여 전체 프로세스가 멈추지 않고 계속 진행되도록 합니다.

❽ **배치 단위 순차 처리로 API 부하 분산** : 수십 개의 뉴스를 한 번에 처리하면 API에 과도한 부하를 주거나 속도 제한에 걸릴 수 있습니다. 특히 LLM의 경우 많은 요청을 한 번에 보내면 429 too many requests 에러가 나면서 처리가 안 되는 경우가 종종 있습니다. 이 코드는 전체 뉴스 목록을 batch_size만큼의 작은 묶음(배치)으로 나눕니다. 각 배치 내의 뉴스들은 asyncio.gather()를 통해 비동기적으로 동시에 처리되어 효율성을 높이고, 배치 단위로 순차 처리하여 API 서버의 부하를 조절합니다.

❾ **랭그래프 워크플로 상태 업데이트** : 이 에이전트는 랭그래프로 구성된 전체 워크플로의 일부입니다. 요약 작업이 끝나면, 결과물(summarized_news)과 작업 완료 메시지를 state 객체에 저장합니다. 아시다시피 이 state 객체는 워크플로의 여러 단계(노드)에 걸쳐 데이터를 전달하는 중앙 저장소 역할을 합니다. 따라서 여기서 상태를 업데이트하면 다음 단계의 에이전트가 이 요약 결과를 받아 후속 작업을 처리할 수 있습니다. 다음 단계는 뉴스를 카테고리별로 분류하는 겁니다. 다음 에이전트 구현으로 가봅시다.

9.5.3 뉴스 분류 에이전트

세 번째 에이전트입니다. 뉴스를 카테고리별로 분류하는 에이전트를 구현해봅시다.

```
chapter9/google_news_multiagent/agents/organizer.py
import asyncio
from typing import Dict, Any, Tuple
from collections import defaultdict
from langchain_openai import ChatOpenAI
from langchain_core.messages import AIMessage
```

```python
from langchain_core.prompts import ChatPromptTemplate

from state import NewsState
from config import Config

class NewsOrganizerAgent:
    """뉴스를 카테고리별로 정리하는 에이전트"""

    def __init__(self, llm: ChatOpenAI):
        self.name = "News Organizer"
        self.llm = llm
        # '기타' 카테고리를 추가하여 예상치 못한 응답에 대비합니다.
        self.categories = Config.NEWS_CATEGORIES + ["기타"]

        system_prompt = f"""당신은 뉴스 분류 전문가입니다.
주어진 뉴스를 다음 카테고리 중 하나로 정확히 분류해주세요:
{", ".join(Config.NEWS_CATEGORIES)}
반드시 위 카테고리 중 하나만 선택하고, 카테고리 값만 반환하세요."""

        self.categorize_prompt = ChatPromptTemplate.from_messages(
            [
                ("system", system_prompt),
                ("human", "제목: {title}\n요약: {summary}\n\n이 뉴스의 카테고리:"),
            ]
        )
        self.chain = self.categorize_prompt | self.llm

    async def categorize_single_news(
        self, news_item: Dict[str, Any]
    ) -> Tuple[str, Dict[str, Any]]:
        """단일 뉴스의 카테고리 판단"""
        # ❶ LLM 비동기 호출로 뉴스 분류
        response = await self.chain.ainvoke(
            {
```

```python
                "title": news_item["title"],
                "summary": news_item.get("ai_summary", news_item["content"]),
            }
        )
        # ❷ LLM 응답에서 카테고리 추출
        category = response.content.strip()
        return category, news_item

    async def organize_news(self, state: NewsState) -> NewsState:
        """뉴스를 카테고리별로 정리"""
        print(f"\n[{self.name}] 뉴스 분류 시작...")

        summarized_news = state.summarized_news
        total_news = len(summarized_news)
        batch_size = Config.BATCH_SIZE
        # ❸ 분류된 뉴스 저장을 위한 dict
        categorized = defaultdict(list)

        # ❹ 배치 처리를 위한 루프
        for i in range(0, total_news, batch_size):
            batch = summarized_news[i : i + batch_size]
            batch_num = i // batch_size + 1
            total_batches = (total_news + batch_size - 1) // batch_size

            print(f"  배치 {batch_num}/{total_batches} 분류 중...")

            # ❺ 비동기 분류 작업 생성
            tasks = [self.categorize_single_news(news) for news in batch]
            # ❻ 모든 분류 작업 동시 실행
            results = await asyncio.gather(*tasks, return_exceptions=True)

            for result in results:
                if isinstance(result, Exception):
                    print(f"    분류 작업 실패: {result}")
```

```python
                continue
            category, news_item = result
            # ❼ 반환된 카테고리 유효성 검사
            if category in Config.NEWS_CATEGORIES:
                categorized[category].append(news_item)
            else:
                # ❽ 정의되지 않은 카테고리는 '기타'로 처리
                categorized["기타"].append(news_item)

    print("\n  카테고리별 분포:")
    for category in self.categories:
        count = len(categorized.get(category, []))
        if count > 0:
            print(f"    {category}: {count}건")

    # ❾ 상태 객체에 분류 결과 저장
    state.categorized_news = dict(categorized)
    state.messages.append(
        AIMessage(content=f"뉴스를 {len(categorized)}개 카테고리로 분류했습니다.")
    )

    print(f"[{self.name}] 분류 완료\n")
    return state
```

NewsOrganizerAgent에서 작업이 시작되는 부분은 organize_news() 메서드입니다. 여기서는 뉴스 요약 에이전트에서 작업이 완료된 summarized_news 데이터로 카테고리 분류 작업을 진행합니다. 카테고리 분류 작업에 코드로 로직을 만들어서 처리하려 들었다면 매우 어려운 작업이 되었을 겁니다만, 우리는 간단하게 LLM에 요청하여 분류 작업을 진행합니다. LLM에게는 요약된 뉴스를 읽고 카테고리 선정만 해서 값을 반환해달라고 합니다. LLM 요청 또한 네트워크 통신이 일어나는 부분이므로 비동기 처리를 하면 동시에 여러 개의 요청을 처리할 수 있습니다.

❶ **LLM 비동기 호출로 뉴스 분류** : categorize_single_news() 메서드는 요약 뉴스 데이터를 읽고 분류를 LLM에게 요청하는 메서드입니다.

생성자에서 작성한 프롬프트에는 NEWS_CATEGORIES에 있는 항목으로만 분류하고 카테고리 정보만 반환하라고 지시를 했습니다. 비동기로 동작해야 하므로 비동기 메서드인 ainvoke()를 사용합니다. 뉴스의 제목과 AI 요약본(없으면 원본 내용)을 입력으로 전달합니다.

❷ **LLM 응답에서 카테고리 추출** : LLM이 반환한 응답에서 카테고리를 추출합니다. LLM에게 정확하게 지시를 하더라도 공백 처리 등은 하는 것이 좋습니다. 따라서 strip()으로 앞뒤 공백을 제거했습니다.

❸ **분류된 뉴스 저장을 위한 dict** : defaultdict(list)를 사용하여 카테고리별 뉴스 리스트를 자동으로 생성합니다. defaultdict()를 사용한 이유는 키가 없을 때 자동으로 빈 리스트를 생성하여 KeyError를 방지하기 위함입니다.

❹ **배치 처리를 위한 루프** : LLM에게 한 번에 너무 많은 요청을 보내면 제한에 걸려서 '429 (too many request)' 에러가 발생할 수 있으므로 LLM에 동시에 요청을 하는 경우 적당하게 쪼개서 보내는 것이 좋습니다. 이를 위해 한 번에 batch_size만큼 처리하도록 하는 로직을 for loop를 통해 작성합니다. 코드에서는 Config.BATCH_SIZE(기본값 10)만큼씩 뉴스를 묶어서 처리합니다. batch에는 summarized_news 리스트를 배치 크기만큼 자른 리스트가 입력됩니다. batch_num, total_batches 변수는 배치를 몇 번째 실행 중인지 로그를 남기기 위한 변수입니다.

❺ **비동기 분류 작업 생성** : 배치 내 각 뉴스에 대해 비동기 분류 작업을 생성합니다. categorize_single_news() 메서드는 async def로 선언되었으므로 코루틴입니다. asyncio.gather()에 코루틴을 풀어서 넣으면 순차적으로 이벤트 루프에 들어가서 실행합니다.

❻ **모든 분류 작업 동시 실행** : 이제는 아마 익숙한 코드일거라 생각합니다. asyncio.gather()로 모든 분류 작업을 동시에 실행합니다. return_exceptions=True로 개별 작업 실패 시에도 전체 작업이 중단되지 않도록 했습니다.

❼ **반환된 카테고리 유효성 검사** : LLM은 가끔 원하지 않는 값을 출력하는 경우가 있으므로 출력된 카테고리가 유효한지 검사합니다.

❽ **정의되지 않은 카테고리는 '기타'로 처리** : LLM이 예상치 못한 카테고리를 반환하거나 오류가 있을 경우를 대비하여 정의되지 않은 카테고리를 반환하는 경우 '기타'에 넣어서 모든 뉴스가 빠짐없이 분류되도록 안전장치를 넣어두었습니다.

❾ **상태 객체에 분류 결과 저장** : defaultdict를 일반 dict로 변환하여 state 객체에 저장합니다. defaultdict를 굳이 왜 다시 dict 타입으로 바꾸는지 의아하실 수 있습니다. 수집 → 요약 → 분류로 이어지는 작업에서는 카테고리가 추가될 수 있어서 키 확인 없이 데이터를 추가할 수 있는 defaultdict를 사용했습니다만, 분류 이후의 작업(보고서 작성)에는 새로운 카테고리가 저장될 일이 없으므로 실수 방지를 위해 다시 변환하는 것입니다.

이제 에이전트의 마지막 단계인 보고서 작성 에이전트를 만들어봅시다.

9.5.4 보고서 작성 에이전트

마지막 에이전트인 보고서 작성 에이전트입니다. 보고서는 이하 마크다운[3] 형식으로 작성합니다. 마크다운 형식은 GitHub, Notion, VSCode 등에서 바로 확인할 수 있기에 적은 코드로 보고서를 작성하기 유용하다 판단하여 마크다운 형식을 사용했습니다. 작성된 보고서는 state 객체의 final_report 필드에 저장합니다

ReportGeneratorAgent 클래스에는 생성자 외의 메서드는 generate_report 하나입니다. 하나의 함수가 꽤 길게 되어 있습니다만, 코드가 너무 많아지지 않도록 하나의 메서드에 담았습니다. 단계별로 분리하여 generate_report() 함수 내의 코드를 줄이는 것도 방법일 것 같습니다.

generate_report() 코드를 간결하게 만들 목적으로 제너레이터 표현식, 딕셔너리 컴프리헨션, 바다코끼리 연산자 등을 사용했습니다. 혹여나 해당 문법을 익숙하지 않은 독자분께서는 문법을 따로 공부해야 될 수도 있을 것 같습니다. 처음 보면 조금 헷갈리지만, 전혀 어려운 문법은 아니니 코드를 보면서 감을 익히셔도 좋겠습니다.

```
chapter9/google_news_multiagent/agents/reporter.py
from datetime import datetime
from langchain_openai import ChatOpenAI
from langchain_core.messages import AIMessage
```

---
[3] **마크다운 사용법** : https://gist.github.com/ihoneymon/652be052a0727ad59601

```python
from state import NewsState
from config import Config

class ReportGeneratorAgent:
    """최종 보고서를 생성하는 에이전트"""

    def __init__(self, llm: ChatOpenAI):
        self.name = "Report Generator"
        self.llm = llm

    async def generate_report(self, state: NewsState) -> NewsState:
        """최종 보고서 생성"""
        print(f"\n[{self.name}] 보고서 생성 시작...")
        report_parts = []

        current_time = datetime.now().strftime("%Y년 %m월 %d일 %H:%M:%S")
        # ❶ 모든 카테고리의 뉴스 개수를 합산하여 처리된 총 뉴스 수 계산
        total_processed = sum(len(v) for v in state.categorized_news.values())
        header = f"""# Google News 한국 뉴스 AI 요약 리포트

## 기본 정보
- **수집 시간**: {current_time}
- **RSS 소스**: Google News Korea
- **수집 뉴스**: {len(state.raw_news)}건
- **처리 완료**: {total_processed}건"""
        report_parts.append(header)

        # 통계 섹션
        # ❷ 딕셔너리 컴프리헨션으로 각 카테고리별 뉴스 개수 집계
        category_stats = {
            cat: len(news) for cat, news in state.categorized_news.items()
        }
        total_news = sum(category_stats.values())
```

```python
        if total_news > 0:
            # ❸ 마크다운 테이블 헤더 생성(파이프 문자로 열 구분)
            table_header = (
                "| 카테고리 | 뉴스 수 | 비율 |\n|---------|--------|------|\n"
            )
            # ❹ 뉴스 수가 많은 순으로 정렬하여 테이블 행 생성
            table_rows = [
                f"| {cat} | {count}건 | {(count / total_news) * 100:.1f}% |"
                for cat, count in sorted(
                    category_stats.items(), key=lambda x: x[1], reverse=True
                )
                if count > 0
            ]
            stats_table = table_header + "\n".join(table_rows)
            stats_section = f"## 카테고리별 뉴스 분포\n\n{stats_table}"
            report_parts.append(stats_section)

        # 카테고리별 뉴스 섹션 생성
        news_sections = []
        for category in Config.NEWS_CATEGORIES:
            # ❺ Walrus 연산자(:=)로 할당과 조건 검사를 동시에 수행
            if news_list := state.categorized_news.get(category):
                section_header = f"### {category} ({len(news_list)}건)\n"
                # ❻ 카테고리별 표시 개수 제한 (Config.NEWS_PER_CATEGORY = 30)
                display_count = min(len(news_list), Config.NEWS_PER_CATEGORY)

                # ❼ enumerate로 순번 매기며 뉴스 항목 문자열 생성
                news_items_str = "\n".join(
                    f"""#### {i}. {news["title"]}
- **출처**: {news["source"]}
- **발행**: {news.get("published_kst", "")}
- **요약**: {news.get("ai_summary", news["content"])}
- **링크**: [기사 보기]({news["original_url"]})"""
                    for i, news in enumerate(news_list[:display_count], 1)
                )
```

```
            # ❽ 표시되지 않은 나머지 뉴스 개수 계산 및 표시
            remaining = len(news_list) - display_count
            footer = f"\n*... 외 {remaining}건의 뉴스*\n" if remaining > 0 else ""
            news_sections.append(f"{section_header}\n{news_items_str}{footer}")

        if news_sections:
            # ❾ 각 카테고리 섹션을 구분선(---)으로 연결
            report_parts.append(
                "## 카테고리별 주요 뉴스\n\n" + "\n\n---\n\n".join(news_sections)
            )

        if state.error_log:
            errors = "\n".join([f"- {error}" for error in state.error_log])
            report_parts.append(f"## 처리 중 발생한 오류\n\n{errors}")

        # 푸터 생성
        footer = """## 참고사항
- 이 보고서는 AI(LangGraph + LangChain)를 활용하여 자동으로 생성되었습니다.
- 뉴스 요약은 OpenAI GPT 모델을 사용하여 작성되었습니다.
- 카테고리 분류는 AI가 제목과 내용을 분석하여 자동으로 수행했습니다.
- 상세한 내용은 각 뉴스의 원문 링크를 참조하시기 바랍니다."""
        report_parts.append(footer)

        # 최종 보고서 조합
        # ❿ filter(None, ...)로 빈 요소 제거 후 구분선으로 연결
        final_report = "\n\n---\n\n".join(filter(None, report_parts))

        state.final_report = final_report
        state.messages.append(AIMessage(content="최종 보고서가 생성되었습니다."))

        print(f"[{self.name}] 보고서 생성 완료")
        return state
```

❶ **처리된 총 뉴스 수 계산** : total_processed에는 수집 및 처리한 모든 뉴스 개수를 담습니다. state.categorized_news는 {"정치": [...], "경제": [...]} 형태인데, 각 카테고리의 뉴스 리스트 길이를 모두 합하여 총 개수를 구합니다.

문법이 조금 생소할 수 있는데, 다음과 같은 문법을 제너레이터 표현식이라 합니다. 리스트 컴프리헨션과 문법상으로 다른 것은 리스트 컴프리헨션의 대괄호가 소괄호로 변경된 것뿐인데, 리스트 컴프리헨션보다 메모리 효율성이 좋습니다.

```Python
total = sum(len(v) for v in state.categorized_news.values())
```

❷ **카테고리별 뉴스 개수 집계** : 이번에 나오는 문법은 딕셔너리 컴프리헨션입니다. 딕셔너리를 순회하며 처리하는 코드를 간편하게 사용할 수 있도록 해줍니다. 카테고리별로 집계하는 코드이며, 다음과 같은 형태의 데이터가 나옵니다. **{"정치": 15, "경제": 12, ...}**

```Python
category_stats = {cat: len(news) for cat, news in state.categorized_news.items()}
```

❸ **마크다운 테이블 헤더** : table_header 변수에는 마크다운 테이블 상단에 들어가는 헤더를 넣습니다.

```Python
table_header = "| 카테고리 | 뉴스 수 | 비율 |\n|---------|--------|------|\n"
```

\n로 구분된 두 번째 줄이 헤더와 내용을 구분할 수 있게 해줍니다.

❹ **뉴스 수 기준 내림차순 정렬** : 파이썬에서 리스트의 정렬을 변경하고 싶을 때 sorted() 함수를 사용하면 됩니다. x[1]은 (카테고리, 개수) 형식으로 이루어진 튜플에서 두 번째 원소인 '개수' 부분을 의미하며, reverse=True는 역순으로 정렬하라는 뜻이니, 카테고리별로 뉴스 개수가 많은 순서대로 정렬을 하게 됩니다.

```Python
sorted(category_stats.items(), key=lambda x: x[1], reverse=True)
```

❺ **Walrus 연산자 사용** : 바다코끼리 연산자라고도 불리는 Walrus 연산자는 파이썬 3.8에 추가된 할당 표현식입니다.

```Python
if news_list := state.categorized_news.get(category):
```

값을 할당하면서 동시에 조건 검사를 수행합니다. 위 코드에서는 news_list에 카테고리별 뉴스를 할당하면서 해당 데이터가 있는지 확인하고 있으면 if문 다음의 로직을 수행할 수 있게 해줍니다. 해당 연산자를 추가할 때 파이썬의 철학과 맞지 않다고 하여 논란이 많았던 기억이 납니다.[4]

❻ **표시 개수 제한** : display_count에는 카테고리당 최대 30개까지만 표시하도록 min() 함수를 사용하여 값을 할당합니다. 하나의 카테고리에 30개가 넘는 뉴스가 있다면 보고서가 너무 길어지게 되므로 추가했습니다.

❼ **enumerate로 순번 생성** : enumerate(..., 1) 함수를 사용하여 1부터 시작하는 순번을 생성합니다. 또한 슬라이싱을 사용하여 표시할 개수만큼만 처리합니다.

❽ **구분선으로 섹션 연결** :

```Python
"\n\n---\n\n".join(news_sections)
```

마크다운에서 대시 3개를 연달아 사용하면 수평선이 됩니다. 섹션마다 구분을 하기 위해 공간을 비우고 그 사이에 수평선을 넣어주는 코드입니다.

작업이 완료되면 state 객체의 final_report 변수에 저장됩니다. 고생하셨습니다. 이제 에이전트 구현은 완료입니다!

9.5.5 __init__.py

파이썬에서는 디렉터리가 패키지임을 나타내기 위해 초기화 파일 __init__.py를 사용합니다. 파이썬 3.5부터는 이 파일이 없어도 패키지로 인식되지만, agent 패키지 내의 클래스를 간결하게 임포트하려면 __init__.py 파일을 사용하는 것이 좋습니다. 구현은 다음과 같습니다.

---

4 **바다 코끼리 연산자 논란** : https://velog.io/@heka1024/PEP-505%EC%99%80-Walrus-operator

```
chapter9/google_news_multiagent/agents/__init__.py
from .collector import RSSCollectorAgent
from .summarizer import NewsSummarizerAgent
from .organizer import NewsOrganizerAgent
from .reporter import ReportGeneratorAgent

__all__ = [
    "RSSCollectorAgent",
    "NewsSummarizerAgent",
    "NewsOrganizerAgent",
    "ReportGeneratorAgent",
]
```

PYTHONPATH 변수에 프로젝트의 루트 경로를 잡아주면, 임포트 시 프로젝트 루트 경로를 기준으로 임포트를 할 수 있습니다만, 우리 프로젝트는 작은 프로젝트이므로 PYTHONPATH를 잡기보다 초기화 파일을 생성하도록 처리했습니다. 초기화 파일(__init__.py)에서는 상대 경로를 사용하여 클래스를 임포트합니다. __all__ 변수는 파이썬의 특수 변수로, 이 패키지에서 공개적으로 제공할 API 목록을 명시합니다. 다른 모듈에서 from agents import * 형태로 임포트할 때 실제로 가져올 수 있는 항목들을 제한하는 역할을 하며, 여기서는 4개의 에이전트 클래스만 공개 API로 지정하고 있습니다. 초기화 파일에 이렇게 정의되어 있으므로 다른 파일에서 from agents import RSSCollectorAgent와 같은 간결한 방식으로 필요한 에이전트를 임포트할 수 있습니다.

9.6 워크플로 구현하기

워크플로는 랭그래프 워크플로이며 google_news_multiagent 디렉터리 내의 workflow.py 파일에 작성합니다. workflow.py는 4개의 AI 에이전트가 협업하는 뉴스 처리 파이프라인을 구축합니다. 코드는 다음과 같습니다.

chapter9/google_news_multiagent/workflow.py

```python
from langchain_openai import ChatOpenAI
from langgraph.graph import StateGraph, END

from state import NewsState
from agents.collector import RSSCollectorAgent
from agents.summarizer import NewsSummarizerAgent
from agents.organizer import NewsOrganizerAgent
from agents.reporter import ReportGeneratorAgent

def create_news_workflow(llm: ChatOpenAI = None) -> StateGraph:
    """뉴스 처리 워크플로 생성 - RSS 수집 → AI 요약 → 카테고리 분류 → 보고서 생성"""

    # ❶ 각 작업을 담당할 4개의 전문 에이전트 인스턴스 생성
    collector = RSSCollectorAgent()  # RSS 피드 수집 전담
    summarizer = NewsSummarizerAgent(llm)  # AI 요약 생성 전담
    organizer = NewsOrganizerAgent(llm)  # 카테고리 분류 전담
    reporter = ReportGeneratorAgent(llm)  # 보고서 작성 전담

    # ❷ NewsState를 공유 상태로 사용하는 워크플로 그래프 생성
    workflow = StateGraph(NewsState)

    # ❸ 각 에이전트의 메서드를 워크플로 노드로 등록
    workflow.add_node("collect", collector.collect_rss)
    workflow.add_node("summarize", summarizer.summarize_news)
    workflow.add_node("organize", organizer.organize_news)
    workflow.add_node("report", reporter.generate_report)

    # ❹ 워크플로 실행 순서 정의(순차적 파이프라인)
    workflow.set_entry_point("collect")  # 시작점 설정
    workflow.add_edge("collect", "summarize")  # 수집 → 요약
    workflow.add_edge("summarize", "organize")  # 요약 → 분류
    workflow.add_edge("organize", "report")  # 분류 → 보고서
    workflow.add_edge("report", END)  # 보고서 → 종료
```

```
# ❺ 실행 가능한 워크플로 객체로 컴파일하여 반환
return workflow.compile()
```

랭그래프에서 워크플로 작성하는 코드는 이미 익숙할 겁니다. 코드는 총 5개의 부분으로 되어 있습니다.

❶ **각 작업을 담당할 4개의 전문 에이전트 인스턴스 생성** : 뉴스 요약 시스템에는 4개의 에이전트가 필요합니다. 각각 RSS 뉴스 피드 데이터를 수집하는 collector, 뉴스를 요약하는 summarizer, 뉴스들을 분류하는 organizer, 보고서를 작성하는 reporter입니다. summarizer와 organizer에서는 AI 모델에 뉴스 데이터를 주고 결과를 받아야 하기에 ChatOpenAI 타입인 llm을 인자로 넣어주게 됩니다.

❷ 두 번째로는 NewState를 state 객체로 사용하는 워크플로 그래프 인스턴스를 생성합니다.

❸ 세 번째 부분에서는 각 에이전트의 메서드를 워크플로의 노드로 등록합니다.

❹ 네 번째로는 워크플로 실행 순서 정의합니다. collect가 가장 처음이고, 다음이 summarize, 그다음이 organize, 마지막이 report입니다.

❺ 이제 마지막 단계로 워크플로 객체를 컴파일하여 Runnable 객체로 만듭니다. Runnable은 invoke(), ainvoke() 메서드를 가지고 있습니다. 다음은 main.py를 만들고 워크플로를 실행해봅시다.

9.7 메인 실행 파일 구현하기

구슬이 서말이라도 꿰어야 보배라는 속담처럼 코드가 수천 줄이라도 실행이 되어야 프로그램이라 할 수 있습니다. 이번에는 코드를 실행하는 main.py 파일을 만들어봅시다. 실제 프로젝트라면 파일을 하나씩 생성 시 실제로 실행할 수 있는 main.py나 test.py 같은 파일을 먼저 만들 겁니다. 책이라는 한계상 실제로 실행을 해보며 과정을 진행하기에는 많은 분량이 필요하여, 한 번에 많은 코드를 실수 없이 만들 수 있는 것처럼 적어두었습니다만, 실제로는 구현과 실행을 번갈아가며 만드는 것이 일반적일 겁니다. main.py의 코드를 살펴봅시다.

```python
import os
import logging
import asyncio
from datetime import datetime
from langchain_core.messages import HumanMessage
from langchain_openai import ChatOpenAI

from workflow import create_news_workflow
from config import Config
from state import NewsState

# ❶ 로거 설정 - 시스템 실행 중 발생하는 이벤트와 오류를 추적
logging.basicConfig(
    level=logging.INFO, format="%(asctime)s - %(levelname)s - %(message)s"
)
logger = logging.getLogger(__name__)


async def main():
    """Google News AI 멀티에이전트 시스템의 메인 실행 함수"""
    print(
        """
Google News AI 멀티에이전트 시스템
RSS 수집 → AI 요약 → 카테고리 분류 → 리포트 생성
"""
    )
    try:
        # ❷ 설정 유효성 검사 - API 키 존재 여부 확인
        if not Config.validate():
            raise ValueError("API 키가 설정되지 않았습니다. .env 파일을 확인해주세요.")

        print("\n" + "=" * 60)
        print("뉴스 처리 시작")
        print("=" * 60)
```

```python
# ❸ LLM 및 워크플로 초기화 - AI 모델과 처리 파이프라인 생성
llm = ChatOpenAI(
    model=Config.MODEL_NAME,
    max_tokens=Config.MAX_TOKENS,
    api_key=Config.OPENAI_API_KEY,
)
app = create_news_workflow(llm)

# ❹ 워크플로 실행 - 초기 상태 설정 후 비동기로 전체 파이프라인 실행
initial_state = NewsState(
    messages=[HumanMessage(content="Google News RSS 처리를 시작합니다.")]
)
final_state = await app.ainvoke(initial_state)

# ❺ 최종 보고서 저장 및 출력 - 처리 결과를 파일로 저장하고 요약 정보 표시
if not final_state.get("final_report"):
    print("\n생성된 보고서가 없습니다.")
    return

os.makedirs(Config.OUTPUT_DIR, exist_ok=True)
timestamp = datetime.now().strftime("%Y%m%d_%H%M%S")
filename = os.path.join(Config.OUTPUT_DIR, f"news_report_{timestamp}.md")

with open(filename, "w", encoding="utf-8") as f:
    f.write(final_state["final_report"])

print("\n" + "=" * 60)
print("처리 완료")
print("=" * 60)
print(f"\n보고서가 저장되었습니다: {filename}")
print(f"처리된 뉴스: {len(final_state.get('summarized_news', []))}건")
print("\n보고서 미리보기:")
print("-" * 60)
print(final_state["final_report"][:500] + "...")
```

```python
    # ❻ 예외 처리 - 사용자 중단과 일반 오류를 구분하여 처리
    except KeyboardInterrupt:
        print("\n\n사용자에 의해 중단되었습니다.")
    except Exception as e:
        logger.exception("실행 중 오류 발생")
        print(f"\n오류 발생: {e}")


# ❼ 프로그램 진입점 - 비동기 메인 함수를 실행
if __name__ == "__main__":
    asyncio.run(main())
```

main.py는 뉴스 요약 시스템의 메인 실행 파일로, 전체 뉴스 처리 프로세스를 조율하는 중앙 제어 역할을 수행합니다.

❶ **로거 설정** : 로깅 시스템을 초기화합니다. INFO 레벨 이상의 로그를 타임스탬프와 함께 기록하도록 설정하여, 시스템 실행 중 발생하는 중요한 이벤트나 오류를 추적할 수 있게 합니다. 로그는 다음과 같은 형태로 남게 됩니다.

```
<시간> - <로그레벨> - <메시지>
2025-07-12 00:32:59,591 - INFO - HTTP Request: POST
```

❷ **설정 유효성 검사 – API 키 존재 여부 확인** : 프로그램 실행에 필수적인 API 키가 제대로 설정되었는지 검증합니다. Config.validate() 메서드를 사용해 환경 설정을 확인하고, 문제가 있을 경우 명확한 오류 메시지와 함께 프로그램을 종료합니다.

❸ **LLM 및 워크플로 초기화** : 시스템의 핵심 구성 요소들을 초기화합니다. Config에서 가져온 설정값들을 사용하여 ChatOpenAI 인스턴스를 생성하고, 이를 create_news_workflow() 함수에 전달하여 완전한 뉴스 처리 워크플로를 구성합니다.

❹ **워크플로 실행** : 실제 뉴스 처리 작업을 시작합니다. NewsState 객체에 초기 메시지를 설정한 후, app.ainvoke() 메서드를 await하여 비동기적으로 전체 워크플로를 실행합니다. 이 과정에

서 RSS 수집, AI 요약, 카테고리 분류, 보고서 생성이 순차적으로 진행됩니다.

❺ **최종 보고서 저장 및 출력** : 먼저 최종 보고서 문자열이 빈 값인지 검증합니다. 빈 값이면 바로 종료합니다. 그 후 보고서 출력 디렉터리를 생성하고, 타임스탬프가 포함된 파일명으로 보고서를 저장합니다. 저장 후에는 처리 완료 메시지와 함께 저장 위치, 처리된 뉴스 건수, 보고서의 일부 미리보기를 화면에 표시합니다.

❻ **예외 처리** : 예외 처리에서는 두 가지 예외 상황을 처리합니다. KeyboardInterrupt는 사용자가 Ctrl + C 로 프로그램을 중단했을 때 발생합니다. 그 외의 모든 예외는 로거를 통해 상세한 스택 트레이스를 기록하고 사용자에게 오류 메시지를 표시합니다.

❼ **프로그램 진입점** : main.py 파일을 파이썬으로 실행할 때 실행되는 코드입니다. main() 함수에 async def로 비동기 함수 선언이 되어 있으므로, asyncio.run()에 코루틴인 main() 함수를 넣음으로써 실행합니다.

```Python
if __name__ == "__main__":
    asyncio.run(main())
```

9.8 실행 및 보고서 확인하기

VSCode에서는 main.py 파일을 열고 F5 를 눌러서 실행하면 전체 파이프라인이 실행되며 다음과 같은 로그들이 출력됩니다. logger의 info로 출력되는 부분은 제외했습니다. 로그를 꽤 자세하게 넣어두었으니, 동작을 파악하기 수월할 겁니다.

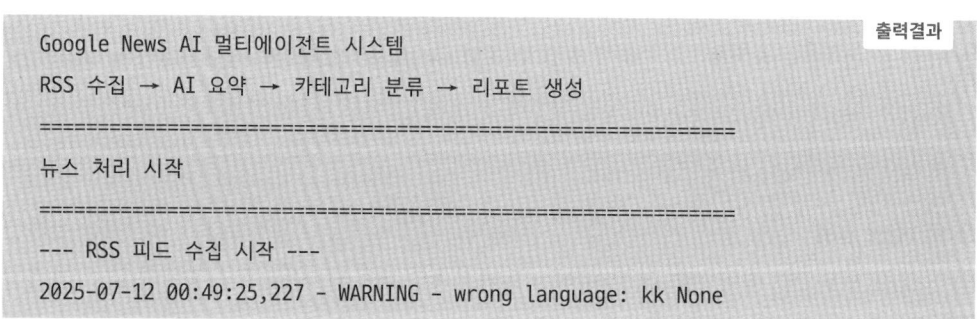

```
2025-07-12 00:49:25,228 - WARNING - discarding data: None
총 33개의 뉴스 기사 수집 완료

[News Summarizer] 뉴스 요약 시작...
    배치 1/4 처리 중...
    배치 2/4 처리 중...
    배치 3/4 처리 중...
    배치 4/4 처리 중...
[News Summarizer] 요약 완료

[News Organizer] 뉴스 분류 시작...
    배치 1/4 분류 중...
    배치 2/4 분류 중...
    배치 3/4 분류 중...
    배치 4/4 분류 중...

    카테고리별 분포:
        정치: 6건
        경제: 6건
        사회: 1건
        문화/연예 : 4건
        IT/과학: 8건
        스포츠: 4건
        국제: 3건
        생활/건강: 1건
[News Organizer] 분류 완료

[Report Generator] 보고서 생성 시작...
[Report Generator] 보고서 생성 완료


============================================================
처리 완료
============================================================

보고서가 저장되었습니다:
```

```
/yozm-ai-agent/chapter9/google_news_multiagent/outputs/news_report_20250712_004943.md
처리된 뉴스: 33건

보고서 미리보기:
------------------------------------------------------------
# Google News 한국 뉴스 AI 요약 리포트

## 기본 정보
- **수집 시간**: 2025년 07월 12일 00:49:43
- **RSS 소스**: Google News Korea
- **수집 뉴스**: 33건
- **처리 완료**: 33건

---

## 카테고리별 뉴스 분포

| 카테고리 | 뉴스 수 | 비율 |
|---------|---------|------|
| IT/과학 | 8건 | 24.2% |
| 정치 | 6건 | 18.2% |
| 경제 | 6건 | 18.2% |
| 문화/연예 | 4건 | 12.1% |
| 스포츠 | 4건 | 12.1% |
| 국제 | 3건 | 9.1% |
| 사회 | 1건 | 3.0% |
| 생활/건강 | 1건 | 3.0% |

---

## 카테고리별 주요 뉴스

### 정치 (6건)
```

```
#### 1. "동대문서 만들어 긴급 공수"… 트럼프 취향저격한 마스가 모자 - 조선일보
- **출처**: 조선일보
- **발행**: 2025-08-03 22:46:00
```

생성된 보고서를 열어보면 다음과 같이 마크다운 형식으로 되어 있습니다.

출력결과

```
# Google News 한국 뉴스 AI 요약 리포트

## 기본 정보
- **수집 시간**: 2025년 07월 12일 00:49:43
- **RSS 소스**: Google News Korea
- **수집 뉴스**: 33건
- **처리 완료**: 33건

---

## 카테고리별 뉴스 분포

| 카테고리 | 뉴스 수 | 비율 |
|---------|--------|------|
| IT/과학 | 8건 | 24.2% |
| 정치 | 6건 | 18.2% |
| 경제 | 6건 | 18.2% |
| 문화/연예 | 4건 | 12.1% |
| 스포츠 | 4건 | 12.1% |
| 국제 | 3건 | 9.1% |
| 사회 | 1건 | 3.0% |
| 생활/건강 | 1건 | 3.0% |

---

## 카테고리별 주요 뉴스

### 정치 (6건)
... 생략
```

VSCode에서는 마크다운 파일의 스타일이 적용된 미리보기 뷰를 제공합니다. 마크다운 파일을 열면, 우측 상단에 다음과 같이 생긴 아이콘을 클릭하면 미리보기 뷰를 볼 수 있습니다.

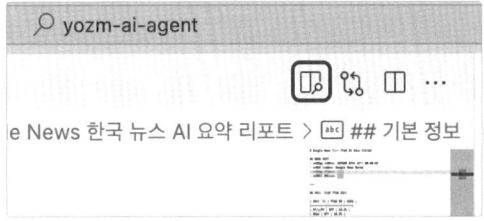

다음은 미리보기의 일부를 캡쳐한 이미지입니다. 꽤 깔끔하게 나옵니다.

조선일보의 경우 요약이 안 되는 문제가 있어서, 추가로 코드를 작성해두었는데, 다른 신문사도 요약이 안 되는 경우가 있습니다. 나머지는 독자의 몫으로 남깁니다. 또한 매일 정해진 시간에 뉴스 요약을 여러분의 메일로 보내보는 것은 어떨까요? 메일 보내는 기능을 추가하고, crontab 등을 사용하여 일정 시간에 뉴스 요약 프로젝트의 main.py 파일을 실행하면 될 겁니다. 이 부분도 독자 여러분의 몫으로 남겨둡니다.

학습 마무리

이번 장에서는 랭그래프와 랭체인을 활용하여 실제로 동작하는 멀티 에이전트 뉴스 요약 시스템을 구축해보았습니다. 단순히 예제 수준이 아닌, 실제 Google News RSS 피드에서 데이터를 수집하고 AI를 활용하여 요약, 분류, 보고서 생성까지 자동화하는 완성도 있는 시스템을 만들었습니다.

특히 다음과 같은 실무적인 기술들을 직접 구현하며 학습했습니다.

- **멀티 에이전트 아키텍처 설계** : 각 에이전트가 특정 작업을 전담하여 복잡한 작업을 단계별로 처리하는 방법을 배웠습니다.
- **비동기 프로그래밍** : asyncio를 활용하여 네트워크 요청이 많은 작업의 성능을 대폭 향상시키는 방법을 실습했습니다.
- **실제 데이터 처리** : RSS 피드 파싱, HTML 텍스트 추출, 특수 케이스(조선일보) 처리 등 실제 데이터를 다룰 때 발생하는 문제들을 해결했습니다.
- **LLM 활용 최적화** : 배치 처리, 에러 핸들링, 프롬프트 엔지니어링 등을 통해 LLM을 효율적으로 활용하는 방법을 익혔습니다.
- **랭그래프 워크플로** : 상태 관리와 노드 연결을 통해 복잡한 파이프라인을 구성하는 방법을 실습했습니다.

이 프로젝트는 기본 형태로도 충분히 유용하지만 여러분이 추가로 확장할 수 있는 가능성도 열어두었습니다. 메일 발송 기능 추가, 스케쥴링, 다른 뉴스 소스 통합, 웹 인터페이스 구축 등 다양한 방향으로 발전시킬 수 있을 겁니다.

실제 현업에서도 이와 같은 방식으로 여러 AI 에이전트를 조합하여 복잡한 업무를 자동화하고 있으며, 이번 장에서 학습한 내용은 그러한 시스템을 구축하는 데 필요한 핵심 기술들입니다.

핵심 키워드

1. RSS(Really Simple Syndication) : 웹사이트의 콘텐츠를 구조화된 형식으로 제공하는 XML 기반 포맷입니다.
2. feedparser : 파이썬의 RSS/Atom 피드 파싱 라이브러리입니다.
3. trafilatura : 웹페이지에서 텍스트를 추출하는 파이썬 라이브러리입니다.
4. StateGraph : 랭그래프에서 상태 기반 워크플로를 정의하는 클래스입니다.
5. asyncio : 파이썬 비동기 프로그래밍 라이브러리입니다.
6. async/await : 비동기 함수 정의와 호출을 위한 파이썬 키워드입니다.
7. asyncio.gather() : 여러 비동기 작업을 동시에 실행하는 함수입니다.
8. Annotated[타입, 리듀서] 패턴 : 상태 필드의 타입과 함께 해당 필드가 업데이트될 때 기존 값과 새 값을 어떻게 병합할지 정의하는 리듀서 함수를 지정하는 방식입니다.
9. 배치 처리(Batch Processing) : 여러 작업을 묶어서 효율적으로 처리하는 방법입니다.
10. Walrus 연산자 (:=) : 파이썬 3.8에 추가된 할당 표현식 연산자입니다.
11. 마크다운(Markdown) : 텍스트 기반의 마크업 언어입니다.
12. defaultdict : 기본값이 자동으로 생성되는 파이썬의 딕셔너리 타입입니다.

Chapter 10

랭그래프와 MCP를 활용한 고급 에이전트 개발

랭그래프와 MCP를 활용하는 에이전트를 만들어봅시다. 랭그래프와 MCP라는 두 가지 강력한 도구를 결합하여, 단순 대화만 하는 챗봇을 넘어 실제로 작업을 수행할 수 있는 고급 AI 에이전트를 개발하는 과정을 상세히 다룹니다. 사용자가 채팅창에 '오늘 날씨 알려줘'나 '최신 뉴스 요약해줘'와 같이 자연어로 명령을 내리면, AI 에이전트가 그 의미를 파악하고 스스로 필요한 도구(날씨 API, 뉴스 검색 등)를 찾아 사용한 뒤, 그 결과를 사용자에게 보여주는 똑똑한 애플리케이션을 직접 만들어볼 겁니다.

그 과정에서 직접 서버와 클라이언트를 구축하며 내부 동작 원리를 깊이 있게 이해하게 됩니다. 이를 이해하게 되면 특정 AI 모델에 종속되지 않고 원하는 모델(예 : GPT, Claude 등)을 자유롭게 선택하고 교체할 수 있는 유연성을 확보할 수 있습니다. 또한 필요에 따라 새로운 기능을 추가하거나 기존 기능을 수정하는 등 자신만의 맞춤형 에이전트로 발전시켜 나가는 즐거움을 경험하게 될 겁니다. 이 장을 마치고 나면, 여러분은 AI 에이전트의 핵심 구성 요소를 이해하고 직접 구축할 수 있는 실무 능력을 갖추게 될 겁니다.

10.1 시스템 아키텍처 및 준비하기

최종 목표는 MCP와 랭그래프를 함께 사용하여 나만의 에이전트를 만드는 것입니다. 이를 위해서는 ❶ MCP 서버 작성, ❷ MCP를 사용하는 랭그래프 워크플로 및 서버 코드 작성, ❸ 간단한 프론트엔드 작성이 필요합니다. 다음은 최종 결과물의 예시입니다.

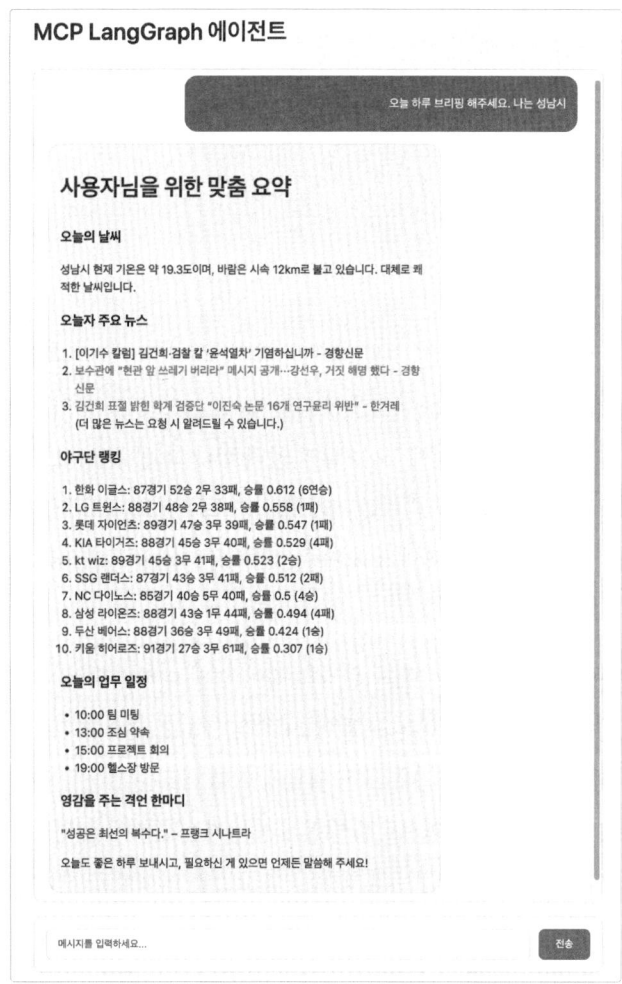

LLM이 출력하는 내용을 스트리밍합니다. 이처럼 예쁘게 출력하려면 꽤나 많은 CSS 코드를 작성해야 합니다. 해당 코드는 소스 코드 저장소(chapter10/mcp_langgraph_agent/static/style.css) 에 있습니다. HTML이나 CSS를 공부하는 책은 아니므로 책에서는 간소화된 8줄짜리 코드를 사용합니다.

10.1.1 아키텍처

프로젝트는 크게 두 가지 주요 구성 요소로 나뉩니다.

1. **MCP 서버** : AI 에이전트가 사용할 수 있는 기능(도구)들을 정의하고, MCP를 통해 외부에서 호출할 수 있도록 제공하는 백엔드 서버입니다. 이전에 만들어 보았던 MCP 서버와 유사합니다. 이전보다 조금 더 많은 도구를 작성합니다.
2. **채팅 에이전트** : 채팅 에이전트는 FastAPI로 구축된 웹 애플리케이션입니다. 랭그래프를 사용하여 리액트 기반 에이전트를 생성하고, MCP 서버에 연결하여 도구를 동적으로 로드합니다. 사용자의 메시지를 받아 에이전트의 응답을 실시간으로 스트리밍하는 채팅 인터페이스를 제공합니다.

다음은 사용자의 요청과 응답의 흐름을 표시한 그림입니다.

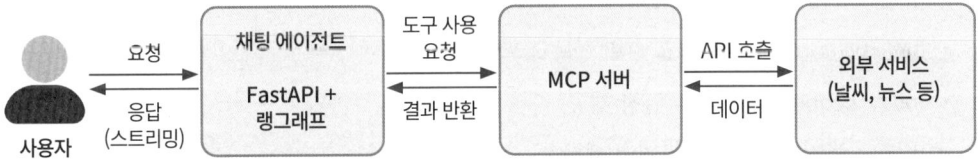

10.1.2 디렉터리 구조

디렉터리 구조는 다음과 같습니다. chapter10 디렉터리 아래에 mcp_langgraph_agent 디렉터리를 만들고 그 하위에 MCP 서버, 채팅 에이전트, 웹 인터페이스를 위한 코드를 작성합니다. chat_agent.py, mcp_server.py, script.js 파일이 핵심적인 내용을 모두 담고 있습니다(각 코드가 150라인 정도 됩니다).

```
        │       └── style.css
        └── templates
                └── index.html
```

CSS는 8줄짜리 간략한 코드를 책에서 제공합니다. 소스 저장소[1]에는 조금 더 많은 스타일이 들어간 버전을 제공합니다. 그럼 MCP 서버부터 만들어봅시다.

10.2 MCP 서버 구축하기

채팅 에이전트가 도구를 사용하려면 MCP 서버가 필요합니다. 7장에서 다룬 파이썬 공식 MCP SDK를 사용하여 MCP 서버를 빠르고 쉽게 구축할 수 있습니다. 제공할 도구 목록은 다음과 같습니다.

- **scrape_page_text** : 웹페이지 텍스트 스크래핑
- **get_weather** : 도시별 현재 날씨 정보 조회
- **get_news_headlines** : 구글 RSS를 통한 최신 뉴스 헤드라인 조회
- **get_kbo_rank** : KBO 리그 순위 정보 조회
- **today_schedule** : 오늘의 일정 제공
- **daily_quote** : 영감을 주는 명언 생성
- **brief_today** : 날씨, 뉴스, 일정, 명언 등을 종합하여 브리핑하는 복합 기능

전체 코드를 한 번에 보여드리면 너무 길기 때문에 조금씩 잘라서 설명드리겠습니다. 실제 코드는 저장소[2]를 참고해주세요. 혹은 책의 내용을 쭉 이어서 코드를 작성해도 됩니다.

10.2.1 웹페이지 스크래핑 도구

다음 코드는 MCP 서버를 초기화하고 첫 번째 도구인 scrape_page_text()를 정의합니다. 이 도구는 주어진 URL에서 텍스트 콘텐츠를 추출하는 역할을 합니다.

---

[1] **style.css** : https://github.com/wapj/yozm-ai-agent/blob/main/chapter10/mcp_langgraph_agent/static/style.css
[2] **mcp server** : https://github.com/wapj/yozm-ai-agent/blob/main/chapter10/mcp_langgraph_agent/mcp_server.py

chapter10/mcp_langgraph_agent/mcp_server.py

```python
import json
import feedparser
import httpx
from bs4 import BeautifulSoup
from langchain_openai import ChatOpenAI
from langchain_core.prompts import ChatPromptTemplate
from mcp.server.fastmcp import FastMCP
from geopy.geocoders import Nominatim

# ❶ MCP 서버 인스턴스 생성
mcp = FastMCP("Yozm-ai-agent")

# ❷ 웹페이지 스크래핑 도구
@mcp.tool()
def scrape_page_text(url: str) -> str:
    """웹페이지의 텍스트 콘텐츠를 스크랩합니다."""
    resp = httpx.get(url)

    if resp.status_code != 200:
        return f"Failed to fetch {url}"
    soup = BeautifulSoup(resp.text, "html.parser")
    # body 태그에서 텍스트를 추출하고 공백을 정리합니다.
    if soup.body:
        text = soup.body.get_text(separator=" ", strip=True)
        return " ".join(text.split())  # 연속된 공백 제거
    return ""
```

❶ FastMCP 인스턴스를 생성합니다. "Yozm-ai-agent"는 MCP 서버의 이름으로, 클라이언트가 이 서버를 식별하는 데 사용됩니다.

❷ @mcp.tool() 데코레이터를 사용하여 함수를 MCP 도구로 등록합니다. 이렇게 등록된 함수는 MCP 프로토콜을 통해 외부에서 호출할 수 있습니다. 웹페이지 스크래핑 도구는 httpx 라이브러리를 사용하여 HTTP GET 요청을 보내고 응답을 받습니다. 다음으로 BeautifulSoup을 사용하

여 HTML을 파싱합니다. 이를 통해 HTML 구조를 쉽게 탐색하고 필요한 데이터를 추출할 수 있습니다. 추출한 텍스트에서 불필요한 공백을 제거하고 정리된 텍스트를 반환합니다.

10.2.2 도시별 현재 날씨 정보 조회

이어서 get_weather 도구를 추가합니다. 이 도구는 먼저 도시 이름을 좌표로 변환한 다음, 외부 API를 호출하여 현재 날씨 정보를 가져옵니다.

```python
# 이전 코드에서 이어서 작성              chapter10/mcp_langgraph_agent/mcp_server.py
# ❸ 도시명을 좌표로 변환하는 헬퍼 함수
def get_coordinates(city_name: str) -> tuple[float, float]:
    """도시 이름을 받아 위도와 경도를 반환합니다."""
    geolocator = Nominatim(user_agent="weather_app_langgraph")
    location = geolocator.geocode(city_name)
    if location:
        return location.latitude, location.longitude
    raise ValueError(f"좌표를 찾을 수 없습니다: {city_name}")


@mcp.tool()
def get_weather(city_name: str) -> str:
    """도시 이름을 받아 해당 도시의 현재 날씨 정보를 반환합니다."""
    print(f"날씨 조회: {city_name}")
    latitude, longitude = get_coordinates(city_name)
    url = f"https://api.open-meteo.com/v1/forecast?latitude={latitude}&longitude={longitude}&current_weather=true"
    response = httpx.get(url)
    result = response.json()
    print(result)
    return json.dumps(result)
```

❸은 Nominatim 라이브러리를 사용하여 도시명을 좌표로 변환합니다. get_weather에는 @mcp.tool() 데코레이터를 붙여서 이제는 MCP 서버의 도구로 등록을 했습니다. LLM에게 '부산 날씨 어때?'라고 물어볼 수 있습니다. 오픈 메테오Open-Meteo API는 '현재 날씨 조회' 용도로는 무

료로 사용할 수 있습니다.

10.2.3 구글 RSS를 통한 최신 뉴스 헤드라인 조회

다음 코드는 get_news_headlines 도구를 정의합니다. 이 도구는 구글 뉴스의 RSS 피드를 가져와 최신 뉴스 헤드라인을 마크다운 목록 형식으로 가공합니다. 구글 RSS 뉴스 관련 코드는 9장에서 다루었습니다. 9장에서 다룬 내용을 축약해서 함수를 만들고 이를 MCP 도구로 등록했습니다.

```python
# 이전 코드에서 이어서 작성                chapter10/mcp_langgraph_agent/mcp_server.py

# ❹ 구글 뉴스 헤드라인 수집 도구
@mcp.tool()
def get_news_headlines() -> str:
    """구글 RSS 피드에서 최신 뉴스와 URL을 반환합니다."""
    rss_url = "https://news.google.com/rss?hl=ko&gl=KR&ceid=KR:ko"
    feed = feedparser.parse(rss_url)

    if not feed.entries:
        return "뉴스를 가져올 수 없습니다."

    news_list = []
    for i, entry in enumerate(feed.entries, 1):
        # feedparser entry 객체에서 직접 속성 접근
        title = getattr(entry, "title", "제목 없음")
        link = getattr(entry, "link", "#")

        # 디버깅을 위한 로그 추가
        print(f"뉴스 {i}: {title} - {link}")

        # None값이나 빈 문자열 처리
        if not title or title == "None":
            title = "제목 없음"
        if not link or link == "None":
            link = "#"
```

```
    # 마크다운 링크 형식으로 포맷팅
    news_item = f"{i}. [{title}]({link})"
    news_list.append(news_item)

# 번호가 매겨진 리스트를 문자열로 반환
return "\n".join(news_list)
```

9장에서는 다양한 라이브러리를 조합하여 뉴스 피드를 마크다운으로 변경했습니다만, 이번에는 feedparser만으로 타이틀과 링크를 가져왔습니다. feedparser는 굉장히 편리한 라이브러리 같습니다.

10.2.4 단순 도구들

이번에는 여러 간단한 도구를 정의합니다. 프로야구 순위를 가져오는 get_kbo_rank(), 하드 코딩된 일정을 반환하는 today_schedule(), 그리고 LLM을 이용해 명언을 생성하는 daily_quote()가 포함됩니다.

chapter10/mcp_langgraph_agent/mcp_server.py

```
# 이전 코드에서 이어서 작성

# ❺ KBO 프로야구 순위 조회 도구
@mcp.tool()
def get_kbo_rank() -> str:
    """한국 프로야구 구단의 랭킹을 가져옵니다"""
    result = httpx.get(
        "https://sports.daum.net/prx/hermes/api/team/rank.json?leagueCode=kbo&seasonKey=2025"
    )
    return result.text

# ❻ 하드코딩된 일정 반환 도구
@mcp.tool()
def today_schedule() -> str:
```

```python
    """임의의 스케줄을 반환합니다."""
    events = ["10:00 팀 미팅", "13:00 점심 약속", "15:00 프로젝트 회의", "19:00 헬스장"]
    return " | ".join(events)


# ❼ LLM을 활용한 명언 생성 도구
@mcp.tool()
def daily_quote() -> str:
    """사용자에게 영감을 주는 명언을 출력합니다"""
    chat_model = ChatOpenAI(model="gpt-5-mini")
    prompt = ChatPromptTemplate.from_messages(
        [
            (
                "system",
                "당신은 오늘 하루의 명언을 알려주는 도우미입니다. 사용자의 명언 요청이 있을시 명언만 출력합니다.",
            ),
            ("human", "오늘의 명언을 출력해주세요. "),
        ]
    )
    chain = prompt | chat_model
    response = chain.invoke({})
    return response.content
```

❺ KBO 야구 순위를 가져오는 코드는 URL에서 데이터만 가져다 반환해주고 해석을 LLM에게 맡깁니다.

❻ 오늘의 스케줄은 원래라면 구글 캘린더나 다른 스케줄러의 API를 사용해야 하는 것이 마땅합니다만, 이를 위해서는 인증이 필요합니다. 인증만 다뤄도 하나의 챕터는 필요하기에 스케줄 관련 코드는 하드코딩했습니다. 관심 있는 독자는 MCP의 인증 스펙 부분[3]을 참고하여 만들어보세요.

❼ 명언 생성 도구는 처음에는 웹에서 명언을 랜덤하게 가져오는 것을 생각했습니다만, LLM에게

---

3 **MCP 인증 스펙**: https://modelcontextprotocol.io/specification/draft/basic/authorization

요청하는 것도 좋겠다는 생각이 들어서 LLM으로 작성해보았습니다. 프롬프트를 조금씩 변경해서 여러분이 원하는 방식으로 변경하는 것도 좋겠습니다.

10.2.5 날씨, 뉴스, 일정, 명언 등을 종합하여 브리핑하는 복합 도구

이번에는 다른 도구를 순차적으로 호출하여 일일 브리핑을 생성하도록 에이전트에게 지시하는 복합 도구 brief_today()를 정의합니다. MCP 명세상으로는 tool, resource, prompt를 각각 정의할 수 있지만, 현재 구현은 tool 위주로 되어 있습니다. 이 때문에 brief_today()처럼 복잡한 지시가 필요한 커스텀 프롬프트는 별도의 '도구'로 만들어 제공하는 방식을 사용합니다. 코드에는 MCP 서버를 실행하는 메인 실행 블록도 포함되어 있습니다.

```
# 이전에서 이어서 작성                    chapter10/mcp_langgraph_agent/mcp_server.py


# ❽ 종합 브리핑 도구(다른 도구를 순차적으로 호출)
@mcp.tool()
def brief_today() -> str:
    """사용자의 하루 시작을 돕기 위해 날씨, 뉴스, 일정 등을 종합하여 전달합니다."""
    return """
다음을 순서대로 실행하고, 실행한 결과를 사용자에게 알려주세요.
첫째로 사용자가 위치한 도시를 파악하세요. 위치를 모른다면, 사용자에게 질문하세요.
둘째로 사용자의 위치를 기반으로 get_weather 도구를 호출하여 날씨 정보를 찾아서 제공합니다.
셋째로 get_news_headlines 도구를 사용하여 오늘의 주요 뉴스를 출력합니다.
넷째로 get_kbo_rank 도구를 사용하여 현재 시간 프로야구 랭킹 및 전적을 리스트 형태로 출력합니다.
다섯째로 today_schedule 도구를 사용하여 오늘 사용자의 일정을 알려줍니다.
마지막으로 daily_quote을 사용하여 명언을 출력하고, 따뜻한 말 한마디를 덧붙입니다.
출력은 다음과 같이 해주세요.
## 사용자님을 위한 맞춤 요약


### 오늘의 날씨
[get_weather의 결과]
```

```
### 오늘자 주요 뉴스
[get_news_headlines의 결과] (링크를 함께 제공합니다)

### 야구단 랭킹
[get_kbo_rank의 결과]

### 오늘의 업무 일정
[today_schedule의 결과]

### 영감을 주는 격언 한마디
[daily_quote의 결과]
"""

# ❾ 메인 실행 부분
if __name__ == "__main__":
    # MCP 서버 실행 (HTTP 스트리밍 모드, 포트 8000)
    mcp.run(transport="streamable-http")
```

❽ brief_today()는 다른 도구를 조합하여 사용하는 지시사항을 반환합니다. 에이전트는 이 지시사항을 해석하여 여러 도구를 순차적으로 호출하고, 결과를 종합하여 브리핑을 생성합니다. 여러 번 테스트해본 경험으로는 출력에 대한 프롬프트 지시가 정확해야 결과물이 좋게 나옵니다. 또한 여러 도구를 사용할 때는 성능이 좋은 LLM을 사용하는 것이 좋습니다.

❾ MCP 서버를 HTTP 스트리밍 모드로 실행합니다. 기본적으로 포트 8000에서 /mcp 엔드포인트를 통해 접근할 수 있습니다.

10.2.6 MCP 서버 확인하기

MCP 서버는 yozm-ai-agent/chapter10/mcp_langgraph_agent 디렉터리로 이동한 다음 python mcp_server.py로 실행할 수 있습니다. MCP 서버의 동작 여부는 클라이언트 작성보다는 포스트맨을 사용하는 것이 좋습니다. MCP 서버가 실행된 상태에서 포스트맨에서 http://localhost:8000/mcp로 연결하면 다음과 같이 도구의 리스트가 나옵니다(포스트맨은 7장을 참고하세요).

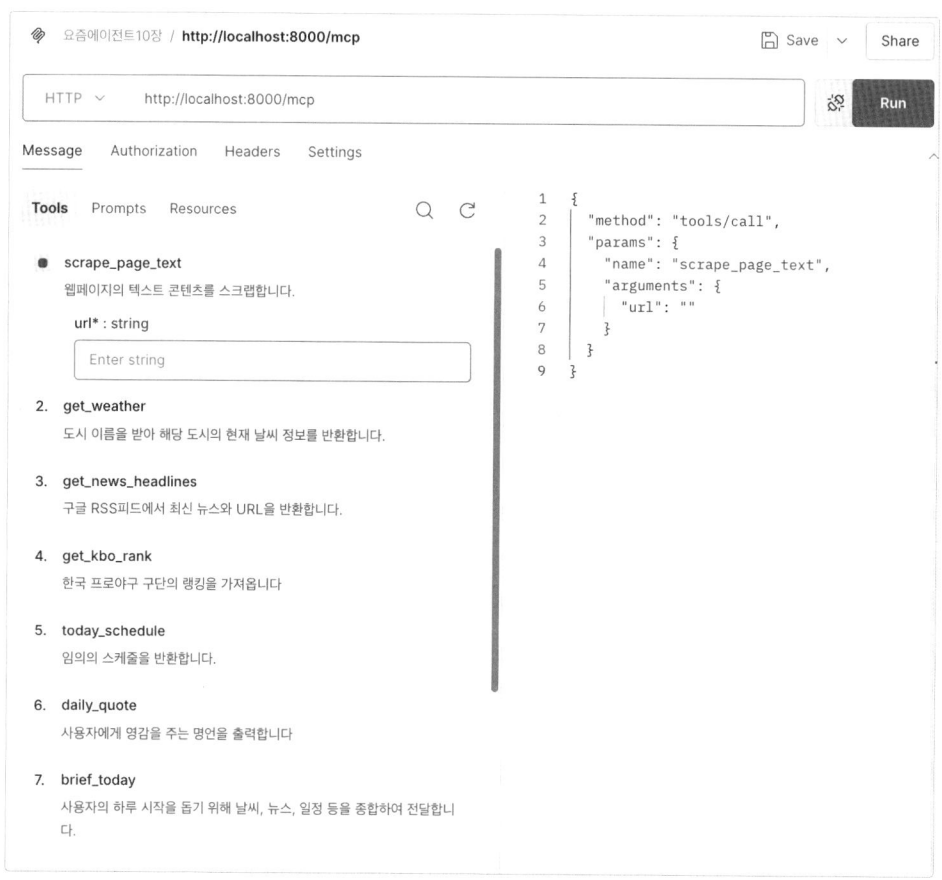

오늘의 명언을 실행하면 다음과 같이 나옵니다.

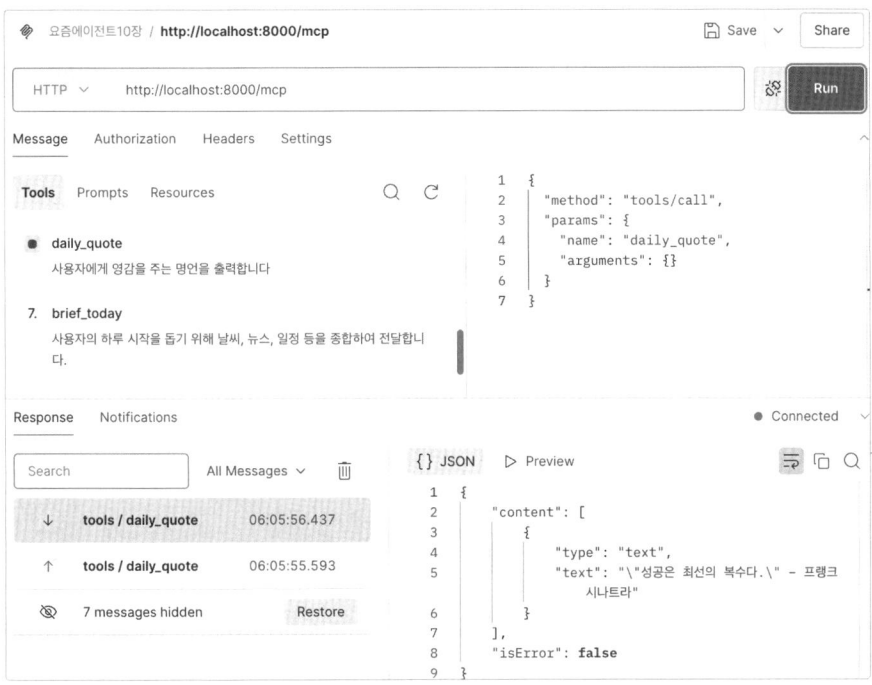

포스트맨으로 MCP 서버가 잘 동작하는 것까지 확인이 됐다면 이제 채팅 에이전트를 작성합시다.

10.3 채팅 에이전트 만들기

채팅 에이전트는 FastAPI를 사용하여 웹 기반 채팅 인터페이스를 제공하는 메인 애플리케이션입니다. 주요 기능은 다음과 같습니다.

- MCP 서버에 연결하여 도구를 불러옵니다.
- 랭그래프의 create_react_agent() 함수를 사용해 금토깽이라는 이름의 ReAct 에이전트를 생성합니다.
- 에이전트는 시스템 프롬프트를 통해 자신의 역할과 사용 가능한 도구를 인지합니다.
- 사용자 요청을 받아 에이전트를 실행하고, 응답을 실시간으로 스트리밍하여 웹 UI에 표시합니다.

채팅 에이전트 부분도 코드가 길기 때문에 코드를 부분부분 떼어서 설명드리겠습니다.

10.3.1 프롬프트 템플릿 생성

이제 채팅 에이전트 애플리케이션 작성을 시작합니다. 이 코드는 "금토깽"이라는 AI 어시스턴트의 시스템 프롬프트를 정의하여, 에이전트의 정체성, 능력, 그리고 따라야 할 원칙들을 설정합니다. 에이전트 시스템에서 시스템 프롬프트는 종종 코드를 작성하는 것보다 중요합니다.

```
chapter10/mcp_langgraph_agent/chat_agent.py
from contextlib import asynccontextmanager
from pathlib import Path
from fastapi import FastAPI, Request, Form
from fastapi.responses import HTMLResponse, StreamingResponse
from fastapi.staticfiles import StaticFiles
from fastapi.templating import Jinja2Templates
from langgraph.prebuilt import create_react_agent
from langgraph.checkpoint.memory import InMemorySaver
from langchain_openai import ChatOpenAI
from langchain_mcp_adapters.tools import load_mcp_tools
from langchain_core.messages import HumanMessage
from langchain_core.prompts import ChatPromptTemplate, MessagesPlaceholder
from mcp import ClientSession
from mcp.client.streamable_http import streamablehttp_client
import uvicorn


# ❶ 에이전트를 위한 프롬프트 템플릿 생성
def create_prompt_template() -> ChatPromptTemplate:
    """에이전트를 위한 프롬프트 템플릿을 생성합니다."""
    system_prompt = """당신은 친절하고 도움이 되는 AI 어시스턴트 "금토깽"입니다.
다음과 같은 도구들을 활용하여 사용자를 도와드릴 수 있습니다:
- 웹페이지의 텍스트 콘텐츠를 스크랩하여 정보를 가져올 수 있습니다.
- 도시 이름을 받아 해당 도시의 현재 날씨 정보를 제공할 수 있습니다.
- 구글 RSS 피드에서 최신 뉴스와 URL을 가져올 수 있습니다.
- 한국 프로야구 구단의 랭킹 정보를 제공할 수 있습니다.
```

- 일정과 스케줄 정보를 확인할 수 있습니다.
- 사용자에게 영감을 주는 명언을 제공할 수 있습니다.
- 사용자의 하루 일정 준비를 도와주는 브리핑 기능이 있습니다.
사용자가 위치한 곳을 안다면 바로 brief_today() 도구의 지침을 따르면 됩니다. 아니라면, 위치를 물어보고 나서 도구의 지침을 따릅니다.

사용자와의 대화에서 다음 원칙을 지켜주세요:
1. 항상 친절하고 정중한 태도로 응답해주세요.
2. 사용자의 질문을 정확히 이해하고 관련된 도구를 적절히 활용해주세요.
3. 최신 뉴스를 요청받으면, 도구의 출력을 그대로 출력하면 됩니다.
4. 응답은 명확하고 이해하기 쉽게 구성해주세요.
5. 필요 시 추가 정보나 설명을 제공하여 사용자에게 더 나은 도움을 주세요.
6. 링크가 포함된 정보를 제공할 때는 [제목](URL) 형태의 마크다운 링크로 제공해주세요.
"""
    return ChatPromptTemplate.from_messages(
        [
            ("system", system_prompt),
            MessagesPlaceholder(variable_name="messages"),
        ]
)
"""
```

❶ 에이전트의 역할과 사용 가능한 도구를 정의하는 시스템 프롬프트를 생성합니다. "금토깽"이라는 이름과 각 도구의 기능을 명시하여 에이전트가 적절히 활용할 수 있도록 합니다. MessagesPlaceholder는 대화 이력을 관리하는 데 사용됩니다.

### 10.3.2 에이전트 생성

랭그래프의 create_react_agent()를 사용하여 ReAct 에이전트를 생성하는 헬퍼 함수 create_agent()를 정의합니다. 이 함수는 언어 모델, 도구, 메모리를 결합하여 에이전트를 구성합니다.
```

```
# 이전 코드에서 이어서 작성                    chapter10/mcp_langgraph_agent/chat_agent.py


# ❷ ReAct 에이전트 생성을 위한 함수
def create_agent(tools):
    """주어진 도구를 사용하여 에이전트를 생성합니다."""
    memory = InMemorySaver()
    prompt = create_prompt_template()
    llm = ChatOpenAI(model="gpt-5-mini")
    return create_react_agent(llm, tools, checkpointer=memory, prompt=prompt)
```

❷ create_agent() 함수는 랭그래프로 리액트 에이전트를 편하게 생성하는 헬퍼 함수입니다. 파라미터로 도구 리스트(tools)를 받습니다. InMemorySaver를 사용하여 대화 이력을 메모리에 저장하고, 모델은 저렴하면서도 성능이 좋은 gpt-5-mini 모델을 사용했습니다. create_react_agent()는 랭그래프에서 자주 사용하는 패턴 중 하나인 ReAct 에이전트를 간편하게 생성하는 함수입니다.

10.3.3 에이전트 사용 준비

우리가 만드는 채팅 에이전트는 FastAPI 기반의 웹 서버 상에서 동작하는 에이전트입니다. FastAPI의 lifespan 기능을 사용하면 애플리케이션 시작 전과 후의 동작을 제어할 수 있습니다. MCP 서버에 연결하고, 도구를 로드한 뒤, 에이전트 실행기를 생성하는 준비 과정을 담당합니다.

```
# 이전 코드에서 이어서 작성                    chapter10/mcp_langgraph_agent/chat_agent.py


# ❸ FastAPI lifespan을 사용한 에이전트 준비
@asynccontextmanager
async def lifespan(app: FastAPI):
    """FastAPI 애플리케이션의 생명주기 동안 MCP 연결 및 에이전트 설정을 관리합니다."""
    print("애플리케이션 시작: MCP 서버에 연결하고 에이전트를 설정합니다...")

    async with streamablehttp_client("http://localhost:8000/mcp") as (read, write, _):
```

```
            async with ClientSession(read, write) as session:
                await session.initialize()
                tools = await load_mcp_tools(session)
                app.state.agent_executor = create_agent(tools)
                print("에이전트 설정 완료. 애플리케이션이 준비되었습니다.")
                yield

        print("애플리케이션 종료.")
        app.state.agent_executor = None
```

❸ FastAPI의 lifespan 기능을 사용하여 애플리케이션 시작 전에 MCP 서버에 연결하고, 도구를 로드한 후 에이전트를 생성합니다. 애플리케이션 종료 시에는 연결을 정리합니다. @asynccontextmanager 데코레이터가 필요한 이유는 FastAPI의 생성자에서 비동기 컨텍스트 매니저를 받도록 되어 있기 때문입니다.

streamablehttp_client()는 파이썬 MCP SDK에서 제공하는 함수로, streamablehttp server의 클라이언트를 생성하는 데 사용합니다. with문으로 감싸면 튜플이 나오는데 각각 read 스트림, write 스트림, 세션 아이디를 얻을 수 있는 콜백 함수입니다. MCP 서버의 세션 아이디를 알아야 할 필요는 없기 때문에 세션 아이디 콜백 함수는 언더바(_)로 처리하여 사용하지 않는 변수임을 표시합니다. read 스트림과 write 스트림은 MCP 서버와 클라이언트 간의 세션을 얻는 데 사용되고, 얻어온 세션은 load_mcp_tools(session) 함수에 파라미터로 사용하여 MCP 서버에서 도구 리스트를 얻는 데 사용합니다. 도구 리스트는 앞(10.3.2절 '에이전트 생성')에서 만든 create_agent(tools) 함수에 넘겨서 에이전트 객체를 얻어옵니다. 에이전트 객체는 FastAPI의 전역 객체인 app.state에 agent_executor라는 이름으로 저장합니다. 과정이 조금 복잡했지만, 이제 에이전트를 사용할 준비가 되었네요!

10.3.4 FastAPI 앱 설정

우리가 만들고자 하는 것은 채팅 에이전트이지만, 웹 기반으로 동작하기에 준비해야 할 것들이 좀 있습니다. 자바스크립트와 CSS 같은 정적 파일은 어디에 둘 것인지, index.html을 템플릿 파일로 둘 텐데 파일 경로는 어디로 할지 등입니다. 이와 관련된 코드를 작성해봅시다. 정적 파일(CSS, 자바스크립트 등)을 위한 디렉터리를 마운트하고, HTML 페이지를 렌더링하기 위해 Jinja2 템플릿 엔진을 구성합니다.

```python
# 이전 코드에서 이어서 작성
                                          chapter10/mcp_langgraph_agent/chat_agent.py

# ❹ FastAPI 앱 인스턴스 생성 및 정적 파일 설정
# lifespan 관리자를 사용하여 FastAPI 앱 인스턴스 생성
app = FastAPI(lifespan=lifespan)

# 정적 파일 마운트
static_path = Path(__file__).resolve().parent / "static"
app.mount("/static", StaticFiles(directory=static_path), name="static")

# chat_agent.py 파일의 위치를 기준으로 templates 디렉터리의 절대 경로를 계산
templates_path = Path(__file__).resolve().parent / "templates"
templates = Jinja2Templates(directory=templates_path)
```

❹ 10.3.3절 '에이전트 사용 준비'에서 lifespan() 함수에 내용을 채워넣었습니다. 이를 FastAPI 클래스 생성자에 넘겨주어야 합니다.

다음으로 정적 파일을 어디에 둘지 결정해야 합니다. Path(__file__).resolve()까지 수행하면 chapter10/mcp_langgraph_agent/chat_agent.py가 나옵니다. 한 단계 위의 경로인 Path(__file__).resolve().parent를 하면 chapter10/mcp_langgraph_agent가 됩니다. 이 디렉터리 아래의 static 디렉터리에 css, js 등의 정적 파일을 설정하겠습니다. 템플릿 파일의 경로도 같은 로직으로 되어 있습니다. 템플릿 엔진은 플라스크Flask에서부터 많이 사용하는 Jinja2를 사용합니다.

10.3.5 라우팅 및 스트리밍 응답

준비가 끝났으니, 이제 실제 동작에 사용할 코드를 작성해봅시다. 채팅 에이전트 앱은 매우 단순합니다. 메인 페이지 엔드포인트(/)와 채팅 API 엔드포인트(/chat)로 이루어졌습니다. 채팅은 랭그래프의 astream_events()를 사용하여 응답을 스트리밍합니다.

```python
# 이전 코드에서 이어서 작성
# chapter10/mcp_langgraph_agent/chat_agent.py

# ❺ 메인 페이지 라우트
@app.get("/", response_class=HTMLResponse)
async def read_root(request: Request):
    """메인 채팅 페이지를 렌더링"""
    return templates.TemplateResponse("index.html", {"request": request})

# ❻ 에이전트 응답 스트리밍 함수
async def stream_agent_response(agent_executor, message: str, session_id: str):
    """에이전트의 응답을 스트리밍하는 비동기 제너레이터"""
    if agent_executor is None:
        yield "에이전트가 아직 준비되지 않았습니다. 잠시 후 다시 시도해주세요."
        return

    try:
        config = {"configurable": {"thread_id": session_id}}
        input_message = HumanMessage(content=message)

        # astream_events를 사용하여 응답 스트리밍
        async for event in agent_executor.astream_events(
            {"messages": [input_message]},
            config=config,
            version="v1",
        ):
            kind = event["event"]
            if kind == "on_chat_model_stream":
                content = event["data"]["chunk"].content
                if content:
                    # 스트리밍된 콘텐츠를 클라이언트로 전송
                    yield content
            elif kind == "on_tool_start":
                # 도구 사용 시작을 클라이언트에 알릴 수 있습니다.
```

```python
                    print(f"Tool start: {event['name']}")
                elif kind == "on_tool_end":
                    # 도구 사용 완료를 클라이언트에 알릴 수 있습니다.
                    print(f"Tool end: {event['name']}")

    except Exception as e:
        print(f"스트리밍 중 오류 발생: {e}")
        yield f"오류가 발생했습니다: {e}"

# ❼ 채팅 API 엔드포인트
@app.post("/chat")
async def chat(request: Request, message: str = Form(...), session_id: str = 
Form(...)):
    """사용자 메시지를 받아 에이전트의 응답을 스트리밍합니다."""
    agent_executor = request.app.state.agent_executor
    return StreamingResponse(
        stream_agent_response(agent_executor, message, session_id),
        media_type="text/event-stream",
    )

# ❽ 메인 실행 부분
if __name__ == "__main__":
    uvicorn.run(app, host="0.0.0.0", port=8001)
```

❺ 루트 경로("/")로 접속하면 채팅 UI인 index.html을 렌더링합니다. 채팅 UI 관련은 잠시 후 10.4절 '웹 인터페이스 만들기'에서 알아보겠습니다.

❻ stream_agent_response() 함수가 아마 이번 장에서 가장 어려운 함수일 겁니다. 이 함수는 에이전트의 응답을 실시간으로 스트리밍하는 비동기 제너레이터입니다. config = {"configurable": {"thread_id": session_id}}는 채팅창에서 이전 대화를 기억할 수 있도록 session_id를 설정하는 코드입니다. session_id는 자바스크립트에서 생성된 값입니다. 응답을 스트리밍을 하기 위해 랭그래프의 astream_events() 함수를 사용하여 에이전트의 처리 과정을 이벤트 단위로 받아 처리합니다. on_chat_model_stream 이벤트에서는 실제 텍스트 응답을

추출하여 클라이언트로 전송합니다. 또한 on_tool_start에서 도구 사용 시작을, on_tool_end 에서 종료를 서버의 로그로 남깁니다. 이벤트의 종류와 설명은 랭그래프의 astream_event 문서[4]에서 확인할 수 있습니다. 구현을 간단하게 하기 위해 우리가 만드는 채팅 에이전트는 AI 모델의 메시지만 스트리밍으로 출력하겠습니다.

❼ /chat으로 POST 요청이 오면 사용자 메시지와 세션 ID를 받아 에이전트를 실행하고, Server-Sent Events(SSE) 형식으로 응답을 스트리밍합니다. SSE 방식은 반드시 응답의 Content Type을 text/event-stream으로 해야 합니다. StreamingResponse 클래스에 media_type을 text/event-stream으로 선언하면 됩니다.

❽ uvicorn을 사용하여 FastAPI 앱을 포트 8001에서 실행합니다. MCP 서버가 8000번 포트를 사용하므로 다른 포트를 사용합니다.

10.4 웹 인터페이스 만들기

인터페이스로는 익숙하고 사용하기 편리한 웹을 선택했습니다. 웹페이지에서는 사용자가 채팅 에이전트와 상호 작용할 수 있는 간단한 채팅창이 있는 페이지를 제공합니다. HTML 템플릿과 자바스크립트로 구성되어 있으며, 실시간 스트리밍 응답을 처리하고 마크다운 렌더링을 지원합니다.

10.4.1 HTML 템플릿

다음은 채팅 웹 인터페이스의 기본 구조를 정의하는 HTML 코드입니다. 이 코드는 메시지를 표시할 채팅 박스와 사용자 입력을 위한 폼을 설정하고, 필요한 자바스크립트 라이브러리를 포함합니다.

```
                              chapter10/mcp_langgraph_agent/templates/index.html
<!DOCTYPE html>
<html lang="ko">
<head>
```

---

[4] **astream_event 문서** : https://python.langchain.com/api_reference/langchain/agents/langchain.agents.agent.AgentExecutor.html#langchain.agents.agent.AgentExecutor.astream_events

```html
    <meta charset="UTF-8">
    <meta name="viewport" content="width=device-width, initial-scale=1.0">
    <title>MCP LangGraph 에이전트</title>
    <link rel="stylesheet" href="{{ url_for('static', path='/style.css') }}">
    <!-- ❶ marked.js 라이브러리 추가 -->
    <script src="https://cdn.jsdelivr.net/npm/marked/marked.min.js"></script>
</head>
<body>
    <h1>MCP LangGraph 에이전트</h1>
    <!-- ❷ 채팅 메시지 표시 영역 -->
    <div id="chat-box"></div>
    <!-- ❸ 채팅 입력 폼 -->
    <form id="chat-form">
        <input type="text" id="chat-input" placeholder="메시지를 입력하세요..." autocomplete="off">
        <button id="send-button">전송</button>
    </form>

    <!-- ❹ 자바스크립트 파일 로드 -->
    <script src="{{ url_for('static', path='/script.js') }}"></script>
</body>
</html>
```

❶ marked.js는 마크다운을 HTML로 변환하는 자바스크립트 라이브러리입니다. 에이전트가 반환하는 마크다운 형식의 응답(링크, 리스트, 제목 등)을 보기 좋게 렌더링하는 데 사용합니다. marked.js 파일은 따로 내려받지 않고 CDN을 통해 로드합니다.

❷ chat-box는 사용자와 에이전트 간의 대화 내용이 표시되는 영역입니다. 자바스크립트에서 이 영역에 메시지를 동적으로 추가합니다.

❸ 사용자가 메시지를 입력하고 전송할 수 있는 폼입니다. autocomplete="off"를 설정하여 이전 입력 내용이 자동 완성되지 않도록 했습니다.

❹ Jinja2 템플릿 엔진의 url_for() 함수를 사용하여 script.js 파일의 경로를 동적으로 생성합니

다. 이렇게 하면 애플리케이션의 URL 구조가 변경되어도 자동으로 올바른 경로를 찾을 수 있습니다.

10.4.2 자바스크립트 클라이언트 로직

script.js 파일은 사용자 입력을 처리하고, 서버와 통신하며, 스트리밍 응답을 화면에 표시하는 클라이언트 측 로직을 담당합니다. 주요 기능은 다음과 같습니다.

- 고유한 세션 ID 생성 및 관리
- 사용자 메시지 전송 및 표시
- 서버의 스트리밍 응답을 실시간으로 받아 표시
- 마크다운 형식의 응답을 HTML로 변환하여 렌더링

전체 코드가 150줄로 조금 긴 편입니다. 부분별로 나누어 설명하겠습니다.

마크다운 렌더러 설정

클라이언트 측 자바스크립트의 첫 부분입니다. 이 코드는 marked.js 라이브러리를 실정하여 채팅 메시지에 포함된 링크가 더 나은 사용자 경험을 위해 새 브라우저 탭에서 열리도록 합니다.

chapter10/mcp_langgraph_agent/static/script.js

```javascript
// ❶ marked.js 설정: 링크가 새 창에서 열리도록 설정
// 이 설정은 전역적으로 적용되므로, 앱 초기화와 분리할 수 있습니다.
const renderer = {
  link(href, title, text) {
    // marked.js의 기본 링크 렌더러를 호출합니다.
    const link = marked.Renderer.prototype.link.call(this, href, title, text);
    // 생성된 <a> 태그에 target="_blank"와 rel="noreferrer"를 추가합니다.
    return link.replace("<a", "<a target='_blank' rel='noreferrer' ");
  },
};

marked.use({
```

```
    renderer,
});
```

❶ marked.js의 렌더러를 커스터마이징하여 모든 링크가 새 창에서 열리도록 설정합니다. 에이전트가 뉴스 링크나 웹페이지 URL을 제공할 때, 사용자가 현재 채팅 창을 벗어나지 않고 정보를 확인할 수 있도록 합니다. rel="noreferrer"는 보안을 위해 추가합니다.

세션 ID 생성 함수

generateSessionId() 함수는 타임스탬프와 랜덤 문자열을 조합하여 각 채팅 세션에 대한 고유 ID를 생성합니다. 이 ID는 서버가 대화 기록을 관리하는 데 필수적입니다.

chapter10/mcp_langgraph_agent/static/script.js

```javascript
// 이전 코드에서 이어서 작성

// ❷ 고유한 세션 ID를 생성합니다.
/**
 * 고유한 세션 ID를 생성합니다.
 * @returns {string} 생성된 세션 ID
 */
const generateSessionId = () => {
  const timestamp = Date.now();
  const randomString = Math.random().toString(36).substring(2, 9);
  return `session_${timestamp}_${randomString}`;
};
```

❷ 타임스탬프와 랜덤 문자열을 조합하여 고유한 세션 ID를 생성합니다. 이 세션 ID는 서버에서 대화 이력을 관리하는 데 사용됩니다.

ChatApp 모듈 : 초기화 및 이벤트 처리

이 코드는 채팅 애플리케이션의 핵심 로직을 담고 있는 ChatApp 모듈을 정의합니다. init() 함수는 앱을 초기화하고, handleFormSubmit() 함수는 사용자가 메시지를 전송할 때 이를 처리합니다.

```javascript
// 이전 코드에서 이어서 작성

// ❸ 채팅 애플리케이션을 관리하는 모듈
/**
 * 채팅 애플리케이션을 관리하는 모듈
 */
const ChatApp = {
  // DOM 요소들을 저장할 객체
  elements: {
    chatForm: null,
    chatInput: null,
    chatBox: null,
  },
  // 세션 ID
  sessionId: null,

  /**
   * 애플리케이션을 초기화합니다.
   */
  init() {
    // DOM 요소들을 찾아서 저장합니다.
    this.elements.chatForm = document.getElementById("chat-form");
    this.elements.chatInput = document.getElementById("chat-input");
    this.elements.chatBox = document.getElementById("chat-box");

    // 세션 ID를 생성하고 로그에 기록합니다.
    this.sessionId = generateSessionId();
    console.log("새로운 세션 ID:", this.sessionId);

    // 이벤트 리스너를 등록합니다.
    this.elements.chatForm.addEventListener(
      "submit",
      this.handleFormSubmit.bind(this)
    );
```

```
    },

    // ❹ 채팅 폼 제출 이벤트를 처리합니다.
    /**
     * 채팅 폼 제출 이벤트를 처리합니다.
     * @param {Event} e - 폼 제출 이벤트
     */
    async handleFormSubmit(e) {
      e.preventDefault();
      const message = this.elements.chatInput.value.trim();

      if (!message) {
        return;
      }

      // 사용자 메시지를 화면에 추가합니다.
      this.appendMessage("user", message);
      this.elements.chatInput.value = "";

      // 봇의 응답을 스트리밍하기 시작합니다.
      const botMessageElement = this.createMessageElement("bot");
      await this.streamBotResponse(message, botMessageElement);
    },
```

❸ ChatApp은 채팅 애플리케이션의 모든 기능을 담은 모듈 객체입니다. init() 메서드는 DOM 요소를 찾아 저장하고, 세션 ID를 생성하며, 이벤트 리스너를 등록합니다.

❹ handleFormSubmit() 메서드는 사용자가 메시지를 제출할 때 실행됩니다. 빈 메시지는 무시하고, 유효한 메시지는 화면에 추가한 후 봇의 응답을 요청합니다.

스트리밍 응답 처리

streamBotResponse() 함수는 백엔드와의 핵심 통신을 담당합니다. 사용자의 메시지를 /chat 엔드포인트로 보내고, 서버의 스트리밍 응답을 실시간으로 처리하여 채팅 UI를 업데이트합니다.

```javascript
// 이전 코드에서 이어서 작성

// ❺ 서버로부터 봇의 응답을 스트리밍합니다.
/**
 * 서버로부터 봇의 응답을 스트리밍합니다.
 * @param {string} message - 사용자가 보낸 메시지
 * @param {HTMLElement} botMessageElement - 봇 메시지를 표시할 요소
 */
async streamBotResponse(message, botMessageElement) {
  try {
    const response = await fetch("/chat", {
      method: "POST",
      headers: { "Content-Type": "application/x-www-form-urlencoded" },
      body: new URLSearchParams({
        message: message,
        session_id: this.sessionId,
      }),
    });

    if (!response.ok) {
      throw new Error(`HTTP error! status: ${response.status}`);
    }

    const reader = response.body.getReader();
    const decoder = new TextDecoder();
    let content = "";

    // 스트림을 읽어서 화면에 점진적으로 표시합니다.
    while (true) {
      const { value, done } = await reader.read();
      if (done) break;

      content += decoder.decode(value, { stream: true });
      botMessageElement.innerHTML = marked.parse(content);
```

```
        this.scrollToBottom();
      }
    } catch (error) {
      console.error("스트리밍 중 오류 발생:", error);
      botMessageElement.innerHTML =
        "죄송합니다. 메시지를 처리하는 중 오류가 발생했습니다.";
    }
  },
```

❺ streamBotResponse() 메서드는 서버의 스트리밍 응답을 처리합니다. URLSearch Params를 사용하여 유저의 메시지와 세션 ID를 application/x-www-form-urlencoded 형식으로 전송합니다. 다음으로 ReadableStream의 getReader()를 사용하여 응답을 청크 단위로 읽고, 각 청크가 도착할 때마다 전체 콘텐츠를 다시 마크다운으로 파싱하여 렌더링합니다.

UI 관련 헬퍼 메서드들

마지막 자바스크립트 코드는 UI 관리를 위한 헬퍼 함수들을 포함합니다. 이 함수들은 새로운 메시지 요소를 만들고, 채팅창에 추가하며, 항상 최신 메시지가 보이도록 자동으로 스크롤하는 역할을 합니다.

```
// 이전 코드에서 이어서 작성                    chapter10/mcp_langgraph_agent/static/script.js

  // ❻ 새로운 메시지 요소를 생성하고 DOM에 추가합니다.
  createMessageElement(sender) {
    const messageElement = document.createElement("div");
    messageElement.classList.add("message", `${sender}-message`);
    this.elements.chatBox.appendChild(messageElement);
    this.scrollToBottom();
    return messageElement;
  },

  // ❼ 메시지를 화면에 추가합니다.
  appendMessage(sender, text) {
```

```
    const messageElement = this.createMessageElement(sender);
    messageElement.innerHTML = marked.parse(text);
  },

  // ❽ 채팅 박스를 맨 아래로 스크롤합니다.
  scrollToBottom() {
    this.elements.chatBox.scrollTop = this.elements.chatBox.scrollHeight;
  },
};

// ❾ DOM이 로드되면 애플리케이션을 초기화합니다.
document.addEventListener("DOMContentLoaded", () => {
  ChatApp.init();
});
```

❻ createMessageElement() 메서드는 새로운 메시지 div 요소를 생성하고 적절한 CSS 클래스를 추가합니다. user-message와 bot-message 클래스로 구분하여 스타일링할 수 있습니다.

❼ appendMessage() 메서드는 메시지 요소를 생성하고 마크다운을 파싱하여 내용을 추가합니다. 사용자 메시지도 마크다운으로 파싱되므로 코드 블록이나 링크 등을 입력할 수 있습니다.

❽ scrollToBottom() 메서드는 새 메시지가 추가될 때마다 채팅 박스를 가장 아래로 스크롤하여 최신 메시지가 항상 보이도록 합니다.

❾ DOMContentLoaded 이벤트를 사용하여 DOM이 완전히 로드된 후에 ChatApp을 초기화합니다. 이렇게 하면 모든 DOM 요소가 준비된 상태에서 애플리케이션이 시작됩니다.

10.4.3 CSS 스타일

다음은 채팅 인터페이스의 스타일을 정의하는 8줄짜리 간단한 CSS 코드입니다. 채팅창, 메시지 버블, 입력 폼의 레이아웃, 색상, 폰트 등을 설정합니다. index.html에 있는 style.css 파일명을 변경해서 사용하면 됩니다. 실제 풀 버전은 소스 코드 저장소를 참고해주세요.

chapter10/mcp_langgraph_agent/static/style_simple.css

```css
body { font-family: Arial; max-width: 800px; margin: 0 auto; padding: 20px; }
#chat-box { height: 400px; overflow-y: auto; border: 1px solid #ccc; padding: 10px; margin-bottom: 10px; }
#chat-form { display: flex; gap: 10px; }
.message { margin-bottom: 10px; padding: 8px; border-radius: 8px; max-width: 70%; }
.user-message { background: #007bff; color: white; margin-left: auto; text-align: right; }
.bot-message { background: #f1f1f1; }
#chat-input { flex: 1; padding: 8px; border: 1px solid #ccc; }
#send-button { padding: 8px 16px; background: #007bff; color: white; border: none; cursor: pointer; }
```

심플 CSS 스타일을 적용한 화면은 다음과 같습니다.

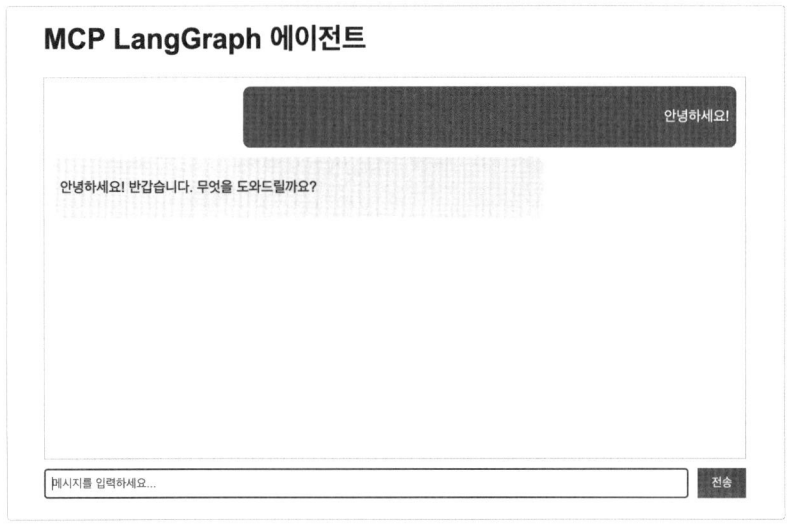

10.5 MCP 서버와 에이전트 실행 및 테스트하기

지금까지 MCP 서버와 채팅 에이전트의 모든 구성 요소를 만들었습니다. 이제 두 서버를 각각 실행하고 웹브라우저에서 접속하여 우리가 만든 '금토깽' 에이전트가 잘 작동하는지 테스트해볼 차례입니다. 날씨, 뉴스, 오늘의 브리핑 등 다양한 기능을 직접 시험해보며 결과를 확인해봅시다.

10.5.1 MCP 서버의 실행

MCP 서버를 터미널에서 실행해봅시다. 파이썬 가상 환경을 활성화한 후 mcp_server.py 스크립트를 실행합니다.

```
cd yozm-ai-agent
source .venv/bin/activate #  맥OS, 리눅스
.\venv\Scripts\Activate.ps1 # 윈도우
```
터미널

다음으로 프로젝트 디렉터리로 이동하여 실행합시다.

```
cd chapter10/mcp_langgraph_agent
python mcp_server.py
# uv 사용 시
uv run mcp_server.py
```
Python

다음과 같이 출력이 나오면 성공입니다. MCP 서버는 8000번 포트로 실행되고 있습니다.

```
INFO:     Started server process [10371]
INFO:     Waiting for application startup.
[07/20/25 22:56:05] INFO     StreamableHTTP session manager started
streamable_http_manager.py:109
INFO:     Application startup complete.
INFO:     Uvicorn running on http://127.0.0.1:8000 (Press CTRL+C to quit)
```
터미널

10.5.2 채팅 에이전트 서버 실행

MCP 서버가 실행된 후, 새 터미널에서 파이썬 가상 환경을 활성화한 다음, 다음 명령을 실행하여 메인 채팅 에이전트 애플리케이션(chat_agent.py)을 실행합니다.

터미널
```
cd chapter10/mcp_langgraph_agent
python chat_agent.py
# uv 사용 시
uv run chat_agent.py
```

출력이 다음과 같이 나오면 성공입니다. 채팅 에이전트 서버는 8001번 포트에서 실행되고 있습니다.

출력결과
```
INFO:     Started server process [11454]
INFO:     Waiting for application startup.
애플리케이션 시작: MCP 서버에 연결하고 에이전트를 설정합니다...
에이전트 설정 완료. 애플리케이션이 준비되었습니다.
INFO:     Application startup complete.
INFO:     Uvicorn running on http://0.0.0.0:8001 (Press CTRL+C to quit)
```

10.5.3 웹페이지에서 테스트

MCP 서버와 채팅 에이전트 서버 둘 다 실행이 되었으니, 이제 웹페이지에서 실행을 해봅시다. 날씨를 한 번 물어보겠습니다. 메시지는 조금씩 다를 수 있습니다.

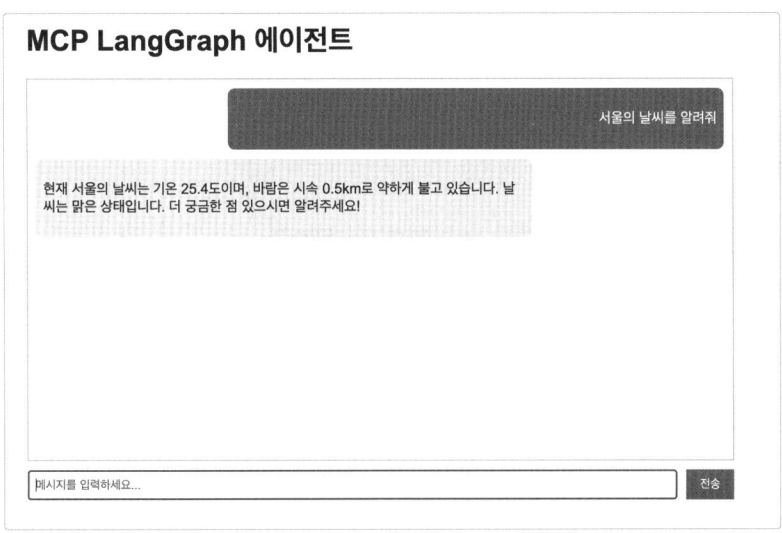

뉴스도 한 번 물어보겠습니다.

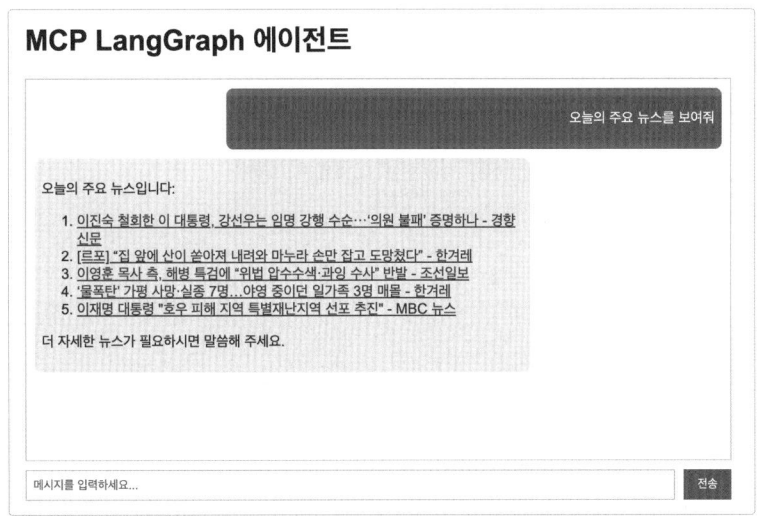

다음으로 세션이 유지되는지 테스트하겠습니다.

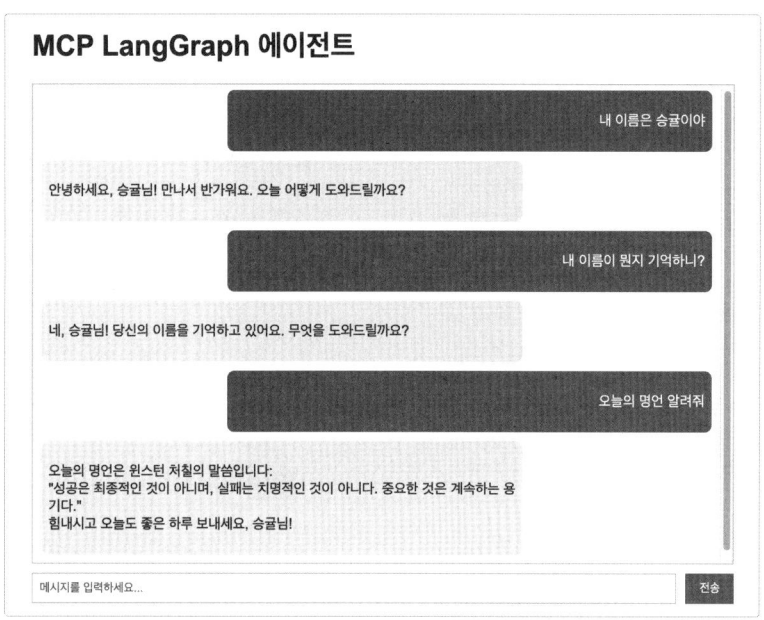

마지막으로 오늘 하루의 브리핑을 하겠습니다. 혹시나 잘 안 되는 경우 프롬프트를 조금 더 상세하게 작성하거나 성능이 조금 더 좋은 모델을 사용해보시길 바랍니다. 저는 다음과 같이 결과가 나왔습니다.

MCP LangGraph 에이전트

> 오늘 하루 브리핑 해주세요. 저는 성남시예요.

사용자님을 위한 맞춤 요약

오늘의 날씨 (성남시)
- 현재 기온: 24.1°C
- 풍속: 5.1 km/h (남쪽, 172°)
- 날씨: 맑음

오늘자 주요 뉴스
1. 이진수 철회한 이 대통령, 강선우는 임명 강행 수순…'의원 불패' 증명하나 - 경향신문
2. "집 앞에 산이 쏟아져 내려와 마누라 손만 잡고 도망쳤다" - 한겨레
3. 이영훈 목사 측, 해병 특검에 "위법 압수수색·과잉 수사" 반발 - 조선일보
4. '물폭탄' 가평 사망·실종 7명…야영 중이던 일가족 3명 매몰 - 한겨레
5. 尹대통령, 호우 피해에 '특별재난지역 조속 선포' 지시 - 조선일보

야구단 랭킹 (KBO)
1. 한화 이글스: 55승 2무 33패 (승률 0.625, 1위, 9연승)
2. LG 트윈스: 50승 2무 39패 (승률 0.562, 2위, 1연승)
3. 롯데 자이언츠: 48승 3무 41패 (승률 0.539, 3위, 1패)
4. KIA 타이거즈: 46승 3무 40패 (승률 0.535, 4위, 1연승)
5. kt wiz: 45승 3무 44패 (승률 0.506, 5위, 3연패)
6. 삼성 라이온즈: 44승 1무 44패 (승률 0.500, 6위, 1연승)
7. SSG 랜더스: 43승 3무 43패 (승률 0.500, 6위, 4연패)
8. NC 다이노스: 40승 5무 41패 (승률 0.494, 8위, 1패)
9. 두산 베어스: 38승 3무 49패 (승률 0.437, 9위, 3연승)
10. 키움 히어로즈: 27승 3무 62패 (승률 0.303, 10위, 1패)

오늘의 업무 일정
- 10:00 팀 미팅
- 13:00 점심 약속
- 15:00 프로젝트 회의
- 19:00 헬스장

영감을 주는 격언 한마디

"성공은 최종적이지 않고, 실패는 치명적이지 않다. 중요한 것은 계속하는 용기다." – 윈스턴 처칠

오늘도 힘차고 의미 있는 하루 보내세요! 😊

내가 만든 MCP 서버와 채팅 에이전트를 사용하여 AI 모델을 이전보다 조금 더 유연하고 똑똑하게 사용할 수 있게 되었습니다. 여러분이 원하는 기능이 있다면 MCP 서버에 추가해서 만들어보시기 바랍니다.

학습 마무리

이번 장에서는 MCP와 랭그래프를 결합하여 실용적인 AI 에이전트 애플리케이션을 구축하는 방법을 학습했습니다. MCP를 통해 도구를 모듈화하고, 랭그래프의 ReAct 에이전트를 활용하여 지능적인 대화 시스템을 구현했으며, 실시간 스트리밍을 통해 사용자 경험을 향상시켰습니다.

추가적으로 관심이 있는 독자분께서는 채팅 스레드 기능, 로그인 기능, 인증이 필요한 MCP를 사용하기 위해 OAuth 활용하기, 데이터베이스에 채팅 이력을 남기기 같은 기능을 만들어보기 바랍니다.

핵심 키워드

1. MCP(Model-Context-Protocol) : AI 에이전트가 사용할 수 있는 도구를 표준화된 프로토콜로 제공하는 시스템입니다.
2. LangGraph : 복잡한 에이전트 워크플로를 구축하기 위한 프레임워크입니다.
3. ReAct 에이전트 : 추론(Reasoning)과 행동(Acting)을 반복하며 문제를 해결하는 에이전트 패턴입니다.
4. Server-Sent Events(SSE) : 서버에서 클라이언트로 실시간 데이터를 전송하는 웹 기술입니다.
5. 스트리밍 응답 : LLM의 출력을 실시간으로 사용자에게 전달하는 기술입니다.
6. 도구 통합 : 웹 스크래핑, API 호출 등 다양한 외부 기능을 에이전트에 통합하는 방법입니다.
7. 세션 관리 : 사용자의 대화 컨텍스트를 독립적으로 관리하는 기법입니다.

Appendix A

개발 환경 설정 시 알아두면 좋은 것들

부록에서는 AI 에이전트 개발에 유용한 환경 설정 노하우를 제공합니다. 파이썬과 VSCode 설치는 물론, 프로젝트별 격리 환경을 위한 가상 환경 설정, 안전한 API 키 관리를 위한 환경 변수 사용법, 그리고 체계적인 로그 관리 방법 등 실무에 유용한 팁들을 소개합니다.

A.1 런타임 매니저는 무엇을 사용할까?

런타임은 프로그래밍 언어를 실행하기 위한 환경을 말합니다. 자바스크립트는 브라우저에서 실행할 수 있으니 브라우저가 런타임입니다. 컴퓨터에 파이썬을 설치하고 실행이 가능하게 하면, 컴퓨터는 파이썬의 런타임입니다. 그런데 특정 환경에서 파이썬의 다른 버전이 필요하다면 어떻게 해야 할까요? 우리 컴퓨터에는 한 가지 버전의 파이썬만 깔려있는데 말이죠. 이때 필요한 것이 런타임 매니저입니다. 런타임 매니저는 프로그래밍 언어의 여러 버전을 하나의 머신에서 사용할 수 있도록 관리해줍니다.

파이썬은 꽤 오래된 언어라서 (자바보다 더 오래됐습니다) 런타임 매니저 같은 게 없던 시절부터 개발되어 왔습니다. 그래서 꽤 다양한 런타임 매니저가 있습니다. 최근에 uv라는 매우 성능이 좋고, 기능도 편리한 런타임 매니저가 개발이 되어서 많은 개발자 사이에 회자되고 있습니다. 파이썬 IDE로 유명한 젯브레인의 파이참PyCharm에서도 지원하고 있습니다.

최근에는 플라스크의 창시자 아르민 또한 파이썬을 사용하는데 아직도 uv를 안 쓰는 이유가 뭔지 궁금해하기도 했습니다. 사실 아르민은 uv의 공동 개발자이기도 합니다.

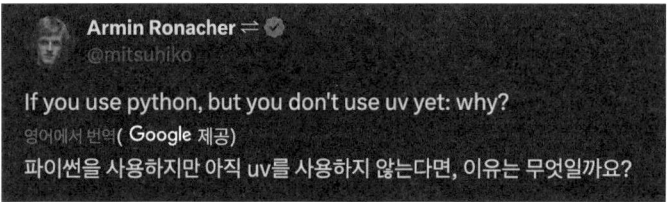

uv 이전에는 pipenv, pyenv, poetry 등 다른 런타임 매니저를 사용했는데요. uv는 파이썬을 오랫동안 사용해온 저에게 무슨 런타임을 쓸지에 대한 고민을 없애준 도구입니다. 특별히 선호하는 패키지 매니저가 없으시다면, uv를 강력 추천합니다.

A.2 uv 간단 사용법

uv의 간단한 사용법입니다.

설치

터미널에서 간편하게 설치가 가능합니다.

```
# 맥OS또는 리눅스
curl -LsSf https://astral.sh/uv/install.sh | sh
# 윈도우
powershell -ExecutionPolicy ByPass -c "irm https://astral.sh/uv/install.ps1 | iex"
```

셀프 업그레이드

업그레이드도 쉽습니다.

```
uv self update
```

파이썬 설치하기

```
터미널
uv python <버전>
uv python 3.13.2
```

프로젝트 초기화

```
터미널
uv init
```

가상 환경 만들기

```
터미널
# 가상 환경 만들기
uv venv
# 가상 환경 버전 고정
uv python pin 3.13.2
```

의존성 패키지 설치

```
터미널
# 의존성 추가. 빈 칸으로 구분해 여러 개 동시에 추가 가능
uv add fastapi httpx
# 개발 환경 의존성 추가
uv add --dev ruff
# 설치된 의존성 리스트
uv list
# 가상 환경에 의존성 파일들 동기화
uv sync
# 실행 가능한 패키지 실행하기
uv run pytest .
```

이외에 더욱 자세한 사용법 및 설명은 공식 홈페이지(https://docs.astral.sh/uv/)를 참고해주세요.

A.3 환경 변수는 어떻게 관리할까?

프로젝트 진행 시 API 키, DB 접속 정보, 환경별 설정이 필요한 경우가 많습니다. 이런 민감한 정보는 어디에 두어야 할까요? 개인적으로 진행하는 프로젝트의 경우 소스 코드에 하드코딩하는 경우도 있습니다만, 이렇게 하면 굉장히 큰 보안 취약점이 됩니다. 그러므로 이런 민감 정보는 환경 변수를 통해 관리하는 것이 일반적입니다. 환경 변수를 어떻게 관리하면 될지, 윈도우와 맥OS에서 환경 변수 설정하는 방법을 알아보고, 파이썬에서 어떻게 불러오는지, 로컬 개발 환경에서는 어떻게 사용하면 좋을지, 실제 서비스에서는 어떤 식으로 활용할지 알아봅시다.

윈도우에서 환경 변수 설정하기

윈도우에서는 UI에서 등록하는 방법과 터미널(CMD)에서 설정하는 법이 있습니다. 터미널에서는 임시로 설정하는 방법과 영구적으로 설정하는 방법이 있습니다.

터미널에서 임시로 설정하기

```
# CMD
set OPENAI_API_KEY=sk-ant-api123
# 파워셸
$env:OPENAI_API_KEY="sk-ant-api123"
```
터미널

터미널에서 영구 설정하기

```
setx OPENAI_API_KEY "sk-ant-api123"
```
터미널

추가 후 터미널 재시작 혹은 시스템을 재부팅하면 됩니다.

UI에서 설정하기

❶ 시작 메뉴에서 '환경 변수'를 검색하고, ❷ '시스템 환경 변수 편집'을 선택하여 엽니다.

❸ [환경 변수] 버튼을 클릭합니다.

❹ [새로 만들기] 버튼을 클릭합니다.

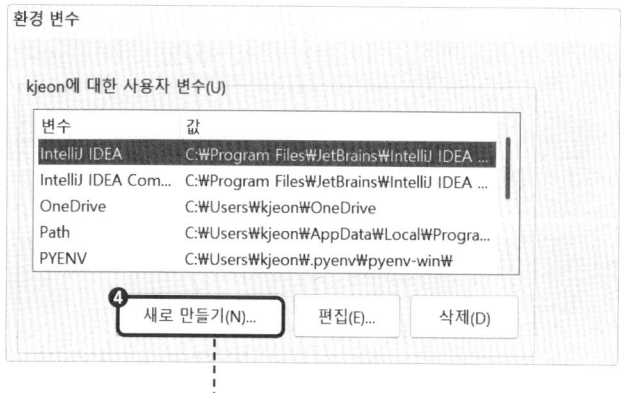

❺ 그림과 같이 변숫값을 설정하고 완료합니다.

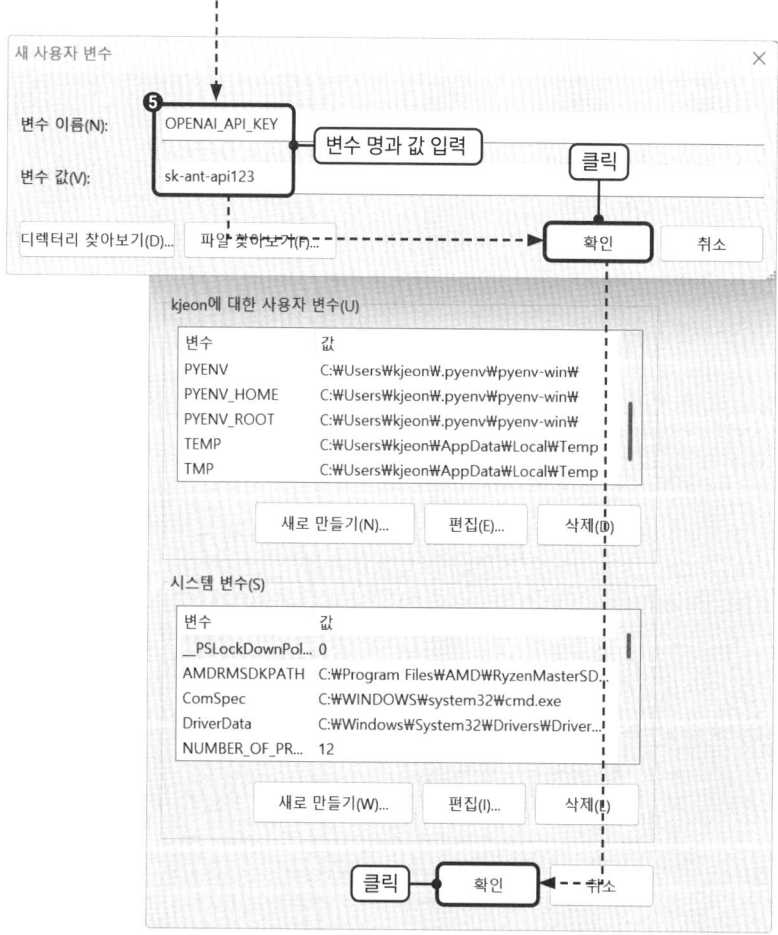

환경 변수가 잘 설정되었는지 터미널에서 다음과 같이 입력해 확인합니다.

```
echo %OPENAI_API_KEY%
# 출력값
sk-ant-api123
```

맥OS/리눅스에서 환경 변수 설정하기

맥OS 혹은 리눅스의 경우 터미널에서 추가해야 합니다. 예제는 zsh을 사용하는 경우입니다. bash에서는 .bashrc 혹은 .bash_profile로 파일명을 변경하면 됩니다.

```
echo 'export OPENAI_API_KEY="sk-ant-api123"' >> ~/.zshrc
# 변경 사항 적용
source ~/.zshrc
```

파이썬에서 환경 변수 사용하기

파이썬에서 환경 변수를 읽어올 때는 os 모듈을 사용합니다. 간단한 사용 방법은 다음과 같습니다.

chapter0/get_env_example.py
```
import os
OPENAI_API_KEY = os.getenv("OPENAI_API_KEY")
print(OPENAI_API_KEY)
```

로컬 개발 환경에서 환경 변수 관리하기

환경 변수를 설정하는 방법도 알아보았고, 파이썬에서 어떻게 사용하는지도 알아보았으니 실제로는 어떻게 관리하는지도 알아봅시다. 환경 변수가 한두 개일 때는 시스템 환경 변수에 추가해서 사용하는 것도 좋지만, 환경 변수가 많거나, 다양한 환경에서 사용하고 싶을 때는 .env 파일에 정의하는 경우가 많습니다. 다만 .env 파일에 민감 정보가 들어갈 때는 꼭 .gitignore에 포함시켜서 소스 코드 저장소에는 올라가지 않도록 주의합시다.

.gitignore 파일 예시

```
.env
```
.gitignore

파이썬에서 .env 파일을 사용하는 방법은 python-dotenv 라이브러리를 사용하면 됩니다. pip를 사용해 라이브러리를 설치하고 사용하겠습니다.

```
pip install python-dotenv
```
터미널

다음은 예시 .env 파일입니다.

```
MONGO_DB_URL=mongodb://root:root1234
PHASE=local
```
.env

파이썬 예제 코드도 작성해봅시다.

chapter0/dotenv_example.py
```python
from dotenv import load_dotenv
import os

# .env 파일 로드
load_dotenv()

# 환경 변수 사용
mongodb_url = os.environ.get('MONGO_DB_URL')
phase = os.environ.get('PHASE')

print(mongodb_url)
print(phase)
```

환경 설정을 매우 편하게 다룰 수 있습니다.

조금 더 자세한 활용법이 알고 싶으시면 공식 홈페이지를 참고하세요.

- python-dotenv : https://saurabh-kumar.com/python-dotenv/

실제 서비스(프로덕션) 환경에서 환경 변수 관리하기

실제 서비스를 하는 운영 환경에서는 .env를 사용하면 보안 문제가 생깁니다. 그러므로 시스템의 환경 변수에 직접 추가하는 것이 좋습니다. 서버 환경은 대부분 리눅스 환경이기에 기본적으로 리눅스에 환경 변수를 설정하는 방법과 다르지 않습니다. 다만 DB 서버의 패스워드 같은 민감 정보는 따로 다루는 것이 좋습니다. 오픈 소스로는 HashiCorp의 vault가 있으며, AWS에는 비밀 관리 서비스로 Secrets Manager, GCP의 경우 Secret Manager가 있습니다. 도커^{Docker}나 K8s를 사용한다면 적절하게 환경 변수로 넣어주는 것을 추천드립니다. 각 방법을 다루는 것은 이 책의 범위를 벗어나므로 다루지 않습니다.

A.4 로깅 설정하기

혹시 print()를 사용해서 로그를 남기고 있다면, 꼭 읽어보시길 바랍니다. 파이썬에서는 일반적으로 logging이라는 모듈을 사용해서 로그를 남깁니다. 로그를 남기는 것을 로깅이라고 하는데, 파이썬은 로깅 모듈이 꽤 잘되어 있는 편이기에 추가적인 패키지 설치 없이 바로 사용해도 프로덕션 환경까지 문제없이 사용할 수 있습니다. 로깅은 실무에서는 꽤 중요한 기능입니다. 그러므로 실무에서 파이썬을 사용하고자 하는 분이라면 꼭 관련 내용을 숙지할 필요가 있습니다.

기본 로깅 모듈 사용법

기본적인 로깅 모듈의 사용법부터 알아보겠습니다. ❶ logging을 임포트하고 ❷ 로거를 생성한 다음, ❸ debug(), info() 등의 메서드를 사용해 로그를 남길 수 있습니다. print() 문으로 남기는 로그는 표준 출력(터미널)으로 로그가 남는 반면, 로깅 모듈을 사용하면 파일로 남기거나, DB에 남기는 것도 가능합니다.

```
chapter0/logging_example.py
# ❶ logging 모듈 임포트
import logging

# ❷ 로거(Logger) 생성
logger = logging.getLogger(__name__)
```

```python
# ❸ 로깅 예시
if __name__ == "__main__":
    logger.debug("디버그 레벨 메시지입니다.")
    logger.info("정보 레벨 메시지입니다.")
    logger.warning("경고 레벨 메시지입니다.")
    logger.error("에러 레벨 메시지입니다.")
    logger.critical("치명적 에러 레벨 메시지입니다.")
```

F5 를 눌러서 실행하면 다음과 같이 경고 레벨 메시지부터 나옵니다.

```
경고 레벨 메시지입니다.
에러 레벨 메시지입니다.
치명적 에러 레벨 메시지입니다.
```

이유는 별도의 핸들러 설정이 없으면 기본적인 루트 로거가 사용되고 루트 로거의 로깅 레벨 설정은 WARNING으로 되어 있기 때문입니다. basicConfig()를 사용하면 루트 로거의 설정을 변경할 수 있습니다. 로깅 설정을 변경해봅시다.

chapter0/logging_example.py

```python
import logging
# 루트 로거 설정
logging.basicConfig(level=logging.DEBUG)
logger = logging.getLogger(__name__)

if __name__ == "__main__":
    logger.debug("디버그 레벨 메시지입니다.")
    logger.info("정보 레벨 메시지입니다.")
    logger.warning("경고 레벨 메시지입니다.")
    logger.error("에러 레벨 메시지입니다.")
    logger.critical("치명적 에러 레벨 메시지입니다.")
```

다시 실행하면 다음과 같이 DEBUG도 잘 출력될 겁니다.

```
DEBUG:__main__:디버그 레벨 메시지입니다.                                    출력결과
INFO:__main__:정보 레벨 메시지입니다.
WARNING:__main__:경고 레벨 메시지입니다.
ERROR:__main__:에러 레벨 메시지입니다.
CRITICAL:__main__:치명적 에러 레벨 메시지입니다.
```

그런데 메시지에 들어가는 내용이 너무 없는 것 같습니다. 날짜와 시간도 찍히도록 변경해봅시다. 메시지가 찍히는 형태를 메시지 포맷이라 합니다. 지금 하는 일은 메시지 포맷을 변경하는 일입니다. basicConfig() 부분을 다음과 같이 변경합시다.

```python
import logging
# 메시지 포맷 변경
logging.basicConfig(
    level=logging.DEBUG,
    format='%(asctime)s [%(levelname)s] %(name)s:%(lineno)d - %(message)s',
    datefmt='%Y-%m-%d %H:%M:%S',
)
... 생략
```
chapter0/logging_example.py

두 가지 변수에 값을 추가했습니다. 하나는 format이고 다른 하나는 datefmt입니다. format은 메시지 포맷이고, datefmt는 이름에서 유추할 수 있듯 날짜 포맷입니다. 각 변수들을 설명드리겠습니다.

1. **%(asctime)s** : 로그가 생성된 시간을 표시합니다. 날짜와 시간 정보가 포함됩니다.
2. **%(levelname)s** : 로그 레벨 이름을 표시합니다. 예 : DEBUG, INFO, WARNING, ERROR, CRITICAL 등의 로그 수준을 나타냅니다.
3. **%(name)s** : 로거(logger)의 이름을 표시합니다. 우리의 코드에서는 __name__을 지정했고 이를 바로 실행하면 __main__이 됩니다.
4. **%(lineno)d** : 로그가 발생한 소스 코드의 라인 번호를 표시합니다. 'd'는 정수(decimal) 형식으로 출력함을 의미합니다.

5. **%(message)s** : 실제 로그 메시지 내용을 표시합니다.
6. **datefmt='%Y-%m-%d %H:%M:%S'** : %(asctime)s의 날짜/시간 형식을 지정합니다. %Y는 4자리 연도, %m은 2자리 월, %d는 2자리 일, %H는 24시간 형식의 시간, %M은 분, %S는 초를 의미합니다.

다시 F5 를 눌러서 로그를 출력하면 다음과 같이 나옵니다. 이전보다는 정보도 많이 있고 깔끔하게 나오죠.

```
2025-03-24 23:46:08 [DEBUG] __main__:15 - 디버그 레벨 메시지입니다.
2025-03-24 23:46:08 [INFO] __main__:16 - 정보 레벨 메시지입니다.
2025-03-24 23:46:08 [WARNING] __main__:17 - 경고 레벨 메시지입니다.
2025-03-24 23:46:08 [ERROR] __main__:18 - 에러 레벨 메시지입니다.
2025-03-24 23:46:08 [CRITICAL] __main__:19 - 치명적 에러 레벨 메시지입니다.
```

__main__ 대신 파일명을 넣고 싶다면 로거 부분을 다음과 같이 변경하면 됩니다.

```Python
logger = logging.getLogger(os.path.basename(__file__))
```

실습은 생략합니다만, 파일명이 잘 나오는지 확인해보세요!

파일 로깅 설정하기

기본적인 사용법을 알았으니 파일로 로그를 남겨봅시다.

```python
# chapter0/logging_example.py
import logging
# 파일로 로그 남기기
logging.basicConfig(
    level=logging.DEBUG,
    format='%(asctime)s [%(levelname)s] %(name)s:%(lineno)d - %(message)s',
    datefmt='%Y-%m-%d %H:%M:%S',
    filename='test.log', # ❶ 파일명
    filemode='a' # ❷ 파일 모드    w: 새로 쓰기, a: 이어서 쓰기
```

```
        )
    ... 생략
```

❶ filename은 말 그대로 로그가 저장될 파일명입니다. 이 설정을 하면 로그가 콘솔에 출력되지 않고 파일로 남게 됩니다. 파일명뿐 아니라 'logs/test.log' 같이 파일 경로를 지정해 남길 수 있습니다.

❷ filemode는 a와 w두 가지가 있는데, 기존 로그 파일이 있을 때 a는 기존 파일 뒤에 이어서 쓰고, w는 새로 파일을 생성합니다. 애플리케이션이 재시작될 때마다 새로 파일을 만들고 싶으면 w를 이어서 쓰고 싶으면 a를 사용하면 됩니다.

로그가 파일로 남는 것까지는 좋은데, 터미널에도 로그가 남으면 좋겠다는 생각이 드시나요? 그럼 이제 핸들러를 배워볼 때입니다.

파일과 표준 출력 둘 다 하기 : 핸들러 사용하기

로깅을 처음 사용할 때는 print()면 되는 걸 굳이 왜 써야 하나라는 생각이 드셨을 수 있습니다. 하지만, 로그 포맷팅과 파일로 로그가 남는 것을 보니 조금 더 욕심이 생기시죠? 하지만 이를 위해서는 조금 더 복잡한 설정이 필요합니다. basicConfig()는 루트 로거 핸들러를 사용한다고 했습니다. 핸들러는 뭐냐면 로그를 어디에, 어떻게 남길지 결정하는 녀석입니다. 우리가 로거를 만들었었는데 하나의 로거에 여러 개의 핸들러를 추가할 수 있습니다.

파이썬에서 기본적으로 제공되는 핸들러들이 있는데요. 터미널에 출력하는 핸들러는 Stream Handler입니다. 그럼 파일에 출력하는 핸들러는 뭘까요? FileHandler입니다. 파일 핸들러는 추가적으로 두 가지가 더 있는데, 각각 RotatingFileHandler, TimedRotatingFileHandler입니다. RotatingFileHandler는 로그 파일이 커지면 새 파일을 자동으로 생성합니다. TimedRotatingFileHandler는 시간 기반으로 파일을 생성합니다.

핸들러는 어떻게 사용할 수 있을까요? 4단계로 나뉩니다.

1. **핸들러 생성** : 원하는 핸들러 객체를 생성합니다.
2. **포매터 설정** : 포매터는 로그 메시지 형태를 결정하는 객체인데, 객체를 만들고, 포매터를 설정하면 됩니다.
3. **로그 레벨 설정** : 핸들러가 처리할 최소 로그 레벨을 설정합니다.
4. **로거에 핸들러 추가**

우리는 두 개의 핸들러를 만들어야 합니다. 터미널에 출력(표준 출력)을 하려면 스트림 핸들러(StreamHandler)와 파일 핸들러가 필요한데, 보통은 시간 기준으로 로그를 보고 싶을 테니 TimedRotatingFileHandler를 만들어서 로그를 출력해봅시다.

```python
# chapter0/handler_logging_example.py
import logging
import sys
from logging.handlers import TimedRotatingFileHandler

# ❶ 로거(Logger) 생성
logger = logging.getLogger(__name__)
logger.setLevel(logging.DEBUG)  # 로거 레벨 설정

# ❷ 로그 포맷 설정
log_format = logging.Formatter(
    '%(asctime)s [%(levelname)s] %(name)s:%(lineno)d - %(message)s',
    datefmt='%Y-%m-%d %H:%M:%S'
)

# ❸ 표준 출력 핸들러 설정
console_handler = logging.StreamHandler(sys.stdout)
console_handler.setFormatter(log_format)
console_handler.setLevel(logging.DEBUG)  # 콘솔에는 모든 레벨 출력
logger.addHandler(console_handler)

# ❹ 시간 기반 파일 핸들러 설정
file_handler = TimedRotatingFileHandler(
```

```
        filename='test.log',
        when='midnight',        # 매일 자정에 로그 파일 교체
        interval=1,             # 1일 간격으로 교체
        backupCount=30,         # 최대 30개의 백업 파일 유지
        encoding='utf-8'        # 인코딩 설정
)
file_handler.setFormatter(log_format)
file_handler.setLevel(logging.INFO)  # 파일에는 INFO 레벨 이상만 기록
logger.addHandler(file_handler)

# ❺ 로깅 예시
if __name__ == "__main__":
    logger.debug("디버그 레벨 메시지입니다.")
    logger.info("정보 레벨 메시지입니다.")
    logger.warning("경고 레벨 메시지입니다.")
    logger.error("에러 레벨 메시지입니다.")
    logger.critical("치명적 에러 레벨 메시지입니다.")
```

❶ **로거(Logger) 생성** : __name__을 사용해 현재 모듈 이름으로 로거를 생성합니다. 로거의 기본 레벨을 DEBUG로 설정해 모든 레벨의 로그를 처리할 수 있게 합니다.

❷ **로그 포맷 설정** : 기존의 메시지 포맷을 그대로 사용하는 Formatter 객체를 생성합니다.

❸ **콘솔(표준 출력) 핸들러 설정** : StreamHandler(sys.stdout)를 사용해 표준 출력으로 로그를 출력합니다. 설정한 포맷을 적용하고, DEBUG 레벨 이상의 모든 로그를 출력하도록 설정합니다. 로거에 핸들러를 추가합니다.

❹ **시간 기반 파일 핸들러 설정** : TimedRotatingFileHandler를 사용해 시간 기반으로 로그 파일을 교체합니다. 매일 자정에 로그 파일을 교체하고, 최대 30개의 백업 파일을 유지합니다. 설정한 포맷을 적용하고, INFO 레벨 이상의 로그만 파일에 기록하도록 설정합니다. 로거에 핸들러를 추가합니다.

❺ **로깅 예시** : 다양한 레벨(DEBUG, INFO, WARNING, ERROR, CRITICAL)의 로그 메시지를 출력합니다. DEBUG 레벨 메시지는 콘솔에만 출력되고, 나머지는 콘솔과 파일 모두에 기록됩니다.

여기까지 기본적인 로깅 사용법까지 다루어보았습니다. 로깅 모듈에 대해 관심이 있는 독자분은 다음의 키워드로 자료를 찾아보면 됩니다.[1]

- YAML 파일을 사용해 로깅 설정하기
- 로깅 모듈을 확장해 DB에 로그 남기기
- 모듈별 로거 설정
- 프로덕션에서 로깅 사용 시 주의 사항

---

[1] 제가 아주 오래 전에 쓴 글 '파이썬 로깅 모듈에 대해'를 참조해주세요. https://www.hanbit.co.kr/channel/category/category_view.html?cms_code=CMS4250329609

(Appendix B)

본문에서 다룬 유용한 라이브러리들

라이브러리 이름	설명
a2a-sdk	구글이 개발한 오픈 소스 프레임워크로, AI 에이전트 간의 통신과 협업을 표준화하는 데 사용됩니다.
anthropic	앤트로픽 사의 클로드 모델 API와 상호작용하기 위한 파이썬 패키지로, 자연스럽고 안전한 한국어 대화에 강점이 있습니다.
beautifulsoup4	HTML 및 XML 문서를 파싱하여 웹 페이지에서 데이터를 추출하는 데 사용되는 파이썬 라이브러리입니다.
dotenv	.env 파일에 저장된 환경 변수를 자동으로 로드하여 민감한 정보를 안전하게 관리할 수 있도록 돕는 유틸리티입니다.
FAISS	임베딩을 효율적으로 저장하고 검색하는 오픈 소스 벡터 스토어로, 의미 기반 검색을 가능하게 합니다.
FastAPI	웹 인터페이스를 손쉽게 구축할 수 있도록 돕는 고성능 파이썬 웹 프레임워크입니다.
FastMCP (mcp.server.fastmcp)	MCP(Model Context Protocol) 서버와 클라이언트를 파이썬으로 쉽게 구현하여 AI 모델과 외부 도구 간의 상호작용을 표준화하는 데 돕는 라이브러리입니다.
feedparser	RSS/Atom 피드를 파싱하여 뉴스 피드에서 콘텐츠를 쉽게 추출할 수 있게 하는 파이썬 라이브러리입니다.
geopy	도시 이름을 입력받아 위도와 경도를 반환하는 지오코딩 웹 서비스용 파이썬 클라이언트입니다.
grandalf	랭그래프에서 그래프를 ASCII 또는 Mermaid 다이어그램 이미지로 시각화하여 출력하는 데 필요한 의존성 패키지입니다.
httpx	비동기 HTTP 요청을 처리하는 현대적인 파이썬 라이브러리로, API 호출 및 웹 요청에 사용됩니다.

라이브러리 이름	설명
langchain	대규모 언어 모델(LLM) 기반의 애플리케이션 개발을 돕는 강력한 오픈소스 프레임워크입니다.
langgraph	랭체인에서 개발한 프레임워크로, 복잡하고 상태를 가지는 AI 에이전트 워크플로를 그래프 구조로 모델링하고 실행하는 데 사용됩니다.
logging	파이썬의 표준 라이브러리 모듈로, 애플리케이션의 이벤트 및 메시지를 유연하고 구조화된 방식으로 로깅할 수 있도록 지원합니다.
numpy	수치 계산을 위한 파이썬의 기본 라이브러리로, 배열 연산 및 코사인 유사도 계산 등에 활용됩니다.
openai	OpenAI의 대규모 언어 모델 API(예: 챗 컴플리션, 리스폰스 API)와 상호작용하기 위한 공식 파이썬 SDK입니다.
py3langid	trafilatura 라이브러리와 함께 사용되며, 특히 한국어 텍스트 추출 시 언어를 식별하는 데 필요합니다.
pydantic	파이썬 타입 힌트를 사용하여 데이터 유효성 검증 및 설정 관리를 쉽게 할 수 있도록 돕는 라이브러리입니다. 또한 AI 에이전트의 구조화된 출력을 정의하는 데 널리 사용됩니다.
pytest	파이썬에서 간단하고 확장 가능한 테스트를 작성하기 위한 인기 있는 테스트 프레임워크입니다. (AI 에이전트 개발 자체보다는 코드 테스트에 유용합니다.)
rich	터미널에 컬러풀하고 구조화된 텍스트, 테이블, 마크다운 등을 렌더링해주는 파이썬 출력 라이브러리입니다.
ruff	매우 빠른 파이썬 **린터(Linter)이자 코드 포매터(Formatter)**입니다. (AI 에이전트 개발 자체보다는 코드 품질 관리에 유용합니다.)
tenacity	데코레이터를 사용하여 함수에 재시도 로직을 쉽게 추가할 수 있도록 돕는 범용 재시도 라이브러리입니다.
trafilatura	웹페이지에서 주요 텍스트, 댓글, 메타데이터 등을 추출하는 데 특화된 파이썬 라이브러리입니다.
unstructured	비정형 데이터를 처리하는 라이브러리로, 문서 파일을 Document 객체로 로드하는 데 사용됩니다.
uv	여러 파이썬 버전을 관리하고 패키지 의존성을 처리하는 고성능 파이썬 런타임 매니저 및 패키지 관리자입니다.
uvicorn	FastAPI와 같은 웹 프레임워크를 실행하는 데 사용되는 ASGI(Asynchronous Server Gateway Interface) 서버 구현체입니다.

찾아보기

기호

@tool 111

영문

A2A 264
A2A 서버 278
A2A 인스펙터 282
ADK 159
adk api_server 168
adk run 167
adk web 164
Agent Card 272
Agent Executor 275
AIMessage 089
API 키 039
async await 063
Augmented LLM 135
Chat Model 087
emotion 204
FastAPI 082
GPT 085
Handoffs 139
Human-in-the-loop 233
HumanMessage 089
LangGraph 193
LCEL 104
LLM 046
LLM 에이전트 159
LLM API 047
LoopAgent 160
MCP 246
MCP 서버 253
MCP 아키텍처 249
OutputParser 095
ParallelAgent 160
PromptTemplate 091
RAG 127
response 204
Retriever 124
RSS 308
Runnable 101
SequentialAgent 160
SystemMessage 089
tenacity 066
ToolMessage 089
ToolNode 224
user_message 204
uv 382
VSCode 030

한글

가드레일 142
가상 환경 037
구조화된 출력 173
노드 194
다중 에이전트 149
대규모 언어 모델 046
데이터 모델 300
랭그래프 193
랭체인 084
랭체인 표현 언어 104
런타임 매니저 381
로깅 389
루프 워크플로 212
리스폰스 API 053
리트리버 124
마크다운 330
멀티 모달리티 262
멀티 에이전트 176, 298
메시지 089
벡터 스토어 118
벡터 스토어 생성 123
병렬 처리 워크플로 219
비동기 처리 062
비동기 클라이언트 064
스크래핑 348
스트리밍 처리 058
스팸 체크 에이전트 188
아티팩트 269
앤트로픽 API 055
어린 왕자 077
에이전트 런타임 136
에이전트 카드 266
에지 194
오픈AI API 049
워크플로 에이전트 183
웹 인터페이스 079
유사어 분석 108
임베딩 115
지연이쿼리 124
조건부 라우팅 199
증강된 LLM 135
채팅 모델 087
채팅 에이전트 347
챗봇 072
챗 컴플리션 API 050
체크포인터 206
코사인 유사도 함수 117
태스크 266
통신 프로토콜 249
트레이싱 152
파이썬 022
페르소나 078
하위 그래프 238
핸드오프 139
핸들러 393
환경 변수 384
휴먼 인 더 루프 233

요즘 AI 에이전트 개발,
LLM RAG ADK MCP LangChain A2A LangGraph

60가지 예제로 배우는 인공지능 에이전트 개발,
싱글 Agent부터 멀티 Agent 시스템 설계 및 협업 방식까지

초판 1쇄 발행 2025년 8월 20일
초판 2쇄 발행 2025년 9월 15일

지은이 박승규
펴낸이 최현우 · **기획** 정다운 · **편집** 박현규, 윤신원, 최혜민, 김성경, 박우현, 차진우
디자인 박세진 · **조판** SEMO
마케팅 버즈 · **피플** 최순주

펴낸곳 골든래빗(주)
등록 2020년 7월 7일 제 2020-000183호
주소 서울 마포구 양화로 186 LC타워 4층 449호
전화 0505-398-0505 · **팩스** 0505-537-0505

이메일 ask@goldenrabbit.co.kr
홈페이지 www.goldenrabbit.co.kr
SNS facebook.com/goldenrabbit2020

ISBN 979-11-94383-41-3   93000

우리는 가치가 성장하는 시간을 만듭니다.

골든래빗은 가치가 성장하는 도서를 함께 만드실 저자님을 찾고 있습니다.
내가 할 수 있을까 망설이는 대신, 용기 내어 골든래빗의 문을 두드려보세요.

apply@goldenrabbit.co.kr

이 책은 대한민국 저작권법의 보호를 받습니다.
일부를 인용 또는 재사용하려면 반드시 저자와 골든래빗(주)의 동의를 구해야 합니다.
* 파본은 구입한 서점에서 바꿔드립니다.

골든래빗
바로가기